Original illisible

NF Z 43-120-10

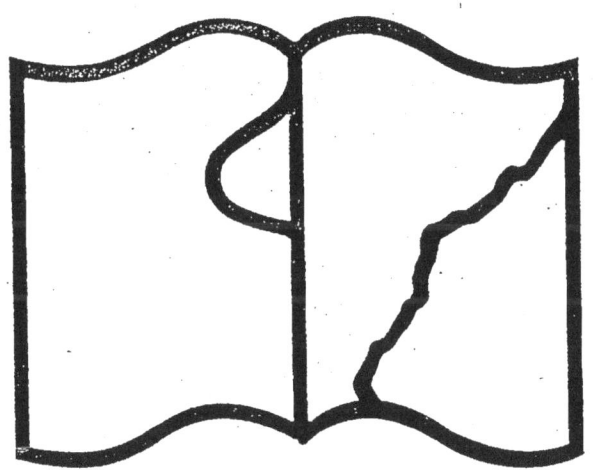

Texte détérioré — reliure défectueuse

NF Z 43-120-11

"VALABLE POUR TOUT OU PARTIE DU DOCUMENT REPRODUIT".

1864

L. K. 689.⁸

BENJAMIN GASTINEAU.

LA
FRANCE EN AFRIQUE
ET L'ORIENT A PARIS
VOYAGE — COLONISATION — EXPOSITION — ÉGYPTE — INDE — CHINE — GRÈCE — TURQUIE.

ILLUSTRÉ
PAR GUSTAVE DORÉ.
ACCOMPAGNÉ D'UNE CARTE DE L'ALGÉRIE
PAR A.-H. DUFOUR.

PRIX : 1 FRANC 30 CENTIMES.

PARIS
PUBLIÉ PAR GEORGES BARBA, LIBRAIRE-ÉDITEUR
7, RUE CHRISTINE, 7.

Toute traduction ou contrefaçon est interdite en France et à l'Étranger. (Propriété de l'Éditeur.)

BENJAMIN GASTINEAU
ILLUSTRÉ
PAR GUSTAVE DORÉ.

LA FRANCE EN AFRIQUE
ET L'ORIENT A PARIS

INTRODUCTION.

L'Europe remue en ce moment toutes les races qui peuplent le continent africain : l'Angleterre, par ses importantes colonies du cap de Bonne-Espérance; la France, par sa conquête de l'Algérie. L'Europe entre ainsi en relations avec des espèces jusqu'ici très-imparfaitement connues. Non-seulement le nom chrétien retentit à l'oreille du Berbère, du Maure, du Kabyle, du Bédouin du Sahara, mais il éveille jusque sous leurs huttes le Nubien, l'Abyssin, le Cafre, le Hottentot, les habitants du Kordofan, du Darfour et du Soudan.

Quelle sera l'issue définitive de la conquête de l'Algérie? Que résultera-t-il de ce contact de peuples si dissemblables, si étrangers l'un à l'autre, si antipathiques de goûts, de mœurs, d'aspirations, de façon de vivre, qu'ils semblent s'exclure mutuellement? La civilisation occidentale, tombant au milieu de ces étranges peuplades des contrées africaines, les transformera-t-elle, ou bien laissera-t-elle, après de terribles combats, d'héroïques efforts, d'énormes sacrifices d'hommes et d'argent, quelques tristes vestiges, quelques débris vermoulus, comme ces ruines romaines qui semblent pleurer dans les déserts de l'Afrique le sang humain versé en pure perte? Telle est la question capitale que toute personne s'adresse au sujet de l'Afrique.

Dans cet ouvrage, publié en grande partie par le *Siècle*, par la *Presse* et par la *Revue de Paris*, très-augmenté et entièrement refondu pour l'édition présente, nous avons voulu éclairer l'important problème de la transformation des races africaines, en nous aidant de nos souvenirs et de notre propre expérience, en faisant des études sérieuses sur les travaux et les résultats de la colonisation, sur les affinités et les tendances des divers peuples de l'Afrique, colons et émigrés européens, juifs, nègres, Berbères, Kabyles, Maures, Arabes, qui jusqu'ici n'ont pas eu à se louer de la fidélité des récits des touristes. Sans haine, sans préjugés, sans parti pris, nous avons peint les autochthones de l'Afrique, tels que nous les avons vus, au vif de leur nature.

Le féroce animal s'avançait vers nous.

Maintenant, oublions nos mœurs, nos habitudes, notre civilisation ; franchissons les mers, et soyons Africains pour une heure !

Ce n'est pas la France avec les richesses, le confort, les agréments, les délicatesses, les mièvreries, les raffinements de sa civilisation, avec son climat tempéré, ses jardins chargés de fleurs, ses paysages dorés et coupés de ruisseaux, — ses palais, ses théâtres, ses bals, ses expositions, — ses savants, ses artistes et ses industriels, — ses femmes spirituelles et coquettement parées, — ses livres et ses journaux, — son agitation féconde et son perpétuel mouvement; c'est l'Afrique nue, sauvage, monotone, avec ses jours brûlants et ses nuits froides, son *simoun* et son ciel d'airain, ses montagnes aux jets aériens, aux plans grandioses, ses sphinx, son désert et ses oasis, ses étranges concerts de chacals et de lions ; son immobilité et son fatalisme, son burnous, son Koran et sa tente.

Notre regard ne se brise plus aux tours de Notre-Dame de Paris ou au dôme du Panthéon ; il se perd dans les lignes indéfinies d'un immense horizon, et découvre par delà les assises des monts les lointaines perspectives du désert. Nous chercherions en vain cette population capricieuse et passionnée, sensuelle et artiste, ardente au plaisir et au labeur, mobile dans ses goûts, protée dans ses mœurs, fiévreuse dans ses idées ; la réalité nous montre une race placide, pétrifiée, calquée sur une pensée éternelle, orgueilleuse de son uniformité, de son ignorance, de son austère simplicité, de sa suprématie religieuse.

BENJAMIN GASTINEAU.

LA FRANCE EN AFRIQUE ET L'ORIENT A PARIS.

PREMIÈRE PARTIE. — LE VOYAGE.

CHAPITRE PREMIER.

Départ pour l'Afrique. — Passage du détroit de Gibraltar. — Arrivée à Mers-el-Kebir.

I.

Le 7 mars 1852, en rade de Blaye, le commandant de la frégate à vapeur *l'Isly* donna l'ordre de cingler vers l'Afrique.

Le signal de départ est transmis aux matelots par le coup de sifflet des maîtres d'équipage. Aussitôt les gabiers grimpent, agiles comme des écureuils, aux échelles de corde pour larguer les voiles, pendant que d'autres marins tournent le cabestan en marquant le pas sur la mesure cadencée d'un bruyant fifre.

Mais le fifre se tait. L'ancre est levée ; la frégate se balance libre sur les eaux de la Gironde. Un nouveau commandement est donné. La vapeur et le vent nous emportent.

Les hommes de la mer font leurs adieux à la France par de joyeuses chansons, et nous, pauvres gens, regrettant la terre, mornes, l'œil humide, nous pensons aux joies perdues de la famille, à la mère souriant aux enfants, à l'ami fidèle, aux douces habitudes du foyer.

Les admirables rivages de la Gironde, les champs et les coteaux de la patrie semblent s'associer à notre douleur; les arbres courent échevelés pour nous étreindre une dernière fois dans leurs bras; les maisons en larmes suivent notre sillage d'adieu jusqu'à ce que notre esquif prospéri aille se perdre dans l'Océan.

La tour de Cordouan est dépassée. Nous voici entre la mer et le ciel. Spectacle grandiose et nouveau pour nous ! Tout nous ravit, tout nous intéresse, et le flot, amant désespéré qui poursuit sans jamais l'atteindre la vague qui s'enfuit, et les coquillages aux nuances variées, les madrépores qui glissent sur l'onde en narguant l'immensité, et les légions de cygnes sorties du brisement des vagues, qui viennent mourir contre les sabords de la frégate, et les blanches voiles des navires apparaissant écrasées dans un lointain horizon entre le ciel et l'eau.

Un philosophe a eu raison de dire : « L'homme est un être merveilleusement ondoyant et divers. » Nous qui, au départ, pleurions la patrie, après une journée d'Atlantique, nous étions déjà pris de l'enthousiasme du voyage, et nous disions en chœur sur le pont de la frégate :

— Pourquoi n'irions-nous pas vivre sous les larges horizons d'Afrique, dans ce pays du soleil qui enflamme l'imagination et mûrit le cœur ? Pourquoi ne reposerions-nous pas sous la tente de toile aussi bien que dans la maison de pierre ? Sommes-nous donc des dieux Termes pour rester toujours attachés au même point du globe, et le rôle de l'esprit humain n'est-il pas de connaître tout ce qui vit, aime et souffre sur la terre ?...

II.

Le quatrième jour de notre navigation, nous aperçûmes dorées par les feux du soleil couchant les falaises de Gibraltar. Nous marchions rapidement avec un vent arrière, mais nos marins sentaient la mer mauvaise. En effet, leurs prévisions ne tardèrent pas à se réaliser. A peine étions-nous entrés dans le détroit de Gibraltar, que le ciel se couvrit de gros nuages et qu'un violent ouragan s'éleva. Ce n'était pas très-rassurant pour passer de nuit le détroit. Un accident vint encore compliquer la situation. Le feu prit au charbon entassé dans la soute. A cette nouvelle, les nombreux passagers de *l'Isly*, s'imaginant que la frégate allait être incendiée, perdirent la tête. Le tumulte gênait les ouvriers qui jetaient des seaux d'eau sur le charbon et le remuaient avec des pelles en fer. Pourtant, ils parvinrent à éteindre le feu.

Les vigies, armées de leur fanal, étaient déjà montées dans les haubans. La nuit était noire à ne pas distinguer une voile à une portée de fusil ; de nombreux bricks marchands passaient le détroit en même temps que nous. A chaque instant, les vigies signalaient : on n'entendait que ces cris : — Un feu à tribord ! un feu à bâbord !

La tempête devenant plus menaçante, le commandant de *l'Isly*, qui craignait de heurter quelque vaisseau, prit lui-même le porte-voix. Dès qu'il fut sur l'entrepont, la vigie lui cria d'une voix pressante :

— Un feu devant nous !

— Bon ! répondit le commandant par son porte-voix.

— A tribord ! cria de nouveau la vigie.

La machine de *l'Isly* exécuta un mouvement à gauche.

Mais tout à coup la vigie jeta un cri effrayant. Un brick emporté par l'ouragan venait sur nous, présentant son flanc à notre proue, sur laquelle il se serait infailliblement brisé, si le commandant, prévenu à temps par le cri de détresse de la vigie, n'avait immédiatement ordonné à la vapeur un mouvement en arrière, qui fut très-heureusement exécuté. Le brick marchand fut ainsi sauvé d'un naufrage certain.

Cette nuit d'émotion pour nous aussi bien que pour les matelots de *l'Isly* se passa sans autre incident ; nous sortîmes sains et saufs du détroit de Gibraltar. Le lendemain, nous voguions par un calme magnifique dans les eaux de la Méditerranée.

III.

Il nous fallut encore naviguer deux longues journées avant de découvrir les côtes de la province d'Oran. Le sixième jour, nous rencontrâmes de nombreux bancs qui ralentirent notre marche, mais qui nous indiquaient le voisinage de la terre. Rien de plus imposant que ces géants de pierres immobiles au sein de l'éternel mouvement, calmes au milieu des fureurs de la mer. On croirait voir un groupe de glorieux martyrs défiant les passions de leurs persécuteurs. Depuis des siècles, les vagues essayent d'engloutir ces masses granitiques ; mais après avoir mordu leurs pieds comme d'envieuses vipères, elles retombent impuissantes sur elles-mêmes et se retirent en rugissant pour recommencer avec le flux un nouvel assaut.

Nous jetâmes un cri unanime de joie en apercevant le redoutable fort de Mers-el-Kebir, qui s'avance en cap sur la Méditerranée. Il était temps d'arriver, car l'eau des tonnes commençait à se corrompre. Cependant nous dûmes attendre que l'oriflamme fût hissée au grand mât, et que la reconnaissance du navire par le commandant du port fût terminée. Des condamnés militaires à la tête cassée, à la barbe inculte, nous débarquèrent au rivage, où se pressait, mosaïque humaine, une population hétérogène de Français, d'Arabes, de Juifs, de Maltais. Notre premier mouvement à terre fut de nous précipiter sur les oranges des marchands espagnols.

Notre soif de Tantale apaisée, nous pûmes admirer à l'aise le port de Mers-el-Kebir, naturellement formé par un demi-cercle de roches dont les derniers anneaux courent sur la mer et vont s'y perdre, comme la pierre lancée par la main d'un enfant, qui disparaît après avoir ricoché sur l'eau. Les blanches maisons de Mers-el-Kebir, construites d'hier et adossées à une montagne dénudée, semblent indiquer à l'observateur qu'un nouveau peuple et une nouvelle civilisation sont venus s'abattre sur cette vieille terre d'Afrique.

CHAPITRE II.

Excursion dans les montagnes de Mers-el-Kebir.

I.

Les voyageurs européens qui veulent connaître l'Afrique et utiliser leur temps se gardent bien de suivre les routes et de prendre les diligences, car voici ce qui arrive invariablement par ce mode de transport. On vous invite à sortir de voiture aux montées, et Dieu sait s'il y en a ! On vous conseille, par prudence, de ne pas y demeurer aux rapides descentes, de sorte que vous faites, à peu de chose près, le chemin à pied, trop heureux encore si vous échappez aux pluies torrentielles assez fréquentes en Algérie, qui effondrent les routes et vous forcent à séjourner dans quelque bourgade. Pour éviter ces ennuis, il faut choisir un guide arabe ou un cicerone espagnol. Ces conducteurs savent par cœur les chemins de traverse, les mille sentiers des montagnes. Il est vrai que l'on risque parfois d'être détroussé ; mais la curiosité constituant le plus fort bagage des touristes d'Afrique, ils confient sans crainte leurs destinées à un sectaire de Mohammed ou à un compatriote du Cid.

Vingt-cinq lieues nous séparaient de notre destination, de Maskara, la cité d'Abd-el-Kader, situé à égale distance de la Méditerranée et du petit Désert. Nouvellement débarqués à Oran, nous allions tomber dans le traquenard des voitures, lorsqu'un Espagnol nous proposa de nous guider dans notre excursion et de nous louer des chevaux qui, à entendre son éloquent plaidoyer, étaient de vrais Pégases. Nous arrêtâmes les conditions avec lui, bien résolus de partir après quelques heures de repos. Mais le transport de nos bagages et la nécessité de changer de toilette nous retardèrent longtemps.

Pauvres Européens, que de difficultés ne devons-nous pas vaincre, que d'embarras à surmonter avant de nous mettre en voyage ! L'Africain ne prend pas tant de peine. Il marche nu-pieds, n'ayant pour tout vêtement qu'une guenille de laine jetée sur ses reins. Devant nous s'arrêta, pour nous narguer sans doute, un de ces voyageurs arabes à la physionomie austère, à la taille herculéenne, aux membres fortement maillés, véritable statue animée. Nouveau Diogène, il semblait nous dire, en considérant d'un air dédaigneux les détails de nos apprêts : — Que de choses dont je n'ai pas besoin !...

Enfin, après avoir fait longtemps piétiner nos chevaux, après avoir essuyé les reproches de notre guide, qui étouffa ses jurons dans de copieux verres de vin, nous partons... Mais à peine avons-nous franchi quelques mètres de terrain, qu'une discussion s'engage sur une proposition imprévue. Les uns veulent traverser les montagnes pour se rendre à Oran, les autres prétendent suivre la route. Prenant un moyen terme, il est décidé que les deux caravanes se réuniront aux bains de la Reine, à mi-chemin de Mers-el-Kébir à Oran.

II.

La journée s'annonçait magnifique. Une ligne orange éclairait faiblement l'horizon et semblait disputer le firmament aux nuages sombres de la nuit. Nous marchions silencieux, endormis comme la terre, en contournant le pittoresque village de Saint-André, habité par les pêcheurs de la côte. Mais lorsque nous fûmes engagés dans les montagnes, les cris lamentables de l'hyène et les aboiements plaintifs des chacals nous réveillèrent en sursaut. Par un mouvement instinctif, nous nous resserrâmes les uns contre les autres, en cherchant à distinguer dans la pénombre des monts les quadrupèdes qui nous avaient ainsi émus. Bientôt nous eûmes honte de notre pusillanimité, et les quolibets gaulois jaillirent à profusion.

— C'est une chose humiliante, — s'écria le docteur P..., grand amateur de contrastes, — que la civilisation transportée au sein de la barbarie, aux portes du désert, à la gueule des bêtes féroces. Voici un sauvage concert qui mériterait d'être noté par Félicien David.

Chacun alors ajouta son mot rabelaisien, sa réflexion plaisante ou philosophique. Mais les épigrammes s'amortirent aux difficultés du chemin. Il fallait songer uniquement à notre direction. Le terrain que nous parcourions était accidenté d'excavations profondes et de hauteurs à rampes rapides. Tantôt nous nous trouvions au fond de gorges et de ravins, entre deux chaînes de montagnes qui faisaient courir à perte de vue leurs blocs massifs et élevaient leurs cimes au ciel, puis des pentes escarpées, sur lesquelles nous voyions les mamelons dégringoler en s'étageant jusqu'à la Méditerranée.

Il était sept heures à peine, et déjà la chaleur africaine nous accablait : nous nous arrêtâmes quelques instants.

III.

A nos pieds rayonnait la mer ; ses vagues décrivaient de mobiles courbes autour des promontoires et s'engouffraient dans les criques de la rive. Les montagnes allongeaient leurs grandes ombres sur la rade, incessamment sillonnée par des bricks et des bateaux de pêcheurs. A l'orient, le soleil enflammait de teintes ardentes les versants rapides du *mont aux Lions*. Des nuages turbanisaient la tête de ce géant, qui domine une plaine tachetée de blancs marabouts [1].

Au delà de Mers-el-Kébir, la Méditerranée, perdant son détroit de rochers, figurait un incommensurable désert dont la monotonie d'aspect était seulement rompue par les zigzags des goélands et les voiles inclinant à l'horizon.

Parfois des nuages nomades, voilant subitement le soleil de leur gaze, découpaient leurs silhouettes sur la brise, que se disputaient en tremblant l'ombre et la lumière, et couraient comme des escadrons à l'assaut d'une redoute, sur les monts criblés de cavernes.

Les jeux bruyants de notre guide nous arrachèrent à notre contemplation. Il s'amusait à faire rouler d'une hauteur dans un ravin d'énormes granits : la chute de ces pierres était répercutée en coups de canon par l'écho sonore des montagnes.

Décidés à continuer notre excursion, nous nous aperçûmes qu'une partie de la caravane manquait. Nous avisâmes alors une masure isolée ayant la prétention de représenter une auberge au moyen de déplorables peintures, et nous attendîmes là les retardataires. Un quart d'heure après, nous vîmes déboucher des ravins les minéralogistes, les mains pleines de pierres précieuses ; les botanistes, couverts de fleurs sauvages embaumant les couches d'air qui nous environnaient ; les géologues, chargés de fragments schisteux de toutes nuances, sur lesquels reposaient des tortues prisonnières et se tordaient des caméléons à la robe chatoyante, opérant sous nos yeux de curieuses métamorphoses ; enfin l'arrière-garde, avec des collections de scarabées, de cigalons. Les montagnes d'Afrique sont un monde encore inconnu ; elles offrent mille secrets, mille richesses aux sciences.

IV.

L'heure passait rapide, et il fallut songer à notre rendez-vous des bains de l'Arène. Pour couper au plus court, notre guide nous conduisit par des ravins dont les anfractuosités nous déchiraient les pieds. Mais nous oubliâmes bien vite nos douleurs à la vue des êtres étranges qui animaient cette sauvage nature. Une famille arabe se dirigeait vers nous.

Trois enfants presque nus, la tête ornée d'un mahomet [1], marchaient à la suite l'un de l'autre, précédés d'un Arabe que couvrait à peine un burnous en loques. Derrière eux cheminait péniblement une femme voilée, qui portait sur son dos une peau de bouc gonflée d'eau. De ses draperies relevées en arrière et serrées aux hanches, elle avait fait une sorte de berceau de toile, dans lequel reposait un quatrième enfant. La pauvre esclave pliait sous le poids de son double fardeau. Ce tableau nous impressionna tellement, que nous offrîmes spontanément de l'argent à la femme arabe ; mais son ombrageux possesseur se jeta brusquement au-devant d'elle d'un air courroucé, comme s'il eût craint une tentative de corruption sur sa monture, qui n'avait certes rien de séduisant. Comprenant la susceptibilité de l'Africain, nous donnâmes la monnaie aux enfants. Leur père daigna alors nous adresser un remerciement en inclinant légèrement la tête ; puis il continua son chemin, nous laissant fort surpris de cette intraitable fierté du sauvage dans le dénûment le plus complet.

— O misère ! lèpre de l'humanité, châtiment de son ignorance et de ses crimes, s'écria notre ami le docteur P..., on te trouve donc partout, aux déserts de la barbarie aussi bien que dans les opulentes cités de la civilisation ! Quels sont les Œdipes qui te devineront, sphinx épouvantable, et t'anéantiront à jamais ! La science et le Christ. Mais la science, dont la lumière commence seulement à poindre, est encore loin d'une synthèse, et le Christ porte toujours sa croix sur son calvaire de dix-huit siècles !

V.

Le docteur P..., sans contredit le plus bavard de la troupe, aurait continué son discours philosophique, si nous ne l'avions laissé seul à pérorer pour aller au-devant de deux cavaliers arabes. L'un était couvert d'un manteau rouge, signe d'investiture et de commandement ; l'autre, d'un burnous brun. Le type purement arabe du premier contrastait étrangement avec le teint cuivré et les lèvres épaisses de son compagnon, dont le caractère se rapprochait beaucoup de celui du mulâtre. Il était de race berbère.

C'est vraiment une magnifique statue équestre qu'un Arabe à cheval ; la perfection des formes se révèle sous tous les aspects dans ce groupe, et l'on serait fort embarrassé de donner la palme aux jambes sveltes et nerveuses, à la robe veinée d'un sang limpide, à la tête fine et intelligente de l'animal, ou à la pose majestueuse de l'homme drapé dans son burnous et campé sur son coursier avec une telle aisance, qu'il semble y adhérer complètement.

Aux questions réitérées de notre guide, le manteau rouge répondit qu'il appartenait au bureau arabe d'Oran, et qu'il allait chercher un voleur dans sa tribu pour le conduire à la prison de cette ville. Les deux Africains paraissaient commodément assis sur leurs selles aux bords très-relevés, les pieds chaussés dans de larges étriers. Les talons de leurs temagnès (bottes) étaient armés d'un morceau de fer pointu, éperon terrible avec lequel on laboure le ventre des chevaux

---

[1] Les marabouts semés dans les plaines et sur les routes de l'Algérie, comme nos croix de pierre en France, sont de petites mosquées formées de quatre murs enchâssant un dôme octogonal.

[1] Un mahomet est une touffe de cheveux que les Arabes laissent librement pousser au sommet de la tête. Sans ce chignon, leur tête est du reste entièrement rasée.

1.

arabes. Ils en piquèrent leurs montures, qui partirent au galop et franchirent rapidement un mamelon.

Nous étions très-satisfaits de la route que notre guide nous faisait suivre. A chaque pas nous rencontrions des indigènes. Nous regardions avec intérêt les troupes de moukères assises sur des ânons et surveillées par leurs maris, marchant à pied derrière elles. Malheureusement pour notre curiosité, elles étaient entièrement enveloppées de leurs draperies. Quelquefois pourtant, cédant à une irrésistible coquetterie, elles laissaient flotter leur long voile en passant devant nous; mais nous ne pouvions distinguer leurs figures assombries par de maudits tatouages. Il y en eut une, entre autres, dont la physionomie maladive nous frappa. Ce fut un éclair. Épiée par son maître, elle s'ensevelit aussitôt dans son linceul.

Nous aperçûmes enfin les tentes enfumées d'un douar. Nous nous en approchâmes le plus près possible; une myriade d'enfants et de chicns nous reçurent en nous menaçant des yeux et des dents. Le chef se trouvait au centre de sa tribu, fumant gravement un chibouk. Son cheval, toujours prêt à le recevoir, était attaché à un piquet de sa tente. Notre présence ne le troubla nullement dans son impassibilité. Mais les jeunes filles de la tribu, plus curieuses, s'avancèrent vers nous. La plus audacieuse se distinguait par la blancheur tout occidentale de son teint, par la pureté de ses traits. La recherche de sa mise la désignait clairement comme la fille d'un cheik ou d'un caïd. Elle portait une tunique de lin serrée à la taille par une ceinture de soie jaune. Son pied chaussait une babouche brodée de brillantes arabesques. La transparence de son haïck de mousseline laissait voir les noires boucles de ses cheveux constellés de grappes d'argent, de cercles d'or accrochés aux oreilles, et ces éclatantes verroteries qui passionnent les femmes arabes. Comme toutes ses compagnes, elle avait le visage tatoué et colorié; mais ces barriolages ne suffisaient pas pourtant à voiler entièrement sa beauté. Elle nous charma en sortant impétueusement de sa tente un yatagan à la main. Bien persuadée qu'elle avait effrayé les roumis par sa mutine espièglerie, elle sauta follement en riant aux éclats.

Pendant ce temps, l'un de nos amis croquait la moukère, lorsqu'une horrible duègne à la poitrine ravinée, qui était sans doute chargée de veiller aux mœurs de la tribu, rompit le charme de la scène et brisa l'image ébauchée sur l'album du dessinateur en fondant comme un ouragan sur la pauvre fille et la rouant sans pitié des coups redoublés de son matiak (gros bâton). Pour se glisser sous la tente, la jeune moukère fut forcée de nous montrer une jambe admirablement faite, ce qui redoubla la fureur de la matronne.

Nous donnâmes quelques sous aux yaoulets (enfants) qui nous tendaient la main, et nous quittâmes la tribu. Une heure après, nous étions à notre rendez-vous des bains de la Reine, où nous retrouvâmes nos camarades lestés d'un bon déjeuner.

En nous attendant, ils avaient visité les galeries souterraines des bains, d'où sortent des sources d'eaux sulfureuses, et le point avancé de la côte de Mers-el-Kebir, où périt au douzième siècle Taschfin, fils et successeur du roi Aly, qui, après avoir été battu par Abd-el-Moumet, chef réformateur des abus politiques et religieux à la tête des Kabyles, chercha un refuge dans Oran. Ce prince voulut de là passer en Espagne, où son pouvoir était encore reconnu; mais en se rendant d'Oran à Mers-el-Kebir par un chemin dangereux, son cheval, effrayé du bruit des vagues, se précipita du haut d'un rocher, et Taschfin se noya dans la Méditerranée.

CHAPITRE III.

La route de Mers-el-Kebir à Oran.

Après nous être restaurés comme nos amis, nous montâmes tous à cheval pour continuer rapidement notre route.

Mais, avant de donner le coup d'éperon, nous jetâmes un regard d'adieu au pont des Soupirs de l'Arène, que le temps a construit dans le ventre d'une roche, couverte de mousse et criblée de trous, figurant une monstrueuse éponge. Sous les arceaux de ce pont naturel viennent mourir les flots de la Méditerranée, qui jettent leur blanche salive au sable en rendant un soupir éternel, comme la plainte de l'humanité, harmonieux et suave comme la parole à l'oreille de la femme aimée.

La route d'Oran, tracée entre la mer et les montagnes, est un éloquent témoignage de la puissance humaine sur la nature, de la force intelligente qui sait se frayer un chemin à travers des monts escarpés en ductilisant la matière inerte.

La voie de Mers-el-Kebir à Oran est toujours animée. De riches équipages magnifiquement attelés dont les portières soulevées par le vent vous montrent les yeux noirs et les lèvres roses d'une señora assise à côté de quelque heureux Français; — des juifs barbus coiffés d'un turban sale et pliant sous le poids de ballots d'étoffes; — des Espagnols au chapeau rond orné de pompons noirs cheminant sur leurs ânons; — des Arabes constitués comme l'Hercule Farnèse qui se rangent craintifs et sans détourner la tête sur votre passage; — des Françaises avec le petit bonnet de tulle et la coquette robe d'indienne. Ce vivant panorama se meut entre la Méditerranée, aux aspects variés, infinis, et la chaîne de montagnes qui serpentent jusqu'à Oran. Leurs crêtes sont couronnées par intervalles de masures en ruines, de citadelles démantelées, sentinelles de la côte, qui du reste est bien gardée. Le redoutable fort d'Oran, bâti en parallélogramme sur des roches que le battement séculaire de la mer a percées à jour et dentelées d'arabesques, de bizarres stalactites, fait des signes d'intelligence à son compère le fort Saint-Grégoire, perché en face de lui sur un pic inaccessible comme un vautour grillé par le soleil.

II.

Une ardente lumière jetait des cascades de feu sur les entablements brisés, les contours irréguliers des monts ouverts par la mine, et montrant, les uns leurs damiers de cristaux, les autres les mille veines croisées de leur marbre blanc et noir. Ces masses sont suspendues sur la tête du voyageur comme une incessante menace, — nouvelle épée de Damoclès ne tenant qu'à un grain de sable.

Nos chevaux semblaient éperonnés par les fantastiques légions de ces sphinx de pierre vomissant des flammes; dans leur fougue, ils luttaient de vitesse avec les sveltes goëlettes aux voiles gonflées de vent qui glissaient sur la nappe bleue de la Méditerranée.

Mais au coude de la route, par une brusque apparition, nous découvrons un pêle-mêle de maisons groupées sur un plateau et sur une colline, qu'elles montent jusqu'au sommet : c'est Oran. La surprise est agréable. Les gradins inférieurs de ces habitations décrivent une ellipse autour de la rade; les dernières bifurquent et se perdent en points blancs dans une vaste plaine.

CHAPITRE IV.

Oran à vol d'oiseau. — Le port, les mosquées, le quartier juif. — Le village nègre. — Le cimetière.

I.

Le port d'Oran, profondément encaissé dans la ville, est constamment peuplé de vaisseaux important en France des laines et des peaux ou en rapportant des vins, des eaux-de-vie. Au milieu des ballots et des barriques se mêlent les costumes de toutes les nations. Au moment où nous passions, les condamnés militaires au boulet étaient en train de construire une jetée. Ces travailleurs en veste grise étaient gardés par des soldats le fusil chargé, prêts à faire feu sur eux à la moindre tentative de fuite ou de rébellion.

La première rue d'Oran, qui commence à la douane, conduit par un plan très-incliné jusqu'à un rond-point d'où partent les ruelles, les unes courant à la mer, les autres dans les diverses parties de la ville et jusqu'à une montagne très-élevée dont le sommet est coiffé par le fort de Santa-Cruz, ancienne citadelle espagnole, comme son nom l'indique, communiquait autrefois avec Oran par un souterrain. Un tremblement de terre l'a entièrement démantelée.

L'intérieur d'Oran ne répond pas à l'idée enthousiaste que sa belle perspective inspire au touriste. Des maisons hautes et entassées, du sein desquelles surnagent les têtes orgueilleuses des minarets et les massives tours du château, des quartiers superposés les uns aux autres et séparés par un ravin; — des rues en escaliers suivant toutes les irrégularités du terrain; — des faubourgs sales et infects obstrués par des chameaux agenouillés, telle nous apparut la ville d'Oran dans notre passage. Sans doute une résidence de quelques jours nous l'eût montrée sous un jour plus favorable en nous révélant les beautés de ses édifices historiques et de ses promenades sur les bords de la mer, de ses jardins d'orangers et de lauriers-roses. Nous aurions admiré sa population hétérogène civilisée par un sentiment commun, le plaisir, — ses Mauresques, à la majestueuse stature, ses vives et fantasques Espagnoles, ses spirituelles Françaises, dont la grâce a depuis longtemps conquis ces Arabes. Mais obligés de nous rendre promptement à Maskara, nous ne pûmes que traverser l'antique et célèbre cité d'Oran, tour à tour placée sous la domination des Arabes, des Turcs, des Espagnols et des Français.

II.

Nous fûmes très-surpris du mutisme, du silence monacal qui règne le jour dans Oran. Pas de bruyantes paroles, pas une chanson, pas de rencontres, pas de poignées de mains d'amis : des soldats qui flânent et des négresses aux oreilles criblées de boucles, portant sur leur tête des gargoulettes remplis d'eau. L'activité se concentrait au port, la ville ne prend de gaîté et d'animation que le soir.

Notre guide eut l'heureuse idée de confier nos chevaux à l'un de ses compatriotes, pour nous faire visiter le quartier juif, composé de masures comparables pour la forme à des ratières, pour la disposition à une multitude de dés à jouer jetés au hasard, et décrivant dans leur capricieuse évolution une série de labyrinthes reliés entre eux par des galeries couvertes. Nous nous engageâmes à tout risque au milieu de ces catacombes juives.

Par les portes basses des habitations, nous pûmes saisir d'un regard furtif quelques scènes d'intérieur.

Entre quatre murailles nues se roulaient pêle-mêle sur un tapis usé une ménagerie d'enfants, témoignant hautement de l'incroyable fécondité de la race juive. Leur père, accroupi dans un angle obscur, les traits contractés, l'œil allumé, frottait à tour de bras d'une guenille un précieux joyau. Une matrone, courbée sur un fourneau creusé en terre, soufflait le feu pendant que ses filles pétrissaient une pâte mêlée de sucre, de figues et de raisins cuits. Cette famille israélite rampait un plancher couvert de vases en fer, de débris d'étoffes, de détritus et de poussière.

Une autre porte entrebâillée nous montra un vieillard au visage d'ascète, une Bible à la main, en train de psalmodier des versets d'une voix dolente. Il était entouré d'une nuée d'adolescents qui ânonnaient en branlant perpétuellement leur tête comme des Chinois de porcelaine.

Quelques maisons plus loin, on célébrait bruyamment une noce juive. Les témoins du mariage, pour éloigner du foyer des nouveaux époux le mauvais esprit, avaient imprimé, selon la coutume invariable en pareil cas, leurs mains teintes de rouge sur les blanches parois de la salle, éclairée par les reflets papillotants des ornements d'argent, des verroteries, des caftans brodés d'arabesques, des tuniques plaquées d'or, des éclatants costumes que portent les invités.

Les groupes bariolés de draperies multicolores offraient d'étranges rapprochements. À côté de rictus abominables d'usuriers se dessinaient les ovales purs des vierges d'Israël. Les masques ratatinés, les torses parcheminés de quelques juifs faisaient ressortir les chairs opulentes, les contours modelés, les radieuses lignes d'orgueilleuses femmes drapant leurs charmes dans des attitudes pleines de grâce. Une riche sandale, terminée en flèche, mordait à peine les ongles roses de leurs pieds d'une exquise finesse.

Au centre de la salle, une demi-douzaine de musiciens raclaient du rebab et battaient le tar[1] en accompagnant une danseuse vêtue de soie et de gaze, éblouissante de bijoux, dont les poses voluptueuses arrachaient des cris d'admiration à l'assemblée accroupie en rond autour d'elle. Les danses étaient intercalées de chœurs religieux entonnés par l'assistance.

Tout à coup les chants s'interrompent, les musiciens abandonnent leurs instruments, la noce se lève tumultueuse en poussant des cris d'alarme. Nous avions été découverts par les juifs, sur lesquels nous avions produit l'effet de la bête de l'Apocalypse. Nous nous retirâmes prudemment. Mais les femmes, s'imaginant que nous fuyions, hurlèrent après nous un jargon discordant et incompréhensible. Elles nous reprochaient sans doute d'avoir violé leur sanctuaire. Nous nous retournâmes alors en faisant bonne contenance. Cet air assuré en imposa aux filles d'Israël; elles s'enfuirent craintives l'une après l'autre en battant les murailles.

Arrivés à l'extrémité de la galerie, nous pûmes enfin sortir de cette nécropole habitée par des vivants, il nous fut permis de respirer le grand air et de revoir le soleil.

III.

Après quelques circuits, nous nous trouvâmes au pied de la grande mosquée Mohammed, qui élève orgueilleusement jusqu'aux nues son minaret à plusieurs étages couronnés de balcons. Nous pénétrâmes par un portail échancré de losanges, d'encorbellements peints, dans une grande cour au milieu de laquelle jaillissaient d'un bouquet de fleurs très-habilement sculptées les eaux d'une fontaine. Des Arabes se lavaient les pieds et les mains dans les bassins de marbre blanc, ablutions prescrites par le Koran avant la prière.

Une odeur nauséabonde nous fit tourner la tête du côté de la cour où l'on avait établi une douzaine de baraques entre des colonnes qui supportent les galeries supérieures, les bâtiments de service de la mosquée. Au seuil de ces baraques de voyageurs, les pèlerins préparaient leur cuisine, raccommodaient leurs burnous en loques, pansaient leurs pieds déchirés par les cailloux et les ronces du chemin avec un sans-gêne qui nous aurait fort surpris si nous n'avions su que les mosquées sont tout à la fois école, hôtellerie, hôpital, couvent et lieu de prières.

Nous détournâmes les yeux de ce triste tableau, et nous nous dirigeâmes vers la porte de la mosquée. Mais un marabout nous prévint en nous faisant comprendre par signes que nous n'entrerions qu'après avoir ôté nos bottes. Il nous fut cependant permis d'examiner de l'endroit où nous étions l'intérieur de cette mosquée, vaste salle aux murailles nues et blanchies, divisée en huit rangées parallèles de colonnes à arcades en ogive qui paraissaient écrasées par un plafond très-bas. Un iman prononçait la prière du haut du khoubé (tribune) et s'arrêtait de temps à autre pour laisser le temps aux fidèles, accroupis sur des tapis, de se tordre les reins par trois fois en embrassant le sol.

[1] Tambour de basque.

Entraînés par la curiosité, nous avions fait quelques pas dans la mosquée malgré la défense du marabout; mais nous fûmes forcés de rétrograder immédiatement devant un groupe d'Arabes qui nous entoura et braqua sur nous un regard qui n'avait certes rien de chrétien. Nous nous empressâmes de sortir de la mosquée Mohammed.

IV.

Nous fîmes un détour pour traverser le *village nègre* établi à la porte d'Oran. C'est une agglomération de tentes, de huttes en pisé couvertes de branchages, et de maisons carrées trouées de meurtrières. Des noirs chargés de hamacs passaient à tout instant devant nous; des femmes arabes, accroupies à l'entrée de leur gourbi, humaient l'air avec délices.

Rien n'étonne comme la vue d'une bourgade arabe après avoir visité un quartier juif. Le sectaire de Moïse paraît humble; sa démarche est glissante, tortueuse; il cache ses richesses sous un faux air de mendiant et un caftan déchiré. Le disciple de Mohammed montre un orgueil intraitable. Il a le regard fier, je vous assure; il se drape orgueilleusement dans sa misère. Le juif est casanier; il aime l'obscurité, la paix, la vie d'intérieur; il n'a d'entrailles que pour sa famille. Sauf les rapports d'exploitation, le reste de l'humanité lui est étranger. L'Arabe, au contraire, méprise la vie du foyer. Il lui faut avant tout la chaleur des rayons solaires et la libre course au milieu des montagnes. Dès l'aube il sort de sa tente pour sillonner les chemins aux larges horizons. Il passe la plupart de ses nuits à la belle étoile enveloppé dans son burnous. Il s'enthousiasme d'une croyance, fait le voyage de la Mecque et revient *hadji*. On le voit, ce sont des races aussi antipathiques de mœurs et de caractère, aussi distinctes de nature que le singe et le lion. Aussi leurs haines inexplicables se traduisaient-elles en actes cruels lorsque les Arabes possédaient l'Afrique. Les juifs de ce pays étaient taillables et corvéables à merci.

V.

Avant de remonter à cheval, nous voulûmes rendre une visite aux Français qui ont imprégné de leur esprit et engraissé de leurs os la sauvage Afrique. Le cimetière d'Oran, hélas! est trop peuplé de ces pèlerins de la civilisation en grande majorité frappés par le choléra.

— L'année dernière, nous dit un fossoyeur à la figure enluminée, trois compagnies suffisaient à peine à ensevelir les cadavres.

À côté de guerriers dont les tombes célèbrent pompeusement les exploits, on voit d'humbles croix de bois sur lesquelles sont peintes des inscriptions de ce genre: *Ici repose Marie!* ou bien tout simplement *Louise*, — *Eugénie*, — *Clotilde*. Ce sont de pauvres vierges folles qui, après avoir égrené leur brillante jeunesse au vent des folies humaines, viennent terminer leur existence désabusée, enterrer leurs rêves dorés en Afrique. Un morceau de bois planté en terre sèche, sur une tombe oubliée, voilà la fin! Si peu de regrets lorsqu'on a inspiré tant de passions! Pas une fleur sur ce qui reste de la vie et feuillée les roses sur le chemin de la vie!

Nous ne fîmes pas longue station dans le cimetière d'Oran: la mélancolie nous gagnait; mais par une mystérieuse influence de la sensation ou l'esprit, mes idées prirent un autre cours aux chauds rayons du soleil qui montait à l'horizon. En sortant du champ de ténèbres, le docteur P... s'écria comme le vieux Gœthe expirant: De la lumière, Seigneur, plus de lumière!...

CHAPITRE V.

Arabes. — Les colons. — Le roman de l'auberge. — Les villages. — Les champs. — Les chotts. — Les voyageurs.

I.

Nous galopons enfin sur la route, bordée d'aloès et de cactus. Le regard erre dans les immenses plaines d'Oran, cerclées par des monts dont les cônes altiers rayent l'horizon. Nous traversons la Sénia, village situé au centre d'un plateau qui fait onduler ses nappes dorées jusqu'à une chaîne de mamelons étagés les uns sur les autres. Les colons de ce bourg sont Espagnols et Français. Ceux-ci se reconnaissent facilement à leur physionomie ouverte, à leurs allègres mouvements. Nous causâmes quelques instants avec eux de la beauté des blés et du rapport des terres.

— Le bon Dieu, nous dirent ces braves gens, a eu pitié de nous. Après trois années de sécheresse qui nous avaient ruinés en nous forçant d'emprunter des capitaux juifs à 30 pour 100, il nous a envoyé des pluies en abondance. La merveilleuse récolte que nous allons faire nous dédommagera. Voyez, du reste, les épis qui couvrent les champs, et jugez vous-mêmes de ce qu'on peut faire produire à la terre africaine avec un peu d'eau.

Très-heureux de la bonne fortune de nos compatriotes, nous voulûmes leur dire adieu; mais il fallut absolument trinquer à la patrie absente, à la France!

Valmy-le-Figuier suit à une heure de distance la commune de la Sénia. Imbus des préjugés ordinaires sur l'Afrique, nous nous étonnions de la fertilité de son sol. C'était une suite de champs d'orge et de blé dont notre regard n'atteignait pas les limites. Pourtant il y avait de tristes contrastes. Près de ces lacs d'or et de verdure miroitaient au soleil les nappes d'eau salée des *chott* [1].

II.

En s'éloignant d'Oran, on se trouve entre deux chaînes de montagnes qui, resserrant graduellement leurs anneaux diaprés de mille nuances, font une nature des plus pittoresques. A leurs pieds sont semées les tentes des tribus. Ces toiles tendues apparaissent, au milieu de parcs de figuiers, de caroubiers et d'oliviers. C'est d'un effet enchanteur, mais l'heureuse illusion s'envole vite au spectacle de villages en ruines et couverts de pariétaires. Rien de plus triste que ces masures abandonnées de leurs habitants, que ces repaires arabes détruits de fond en comble dans la grande lutte que chacun sait!

La route est sillonnée par des Africains voyageurs qui viennent de Mascara ou du Sig et se rendent à Oran. Ils passent rapides comme l'éclair à côté de nous, en faisant flotter leurs blanches draperies sur la croupe de leurs chevaux lancés au galop. — De nombreuses caravanes de chameaux traversent la plaine et dévorent l'espace d'un pas régulier, en allongeant leurs têtes stupides. Femmes, enfants, tentes, ustensiles, les *vaisseaux du désert* portent sur leur dos d'airain tout le personnel et tous les bagages des tribus nomades qui, inconstantes comme l'oiseau, vont se désaltérer à une autre source, s'abattre dans une nouvelle oasis.

Parfois nous abandonnions la route et prenions des chemins de traverse, près desquels étaient dressées les tentes des tribus.

Des marabouts (prêtres arabes), accroupis sur des nattes et le visage au levant, prient le Dieu de Mahomet absorbés dans une fervente contemplation. Une armée d'enfants coiffés de la rouge chachia, le corps mal couvert d'une longue chemise sale et déchirée, rampent dans des attitudes de singe. A la porte des huttes se montrent des négresses à côté de majestueuses Rachels aux costumes bariolés d'une mosaïque de couleurs à défier les coups de brosse les plus fougueux de Delacroix. Surprises dans leur fantasia par notre regard indiscret de *roumi*, ces femmes rentrent vives comme des gazelles sous la toile enfumée de leurs tentes, où elles ensevelissent les élans de leur cœur et l'éclat de leur beauté!

Perdant déjà notre caractère occidental, nous passons muets, écoutant, regardant et rêvant! Le docteur P... lui-même oublie son inépuisable loquacité! Comme nous, il contemple émerveillé les plans et les lignes grandioses de la nature africaine que baigne une lumière limpide, ces vastes plaines coloriées de teintes éclatantes, ces chaînes de montagnes qui font serpenter en bleuâtres perspectives les anneaux infinis de leurs mamelons sous le dôme profond d'un ciel azuré!

III.

Nous ne rompîmes le silence qu'au bourg du Tlélat, traversé par une petite rivière qui rarement se montre l'eau; car on a l'outrecuidance d'appeler rivière, dans ce pays du soleil, un ravin qui roule un mince filet liquide pendant deux ou trois mois de l'année. Nos chevaux couverts de poussière ayant besoin d'être pansés, nous les confiâmes au garçon d'écurie d'une auberge qu'on nous avait désignée pour être la meilleure de l'endroit; là nous nous fîmes servir à dîner.

A notre table se rencontra un capitaine du génie avec lequel, après quelques banales politesses, nous engageâmes une conversation plus sérieuse en lui communiquant nos impressions de voyages, notre tristesse à l'aspect de cette fertile nature gâtée par d'infects marais.

— Messieurs, nous dit-il, je viens précisément à Tlélat avec la mission d'assainir ce pays par des travaux de desséchement et d'irrigation, et d'en chasser les terribles fièvres qui l'ont dépeuplé l'année dernière.

— Je crois bien! — s'écria notre hôte, — gros animal à tête de bouledogue, à poitrine de taureau. — Sur les vingt colons belges de Tlélat, je suis le seul qui ait échappé à la camarde.

— Si les colons avaient ouvert des tranchées pour faciliter l'écoulement des eaux corrompues, creusé quelques canaux, les fièvres n'eussent pas sévi si cruellement. Mais, je l'espère, cette année les marais disparaîtront et avec eux le terrible fléau qu'ils engendrent. Quelque difficile que soit ma mission, je l'accomplirai ponctuellement jusqu'au bout, car le salut de la population colonisatrice de l'Afrique en dépend. — Du reste, messieurs, ne vous effrayez pas trop au premier aspect, et croyez que ce climat a été sensiblement amélioré et assaini par les travaux de la France. Nul doute que d'ici à quelques années on ne vienne habiter l'Afrique comme l'Italie, comme l'Espagne. Ce sera la gloire éternelle de ma patrie d'avoir transformé un climat insupportable et d'avoir civilisé l'un des pays les plus arriérés du globe!

[1] Petits lacs d'eau salée.

Notre capitaine, dont le visage rayonnait de l'enthousiasme du bien, nous avait tous pénétrés d'admiration. Quel sentiment du progrès, quel dévouement à la science, maîtresse des destinées du monde, quel prêtre de la vraie religion!

Le dessert nous fut apporté par une blonde jeune femme à l'ovale pur, à la figure suave, dont la délicate bonté nous surprit fort dans un tel lieu. Aussi lorsqu'elle fut sortie de la salle, l'un de nous ayant jeté cette indiscrète exclamation : — Ravissante personne! notre hôte, d'une loquacité inépuisable, en prit texte pour nous accabler de son jargon.

— C'est ma femme! — fit-il en drapant orgueilleusement son double menton. Elle est toute jeune, vingt ans à peine. Il n'y a pas six mois *que je l'ai...* depuis que son père et son frère moururent du choléra. La pauvre jeune fille était sans pain, sans ressources. Je la pris à mon service; elle me convint et je l'épousai... à la mode d'Afrique, il faut dire, car j'ai laissé une femme de six pieds en Belgique.

Et remarquant la mauvaise impression que ces cyniques paroles produisaient sur nous, qui n'étions pas encore moralement acclimatés, il reprit :

— Il ne faut pas que ça vous étonne, messieurs. Sur cent *associations* africaines, vous n'en trouveriez pas vingt légitimes. Nous nous ressentons du voisinage de la polygamie de Mahomet. Le *mariage d'Afrique* est passé en us et coutume, comme qui dirait le treizième arrondissement de Paris. On n'a pas le temps de se marier ici avec de longues formalités. On vit fiévreusement, avec l'espoir de deux chances qui raient rarement : *la fortune ou la mort*, deux heureuses solutions, parce qu'en tout cas on n'a plus besoin de rien. — Tenez, ajouta-t-il pour s'excuser de sa scandaleuse liaison avec cette candide enfant, vous ne connaissez pas toute ma famille. J'ai un fils aussi, un autre orphelin que j'ai recueilli. — Et il appela de sa voix de stentor. Un jeune homme à l'air triste et la jeune femme accoururent tremblants.

— Ah! ah! — s'exclama en riant notre hôte, — voilà le couple! N'est-ce pas qu'ils sont gentils?... Eh bien, quand je n'y serai plus, quand le choléra m'aura camardé, les jeunes gens se marieront. Voilà!

A l'embarras mal dissimulé du jeune homme, à la subite rougeur de la jeune femme, nous devinâmes le roman de l'auberge. — L'amour n'avait pas attendu la mort. — Mais a-t-il pu purifier l'angélique créature du contact de cet être grossier dont le cœur était pourtant généreux?

Pour ne pas augmenter le trouble des jeunes gens, nous nous empressâmes de solder la carte. L'insupportable colon belge nous poursuivit jusqu'au dehors. Nous étions à cheval qu'il nous parlait encore.

CHAPITRE VI.

La forêt d'Ismaël. — La vie et la mort de l'Arabe. — La tente et le cimetière. — Les zéphyrs. — Le marabout et sa moukère.

En sortant du bourg de Tlélat, nous découvrîmes un village dont les maisons, en très-bon état, paraissaient abandonnées. Il y avait une tribu près de ces habitations. Nous demandâmes à notre guide l'explication de ce phénomène, et il nous répondit que l'administration française avait poussé la complaisance jusqu'à bâtir des maisons pour inviter les Arabes à sortir de leurs abris de toile, mais que ceux-ci les avaient habitées quelques jours seulement; ils les avaient quittées en prétextant que les insectes se multipliaient dans les demeures de pierre, mais en réalité pour ne rien emprunter à notre civilisation et pour revenir à leurs sauvages et simples habitudes, dont la pratique est liée à leur religion. Cet incident nous fit comprendre l'extrême difficulté de civiliser un peuple si hostile aux mœurs européennes.

Mais la nature change d'aspect, et l'arbre que nous croyions un mythe en Afrique se découvre enfin. Ce sont les premiers arbustes de la forêt d'Ismaël, célèbre par les terribles luttes entre les Français et les Arabes dont elle a été le théâtre. Hautes futaies, majestueux chênes de Fontainebleau, où êtes-vous ?... Qui a donné dans vos grandes ombres vous compare involontairement à ces buissons nains et rabougris des forêts africaines.

Quoi qu'il en soit, nous éprouvons un véritable plaisir à reposer notre vue sur quelques arbres-arbustes dont les gerbes sont intercalées d'herbe. C'est toujours un peu de verdure, et d'ailleurs, à mesure que nous avançons, la forêt d'Ismaël justifie toujours mieux son nom. Les oliviers aux fleurs odoriférantes se multiplient, les saules pleureurs trempent leurs branchages échevelés dans les ruisseaux; caroubiers, grenadiers, chênes surgissent çà et là des touffes d'arbustes. Et puis, soyons justes envers la forêt d'Ismaël, il faut lui tenir compte du tribut qu'elle a payé à la guerre, à la conquête. Autrefois ses peupliers dressaient leurs orgueilleuses têtes à l'horizon, ses armées de pins montaient à l'assaut des mamelons. Mais le soldat a campé dans la forêt, il a dû réchauffer ses membres engourdis par la fatigue et les nuits fraîches, et n'ayant pas le temps d'abattre chaque arbre de la cognée, car le lendemain il devait se lever pour combattre, il a frotté une allumette chimique contre une branche qui a communiqué le feu à une partie du bois; l'incendie a dévoré arbres et broussailles et chassé les Africains des tanières où ils s'étaient embusqués. Plus d'un combat s'est livré au milieu de ces flammes qui consumaient le corps du vaincu à peine à terre. Mais aujourd'hui sentant le besoin de reconstituer ces forêts si utiles au climat, on a créé des gardes chargés de veiller à ce que personne n'ampute le corps de ce vieux guerrier mutilé qu'on nomme le bois d'Ismaël.

Au point central du bois, sur la lisière de la voie qui le traverse dans son parcours de deux lieues, s'est élevée une auberge française d'assez bonne apparence, et qui a pour enseigne : *Au clair de la lune*. Près de cette auberge, deux bataillons avaient pris leur étape et faisaient leur cuisine en plein vent. C'étaient de *joyeux zéphyrs* (compagnie de discipline) et des soldats de la légion étrangère.

Plus loin et très à l'écart des *uniformes français*, reposent des familles arabes parties le matin de Biaskara, et qui arriveront le soir à Oran. — Dans l'ombre épaisse d'un caroubier est étendu un marabout, égrenant religieusement un chapelet près de sa voluptueuse Mauresque, qui, en entr'ouvrant son voile, nous permet ainsi d'admirer à l'aise un délicieux visage. Sa babouche, rejetée de côté, laisse voir son petit pied rose et le serpent d'or qui enroule ses anneaux éclatants autour de sa jolie jambe.

O prêtre de Mahomet, quel dieu que celui qui se révèle à toi par cette créature dans les extases de l'amour!... La vive et limpide lumière qui jaillit de son regard brille comme celle que tu adores à l'orient, et le paradis qui t'est promis par ton prophète ne te donnera pas des yeux plus noirs, plus étincelants, ni un plus voluptueux sourire! Abaisse sur la terre ton regard perdu dans l'horizon vague; vois ces tentes grises noyées dans les taillis de la forêt, ces vertes armées de pins et de caroubiers, qui courent en désordre et se perdent au milieu de terrains ravinés; ces chèvres broutant tranquillement au-dessus des abîmes, ces troupeaux de chameaux aux tuberculeuses échines, qui viennent dociles, aux coups de sifflet, se ranger aux côtés de leurs maîtres. Adore la femme et la nature dans la plus vive expression de beauté que Dieu leur ait donnée!

II.

La forêt débouche sur les admirables et fertiles plaines du Sig, où coule une rivière à la source toujours abondante. Ces incommensurables plateaux du Sig sont coupés de canaux d'irrigation qui arrosent des milliers d'hectares d'orge, de blé, de maïs, de tabac, divisés par losanges et par quadrilatères. Pour la fertilité, ils ne peuvent mieux être comparés qu'à la Beauce française; mais les plaines de la Beauce paraîtraient étriquées à côté de celles du Sig, vastes comme la mer. — A une distance infinie, une ligne de roches estompe l'horizon, et tournant du couchant au levant, encadre circulairement ce merveilleux bassin, qui arrache des cris d'admiration aux touristes.

A deux portées de fusil d'Ismaël, latéralement au pont du Sig suspendu au-dessus d'un ravin, nous aperçûmes des Arabes qui priaient en faisant force génuflexions et force saluts jusqu'à terre.

Ces personnages se trouvaient au centre d'un amas de pierres de toutes formes, de toutes dimensions, que certes l'étranger ne prendrait jamais pour un cimetière, mais bien pour une véritable carrière. Ce sont pourtant des tombeaux arabes. Un combat sanglant s'est livré dans le champ qu'occupe le cimetière, éloigné de toute tribu, signalé seulement par un marabout. Les troupes françaises ayant éprouvé un échec dans la forêt d'Ismaël battirent en retraite, cernèrent le bois, et les Arabes, fiers de leur avantage, sortirent follement de leurs retraites et se jetèrent dans les lignes de zouaves, qui en firent un épouvantable massacre.

Là où tombe le guerrier arabe, il est enterré. La chute de son corps marque son tombeau. Simple dans la mort comme dans la vie, que faut-il à l'Arabe? Un peu de laine pour le vêtir, un morceau de toile pour l'abriter; — pour vivre, du couscoussou, quelques grains d'orge écrasés entre deux pierres, qui ornent toutes ses sépultures. — Civilisés, avec vos besoins complexes, votre nature amollie par les jouissances et le bien-être, imitez donc cette race d'Ismaël, dure comme ses montagnes, sobre et résignée comme les chameaux, simple comme l'antiquité.

Cependant nos Arabes, penchés sur la tombe de leurs morts, psalmodient des versets du Koran. Puis profond silence, lèvre muette, corps immobile. Ils semblent se recueillir et causer avec les trépassés. Rien ne les distrait de leur mystérieuse conversation, ni le soleil qui brûle, ni le curieux voyageur qui regarde.

La route coupe la pittoresque ville du Sig, dont l'aile droite est appuyée à de hautes montagnes et au *Bois sacré*, où les Arabes défirent complètement les Espagnols longtemps avant l'occupation française; celle où gisent les Sig à de fertiles plateaux. Un groupe bruyant d'Arabes stationnait à la porte d'une auberge. Au milieu de ces Arabes, un Français parlait et gesticulait en s'évertuant à leur faire entendre raison. Le colon français avait pris ces indigènes pour moissonner ses champs d'orge, mais il ne voulait pas leur donner le prix convenu; il prétendait qu'ils n'avaient pas bien employé leur temps. Le colon ne ménageait pas à ces individus les épithètes désobligeantes Cependant il exceptait de son vocabulaire un pauvre vieux nègre, au torse nu, qui semblait échigné de fatigue, de misère, et qui pourtant était plus laborieux que les robustes Arabes. Ceux-ci, restant impassibles aux mauvais traitements, réclamaient avec sang-froid et persistance leur salaire. Ils finirent par l'arracher des mains du colon et s'enfuirent vers leur tribu.

Comme nous nous étonnions de l'aspect misérable de ces Arabes en guenilles qui récoltaient cependant de bonnes journées : — Que voulez-vous? fit le colon avec humeur, ils gagneraient le double et le triple qu'ils auraient l'air aussi misérable. Mais ne vous y trompez pas; ils sont riches pour la plupart. Tout l'argent que les *roumis*, comme ils nous appellent, leur donnent, ils l'enfouissent en terre, dans les silos, jusqu'à ce qu'ils aient une somme assez ronde pour acheter une femme et un cheval. Lorsqu'ils ont un cheval, ils désirent un mors argenté ou une selle dorée. Mais d'habillements, *macach* (non). C'est vraiment dommage de faire gagner des oiseaux-là; mais on y est bien forcé, puisqu'on ne trouve pas de bras dans ce *maudit pays*. Un instant après, oubliant ses imprécations contre ce *maudit pays*, l'avare colon m'avoua naïvement qu'il était seulement depuis quatre années en Afrique, et qu'il y avait gagné durant ce laps de temps sa maison et une belle propriété.

Nous saluâmes le colon et nous continuâmes notre chemin.

A un kilomètre de cette ville se trouvent les bâtiments spacieux et bien ordonnés de la *ferme modèle* fondée et développée par d'intelligents disciples de Fourier. Sa façade extérieure regarde la route; entre deux lignes de saules et à ses pieds coule la rivière du Sig, qui fournit abondamment l'eau à tous ses canaux d'irrigation. Aussi ses terres, ses jardins et ses vergers sont-ils d'une pousse vigoureuse, d'une verdeur, d'une production étonnantes.

CHAPITRE VII.

Le proscrit. — Son église. — Dieu est grand!

I.

Nous quittons les plaines du Sig et commençons à grimper les rampes boisées d'Ibrahim. De mamelons en mamelons, par des chemins tortueux, effondrés, où nos chevaux trébuchent à chaque instant au bord d'effrayants ravins, nous montons jusqu'au pic de Biskara. Plus de voyageurs, plus de voitures; seulement, présage certain que la route n'est plus sûre, — de distance en distance, des postes arabes chargés de la sauvegarde des voyageurs. — S'il leur arrive malheur, s'il se commet un meurtre, les caïds, les chefs des tribus placées près du théâtre du crime doivent, *sur leur tête*, trouver et livrer le coupable. Et préalablement on frappe ces tribus d'un impôt assez onéreux, qu'il leur faut immédiatement payer. On a ainsi rendu tous les Arabes solidaires de ceux qui les intéressent à déjouer, par une surveillance active, tout guet-apens tramés contre les Européens. Toutes ces mesures n'empêchent pas que trop fréquemment il ne se commette encore des meurtres dans ces montagnes; mais la vigilance des caïds et la répression exemplaire infligée aux scélérats en font de jour en jour diminuer le nombre.

On voit perchée sur la crête du mamelon de Biskara une misérable cabane habitée par un Européen qui vend des rafraîchissements aux voyageurs épuisés par la fatigue et la chaleur. Nous étant arrêtés pour faire souffler nos chevaux haletants, cet étrange ermite nous invita à entrer chez lui.

Sa cabane, entièrement construite en terre de Sienne, est distribuée en deux pièces parallèles, la première servant de basse-cour et de cuisine, la seconde de buvette. Au centre de cette dernière chambre, mal éclairée par un œil-de-bœuf, une table sur laquelle étaient rangées en bataille une collection complète de bouteilles de sirops et de liqueurs, le portrait d'Espartero, gravure qui nous révéla la religion politique de notre hôte, et deux fusils basques, tel était l'ameublement de la hutte. Nous comprîmes qu'il y avait là une existence brisée, un naufrage humain. Notre solitaire, après quelques questions indiscrètes, confirma lui-même nos prévisions. Il était Espagnol, noble et progressiste. Chef des bandes d'Espartero, après avoir longtemps combattu avec avantage les christinos, trahi par les siens, défait, poursuivi de ville en ville, condamné à mort par contumace, sa tête mise à prix, il s'était soustrait à toutes les recherches et avait pu s'embarquer sur une tartane qui faisait voile pour l'Afrique. Là, sans profession, sans ressources, ne sachant que guerroyer, ruiné, car ses biens avaient été confisqués, n'ayant plus ni patrie, ni amis, ni famille, car sa femme était morte de douleur, il avait pris la résolution de ne jamais revenir en Europe et de vivre solitaire avec Dieu; oubliant dans ce désert de montagnes, comme il nous le disait, et la scélératesse et la stupidité humaines. Cependant sa plaie n'était pas bien fermée; son cœur n'était pas entièrement mort au monde, il saignait encore au souvenir de la patrie, des affections et des enthousiasmes perdus. Et lorsqu'il nous dit : — Un jour le voyageur qui verra une croix plantée à la place de cette hutte, au milieu de ces cimetières arabes, pensera qu'un criminel ou un excommunié de la civilisation a pu seul vivre ici... — deux larmes s'arrachèrent de ses yeux flétris, roulèrent dans les rides de son visage, que les douleurs avaient profondément creusées, et sa tête chauve s'inclina sur sa poitrine.

II.

Le récit du proscrit, dit avec simplicité et franchise, nous émut à ce point, que nous allions mêler nos larmes aux siennes, lorsque la subite entrée d'un Arabe fit diversion à notre émotion. Nous reconnûmes sa fonction sacerdotale de marabout à ses deux chapelets passés autour du cou : l'un en bois à énormes grains, dont les séries étaient marquées par des croissants d'argent; l'autre en morceaux de cuir, petits carrés reliés entre eux par des sachets renfermant des versets du Koran, — signe d'investiture, précieuse amulette. Quand le marabout nous vit, il voulut se retirer; mais l'Espagnol le retint par son burnous et lui dit : « *Ali, mté roumi*[1] ! »

L'aubergiste du Tlélat.

L'un de nous s'avança vers le marabout et lui demanda s'il n'aimait pas les Français. Après nous avoir scrutés du regard pour s'assurer que sa franchise ne serait pas châtiée, il répondit sèchement : « *Macach*[2] ! »

— Ne vous étonnez pas du fanatisme d'Ali, nous fit observer l'Espagnol, c'est un ancien et fidèle compagnon d'Abd-el-Kader.

A peine ce nom fut-il prononcé, que la physionomie du marabout s'assombrit : sa figure longue et osseuse accusa plus énergiquement ses contours; ses yeux caves brillèrent d'un fanatisme ardent. Il les leva au ciel d'un air désespéré, mais fataliste et résigné. Il revint à son état normal, et sa physionomie ne trahit plus aucune émotion.

Nous sortîmes tous de la buvette. Le marabout nous suivit; il nous fit comprendre qu'il avait l'honneur d'être chef de poste en nous montrant fièrement une plaque de cuivre, titre de sa dignité, et le gourbi[3] sous lequel étaient étendus deux Arabes, leurs fusils aux côtés, manière orientale de monter sa garde.

— Comment, dîmes-nous au proscrit espagnol, pouvez-vous vivre sans crainte dans ces montagnes, loin de toute habitation, au milieu de ces tribus?

— Messieurs, nous répondit-il, je suis plus en sûreté ici que dans une ville européenne. Les Arabes me connaissent maintenant et me regardent comme un des leurs. Ils sont pour moi une famille de frères. Je dois dire cependant que dans le principe mon établissement a été difficultueux, périlleux même. Les tribus ne voyaient pas sans répulsion qu'un roumi eût eu l'audace de venir s'établir parmi elles, de profaner de sa présence leurs montagnes sacrées. Plus d'un caïd fut alors forcé de châtier des Arabes qui me menaçaient de

[1] Ali, bon chrétien.
[2] Non!
[3] Hutte en pisé.

mort; mais je parvins peu à peu à faire comprendre aux chefs, aux marabouts eux-mêmes qu'enrôlés sous la bannière du Christ ou sous le drapeau de Mahomet, nous adorions un Dieu unique, que toutes les religions ne sont que des voies diverses menant et convergeant vers un but commun : la sainteté de la vie par l'amour de son auteur. Je leur parlai du Koran, que j'avais lu en entier, et leur rappelai que Mahomet avait été forcé de reconnaître la sublime mission du Christ sur la terre. — Moi qui autrefois étais si absolu, par nécessité, pour ne pas être dévoré par ces barbares, je devins tolérant. Ce sentiment purifia mon cœur de toute haine, élargit ma pensée, qui, dégagée de toute forme, s'élança dans les régions de l'infini. Je compris mieux la nature divine, ses plans grandioses, éternels, et je me consolai des tortures qui m'avaient été infligées par des hommes d'erreur ou de petites passions.

Les Arabes, quoique en général très-fanatiques, s'habituèrent pourtant à me voir, et ils ne me désignèrent plus que comme *le bon chrétien*. Tenez, ce marabout Ali m'aime particulièrement; mais je n'ai pu le gagner à mes idées de tolérance et d'amour universels. Je lui reproche sans cesse son ardent fanatisme pour Abd-el-Kader. Il répond invariablement à mes remontrances : « L'Arabe est fidèle à son prophète et à son émir. » Et je ne me sens plus alors la force de le combattre, moi qui jadis avais pris pour devise : *Christ et liberté!* La liberté, hélas! je ne l'ai trouvée que dans ce désert!

Cet homme étrange, ce philosophe unique au monde peut-être, nous semblait un phénomène psychologique curieux à étudier. Nous le questionnâmes encore.

— Perdu dans ces solitudes, vous devez vous ennuyer mortellement?

— Regardez! nous dit-il.

III.

Nous étions placés au sommet d'une échelle de pierres, dont les degrés étaient marqués par des masses qui dégringolaient longtemps jusqu'aux plaines du Sig où le rayon visuel se noyait. Au sud moutonnaient les montagnes d'Ibrahim, couronnées d'archipels de verdure : c'était une éblouissante et indescriptible palette. Le soleil versait une lumière opale sur les roches phosphorescentes dont les aiguilles enchevêtrées disparaissaient dans une perspective bleuâtre.

Au sein des vallons cerclés par les bois d'Ibrahim, on apercevait les blanches draperies des Arabes; on eût dit une forêt druidique. Une foule d'accidents variaient ces délicieux aspects. Un marabout[1] s'était abattu sur un mamelon. Plus loin un olivier solitaire, au centre d'une montagne striée de rayons, pleurait son isolement en se mirant dans son ombre. Des forêts de figuiers, d'oliviers, de lauriers-roses comblaient de profonds ravins, — précieuses oasis où s'étaient réfugiées les tribus. Des troupeaux de chèvres et de moutons composaient un curieux damier en mêlant les teintes blanches et noires de leur toison. Ces troupeaux apparaissaient au-dessus des monts excavés.

Dans la direction de Mascara, les montagnes, par leur physionomie abrupte et stérile, semblaient repousser ce tableau de bonheur et de fertilité! Les rayons solaires éclaboussaient des roches amorphes rougies par des courants de laves qui heurtaient brusquement à des schistes pyriteux ou à des bancs calcaires. Leurs gisements contiennent une foule de richesses inexploitées : minerai de plomb, cuivre, marbres, cristaux, curieuses pétrifications. Ces amas hétérogènes affectent des formes pyramidales, contournées, ramuleuses, feuilletées. C'est inextricable, tourmenté, d'une sauvage beauté. La nature lance de tous côtés avec une terrible vigueur ses jets de pierres, — véritables escaliers de Titans. L'indifférence des Arabes pour les arts, la nudité de leurs mosquées — qu'Allah seul habite, — leur fatalisme, leur haine de l'idolâtrie des emblèmes s'expliquent alors. Que faire de statues, d'images, des formes extérieures de la Divinité? Dieu n'apparaît-il pas vivant dans ces gigantesques entablements qui escaladent le ciel? — Écrasé par la symbolique puissance de ces imposantes manifestations, atome perdu au milieu de ces géants de granit qui lui bornent l'horizon, il faut que l'homme tombe à genoux, qu'il roule son front dans la poussière, dont il est sorti en s'écriant : — Dieu est grand!... (Allah kebir!)

Après avoir jeté ce coup d'œil sur *l'église* du proscrit espagnol, nous comprîmes toute l'absurdité de notre question, et nous lui fîmes avec émotion nos adieux. Le marabout Ali embrassa sa main droite, qui avait touché la nôtre, — signe certain de respectueuse sympathie chez les Arabes.

CHAPITRE VIII.

Les horizons d'Afrique. — Un drame sauvage.

I.

La route borde, en descendant le mamelon Biskara[2], d'affreux précipices, qui nous forcèrent de ralentir le pas de nos chevaux, car un

[1] Petite mosquée.
[2] Chaque mamelon est baptisé d'un nom particulier par les Arabes.

faux mouvement eût suffi pour nous perdre. Nous fûmes d'autant mieux convaincus de la réalité du danger, qu'en ce moment nous entendîmes des cris de détresse. Une voiture était renversée au bord d'un ravin et surplombait le vide. Nous la joignîmes. Trois Espagnols sortirent du véhicule blêmes d'effroi. Cet accident avait été amené par une roue qui s'était subitement détachée de son moyeu. Heureusement les chevaux avaient retenu la voiture près de l'abîme, et l'on en fut quitte pour la peur. Les conducteurs rajustèrent la roue; mais les voyageurs voulurent absolument marcher à pied jusqu'au bout de ce large et profond ravin au delà duquel on apercevait les figures étonnées des Arabes et de leurs enfants attirés par les cris.

Par une opposition très-commune en Afrique et qui fait le charme de cette étrange nature, après avoir côtoyé des abîmes rebondissant par lignes verticales, la courbe de la route nous amena devant un tableau ravissant.

Elle nous charma en sortant impétueuse de sa tente un yatagan à la main.

Nous retrouvions les belles vallées qui fuyaient et se perdaient en perspectives infinies à travers les assises affaissées des montagnes; nous entendions enfin le doux murmure d'une eau vive. L'Oued-el-Hammam [1] arrose de fertiles coteaux, des vallons de verdure menacés au sein de leur placidité par des pyramides de roches pendantes. Les blanches maisons du village de Labrat apparurent à nos pieds nichées dans un bas-fond.

Le soleil, à son déclin, laissait vivre et respirer. De larges bandes pourpres frangées de nuages sombres couronnaient les monts de l'Oued-el-Hammam. Rien ne caresse l'œil comme les premières teintes crépusculaires du ciel africain, qui, en adoucissant par sa molle et chaude lumière les crêtes anguleuses des roches, promène dans leurs fossettes ses ombres chatoyantes. Ces monts troués d'excavations, ces myriades de cônes qui se dressent à l'horizon ont la texture d'une mer agitée par la brise, les doux reflets d'une robe de soie pliée et froissée.

II.

Nous oubliions le temps et la vie à l'ineffable contemplation de ces horizons d'Afrique dont mille palette, — si riche qu'elle fût, — ne saurait rendre la magnificence. La lumière, — peintre éternel! — improvisait sur la toile céleste de délicieux tableaux, brodant d'éclatantes arabesques les pâles nuées, jetant des archipels lilas, des oasis bleues dans les flammes du couchant, créant mille figures fantastiques évanouies à peine formées sous les baisers de la brise. Le regard et la pensée perdus dans l'infini, nous fûmes pris de cette somnolence extatique qui peuple de rêves angéliques, d'éphémères enthousiasmes, d'heureuses visions les cerveaux électrisés des hachi-

[1] Rivière des eaux chaudes.

chin (fumeurs de hachich), et nous murmurâmes des lèvres ce cantique éternel de l'homme et de la nature au Créateur, ce cri sublime de l'Islam : « Dieu est grand ! »

Mais nous apercevons une nuée de cavaliers tournant avec la rapidité d'une meule dans l'ovale du vallon qui se développe à notre gauche baigné par l'Oued. Des coups de feu retentissent. Nous nous regardons très-inquiets, croyant déjà dans notre naïveté à une révolte de tribu, lorsque notre guide nous dit que c'était un mariage arabe célébré par une fantasia. En effet, après mille exercices, mille simulacres dont nous ne comprenons pas la signification, l'époux vient prendre sa moukère parmi les autres femmes et la fait entrer sous sa tente. Elle est maintenant son esclave, elle lui appartient désormais corps et âme. Nuit lumineuse de l'Afrique, dont la clarté ferait pâlir le jour de l'Europe, tu verseras tes cascades d'étoiles sur ces élus de l'amour qui vont se reposer au milieu de cette molle vallée de Tempé, tu seras seule témoin des transports de leur félicité; seule aussi tu verras les larmes, le désespoir de la première épouse délaissée, réduite maintenant à aimer tes astres scintillants et à soupirer avec la brise de minuit.

III.

Nous descendîmes rapidement à Labrat. Nous avions bien résolu de ne pas nous y arrêter pour n'être pas obligés de traverser pendant la nuit les montagnes de l'Oued ; mais après avoir franchi le pont, notre curiosité nous poussa au milieu d'un groupe d'individus réunis devant une maison isolée, en partie détruite, qu'on avait surnommée la *Maison sanglante* à la suite d'un drame africain dont nous entendîmes raconter les détails.

Une autre porte entrebâillée me laissa voir un vieillard une Bible à la main, entouré d'une nuée d'adolescents.

Il y a un mois encore, cette maison était prospère, animée des joyeux échos d'une famille de colons français. Le colon se rendait souvent au marché d'Oran, laissant ses trois enfants et sa femme à la garde d'un vieux domestique. Il avait fait ainsi impunément, et sans concevoir la plus légère crainte, de nombreux voyages. Mais un jour, en revenant d'Oran, il trouva les portes de sa maison ouvertes et brisées, il entra... et il trébucha contre les cadavres horriblement mutilés de sa femme, de ses enfants et de son fidèle serviteur. Pendant son absence, une bande de pillards arabes s'était introduite la nuit chez lui. Ils avaient surpris le domestique endormi et lui avaient tranché la tête d'un coup de yatagan ; ils avaient tué les trois enfants en leur brisant le crâne contre les murailles encore maculées de sang. Quant à la malheureuse femme, elle avait été attachée à son lit et martyrisée jusqu'à la mort. Puis, après avoir dévalisé la maison de ce qu'elle renfermait, essayé même de l'incendier, après avoir mis tout à feu et à sang, les assassins s'étaient enfuis en emportant on ne sait où leurs dépouilles, peut-être au Sahara. Ces épouvantables meurtres avaient mis toute la contrée en émoi. La justice n'était pas restée inactive ; un grand nombre d'Arabes des tribus voisines avaient été arrêtés, mais on n'avait encore aucune révélation, aucun indice sur les coupables appartenant sans doute aux hordes nomades du désert. Un impôt de 100,000 fr. avait été frappé sur les tribus, et le malheureux colon avait reçu pour sa part 10,000 fr. d'indemnité. Mais la tête perdue, la rage au cœur, il errait depuis ce moment comme un fou dans les montagnes, en répétant à tout le monde qu'il saurait bien trouver les meurtriers de sa famille et qu'il se vengerait des Arabes!

Nous voulions fuir au plus vite la Maison sanglante, lorsque nous nous aperçûmes que notre guide s'était éclipsé. Il revint bientôt vacillant sur ses pas à l'aise, j'étouffe... J'ai idée que le vent du désert, que le sirocco va souffler d'une rude façon. Croyez-moi, n'allons pas plus loin, ou le simoun va nous enterrer.

— Camarades, restons ici, — nous dit-il la langue épaisse aussitôt qu'il nous eut abordés. — L'Oued n'est pas sûr la nuit. Et puis je ne me sens pas à l'aise, j'étouffe... J'ai idée que le vent du désert, que le sirocco va souffler d'une rude façon. Croyez-moi, n'allons pas plus loin, ou le simoun va nous enterrer.

Tenant absolument à arriver à Maskara le soir, nous prîmes la peine de hisser notre guide sur son cheval, en essayant de lui persuader que l'extrême chaleur qu'il ressentait n'était pas produite par le sirocco, mais bien par le capiteux vin de Maskara, dont les fumées lui échauffaient le cerveau ; mais il maugréait toujours son éternel refrain : — Le sirocco va souffler, c'est sûr !

CHAPITRE IX.

Les monts symboliques. — Un nouveau don Quichotte. — Les postes arabes.

I.

Vivement contrariés de la malencontreuse ivresse de notre guide, l'esprit attristé par la tragédie de la Maison sanglante, nous cheminions silencieux, tout occupés d'ailleurs à ne pas tomber dans les bas-fonds en gravissant les escaliers tournants des monts escarpés de l'Oued-el-Hamman, appelés à juste titre Crève-Cœur par les Européens, et dont la chaîne ne finit qu'à Maskara. A mesure que nous pénétrions dans ces autres par une route irrégulière violemment tracée à travers le roc, les sites et les indigènes paraissaient plus sauvages. Des femmes, accompagnées de leurs négresses, que nous surprîmes à puiser à une source, abandonnèrent leur peau de bouc pleine d'eau et s'enfuirent à toutes jambes, bondissant comme des gazelles effrayées.

— Diable, dit un lovelace de notre caravane, je ne faisais pas une telle peur aux Françaises!

Plus de vallons, plus de plaines, plus d'habitations, pas même un marabout, rien que le ciel et des montagnes dont les blocs étaient séparés par des pentes perpendiculaires qui ouvraient de profondes gorges, un moutonnement perpétuel de mornes sillonnés de crevasses, une véritable ébullition de pierres, mirage de la mer en courroux. Nos pauvres chevaux montaient à l'assaut de forteresses étagées les unes sur les autres.

II.

Toute cette nature était en fusion. Elle tordait convulsivement ses membres de granit comme un épileptique. Nous étions saisis d'un religieux effroi devant ce délire de figures fantastiques sculptées par le temps dans les entablements des rocs et qui se dressaient devant nous comme de mystérieuses énigmes. C'étaient des sphynx cabalistiques, des dragons aux yeux de feu, de capricieuses chimères, des gargouilles accroupies allongeant leur cou sur des cavernes aux gueules béantes, des hydres dressant leurs myriades de têtes ; de frénétiques gorgones, aux prises avec de hideuses harpies; des groupes de gnomes, de furieux accouplements de lascives sirènes aux seins abondants et mamelonnés, à la luxuriante chevelure tressée par des forêts de pins, avec de monstrueux Polyphèmes dont l'œil était un abîme! de gigantesques luttes de Titans brandissant leurs massues de pierre à côté d'une accolade de deux héros réconciliés et d'un amant pétrifié aux pieds d'une insensible dame. Un Lazare dépenaillé ramassait les miettes du festin sous le portique d'un fantastique palais fouillé d'arabesques, ciselé de dentelles de pierre; un poète au front éclairé d'une blanche étoile de marbre rêvait près d'un Prométhée enchaîné et menacé par le vol circulaire d'un vautour. Puis c'étaient d'horribles excavations enflammées par les feux du soleil couchant, où se démenaient furieusement une légion de démons en attisant les passions, à côté de saints à la tête chauve priant à genoux pour les pécheurs et les déshérités; de blonds anges échelonnés sur des escaliers dont les derniers degrés se perdaient dans l'azur des cieux. On croyait voir des Madeleines en pleurs narguées par la bruyante joie de jeunes écervelés; une procession de moines encapuchonnés se heurtant à des soudards qui ripaillaient un festin de Balthazar; des fous coiffant un diadème; un Pygmalion retenant une Didon désespérée qui surplombait le vide. Ici un lion se bat les flancs de sa queue et hérisse sa crinière ondoyante. Là un tigre blotti est prêt à se jeter sur sa proie; des troupeaux de chacals flairent des cadavres. Plus loin un énorme reptile déroule ses anneaux diaprés et pique le talon d'un peintre qui broie des couleurs sur sa palette de marbre. La vie universelle est là dans toutes ses manifestations ridicules ou sublimes, avec tous ses contrastes, ses grandeurs et ses misères, ses grâces et ses contorsions, ses grimaces et ses sourires. Ces groupes multiformes, ces étranges statues sur lesquelles ruisselaient les laves du couchant, dansaient autour de nous une sarabande épileptique et magnétisaient notre esprit. Qu'on se représente, pétrifiés par une puissante main, les mouvements tumultueux d'une mer agitée, ouvrant des abîmes incommensurables, élevant ses masses liquides jusqu'aux nues, confondant ses eaux tourmentées avec l'horizon, et l'on aura une idée du jeu des lignes dans les montagnes de l'Afrique.

Ce que nous avions tant redouté, la nuit nous surprit en gravissant le col du Limaçon, tristement célèbre par les assassinats multipliés dont il a été le théâtre. L'année précédente, six voyageurs y avaient été égorgés, et quatre femmes enlevées par une tribu nomade. Trois de ces malheureuses, assimilées aux femmes arabes, sort effrayant! avaient succombé à la peine, et la quatrième avait été délivrée par un détachement de troupes françaises en expédition sur les frontières du Maroc. Elle avait plié à un chef arabe, qui se l'était appropriée et, pour l'empêcher de fuir, l'avait fait tatouer des pieds à la tête [1].

Cependant le firmament ayant allumé ses girandoles d'étoiles au-dessus de nos têtes, nous ne ralentissions pas notre marche, lorsque nous fûmes arrêtés par un poste arabe. Son chef dit à notre guide qu'il y avait quelque danger pour nous dans les montagnes à cette heure, que d'ailleurs les postes arabes devaient arrêter à la nuit les voyageurs et les faire reposer sous leurs tentes jusqu'au lendemain matin. Nous nous débattîmes comme des étourneaux contre cette consigne qui nous semblait tyrannique, mais l'Arabe, voyant notre caravane aussi nombreuse, se décida à nous laisser le passage libre, persuadé sans doute qu'on n'oserait pas nous attaquer.

III.

Mal nous prit de ne pas accepter l'hospitalité du chef de poste, car une heure après l'avoir quitté, le ciel se couvrit tout à coup de nuages épais, et un violent orage se déclarait. L'atmosphère était à ce point surchargée d'électricité, que nous nous jetions la face contre terre pour aspirer un air moins chaud. Nous tirions nos chevaux par la bride, marchant péniblement aux lueurs des éclairs qui nous découvraient les abîmes et découpaient de fantastiques salamandres sur les roches, dont les masses nous enveloppaient de toutes parts. Le tonnerre roulait d'échos en échos dans les montagnes ébranlées et répercutait successivement ses détonations, — bataille titanique dont chaque roc est un canon retentissant; deux armées de granit galvanisées par la fureur se ruaient l'une sur l'autre en vomissant l'épouvante et la mort. Mais d'où sort ce bruit continu et assourdissant? N'est-ce pas une légion de tambours battant la charge au milieu de la mêlée? Non, c'est la course désordonnée des ravins subitement comblés par une pluie d'orage et qui charrient des fragments de roches détachées par la violence de la foudre. De féroces artistes font leur partie dans ce sauvage concert formidablement cuivré ; tout tonne, tout s'ébranle dans une rage furieuse, tout rugit, le ciel et le lion !

Le sol tremblait sous nos pas. Nous étions éperdus d'effroi au milieu de ce cataclysme. Au fond des ravins, nous craignions d'être ensevelis sous les décombres d'un monde de pierres, d'être mutilés, d'être jetés dans les gorges. Pour comble d'infortune, les ténèbres épaisses nous avaient séparés de notre guide et d'une partie de la caravane. Nous nous trouvions isolés et sans être même certains de suivre la bonne voie. La contagion de la rabbia nous gagna et succéda à nos premières impressions de terreur. Nous mêlions déjà nos imprécations à celles de la nature, quand nous entendîmes le galop d'un cheval. Il n'y avait qu'un Bucéphale monté par un Arabe qui pût ainsi voler par ce temps effroyable. C'était pourtant notre guide. Il se jeta haletant au milieu de nous en s'écriant :

— Au secours ! secours ! Les Arabes assassinent vos amis... C'est affreux ! Ils sont tous égorgés.

Foudroyés par cette véhémente nouvelle, sans réfléchir même si nos amis égorgés avaient besoin de secours, nous suivîmes le guide, qui nous fit grimper une rampe rapide, au risque de nous tuer, en hurlant toujours comme un forcené. Heureusement les éclairs en abondance avaient balayé le ciel, et le disque de la lune éclairait notre course.

— Les voilà ! voilà les brigands ! s'écria tout à coup notre guide en nous désignant des silhouettes humaines, qui dessinaient leurs ombres à vingt pas de nous. Et enfonçant ses éperons dans les flancs de son cheval, brandissant follement son sabre, il s'élance sur ces

[1] Cette femme habite aujourd'hui Maskara.

fantômes, qui s'écartent subitement de sa fougue et s'évanouissent sur son passage.

Avant de l'imiter, nous cherchions à connaître nos adversaires, et nous nous rapprochions doucement d'eux ; mais quel ne fut pas notre étonnement en entendant la voix de nos amis ! — Ce guide est-il fou ou enragé !... criaient-ils. En ce moment nous eûmes un accès de gaieté homérique, dont nous ne pûmes nous défendre malgré notre situation critique, et nous nous réunîmes en riant aux éclats, ce qui dégrisa et désarçonna un peu ce nouveau don Quichotte. Il revint sur ses pas ; nous eûmes encore beaucoup de peine à lui faire reconnaître qu'il n'avait pas affaire à des Bédouins, mais à ses voyageurs qu'il allait tout simplement sabrer. C'était chez lui une idée fixe, et il répétait sans cesse :

— J'ai rencontré des Arabes qui ont voulu m'assassiner. Nous sommes perdus si nous ne leur échappons pas par une fuite rapide.

Et comme pour justifier ses sinistres prévisions, des cris menaçants retentirent en ce moment, et nous vîmes bientôt un homme déguenillé, tête nue, qui courait en jetant à la nuit de lugubres gémissements.

C'était le fou de la Maison sanglante de Labrat, qui errait la nuit dans les montagnes de l'Oued, et que notre guide, dans l'hallucination de son ivresse, avait pris pour un bandit arabe. Nous ne bronchâmes pas, et le fou passa près de nous sans nous voir, en murmurant son sinistre refrain.

IV.

L'orage ne grondait plus ; les blanches nuées étaient constellées d'étoiles, et remis de toutes nos émotions, nous étions disposés à reprendre notre chemin ; mais notre cicerone, épuisé par les efforts qu'il avait faits dans sa charge à fond contre les ombres de nos amis, complètement abattu par la réaction de l'ivresse, était incapable de nous guider. Nous étions fort écartés de notre route. Nous nous trouvions au milieu des roches, dont quelques-unes formaient des portiques. Nous prîmes le parti de coucher notre guide dans une caverne assez spacieuse pour nous contenir tous, et cinq minutes après il ronflait comme un soudard. Nous-mêmes, nous nous plaçâmes à côté de lui, laissant nos chevaux s'étendre devant nous à l'ouverture de notre singulier dortoir. Là, nous essayâmes de reposer, couchés tant bien que mal sur la terre comme de vrais Arabes ; mais les cris rauques du lion, les glapissements des chacals troublèrent notre sommeil. Nous nous rassurions cependant par l'éloignement d'où nous semblaient partir ces cris, lorsqu'un terrible rugissement nous terrifia en ébranlant les pierres de notre caverne.

— Diable ! fit le docteur P...., occuperions-nous par hasard le domicile conjugal de ce monsieur ? Évacuons-le au plus vite !

Mais la frayeur avait paralysé tous nos membres. Elle fut à son comble quand nous vîmes l'iris de deux yeux sauvages chatoyer dans la nuit. Le féroce animal s'avançait vers nous en gravissant à pas comptés la montagne, et lançant directement sur nous ses regards flamboyants comme des escarboucles. Et bien loin de chercher à fuir ou à nous défendre, nous restions immobiles, magnétisés, retenant notre souffle. Nos chevaux hennissaient de terreur.

Le sang-froid d'un de nos compagnons, le docteur P..., nous sauva. Il tira sur le lion deux coups de fusil si bien ajustés, que nous entendîmes presque aussitôt la chute d'un corps retentir dans le ravin. Nous étions hors de tout danger.

Nous attendîmes, en proie à une inexprimable anxiété, l'apparition du jour, et à la peudule, nous décampâmes, très-heureux de sortir intacts de cet antre où nous avions éprouvé tant d'émotions violentes. Notre cicerone enfin dégrisé, qui du reste ne se rappelait rien de la veille, nous mit cette fois dans la bonne voie.

CHAPITRE X.

Le marché arabe.

I.

Après avoir gravi ou escaladé de titaniques échelles de pierre, fatigué de plonger les yeux dans des ravins échancrés de monstrueuses rigoles, et de voir moutonner à l'horizon des vagues de mamelons crayeux d'un aspect rude et stérile, le voyageur, à un détour de la route d'Oran, passe, par une brusque transition, du spectacle de la sauvage nature africaine au mirage des œuvres de la civilisation. Sa vue se repose délicieusement sur des plaines immenses, des champs de blé, des vignobles, des vallons pleins de lumière, encadrés et nuancés par des absinthes, des cactus, des aloès et des lauriers-roses. Les blanches maisons d'une ville française apparaissent sur un monticule dominant le vaste plateau de Ghris, et se trouvant encaissé par un cirque de hautes montagnes. C'est Maskara!

Nous arrivâmes aux portes de Maskara un jour de grand marché, c'est-à-dire au moment le plus favorable pour connaître les mœurs, les faits et gestes de la race arabe, le marché indigène étant un forum, un lieu de transactions, un palais de justice et une assemblée générale de tribus.

Entraînés par notre curiosité de touristes, bravant la fatigue du voyage et un soleil ardent qui éblouissait la vue en se reflétant sur les blanches draperies des Arabes, nous restâmes spectateurs obstinés des étranges scènes qui se jouaient devant nous.

II.

Le décor était magnifique. Le regard se noyait dans les lignes indéfinies d'un immense horizon, et découvrait par delà les assises affaissées des monts les lointaines perspectives du désert.

Le marché se concentrait sur le versant d'une montagne, à l'entrée de Maskara (porte d'Oran) ; mais en réalité il se continuait en s'éparpillant par groupes sur plusieurs mamelons contigus. Le terrain n'est pas cher en Afrique, en prend qui veut. Point de redevance aux propriétaires, messires Soleil, Simoun, Choléra et compagnie, préférant — vrais Shilock — la chair et la vie à l'argent.

La confusion du marché nuisait fort à l'observation. Qu'on se figure un pêle-mêle inextricable de chevaux, de taureaux, de gazelles, de troupeaux de boucs, de chèvres et de moutons ; au milieu de ces quadrupèdes une foule bariolée de tous les costumes, de toutes les nuances, mais où dominent les tons blancs et grisâtres, et cette foule remuant perpétuellement comme une fourmilière en travail, croisant dans tous les sens d'une place, allant d'un marché à un okel (bazar), composé d'une centaine de boutiques ou plutôt de niches carrées pratiquées dans un mur en pisé.

Le marché et l'okel se relient entre eux par une large avenue dont les parties latérales sont occupées par des hôtels français et de nombreux cafés maures à la porte desquels on voit paresseusement accroupis des Arabes qui ont terminé leurs ventes et leurs achats. Le ramazan leur défendant jusqu'à nouvel ordre de fumer le chibouk et de boire l'épais café, ils égrènent un chapelet en causant entre eux et marquant chaque période de leur discours, chaque phrase, par une attitude pour ainsi dire démonstrative. Leurs gestes sont si expressifs, qu'un observateur attentif peut saisir le sens de la conversation sans en entendre un mot.

Au milieu des flots d'individus de toutes races qui battent le marché, où un innombrable troupeau d'ânons chargés de différents produits attendent résignés et patients la pratique côte à côte avec leurs maîtres, on distingue aisément le juif aux mouvements tortueux, coiffé du turban ou du mir fécy, vêtu du gilet boutonné jusqu'au menton, de la veste à manches fendues jusqu'au coude et de la large culotte blanche fixée à la taille par une ceinture de soie, — Voici l'Espagnol à la démarche vive, avec sa veste d'Arlequin et son chapeau à pompons noirs ; puis l'Arabe au visage bronzé, à la pose altière, au pas lent et mesuré, drapé comme une statue dans les plis de son burnous ; — la mouzère complètement enterrée sous son linceul de toile, traînant ses larges babouches et portant derrière elle un enfant nu. — Ici le Maure indolent et superbe ; — là les négresses réunies en cercle, assises dans la poussière, à demi couvertes par un pagne à grands carreaux, et riant à cœur joie en attendant le signe du maître pour porter à la vente le bois, le sel, les pastèques, les dattes, le gâteau de figues, la laine et l'orge achetés ; — enfin le Français sillonnant la place en conquérant, marchandant pour Marseille des peaux de moutons ou gouaillant sur son prix le vendeur arabe, qui répond par un dédain superbe et un mutisme absolu aux quolibets du roumi.

Acheteurs et curieux visitent tour à tour le marché et l'okel, où des juifs vendent pêle-mêle babouches, narguilés, haouïys à franges d'or, hachés de mousseline brochée de fleurs, ceintures de soie à feuilles de palmier, cercles d'oreilles, anneaux de pieds, œufs d'autruche, benjoin, musc de gazelle, amulettes en cuir rouge contenant des versets du Koran, teatagues (bottes), djebiras (sachets en cuir), étriers d'argent massif, brides plaquées d'argent, selles brodées en fil d'or, chapeaux de paille peints et ornés de plumes d'autruche, cordes en poil de chameau ; bref, toute la défroque et tous les ustensiles à l'usage du pays.

III.

Près de l'okel, une nuée de yaoulets (enfants), vêtus de la longue chemise et coiffés de la chachya rouge, gambadent joyeusement autour d'une demi-douzaine d'équilibristes marocains taillés en géants qui exécutent des tours de force à peu de chose près semblables à ceux des bateleurs de Paris. Ce sont de plaisants sauts de carpe, des attitudes de grenouille et de tortue, des contractions de membres, des pyramides humaines, dont les spectateurs paraissent émerveillés. La musique du pays, c'est-à-dire les plus du derbouka, le roulement aigu de la flûte-roseau, du zoumarah, et la plainte grave du monocorde, encourage les artistes. Bizarre coutume, et qui prouve à quel point les Arabes sont religieux : les diverses phases de ces jeux se signalent par un récit d'articles du Koran. Le chef de la troupe nomade, qui est un prêtre, le marabout, psalmodie ces prières que tous les assistants, sans exception, répètent en chœur après lui comme une litanie.

Les curieux abandonnèrent tout à coup les bateleurs marocains et se précipitèrent en masse du côté du marché. Pour émouvoir à ce point les Arabes, d'ordinaire si flegmatiques, il devait se passer quelque chose d'extraordinaire. C'était un juif du Sahara qui amenait sur le marché une femme arabe. Le juif s'arrêta, fit accroupir la femme et la flétrit publiquement en lui ôtant le voile, signe de l'honneur des monkères africaines.

Elle était belle, d'une beauté sauvage, tatouée et coloriée; sa corpulence, qui portait le deuil de la jeunesse, n'avait pourtant pas encore l'ampleur des formes, le déhanché, le laisser-aller des matrones arabes de trente ans.

Deux sourcils noirs et prolongés ombrageaient de grands yeux de gazelle dont la teinture bleue des paupières inférieures et des cils faisait ressortir l'éclat et la prunelle. Ses lèvres, la paume de ses mains et ses ongles étaient teints du rouge de henna. En outre, elle était tatouée au front d'un losange, à l'avant-bras de feuilles de palmier et à la jambe d'un serpent. Les boucles de sa chevelure s'échappaient de deux mouchoirs à carreaux croisés en sens inverse sur sa tête, et s'entortillaient comme des lianes amoureuses autour des grands cercles accrochés à ses oreilles. Une profusion de colliers retombaient sur son sein nu. Sa robe de Tunis, à côtes blanches et roses, que le juif avait un peu relevée, découvrait un petit pied d'une parfaite cambrure, encore orné du krolkral, l'anneau de mariage.

La malheureuse ne pleurait pas. L'expression de sa douleur n'en était que plus terrible. Elle avait le masque de la mort sur le visage. La main posée sur son voile de toile et sur son haïck, dont le juif l'avait dépouillée, elle regardait la terre avec convoitise, comme pour y chercher un tombeau.

D'où venait-elle? quel crime avait-elle commis? Nous sûmes depuis que, surprise infidèle sous une tente étrangère, elle avait échappé à la mort en fuyant son douar. Alors elle avait été chassée. Repoussée de tous, elle errait à l'aventure et fût sans doute morte de faim au fond de quelque ravin lorsqu'un vertueux juif, un juif prix Montyon, un vrai juif d'Afrique, la rencontra, en eut pitié, la sauva, et finalement l'exposa dans le meilleur état de santé possible, ainsi qu'on l'a vu, sur la place du marché. Mais, selon la morale la plus élémentaire, toute bonne action devant trouver sa récompense, le juif, qui avait dépensé chaque jour une poignée de kouskoussou pour nourrir la monkère, demandait le remboursement pur et simple de ses frais.

Il cotait donc la bonne action à quarante douros; il offrait généreusement sa protégée au public moyennant deux cents francs. C'était vraiment pour rien! Ne trouvant pas d'acheteur à ce prix, il la céda à un Mzab, boucher à Maskara, pour vingt-cinq douros. Le moment de la séparation fut pathétique. Le juif versa des larmes amères sur ce marché contracté à regret. Il est douloureux de se séparer de ce qui vous est cher! Mais que voulez-vous! quand on est pauvre, il faut bien gagner sa vie! Le Mzab voilà la monkère, la fit marcher devant lui et l'emmena à son gourbi. Dès lors on ne s'occupa plus de cette nouvelle Agar. Elle avait trouvé gîte et maître.

IV.

En Afrique, on ne se rend pas seulement à un marché pour traiter des affaires commerciales : les parents, les amis des différents douars se rencontrent là et se témoignent la plus vive sympathie, par des démonstrations sans nombre. Je voyais les Arabes s'aborder, s'embrasser la tête à la hauteur des tempes, et toucher mutuellement leurs burnous d'une main empressée qu'ils portaient ensuite à leur bouche. Les vieillards (les cheiks) étaient surtout l'objet de l'universelle attention. On courait à l'envi au-devant d'eux, chacun voulait presser de ses lèvres leurs draperies. A quoi les cheiks répondaient invariablement:

— Qu'Allah te favorise! Comment vas-tu? comment se portent tes femmes, ton cheval, tes troupeaux?

La conversation s'engageait alors, on se prenait l'index et l'on allait s'asseoir, pour deviser à l'aise, sur le tapis des cafés maures. Ces mœurs patriarcales surprennent fort l'Européen.

C'est aussi dans les marchés que se terminent les querelles, que se décident les procès. Près de moi précisément se tenait une de ces cours judiciaires en plein vent, qui par leur simplicité rappellent le temps où saint Louis rendait la justice sous un chêne.

Le tribunal arabe était uniquement composé d'un agah que j'avais remarqué autant à son riche costume, à son chapeau de paille colorié et orné de plumes d'autruche, à ses burnous en laine fine, qu'à l'empressement des indigènes à se grouper autour de lui. On avait conduit son cheval harnaché pour ainsi dire d'or et d'argent jusqu'à la porte d'un café maure. Là, l'agah était descendu, s'était assis sur de moelleux coussins, et après avoir été rafraîchi par un éventail en

[1] Les Beni-Mzab, qui forment dans le désert une puissante confédération, distincte des autres tribus par son mahométisme schismatique, par ses croyances et ses mœurs, sont essentiellement nomades. On en trouve dans toutes les villes de l'Algérie, où ils se livrent généralement au commerce de la boucherie et à l'industrie des métaux.

plumes d'autruche agité par la main d'un nègre, après avoir répondu à quelques demandes de son entourage, il avait ouvert la séance au grand jour, sous un soleil versant cinquante degrés de chaleur.

Aux côtés de l'agah, un secrétaire transcrivait de sa plume de palmier, en écrivant de gauche à droite, les raisons du plaignant, les observations de l'accusé et les dépositions des deux témoins qui tranchent habituellement la question pour ou contre. L'agah, dans une impassibilité absolue, prononçait une amende de dix boudjous, condamnait à cent coups de matrak (bâton) appliqués sur les reins, appliquait son cachet sur le parchemin du secrétaire, et tout était fini. En une demi-heure l'agah expédia ainsi trois ou quatre jugements qui étaient entendus et exécutés sans mot dire.

V.

Un curieux incident détourna notre attention du tribunal arabe. La foule s'écartait respectueusement à l'approche d'un magnifique lion tenu en laisse comme un innocent caniche d'aveugle par un marabout de Tiaret. Les Arabes, avides de choses merveilleuses, attribuaient naïvement à la vertu religieuse, à la puissance mystique du marabout la surprenante docilité de ce lion qui naguère dévorait les troupeaux des douars de Tiaret et de Saïda, au sud de Maskara, et que le prêtre arabe avait su apprivoiser jusqu'à le promener en tous lieux, dans les bourgs et les marchés, en le retenant seulement par une petite corde de palmier qu'un enfant aurait brisée. Quelques versets avaient, dit-on, suffi pour accomplir cette œuvre miraculeuse. Aussi le marabout, qui n'avait pour moyen d'existence, comme bon nombre d'individus de sa caste, que la charité musulmane, voyait-il tomber par centaines les dinars et les boudjous dans le capuchon de son burnous.

Cependant les Arabes, tout crédules qu'ils paraissent être, surveillaient le moindre mouvement du lion et faisaient prudemment le vide autour de Sa Majesté. L'animal s'avançait de notre côté en soulevant lentement l'une après l'autre ses énormes pattes, semblables à des madriers, traînant sa queue sur le sol en montrant aux badauds, qui reculaient devant lui, une superbe encolure, un râtelier admirablement monté, un nez écrasé et un œil de colère et de mépris. Le marabout cherchait à l'apaiser en lui récitant des versets du Livre ayant trait aux animaux et le frappant sur l'os frontal d'un bâton d'olivier; mais rien n'y faisait. La sauvage physionomie du quadrupède s'animait de plus en plus. Il était évident que les curieux l'importunaient de leurs regards indiscrets et qu'il voulait s'en débarrasser d'une manière ou de l'autre.

Nous prévoyions une scène tragique, lorsqu'un terrible rugissement remua le sol et bouleversa le marché. Infidèles et croyants, Africains et Européens, disparurent aussitôt en se précipitant les uns sur les autres pour échapper plus vite. Nous aperçûmes alors à une portée de fusil du lion une centaine de chameaux qui beuglaient horriblement, sautaient de droite et de gauche et dansaient sur leurs quatre pattes d'une manière grotesque en cherchant à s'éloigner sans pouvoir y réussir. C'était une caravane arrivant du désert. Le lion avait senti le chameau, et le chameau le lion. Amis comme le loup et l'agneau, ils s'étaient immédiatement reconnus.

Cependant le marabout, qui avait été forcé de lâcher prise, sans perdre de temps et avec une présence d'esprit digne d'admiration, s'était jeté hardiment au-devant du lion pour lui barrer le passage. Sa pose d'athlète sembla en imposer à l'animal, qui s'arrêta dans son élan, et dont il se rendit de nouveau maître plus aisément. Le marabout le frappa sur la tête, et cette fois sans réciter aucun verset du Koran. Son influence était manifeste. L'animal grondait sourdement, mais sa colère s'éteignait comme un orage qui s'éloigne. Il se laissa entraîner par son maître, et la circulation du marché reprit son cours.

Les vaisseaux du désert, en proie à une violente émotion, remuaient constamment leurs tubéreuses échines, tendaient leur long cou en l'air craintif et béat, les uns derrière les autres. Le chamelier eut toutes les peines du monde, en se pendant à leur cou, à des accroupir pour décharger sa cargaison de laines du désert que les juifs vinrent reconnaître et faire enlever. Pendant ce temps notre chamelier, assis sur la croupe de l'une de ses bêtes, avait tiré de sa djebira une pipe bourrée d'herbes aromatiques et s'était mis tranquillement à fumer.

VI.

Je me rappellerai toujours le caractère de simplicité, de noblesse, de quiétude religieuse de l'Arabe du désert. Un œil noir, bien ouvert, habitué à contempler les larges horizons du Sahara, à découvrir sur les sables la trace du passage des tribus nomades, illuminé comme un phare un angle facial aigu, un visage d'ascète parcheminé par le soleil.

Deux morceaux de peau de bouc fixés par une ficelle à ses pieds, une chemise de laine (habaya) sale, déchirée, souillée par la poussière, sous laquelle se dessinait un torse sec et nerveux, une calotte rouge recouverte d'un haïck serré sur la tête par une corde en poil de chameau, composaient tout son costume. Il n'y avait pas dans la foule une pareille expression de sauvage fierté. La face superbe du lion du marabout offrait seule de l'analogie avec la mâle physionomie du chamelier.

Nous ne nous lassâmes pas de scruter du regard ce sphinx du désert. Nous analysions sa vie, nous nous incarnions en lui, nous aurions voulu le suivre dans les immenses solitudes qu'il avait dû traverser pour apporter sa cargaison de laines à Maskara. Que de fatigues il avait subies, que de dangers il avait courus, mais aussi quel spectacle il avait vu! — Voici le désert, c'est-à-dire le silence et l'infini partout! Muets, le ciel et la terre semblent se confondre dans une incandescente étreinte. Une atmosphère de tièdes vapeurs fait le mirage et voile l'horizon. Au milieu des sables enflammés qui ondoient dans l'espace comme une mer aux flots d'or, la caravane indolente et confiante en Dieu suit le sillage tracé par les pilotes du Sahara. Un coup d'aile du terrible vent du sud, du *simoun*, des pas indicateurs effacés par une trombe de sable suffisent pour égarer ou pour engloutir la caravane; mais en revanche qu'il est beau de lutter contre le désert et d'en triompher! Quelle indicible joie de voir saillir dans le vide la verte oasis où les lèvres desséchées se désaltéreront, de trouver le doux repos après la fatigue, les ombrages et les sources habillardes après la soif, les visages riants des femmes et des enfants après la solitude, l'amour après les dangers de la mort!

Aurait-il été possible à un Européen d'accompagner le chamelier qui venait du fond du Sahara, de Timimoun ou d'Ouargla, et s'était contenté chaque jour, durant trois mois de voyage, au milieu des plus grandes fatigues et de dangers sans nombre, d'un mince filet d'eau à désaltérer à peine un oiseau et d'une pincée de farine cuite au soleil, de la *rhuina* du voyageur arabe? Et pourtant dans ces misérables conditions, le nomade avait vécu parfaitement heureux. Libre de soucis et d'importunes pensées, il avait bondi dans les incommensurables espaces du Grand Désert avec l'insouciance et l'agilité de l'autruche, de la gazelle et de l'antilope. Chaque force a son destin.

VII.

Une violente discussion qui s'éleva subitement comme un orage au ciel d'Afrique entre le chamelier et des Arabes de Maskara coupa court à mes réflexions. On faisait d'humiliants reproches au conducteur de chameaux, on le menaçait et on l'insultait. C'était un *kouaredji* (hérétique), un *youdi* (juif), un *roumi* (chrétien), un *kelb* (chien). A toutes ces injures, le nomade impassible ne répondait que par des bouffées de tabac. Furieux de ce dédain, les Arabes de Maskara se jetèrent comme un troupeau de chacals sur lui, brisèrent en morceaux sa pipe et se disposaient à l'étrangler ou à l'assommer, lorsque survint l'agah juge, qui s'était levé de son siége pour s'informer de la cause de ce trouble-fête.

Dans l'explication donnée à l'agah, nous ne pûmes saisir distinctement que le mot souvent répété de *ramazan*. Nous comprîmes que le pauvre chamelier avait commis une profanation religieuse en violant d'une manière flagrante le précepte sacré du Koran relatif au ramadan, qui défend à tous les croyants de se livrer à la joie la plus innocente, de prendre le plus léger aliment du moment où l'œil peut distinguer un fil aux premières clartés de l'aube jusqu'à la nuit. Les enfants au-dessous de dix ans seuls exempts de ces macérations qui ont pour objet de rappeler aux sectateurs de l'Islam la révélation, la fuite à Médine et les persécutions du prophète. L'Arabe tombe souvent d'épuisement et de défaillance, mais il préférerait mille morts à un grain de blé porté à ses lèvres pendant le jeûne du ramadan.

Quant aux Bédouins du Sahara, ils ne sont pas aussi stricts observateurs de la lettre du Livre. Ils s'inquiètent peu de la formule et oublient volontiers le jour d'ouverture du jeûne mensuel. C'est ce qui était arrivé au chamelier. Je ne sais s'il prétexta pour sa défense son ignorance de la date du ramadan; toujours fut-il que l'agah, plus tolérant que ses compatriotes, le renvoya sans coups de matrak. Très-heureux d'échapper à si bon marché des mains de ces fanatiques et craignant d'y retomber, le nomade fit lever ses chameaux et reprit la route du désert. Il ne pouvait partir le soir même; mais il préféra se réfugier dans une de ces hôtelleries arabes établies près d'une source, où l'on trouve de l'ombre, de l'eau fraîche, du kouskoussou. Il fit bien, car les Arabes, mécontents de la décision de l'agah, le suivirent longtemps de leurs regards haineux.

Le marché se dépeuplait; ses derniers acteurs se retiraient lentement en contournant en tous sens un chapelet à gros grains noirs pour remercier sans doute Allah de la vente productive ou de l'achat avantageux. Peu à peu le silence et la solitude se firent sur cette place tout à l'heure si bruyante, si animée.

Aux conversations mercantiles succédèrent les dialogues indéfinissables et les chants mystiques du premier crépuscule.

Les flammes du couchant, après avoir incendié l'horizon, pâlissaient graduellement sous les teintes vagues de la nuit qui montrait déjà ses blanches et timides étoiles à l'orient.

VIII.

Ce bizarre marché en plein air, avec l'azur pour voûte et l'horizon pour limite, nous avait permis d'embrasser à la fois la nature et l'homme. L'Arabe, comme les autres peuples, n'est qu'un reflet de son univers. Qui a vu le ciel de ces contrées, les immenses plages du désert, comme les montagnes torturées du Tell figurant les flots pétrifiés d'une mer en furie; qui a senti rugir ses passions au contact d'un soleil tropical enflammant les espaces infinis, ou rêvé des fraîches et limpides nuits sous les oliviers et les palmiers des oasis, celui-là connaît aussi bien que s'il avait passé sa vie dans un douar la physionomie morale de la race arabe, sévère et voluptueuse, fougueuse dans l'action, immobile dans le repos, hospitalière et cruelle, aventurière et résignée, intelligente, enthousiaste et ignorante. L'homme et la terre ont une corrélation trop intime pour ne pas se ressembler. La nature africaine, qui procède par manifestations puissantes, par jets hardis, par grandes et sévères lignes, explique le fanatisme calme, la passion austère et la poétique dignité de l'Arabe.

CHAPITRE XI.

La cité d'Abd-el-Kader.

I.

La ville de Maskara, merveilleusement placée entre la mer et le désert, deviendra par la conquête française du désert, dont El-Biod, Biskra et El-Arouat sont les premiers jalons, l'un des points les plus importants de l'Algérie.

On sait que le vieux Maskara, dont il ne reste aujourd'hui que des mosquées en ruines, des cases et des gourbis lézardés par le temps, les boulets et l'incendie, était tout à la fois le camp, la forteresse et l'éternelle pépinière de l'armée d'Abd-el-Kader. Le célèbre émir est né à trois lieues de là, à Cacherou, dans la tribu des Hachem-Gharrabas.

Il demeurait habituellement dans sa capitale, sa cité favorite de Maskara; mais si l'on en croyait les Arabes à l'imagination crédule et fertile, il aurait partagé avec Allah le privilège de l'omniprésence, car on ne peut visiter une ruine sans entendre murmurer à ses oreilles ces paroles stéréotypées : « C'était la maison d'Abd-el-Kader! » Cependant, les faits vérifiés, il est constant que l'émir habitait la jolie maison aux jets d'eau, aux arcades circulaires, occupée aujourd'hui par l'administration des domaines. Maskara est un complaisant écho de sa personnalité. A chaque pas on se heurte à un souvenir d'Abd-el-Kader. Tous les Arabes, mais particulièrement ceux de l'importante tribu des Hachem, au milieu desquels il a constamment vécu jusqu'à sa reddition, le vénèrent à l'égal du prophète. La fidélité au malheur, au héros tombé, au proscrit, est un sentiment commun à tous les Arabes.

Du reste, quand ils parlent de leur chef, c'est avec un amour idolâtre qui cache l'amertume et même le regret. Soumis avant tout aux lois du destin, à la volonté providentielle dont ils ne cherchent pas à approfondir les mystérieux desseins, ils se consolent aisément en répétant cette litanie du Koran : « Dieu l'a voulu; louanges à Dieu! » Traduction française : — Tout est pour le mieux dans le meilleur des mondes possibles!

Maskara est la ville des ruines et des souvenirs. A chaque pas le touriste doit évoquer le fantôme d'une puissance écroulée. Entre une synagogue et un édifice construit sous la domination espagnole se trouve la maison dans laquelle Abd-el-Kader prêchait la guerre sainte aux Arabes, lorsqu'ils chassèrent les Turcs de Maskara. Les fûts, les arcades, les bassins en marbre, tout ce que l'on a respecté témoigne de la magnificence du palais des anciens beys.

II.

Nous entrâmes à Maskara par la porte principale, celle d'Oran, nous nous trouvâmes dans le faubourg d'Ismaïl-Arckonb, dont les ruines datent d'une soixantaine d'années. Ce faubourg avait été bâti par le khalifat de ce nom. Aujourd'hui, c'est une large avenue bordée d'arbres qui montent la garde à la porte de belles habitations européennes.

Par une économie assez ingénieuse, les premiers colons français ont su utiliser les ruines de la ville, principalement les remparts, en les employant comme fondations de nouvelles constructions. Lors de la prise et de l'incendie de la ville en 1841, tout n'avait pas été détruit, car les bâtiments de l'administration d'Abd-el-Kader, parfaitement et solidement édifiés, servent d'hôpital, de manutention et d'administration des vivres.

Le faubourg Ismaïl-Arckoub est relié au cœur de la ville par un solide pont en pierres au-dessous duquel coule dans un ravin profond le torrent d'Aïn-Toudmann.

Le terrain de Maskara, d'après le plan tracé, a 50 hectares de superficie entourés de remparts aux angles flanqués de bastions. La ville pourrait contenir 30,000 habitants; à cette heure il n'en est compté, garnison comprise, qu'environ 5.000. Elle est du reste parfaitement aérée et percée : deux places, cinq portes, celles d'Oran, de Bab-Aly, de Mostaganem, de Tiaret et de Sidi-Mohammed; des rues qui la traversent en tout sens. Son parcours laisse pourtant beaucoup à désirer; elle est montueuse, et les rampes qui communiquent aux rues sont très-rapides.

La place de Rome forme un quadrilatère dont les côtés sont figurés par des habitations françaises, au milieu desquelles s'élève majestueusement le minaret de la mosquée Mohammed, la seule qui soit livrée au culte mahométan. L'ancien Maskara était, comme toutes les villes arabes, émaillé de nombreuses mosquées. Plusieurs d'entre elles ont été utilisées; l'une sert de magasin de vivres; l'autre, chose bizarre, a été métamorphosée en église catholique par l'addition d'un clocher.

Nous nous arrêtâmes ébahis sur la place de Rome pour regarder des cigognes qui avaient fait leur nid au faîte des maisons, et que dans notre trouble nous prîmes d'abord pour des girouettes. Immobiles sur leurs échasses, le bec et l'œil curieusement tournés du côté de la place, elles semblaient nous narguer en faisant en face de nous la charge du badaud. Ne pouvant ni nous fâcher ni lutter de constance et de jarrets contre ces dieux Termes, nous prîmes le sage parti de continuer notre chemin.

III.

Les trois cimetières français, juif et arabe représentent à leur manière les trois races qui peuplent Maskara. Presque tous les juifs de la cité d'Abd-el-Kader sont commerçants ou orfèvres joailliers. Ils suivent en toute liberté leur culte, chantent et commentent la Bible avec leurs rabbins dans leurs synagogues.

Il y a des bains maures, des cafés maures. On a relégué au fond de la ville, sur le ravin d'Aïn-Toudman, dans un inextricable pâté de baraques, les malheureuses créatures de toutes nations, espagnoles, italiennes, françaises, mauresques, juives, qui font commerce de leurs charmes.

Deux faubourgs arabes, autrefois très-importants et très-populeux, et qui formaient de véritables villes, ont été rejetés hors des murs d'enceinte, ce sont : Bab-Aly, au nord, et Aïn-Beïda au sud.

Las de sillonner la ville dans toutes ses parties, nous louâmes des chambres *garnies*, meublées de pots à tabac, de pipes à bouquin et de longs tapis sur lesquels nous dormîmes comme des bienheureux musulmans, grâce à la fatigue de la journée. Nous nous réveillâmes fort tard le lendemain aux bruyantes rumeurs du dehors. Les rayons solaires avaient déjà transformé notre cabinet en véritable étuve. Nous nous hâtâmes d'ouvrir la croisée, et nos yeux, éblouis par une ardente lumière qui reflétaient les blanches draperies des Arabes, ne purent saisir toutes les scènes qui se jouaient sous nos fenêtres. Notre hôte nous informa que les Arabes célébraient les fêtes du ramadan. Nous sortîmes tous pour en être les spectateurs.

CHAPITRE XII.

La fantasia du ramadan.

« Aaha! aaha! aaha! Plus vite encore mon coursier. Tu es agile comme la panthère, gracieux comme la gazelle; tu bondis comme le lion; le feu sort de tes naseaux. Aaha! aaha! le paradis est à nous. Vole au septième ciel du prophète! »

(LÉGENDE ARABE.)

I.

Oui, elle a jeûné pendant une lune entière¹; oui, elle a suivi jusque dans ses prescriptions les plus cruelles la loi de son prophète, cette race austère et croyante, fille d'Ismaël le bâtard et le maudit; — oui, pendant trente jours, de l'aurore au couchant, elle s'est abstenue de tout aliment. — Effrayantes macérations qu'elle seule au monde puisse supporter avec cette résignation et ce stoïcisme dignes de l'antiquité!

Mais voyez s'illuminer tout à coup de rayons de gaieté toutes ces physionomies mortes, tous ces visages hâves et anguleux, aux rides creusées par la maigreur et la faim. C'est que la dernière heure du ramadan¹ a sonné! Aussitôt des troupes de nègres font irruption dans Maskara. Ils vont de porte en porte en criant, dansant, faisant un infernal charivari : les uns frappent sur de grosses caisses avec un bambou trois coups précipités d'une éternelle monotonie, les autres battent des mains de petits tamtams de forme cylindrique, qu'ils retiennent sous l'aisselle, tandis que ceux-là remuent vivement d'énormes castagnettes en cuivre, ressemblant assez à des bouches de soupape, rendant un son discordant comme des casseroles en révolution, et que ceux-ci pivotent sur eux-mêmes avec la rapidité d'une toupie. Les deux nègres qui tourbillonnent sont entourés

¹ Les Arabes prononcent *ramadzan*.

de musiciens dansant alternativement sur le pied droit et sur le pied gauche, se baissant et se relevant en cadence par mouvements convulsifs. Les Arabes ou les juifs qui sont l'objet de ces honneurs ne sont délivrés du vacarme diabolique des nègres qu'après leur avoir donné un boudjou.

II.

La dernière heure du ramadan a sonné... Quel joie! quel délire! Il est enfin permis de se nourrir, de manger à loisir du kouscoussou. On ne saurait trop célébrer l'heureux jour de délivrance, la Pâque musulmane. Fantasia! fantasia! vite la splendide parure du cheval. D'abord sa housse brodée de palmes, sa bride lamée d'argent, sa selle damasquinée et poinçonnée d'or. Quel luxe! quelle magnificence! Comme le coursier arabe dresse fièrement sa tête intelligente et fine sous ce somptueux harnachement! Comme ses veines, où coule un sang impétueux, dessinent leurs lignes sous sa blanche robe! Orgueil de l'Arabe, l'heureux animal est plus choyé que la houri reléguée sous la tente. À la femme l'isolement, l'esclavage, la nuit; — au cheval les honneurs, les riches draperies, le soleil, la fantasia!

Pour être digne de son coursier, l'Africain a chaussé ses larges bottes de maroquin rouge; il s'est drapé dans son superbe haïk; il a endossé son burnous brodé d'arabesques, un capuchon orné d'une myriade de glands de soie; il a coiffé son chapeau-pyramide tressé de pailles jaunes et rouges; il a pris son yatagan et son fusil au long canon cerclé d'anneaux d'argent, et dont la crosse, petite et très-aplatie, est surmontée d'une grossière batterie à pierre, serrée par une vis à rouet comme les arquebuses du moyen âge.

— À cheval! à cheval! et courons au rendez-vous général de la fantasia, aux plaines de Maskara.

Avant de parler de la pièce et des acteurs, quelques mots du théâtre.

III.

C'est grandiose et vaste comme la mer. L'admirable bassin qui entoure Maskara, assis sur une éminence, étend lointainement ses immenses nappes de chaume et de palmiers nains. Elles sont cerclées du côté du désert par des vagues de mamelons qui moutonnent sous le dôme profond d'un ciel dont pas une teinte ne trouble l'azur. Au levant, trois assises parallèles de granit, comme une trinité de monstrueux sphinx, allongent leurs blocs dans la vallée. Une chaude et limpide lumière baigne ces plaines fertiles, colorées de mille nuances diverses et coupées par intervalles de larges oasis, chatoie sur les roches anguleuses et comble de grandes ombres les ravins des montagnes au-dessus desquelles planent aigles et vautours.

Mais à l'horizon glissent des armées de nuages, poussés par une brise sud-est entre les étroites vallées qui fuient en perspectives infinies à travers les assises affaissées des monts. Ce sont les belliqueuses tribus des Beni-Chougrans et des Hachem qui arrivent à franc étrier des frontières du désert. En un instant la plaine se tatoue, comme par enchantement féerique, d'une myriade de bouquets de lis, qui scintillent aux rayons du soleil. Chaque sillon vomit un burnous. Tous ces groupes mobiles convergent vers un même but et y sont bientôt réunis. Mais telle est l'immensité de ce théâtre, de ces plateaux, vastes comme l'horizon, que cinq à six mille Arabes tourbillonnant sur un seul point, se confondant dans un pêle-mêle inextricable où une foule de teintes légères bariolent le fond blanc des burnous, ressemblent à une fourmilière en travail où chaque insecte remue.

Quels signes pourraient exprimer la majesté de cette nature au milieu de laquelle l'homme apparaît comme un ciron à côté d'un mastodonte? Aucun, si ce n'est l'adoration de ce pauvre nègre tout meurtri de fatigue, qui pourtant oublie la fantasia pour remercier Allah. Les curieux le voient prosterné, embrassant de tout cœur et à pleine bouche la terre, roulant son front meurtri dans la poussière. Il se relève à genoux et, tourné vers l'orient, reste immobile, enseveli dans une muette contemplation. La chaude lumière qui embrase ces espaces incommensurables se joue dans les labyrinthes de ces profondes perspectives, ondule avec les lignes azurées des monts, éblouit sa vue et son esprit. Ce n'est pas un Prométhée ni un idéaliste; il n'a pas le courage de soulever le coin du voile qui lui cache la Divinité, il n'a pas la force de mesurer de l'œil et de la pensée les mystères grandioses de la création, et cette puissance incompréhensible le renverse à terre; il retombe accablé de toute la grandeur de Dieu, en murmurant un nouvel acte de soumission et de respect. Simplicité religieuse, que tu es grande sous le ciel!

IV.

Déjà les chevaux arabes bondissent en vraies gazelles à travers les palmiers nains; les tribus s'enchevêtrent, et leurs coursiers, lancés au trot ou au galop, forment des cercles, des anneaux, des losanges, une foule de figures plus ou moins géométriques qui se brisent à peine formées. Mais l'heure de la fantasia a sonné, et la voix des aghas et des caïds, qui jettent des sons gutturaux dont les Européens ne distinguent que ces syllabes, souvent répétées : *Arroi fissa*[1], les Arabes, toujours dociles à leurs chefs, viennent se ranger autour des bannières de leurs tribus. Et ces chevaux si turbulents, si emportés tout à l'heure, sont maintenant d'une immobilité surprenante; le lion s'est fait agneau. C'est là du reste le caractère de la race arabe : désordonnée et furieuse dans l'action, pétrifiée dans le repos. La modération bourgeoise du pâle Occident est une vertu inconnue à ce peuple du soleil.

Les cavaliers se disposent en guirlandes sur le terrain qui leur est assigné par le commandement. Il se forme là un chapelet vivant de huit à dix goums et d'une quarantaine de tribus, accourues de toutes les montagnes dépendant de la subdivision de Maskara. Chacune d'elles se compose de cent à cent vingt hommes. Ce ne sont que les notables du douar, ce qu'on pourrait appeler l'aristocratie arabe, les guerriers. Les pauvres, qui n'ont pas en assez de boudjous pour acheter une monture, en sont réduits au rôle de spectateurs et de piétons, posture de la dernière humiliation pour les Arabes.

V.

Chaque tribu, — signe distinctif de l'organisation politique des Arabes, — à son drapeau qui lui est particulier et qui la différencie des autres; ces bannières d'une nuance unique, pour la plupart vertes, oranges, jaunes ou bleu lapis, sont de soie brochée. La hampe est couronnée d'une boule en cuivre doré supportant un croissant d'argent. Dans l'ampleur de l'étoffe, une main, invariablement brodée de soie blanche, indique de ses cinq doigts le mot mystérieux qui doit préserver la tribu ou le goum de l'influence du djinn, du mauvais esprit. Celui qui porte le drapeau, — très-haute dignité, — est vêtu d'un manteau écarlate. Toutes ces bannières, de nuances très-vives, flottant au-dessus des blancs escadrons arabes, produisent un effet enchanteur.

Nous pouvons nous approcher sans danger pour admirer de plus près ces Africains majestueusement drapés dans leurs manteaux, fièrement campés sur leurs selles, dont les deux extrémités très-relevées leur emboîtent l'abdomen et les reins, tandis que leurs pieds sont chaussés à l'aise dans leurs larges étriers. Tous ces cavaliers, dont les figures sont visiblement amaigries et parcheminées par le jeûne du ramadan, regardent avec admiration leur chef, leur agha, qui se tient à quelques pas devant eux. Il est facile de deviner qu'ils ne supportent pas l'autorité à la manière occidentale, mais qu'elle est pour eux une religion, qu'ils l'aiment et la respectent sans prêter la moindre attention à ses nombreux écarts ou à ses actes d'arbitraire.

Aussi quelle magnificence, quel luxe éclatant couvre la personne vénérée de l'agha. Son chapeau pyramidal est couronné de plumes d'autruche; son burnous, de la laine la plus fine, d'une blancheur immaculée, est à moitié couvert d'un autre manteau de drap rouge dont les plis retombent à profusion sur la croupe de son admirable cheval à la crinière ondoyante, à la belle encolure, qui porte orgueilleusement la tête et semble comprendre de quel précieux fardeau il est chargé. La selle n'est qu'un massif d'or, bordé de brillantes arabesques; les brides et les étriers sur lesquels reposent les bottes de l'agha sont plaqués d'argent. La poignée de son yatagan recourbé est incrustée de pierreries, et la crosse de son fusil silhouette de serpents damasquins. Toutes les richesses luxuriantes et prodigues de l'Orient sont accumulées sur cette magnifique statue équestre.

Pour avoir une idée de la majesté humaine et de l'antique, il faut voir les Arabes sur leurs chevaux; ils ont une telle aisance qu'ils semblent y être nés. Ils sont vraiment beaux et réalisent au suprême degré l'idéal de la statuaire. Grâce à ses draperies, par ses poses larges, simples, tout Arabe fait statue dans chacun de ses mouvements, et le cavalier européen, avec ses vêtements étriqués, sa roideur, ses lignes anguleuses, est souverainement ridicule à côté du gracieux laisser-aller et de l'ampleur du cavalier africain, dont rien ne peut supporter la comparaison, car c'est le parfait des formes.

VI.

On bat aux champs pour signaler l'arrivée des troupes françaises. Les spahis, en grande partie recrutés parmi les Arabes, ouvrent la marche et les chasseurs la ferment. Au milieu défilent un régiment de ligne et le 1er bataillon d'Afrique (compagnie de discipline), qui porte le glorieux trophée de Mazagran. Ce drapeau criblé de balles, réduit en charpie, inspire à tous les Français qui le voient une sainte émotion; le légitime orgueil d'appartenir à une nation qui compte dans ses annales de tels faits d'armes. Et le philosophe est heureux de penser que l'héroïque défense de Mazagran a été faite par des hommes mis au ban de l'armée, par des disciplinés. Il ne faut jamais désespérer d'un être chez lequel la grandeur et la dignité originelles de la créature de Dieu restent toujours empreintes d'un signe ineffaçable.

Mais un grand mouvement se fait dans les tribus, qui, pour laisser place aux bataillons français, sont contraintes de briser leur anneau

[1] Marche vite!

et d'élargir leur zone. Elles galopent alors en masse avec une telle rapidité, que leurs bannières ressemblent à des mâts de navires glissant sur l'onde. C'est à peine si d'un morne élevé le spectateur peut suivre ces évolutions; la plaine n'offre plus à l'œil ébloui qu'un vaste incendie. Les rayons solaires éclaboussent sur les yatagans, les fusils, les brillants harnachements des chevaux. Ce n'est partout qu'or et argent ruisselant dans les flots de lumière; la nature a enflammé tous ses tons, les montagnes sont effacées et noyées par les teintes dorées. Rien ne peut donner une idée de cette lumineuse fusion, de cet enfer africain.

VII.

Les spahis, couverts de leurs manteaux écarlate, qui ressortent vivement sur les blanches draperies des Arabes, se placent à quelque distance de leurs compatriotes, dont ils sont plus redoutés qu'aimés. L'ombre légère du tableau est faite par les lignes des régiments français qui se portent en face des tribus. Toutes ces troupes ne prendront pas de part active à la fantasia; ce drapeau mutilé de Mazagran, ces canons qui allongent significativement leurs gueules, ces bataillons et ces escadrons disciplinés et alignés au cordeau ont l'utile but de convaincre les Arabes de la puissante valeur de leurs conquérants, dans le cas où ils s'aviseraient de changer en guerre sérieuse les combats simulés auxquels ils vont se livrer tout à l'heure.

Le général commandant la subdivision de Maskara arrive, suivi de son état-major. Il parcourt au galop le champ de manœuvre sur son cheval isabelle, et commence la revue des tribus, qui à son passage élèvent en son honneur des colonnes d'encens en tirant en l'air des coups de feu. Les nuages de poudre, qu'aucune brise ne repousse, forment au-dessus des Arabes un ciel brumeux.

VIII.

Cependant la foule de curieux presse de ses flots impatients la banderole circulaire formée par les escadrons arabes et les troupes françaises. La plaine est couverte de tentes et de groupes; les tribunes regorgent de dames. On attend anxieusement le signal de la course, qui a été tracée sur un terrain d'une lieue de longueur, et dont le point de départ et le but sont marqués par des trophées de feuillage couronnés de drapeaux tricolores. Enfin le canon retentit et aussitôt une foule de cavaliers volent sur la pelouse.

Qui n'a pas vu de levrettes lancées dans une plaine sur un lièvre, n'a pas fait sortir de son gîte un cerf effrayé, ne peut pas se faire une idée de la vélocité de ces petits chevaux arabes, qui se ramassent sur eux-mêmes et se détendent avec une fougue furieuse. Le sol s'enflamme sous leurs pas; leurs crinières flottent en désordre et se mêlent aux draperies de leurs cavaliers. Les concurrents se suivent également, se mesurent et se pressent jusqu'à la moitié de la course; mais alors deux coureurs plus agiles se détachent du gros de la troupe.

Les têtes ardentes de leurs chevaux sont au même niveau. Le noir a plus de feu, mais le blanc plus de mesure et de nerf dans son galop. Trente mètres seulement les séparent du but. Lequel triomphera? Les deux tribus intéressées ne se contiennent plus, elles sortent de leurs rangs malgré les ordres de leurs chefs, elles hurlent, jettent des cris sauvages, encouragent du geste et de la voix leurs représentants. La lutte touche à sa péripétie, et les deux coursiers semblent n'en faire qu'un. Ils ne peuvent se dépasser. La partie sera-t-elle nulle? Qui l'emportera donc du blanc ou du noir? C'est ce dernier. Il franchit d'un bond de lièvre le dernier espace qui le séparait du trophée; mais, à peine arrivé, il tombe à terre et se roule ensanglanté : l'Arabe lui avait enfoncé ses longs éperons dans les flancs. Cependant le courageux animal se relève, il peut marcher encore. Son cruel maître reçoit des mains du général le prix du vainqueur; un magnifique fusil, et le porte tout triomphant à sa tribu, qui manifeste par toutes sortes de cris et de contorsions son exubérante joie.

Un autre escadron volant sillonne la plaine. Cette fois ce sont les burnous rouges qui montent les coursiers les plus agiles. Les spahis se serrent de près. La victoire doit appartenir à l'un d'entre eux : mais une espèce de génie, un Marocain ni comme ver, qui par ruse s'était un peu écarté de la troupe, coupe tout à coup le terrain en diagonale; son cheval, rapide comme l'oiseau, dépasse bientôt ses adversaires et arrive le premier au but, à l'ébahissement général du public.

Le Marocain, dans son costume par trop primitif, surtout pour les spectatrices, se présente devant la tribune du général, qui l'admoneste sévèrement sur son inconvenante tenue et cependant lui donne le prix : un riche sabre.

Deux autres courses auxquelles prennent part Arabes, spahis et chasseurs suivent celle-ci; ce sont toujours les Africains qui remportent la palme et qui sont accueillis en triomphe par les vociférations de leur tribu.

IX.

Hélas! le soleil a ses nuages, chaque chose a son ombre ici-bas, toute beauté sa caricature, — sarcasme du néant jeté sur la création entière. La femme a la vieillesse, les gracieux rires de la joie les grimaces de la douleur, l'homme a le singe, et le cheval l'âne... Oui, pardieu! c'est bien d'un troupeau d'ânes qu'il s'agit.

Toutes les bourriques du pays, — et ce n'est pas peu dire, — ont été réunies, se sont donné rende.-vous pour concourir. Mais, que c'est triste! Comme ces Aliborons échinés de fatigue, le corps tout pelé par les caresses du maître, ont un air penaud qui contraste avec la fierté de port du cheval arabe! Il faut une peine infinie et un déluge de coups de matrak pour les placer en rang. Enfin, après une foule d'épisodes comiques, les Arabes sont maîtres de leurs montures.

Le signal est donné.... Mais le départ des ânes est accueilli par un rire universel. Au lieu de suivre la ligne directe, ils se jettent de tous côtés, comme une fusée qui éclate dans les mains d'un artificier; ils se répandent à tort et à travers dans la plaine. Cependant trois bourriques d'un esprit plus droit s'acheminent en trottinant

Dans l'ombre épaisse d'un caroubier est étendu un marabout près de sa voluptueuse Mauresque.

paisiblement vers le but. Mais tout à coup, ennuyées des coups de bâton que les cavaliers leur administrent pour accélérer leur marche, elles s'arrêtent en jetant des braiements formidables. On a beau les frapper, elles ne remuent pas plus qu'une roche. Un Arabe, mieux avisé que les autres, triomphe de l'empêchement en chargeant l'âne sur son dos et en le portant jusqu'aux trophées, au milieu des huées et des rires des spectateurs. Ce trait d'esprit est couronné de succès. L'Arabe reçoit le prix, d'une modique importance, et l'âne se retire triomphalement à pied.

X.

Une multitude d'enfants arabes grouillent d'impatience dans un pêle-mêle où l'on ne distingue que deux nuances : celle de leur longue chemise, de leur blanche tunique et celle de leur calotte rouge. Ils sont du reste nu-pieds. La baguette du commissaire est à peine levée qu'ils courent en désordre, se culbutant, sautant les uns par-dessus les autres, pour arriver plus promptement. Chose bizarre, c'est le plus petit de la troupe qui met le premier le pied dans l'enceinte et remporte la victoire. Où sa mère n'est-elle là pour jouir de son succès! Mais l'absurde coutume la retient esclave au gourbi¹.

Autant les enfants sont faits pour courir, autant les hommes paraissent ridicules dans cet exercice. C'est ce que nous prouvent des soldats, qui sont certes plus gracieux, quand ils chargent l'ennemi. La course à pied avec sac et fusil, exécutée par trente militaires, offre pourtant quelque intérêt. C'est un zéphyr (bataillon d'Afrique) qui l'emporte; mais le général, parfaitement instruit des mœurs rusées de ces soldats, ordonne de visiter le sac du vainqueur : on y trouve

¹ Hutte, demeure.

vide. Étonnez-vous de la légèreté du zéphyr! Le général ne paraît pas enchanté de ce tour d'espiègle et il donne le prix au coureur qui a suivi de plus près le zéphyr, à un voltigeur qui avait eu la bonhomie de remplir son sac, selon l'ordonnance.

XI.

Arrière les jeux d'enfants.... Ils sont terminés et la véritable fantasia commence. La fougue africaine se donne libre carrière. Deux cavaliers se détachent des tribus et traversent au galop le champ de course en faisant tournoyer au-dessus de leur tête leurs longs fusils, qu'ils jettent en l'air et qu'ils reçoivent droits, en habiles jongleurs. Puis, se dressant de toute leur hauteur sur leurs étriers, ils placent la crosse de leur arme sous leur aisselle et ajustent leur ennemi pendant cinq ou dix minutes, avec une précision admirable, sans paraître le moins du monde gênés par la course furibonde de leurs chevaux, qui s'animent étrangement aux cris de leurs maîtres et bondissent comme des gazelles.

Ces deux éclaireurs sont suivis de trois, de quatre, de huit, puis de dix autres. Enfin, des tribus entières s'ébranlent, tournoient comme une bombe dans la plaine en répétant l'exercice des premiers cavaliers et faisant retentir l'air de nombreuses détonations. Aussitôt les armes déchargées, les chevaux, rompus à ce manège, pivotent sur eux-mêmes et reviennent sur leurs pas avec la même rapidité pour recommencer une nouvelle charge guerrière.

Quelle rage anime ces Africains au visage sombre, au teint oxydé, aux yeux enflammés par la passion! Quelle sauvage fureur! Comme ils se précipitent sur l'ennemi, le yatagan d'une main, le fusil de l'autre! — comme ils manœuvrent à l'aise sur leurs chevaux rapides! La lutte les exalte. Ils chargent au milieu d'une ronde infernale, en jetant des cris aigus, assourdissants.

Il trébucha contre les cadavres horriblement mutilés de sa femme et de ses enfants.

Les tribus roulent comme un tonnerre dans la plaine, où l'on ne voit plus que des tourbillons de fumée et de flammes, à travers lesquels flottent les blancs burnous. Pendant une heure, elle donne ainsi le spectacle de leur ardeur belliqueuse sur ce vaste champ de bataille digne des Pyramides. Mais les Arabes n'ont pas l'organisation ni l'audace des mameluks; ils ne cherchent pas même à entamer les bataillons français. Toute leur tactique consiste à charger avec fougue leur ennemi, à tirer avec adresse un coup de fusil et à s'enfuir aussi promptement qu'ils sont venus. C'est la manière scythe. Mais ils ne peuvent se mesurer sérieusement avec des troupes disciplinées à l'européenne. Aussi les engagements en Afrique ne sont-ils jamais que des escarmouches plus ou moins meurtrières pour les ennemis de la France.

XII.

Cependant les coups de feu diminuent; la poudre distribuée pour la fantasia s'épuise. Alors une procession d'Arabes piétons, au nombre de cinq à six cents, traverse gravement le champ de course. Les uns portent au bout de pieux aiguisés aux extrémités des quartiers de mouton rôti, d'autres des agneaux entiers. Ceux-ci sont chargés d'écuelles de kouscoussou, ceux-là de marmites en bois remplies d'une sauce épaisse autour desquelles dansent follement une troupe de nègres et d'Arabes en trappant à coups redoublés leurs tamtams. Tous ces Africains, qui vont renouveler sur une grande échelle les noces de Gamache, se rendent au point central de la plaine, où les rejoindront tout à l'heure les tribus à cheval pour célébrer avec eux la fin du jeûne du ramadan.

L'agha de Maskara fait présenter par ses esclaves un mouton entier au général, qui en coupe un morceau et le partage avec son convive. Un agneau rôti, c'est le plus grand cadeau des Arabes, leur plus éclatant témoignage d'estime et d'amitié. Aussi faut-il bien se garder, à peine de devenir son ennemi mortel, de refuser cette singulière offre lorsqu'elle vous est présentée par un fils d'Ismaël.

Les détonations ont entièrement cessé. Alors les spahis et les chasseurs d'Afrique défilent au trot allongé devant le général et son état-major. Les chasseurs, la meilleure cavalerie française, sans contredit, se distinguent par leur tenue sévère et la précision mathématique de leurs mouvements. Pas une tête de cheval ne dépasse l'autre. Les rangs restent toujours de niveau, alignés au cordeau.

A leur tour, les tribus défilent au triple galop, toutes brides lâchées, toutes voiles dehors, en tirant leur dernier coup de feu. C'est la mêlée la plus fougueuse, le chaos le plus épouvantable qu'on puisse imaginer : six mille Arabes chargeant à fond de train et se culbutant en hurlant comme des forcenés. Leur entraînement et leur joie sauvage tiennent du délire, et les longs éperons s'enfoncent dans les flancs ensanglantés des chevaux, qui soulèvent dans leur course désordonnée des flots de poussière, sous lesquels les spectateurs sont littéralement noyés. C'est une véritable apothéose de soleil, de sable et de poudre. Les curieux se retirent comme ils peuvent de ces nuages enflammés, très-satisfaits, même à ce prix, de connaître la fantasia arabe.

CHAPITRE XIII.

Village arabe. — L'industrie et les industriels. — Les femmes. — Les fêtes du mariage. — La danse du yatagan.

I.

Pour un touriste d'Afrique, il y a quelque chose de plus curieux encore à connaître que la fantasia du ramadan ou le mouvement d'un marché, c'est un village arabe. Les bizarreries de ces bourgades étonnent les habitants eux-mêmes des villes d'Algérie.

Ainsi, dans la cité d'Abd-el-Kader, à Maskara, vous vivez à peu près comme à Oran, comme à Alger. On y trouve des hôtels français, des journaux français, et jusqu'à un théâtre français où l'on joue, tant bien que mal, les vaudevilles de M. Scribe, les drames de George Sand. Mais si vous faites un pas au delà de la muraille d'enceinte qui sépare Maskara du village arabe Bab-Aly, vous passez sans transition de la réalité au songe, du connu à l'inconnu ; vous vous trouvez brusquement transporté dans une sphère qui n'a aucune analogie, aucun point de contact avec le monde européen.

Tout d'abord, vous devez renoncer aux idées d'alignement, de nivellement, de rectitude ; aux notions les plus élémentaires de la géométrie. Le village arabe offre au premier coup d'œil une agglomération de huttes, de tentes, de gourbis qui ont l'air de chevaucher l'un sur l'autre et sont jetés au hasard comme une poignée de blé au vent. Les habitations suivent toutes les inégalités du terrain ; elles montent à l'assaut des mamelons et se précipitent dans les ravins, figurant exactement une flotte mêlée par une furieuse tempête dont les vaisseaux sont portés jusqu'aux nues sur les cimes des vagues ou descendent dans les profondeurs de la mer. Pas de rues, pas de points d'intersection, aucun moyen de reconnaître sa route dans les bourgades arabes. On croit trouver une issue, et l'on risque de tomber au fond d'un silo, si l'on ne se heurte à d'énormes détritus qu'il faut escalader bon gré, mal gré.

Habitant depuis un mois la ville de Maskara, je n'aurais pas osé tenter une exploration de Bab-Aly sans un cicerone indigène pour me servir au besoin de fil d'Ariane à travers les inextricables labyrinthes du village. Je demandai donc à mon ami Sidi-Habib, tailleur de burnous, fils du cadi[1] de Bab-Aly, qui avait voyagé en France, de me piloter comme un de mes compatriotes l'avait fait naguère pour lui à Paris.

II.

Ce qui frappe de stupéfaction l'Européen ; ce qui lui paraît inouï, inexplicable après avoir assisté au spectacle des inquiétudes, des fiévreuses agitations, des préoccupations et des aspirations de nos villes, c'est l'inaltérable sérénité, la parfaite quiétude exprimée par toutes les physionomies des Arabes, de ces musulmans qui supportent une existence dont le plus malheureux des Occidentaux ne voudrait pas.

Ces hommes, enveloppés dans leurs guenilles de laine, marchent fiers comme des triomphateurs. On dirait des demi-dieux dont l'âme constamment placide ne participe pas aux douleurs de l'humanité. Malheureux, ces êtres qui vivent d'eau, de figues et de pain d'orge, qui rampent dans la poussière, couchent sur la terre exposés aux intempéries des saisons ! Mais pour eux, peines et joies, tout est commun dans ces deux mots : soleil et pluie. Cette façon stoïque d'accepter la vie donne à l'Africain un caractère de dignité que l'on différencie complétement des autres races.

Le musulman, le meslem (résigné), trouve la large compensation de ses maux dans l'adoration d'Allah, l'amour de son prophète et la foi aux jouissances éternelles qui devront effacer les misères et les fatigues éprouvées durant le pénible voyage de la terre ; sa croyance religieuse, c'est sa vie tout entière.

III.

J'avais à peine franchi la porte de Bab-Aly que j'eus sous les yeux le plus mouvant panorama.

Devant nous un groupe d'Arabes nonchalants, accroupis au milieu du chemin, fumaient silencieusement leurs longues pipes ; près d'eux, un nègre faisait sa prière de midi en embrassant trois fois le sol. Puis voici une légion de moukères, traînant leurs babouches dorées dans la poussière ; elles reviennent du bain maure et se rendent d'un pas lent à la demeure du maître. Mais il faut qu'elles se

---

[1] Magistrat arabe correspondant à notre juge de paix.

La danse du yatagan.

fassent jour à travers une nuée d'enfants jetant des cris assourdissants et martyrisant de pauvres gerboises qu'ils viennent de capturer.

De ce côté, une troupe de chiens poursuivent un juif et mordent à belles dents ses vêtements en lambeaux ; plus loin, vis-à-vis des baraques en bois et des étaux des bouchers se tiennent des marabouts[1] voyageurs du Maroc, psalmodiant les versets du Koran en s'accompagnant du rebab. Ils reçoivent pieusement dans le capuchon de leur burnous les offrandes religieuses des assistants. Les négresses portent, de la fontaine à la tente, les peaux de bouc gonflées d'eau ; les vieillards se chauffent comme des lézards au soleil ; les femmes, vêtues de la robe de Tunis à côtes jaunes et bleues, fixée à la taille par une ceinture rouge, étirent leurs membres à la porte de leur gourbi, où elles sont restées trop longtemps courbées.

Sur les bords ombragés de cactus, de saules pleureurs et de lauriers-roses de l'Aïn-Toudmam, petit torrent qui traverse Bab-Aly, des moukères au haïck relevé lavent leurs draperies. Rien de plus sculptural que les attitudes de ces femmes quand elles interrompent leur travail pour contempler un cavalier qui passe devant elles en faisant fantasia sur un cheval à la tête orgueilleuse, aux mouvements gracieux. Mais en un instant le village est couvert par des nuages de poussière que soulèvent des troupeaux de chèvres et de moutons.

IV.

Je m'arrêtai longtemps à observer les industriels arabes, réunis dans un rond-point de Bab-Aly. Étranges industriels pourtant qui n'ont jamais connu la fabrique ni l'atelier, où ils étoufferaient, et travaillent en plein air, indifférents aux feux du soleil.

Un savetier à la tête rasée, au visage oxydé, dont le burnous en loques couvre imparfaitement le corps et nerveux, embrasse entre ses jambes nues une pacotille de babouches qu'il répare en faisant agir tout son attirail d'outils : des cisailles et une longue aiguille. Vous pouvez passer cent fois devant lui sans le distraire de son œuvre. De temps à autre un nègre prend les babouches remises en état et les emporte au gourbi voisin.

L'Arabe des montagnes et le Bédouin du désert marchent nu-pieds, dans la boue ou dans la poussière ; mais l'Arabe des villes se chausse de boudra, babouches, savates informes dans lesquelles le pied jone aisément. Le coureur indigène ne se sert pas de ses babouches pour faire sa route, il ne les retire du capuchon de son burnous qu'à l'entrée d'une bourgade.

Nos souliers et nos bottes seraient d'un usage impossible pour les Africains. Vingt fois par jour ils doivent se déchausser, soit pour entrer dans les mosquées, soit pour visiter un chef, soit enfin pour se laver les pieds, salis par le chemins poudreux. La babouche est donc la seule chaussure qui puisse leur convenir. Les Arabes les plus pauvres se servent de morceaux de peau de bouc, rattachés à la jambe par des liens de palmier.

Les boudra des hommes sont coupées dans un cuir de Maroc et dépourvues généralement de tout apprêt ; mais celles des moukères (femmes arabes) sont souvent brodées de fil d'or et ornées de brillantes arabesques. Beaucoup de femmes placent leur orgueil dans le luxe de leurs babouches.

Il y a encore les temagues (bottes), en filaly (cuir de Maroc), dont les cavaliers se servent. Les temagues sont de larges bottes (tout est large dans le costume arabe), à montants gantées, qui emboîtent la jambe jusqu'au genou ; elles offrent un travail très-difficile et très-ingénieux.

Les ouvriers qui confectionnent ces chaussures appartiennent généralement à la race juive, plus exercée que les Arabes. Ceux-ci se réservent seulement les boudra.

Les Africains sont par nature pâtres, voyageurs, commerçants ; mais ils n'aiment pas le travail des mains. Ils préféreraient la mort à l'assiduité à laquelle sont assujettis les ouvriers d'Europe. Leur industrie est à l'état le plus élémentaire. Il y a pénurie d'ouvriers en raison de la population. Pourtant ils sont honorés et encouragés par tous les moyens possibles.

Dans les luttes implacables de tribu à tribu, de douar à douar, qui se livrent au Sahara, les vainqueurs épargnent toujours les travailleurs. Il suffit d'être cordonnier, tailleur, ou forgeron, pour avoir la vie sauve du massacre.

Le savetier était entouré de tailleurs de burnous qui se démenaient des pieds et des mains en vrais quadrumanes. Ils cousent, par un mouvement de pied, les fils de la trame qui se trouvent placés entre le pouce et le grand doigt, pendant que la main droite passe l'aiguille et forme le réseau avec une agilité extraordinaire.

Assurément nos charrons seraient émerveillés de l'habileté de leurs confrères d'Afrique. Armé d'un instrument à double tranchant, le charron arabe, sans le secours de l'équerre ni du compas, amincit un tronc d'olivier, creuse les trous avec une étonnante symétrie et transforme ainsi, avec un seul outil, un arbre en instrument de labour. Pour exécuter un pareil tour de force, il faut avoir

[1] Prêtres.

une main sauvage, habituée de bonne heure à tailler le bois. Côte à côte du charron, sous une toile trouée et enfumée, se tient le forgeron qui prépare le soc de la charrue à un feu de palmier soufflé par une peau de bouc.

V.

Des sanglots, des cris de désespoir partirent d'une maison voisine du rond-point. Je me dirigeai avec Sidi-Habib vers une espèce de gourbi, composé de quatre murs en pisé troués de meurtrières, et, par la porte basse de cette demeure, je vis sortir une femme échevelée qui cherchait à fuir. Mais deux Arabes s'élancèrent aussitôt qu'elle du gourbi, la saisirent d'un bras nerveux, l'un par la tête, l'autre par les pieds, et la frappèrent de leur matrak. Après l'avoir ainsi rouée de coups, ils emprisonnèrent ses pieds dans un lien de palmier et la laissèrent à terre. — Celui qui m'avait paru le plus acharné, l'époux sans aucun doute, fit alors un signe à son fils, enfant de dix ans qui avait assisté impassible à la correction infligée à la pauvre femme. L'enfant sans pitié, regardant sa mère comme une esclave, ne connaissant d'ailleurs que le *maître de la tente*, obéit à son injonction. Il alla chercher dans la maison un sabre qu'il apporta à son père.

Pendant ce temps, la malheureuse, comprenant l'imminence du péril, se débattait sur le sol. Ses larmes étaient vaines. Elle lisait son arrêt de mort sur le visage calme et sombre de son maître. Pourtant, au moment où l'Arabe prenait l'arme des mains de l'enfant pour lui trancher la tête, elle fit un suprême effort, brisa ses liens et s'enfuit derrière les tentes du village. L'Arabe ne la poursuivit pas ; il remit l'arme à son fils et rentra dans la hutte.

Les cheiks du village réunis se rendirent auprès du mari outragé, qui n'avait que des soupçons d'infidélité, lui firent entendre raison et ramenèrent l'épouse à la campagne.

Cette scène m'avait douloureusement impressionné. J'étais indigné de l'indifférence qu'avaient montrée les spectateurs. Je prêtai peu d'attention aux paroles intéressées de Sidi-Habib ; il eut beau me dire que le mari avait le droit de mort sur sa femme lorsque celle-ci recevait en son absence un étranger, cette cruauté diminua la sympathie que m'avait d'abord inspirée la race arabe. Je vis dans les malheurs qui l'avaient frappée un juste châtiment de l'esclavage imposé à leurs femmes et consacré par la loi suprême, le Koran. Ce n'est pas en vain qu'on mutile la nature.

VI.

Sidi-Habib mit tout en œuvre pour effacer de mon esprit la pénible impression que j'avais ressentie ; il me conduisit, insigne honneur, dans sa tente où il pénétrai en me jetant sur les mains, notre attitude primitive, d'après Rousseau. Une toile posée sur huit piquets, voilà la maison de l'Arabe. A mon entrée, je crus un instant être devenu aveugle. Peu à peu cependant je m'habituai à ce jour douteux, et je distinguai deux grands yeux éclairant comme deux escarboucles le charmant visage tatoué et colorié d'une femme accroupie derrière un métier. C'était la sœur de Sidi-Habib.

« *Asseplama*! lui dis-je en la saluant. »

Mais elle partit d'un éclat de rire si franc, qu'il gagna son frère lui-même.

Évidemment elle se moquait de ma prononciation arabe. Je déguisai mon embarras en inspectant l'intérieur de la tente. Les meubles se réduisaient à deux tapis, un yatagan, une pipe et un chaudron. Des housses et des brides étaient accrochées aux piquets, à côté de haïcks de mousseline et de ceintures de soie. Le fond était encombré par des hamals d'orge et de blé contre lesquels était adossé un jeune arabe, endormis pour ainsi dire pendant le jour, se réveillant en train de broyer du grain entre deux pierres : c'était le moulin arabe. Au centre de la tente, une vieille femme allumait le feu dans un trou : c'était le fourneau. La terre servait de table et de lit.

Je me lassais de regarder la moukère rattachant de ses doigts teints de rouge les fils de son métier ; je commençais à désespérer de mon dîner, lorsque la matrone nous apporta un copieux plat du couscoussoun traditionnel, mêlé d'œufs durs et de raisins cuits que nous mangeâmes avec la fourchette d'Adam. A la fin de ce festin, mon cicerone m'invita à passer la soirée chez le caïd de Bab-Aly, qui donnait une fête magnifique ! J'acceptai.

VII.

Bab-Aly, ne demandant pas à la terre ce que le ciel donne, était seulement éclairé par le disque de la lune et les girandoles d'étoiles qui versaient sur ses gourbis de mystérieuses clartés. Il régnait une grande agitation dans le village.

Dès que le soleil a disparu derrière les cimes des montagnes, les bourgades arabes, endormies pour ainsi dire pendant le jour, se réveillent aux sons bruyants du derbouka, aux joyeux cris des enfants, aux *sgarits* des moukères, au bruit et au mouvement d'une population qui sort de sa torpeur et se livre à sa joie. Il n'est pas jusqu'aux animaux qui ne s'associent à la fête générale. Les chiens jappent en chœur, les chevaux hennissent et dansent à la porte des huttes.

La nuit est le poëme et le ravissement des pays de zone torride. Il faut avoir été tout une journée dans une fournaise allumée par un soleil implacable pour comprendre l'indicible volupté de l'air frais et de la libre respiration. On ne vit véritablement de l'autre côté de la Méditerranée qu'à cette heure du premier crépuscule où la brise, plus pure et plus douce que l'haleine d'une jeune fille, vient ranimer une terre torréfiée par les vapeurs du désert. C'est une nouvelle existence, une résurrection de la nature. La fleur desséchée relève ses corolles, rafraîchies vers le ciel, — les feuilles de l'olivier frissonnent amoureusement, — les insectes et les enfants bourdonnent en chœur et chantent la fin du jour, — la négresse porte la peau de bouc gonflée de l'eau de la source à la tente, d'où sortent l'Arabe qui se prosterne sur le sol le visage au levant, et sa voluptueuse compagne, dont les yeux pleins de molles et suaves lumières rivalisent avec les scintillantes étoiles.

La nuit africaine, c'est le soleil, moins ses éblouissants rayons, son incandescente réverbération, — un soleil doux, calme, argenté, qui inspire la pensée vague, la rêverie, et baigne tous les sens de langueur.

VIII.

Tenant la main de Sidi-Habib (les Arabes ne donnent jamais le bras), j'avançais d'un pas incertain, trébuchant à chaque instant sur un terrain inégal et crevassé. Pour comble de malheur, les chiens arabes reconnurent ma nationalité et aboyèrent en troupes après moi. J'avais beau tourner en tout sens mon bâton d'olivier, rien n'y faisait. L'infernale légion des kelb[1] me talonnait toujours. Émues par leurs aboiements répétés, les matrones arabes montraient leurs têtes étranges au trous de leurs huttes et rentraient aussitôt en grommelant : — C'est un roumi!

Je ne me serais pas assurément tiré à mon avantage de cette situation perplexe si mon intelligent cicerone, qui portait deux burnous, l'un blanc, l'autre brun, n'avait eu l'heureuse idée de jeter ce dernier sur mes épaules. Grâce à cette concession à la couleur locale, j'obtins la paix des gardiens arabes.

— Mais, dis-je assez inquiet à Sidi-Habib, où doit aboutir cette excursion, où me conduis-tu?

— Aie confiance, me répondit-il solennellement. Tu es dans la main d'un ami. Je te mène à la maison du caïd, qui marie son fils Sidi-Abd-el-Kader-ben-Mohammed (qu'Allah le favorise) avec Kadidja, fille de Lella Mouléna.

En effet, des musiciens chargés de donner le signal de la fête et d'inviter bruyamment tous ceux qui voudraient y prendre part, dansaient en frappant avec fureur sur le derbonka, et en soufflant à perdre haleine dans le zoumarah, roseau percé d'un seul trou. Autour d'eux une nuée d'enfants coiffés de la chachia, n'ayant pour tout vêtement qu'une longue chemise, se battaient et se roulaient à terre.

Devant nous défila une véritable procession de femmes arabes qui, enveloppées dans leurs voiles de toile blanche, figuraient bien plutôt une légion de nonnes allant à un cimetière qu'une troupe de femmes en fête.

Ma curiosité s'éveilla. Je fis hâter le pas à mon cicerone, et nous arrivâmes enfin devant la maison du caïd, située au faîte d'une colline que grimpe le village le Bab-Aly. C'était la plus somptueuse de ces demeures arabes : quatre murs recrépis de chaux supportant une plate-forme. Je pénétrai par une porte à arcade ogivale dans une vaste cour éclairée par les rayons de la lune. Là je fus témoin d'un spectacle qui est pour toujours stéréotypé dans mon esprit.

D'un côté les Arabes, assis sur des tapis, fument le chibouk et boivent un épais café; dans un autre angle de la cour, une foule de femmes accroupies, les jambes croisées, montrent un œil avide à travers leur haïk. Presque toutes ont rejeté leurs larges babouches pour faire admirer leur robe de Tunis rayée de jaune et de rouge qui dépasse le grand voile et les anneaux d'argent massif qui retombent sur leurs pieds nus. Des négresses jouent avec leurs enfants et se livrent à la démonstration de la plus folle gaieté!

IX.

La fête du mariage commence. Dans le vide laissé par les groupes s'agitent des musiciens qui accompagnent une almée. Les uns soufflent dans le zoumarah, tandis que d'autres battent des tambourins cylindriques suspendus à leur cou par une corde en poil de chameau de trois éternels coups imitant le bruit de plusieurs marteaux tombant alternativement sur l'enclume. Cette fiévreuse et bruyante harmonie exalte follement une danseuse brillante de bijoux, de verroteries, de corail, de nacre, de coquillages peints, de colliers de perles, d'un bariolage d'anneaux d'or et d'argent, de précieuses amulettes renfermant les principaux versets du Koran, de draperies, de ceintures de soie brochée et de babouches perlées de fils d'or.

Son visage, teint de henna et de kohoel[2], est en harmonie avec la splendeur de sa mise. Un croissant orne son front. Des paupières bleues font ressortir l'éclat de sa noire prunelle. Ses lèvres, entr'ouvertes comme la grenade mûre, sont enluminées de rouge; le laurier-rose couvre ses bras nus; des feuilles d'olivier enguirlandent son cou, sur lequel retombent les boucles de sa chevelure et les cercles accrochés à ses oreilles.

Pendant que le corps de l'almée se tord et frémit, ses pieds remuent imperceptiblement en marquant la mesure et mordent le terrain par petites secousses.

Dans sa main droite, elle tient un yatagan incrusté de pierreries appartenant au caïd; dans sa main gauche un foulard à franges d'or avec lequel elle trace des cercles mystiques qui s'évanouissent dans l'air à peine formés, comme des bulles de savon soufflées par un enfant.

Signe de prédilection pour la favorite, le mouchoir couronne sa tête, s'entortille en serpent autour de son col ou et de sa taille. Mais la haine suit l'amour. Le yatagan aux reflets fulgurants accompagne le foulard dans toutes ses évolutions et lui dispute le prix. C'est un mélange inouï de fictions guerrières et amoureuses.

Le masque mobile de la danseuse s'anime étrangement : sa physionomie reflète tous les sentiments, toutes les passions. Tantôt elle pleure cachée sous son haïk, tantôt elle l'écarte en riant. Elle menace et elle prie, elle se bat et elle s'agenouille, elle soupire tendrement et coupe une tête!

L'heure du combat a sonné. L'espoir de la vengeance brille dans les grands yeux noirs de la danseuse. En faisant tourner avec une rapidité surprenante l'arme terrible dans sa main et changeant brusquement le caractère de son pas, elle charge avec impétuosité l'ennemi représenté par les musiciens, qui, feignant d'être effrayés devant elle en battant une bruyante retraite sur leurs derbonkas. L'ennemi a fui. Il faut jouir de la victoire. C'est le moment du repos; l'amour tresse des couronnes.

Le yatagan et le mouchoir se réunissent, s'embrassent, dessinent en l'air une longue série d'arabesques; l'almée modifie son pas, ralentit ses mouvements belliqueux; une pensée d'amour imprime à ses membres une molle ondulation, et les musiciens, revenus de leur terreur, sautent devant elle avec des contorsions et des grimaces de satyres.

Enfin l'almée s'arrête devant un Arabe au somptueux burnous, plante en terre son yatagan, sur lequel elle croise les deux mains et reste immobile en regardant fixement l'homme qu'elle a choisi pour la convocation de la danse.

La musique cesse aussitôt. Le chef des musiciens entonne un hymne de louanges en l'honneur de l'amphytrion, du caïd, de la brillante fête qu'il donne et de la séduisante danseuse, le tout en style oriental, émaillé de gigantesques métaphores. Les femmes répondent à ce discours par leurs cris habituels.

A ce moment, l'Arabe choisi se lève, écarte son haïk et glisse un douro entre les mouchoirs de soie noués et croisés sur la tête de l'almée.

C'est alors que le chef des musiciens ne se contient plus; son enthousiasme déborde comme un vase trop plein.

Il est grand et généreux l'Arabe!

Allah a donné la terre et l'Arabe donne sa bourse!

Il honore la maison qui le reçoit.

Gloire au très-riche, très-puissant, très-vertueux, très-généreux enfant de Mohammed!

L'almée reprend ses exercices pour s'arrêter quelques instants après devant un autre convive dont le musicien chantera également la libéralité en termes hyperboliques.

Au milieu de cette fête, les Arabes, impassibles dans leur gravité, semblent plus occupés à fumer leur chibouk et à humer leur liqueur, renouvelée maintes fois par des nègres, qu'à contempler les grâces de la danseuse. Mais le groupe des moukères est ému; ce spectacle les passionne à l'excès.

Il faudrait vraiment avoir la palette de Decamps pour peindre ces femmes entassées comme des cloportes, jetant un coup d'œil furtif en ouvrant lentement leur haïk et le ramenant aussitôt craintives sur leur visage, ces négresses, folles d'enthousiasme, jouant à la balle avec leurs enfants, et surtout ces Africains à poses de sphinx. Lui seul pourrait rendre l'originalité, l'étrangeté et le décousu de cette fête arabe, éclairée par les blafardes lueurs de la lune.

X.

Un nègre, en me tirant par mon burnous, me réveilla de mon extase. Je cherchai des yeux Sidi-Habib, et ne l'apercevant pas dans la foule, je me laissai conduire dans une sorte de salle de réception qui faisait saillie sur la cour.

Elle était meublée d'un divan, au-dessus duquel on avait suspendu à une panoplie des fusils arabes plaqués d'argent, des yatagans de Kabylie, des pistolets de Tunis, des armes de tout genre. Je foulais aux pieds un riche tapis qui était comme émaillé de peaux de chacals, d'hyènes et de lions tués sans doute par le caïd.

Mon introducteur me fit signe de m'asseoir. Je pris une peau

---

[1] Chiens arabes.
[2] Matières colorantes dont se servent les femmes arabes pour teindre leur visage.

d'hyène, je la posai à l'entrée de la salle pour ne rien perdre de la danse, et je me croisai les jambes à la manière musulmane.

Aussitôt deux nègres m'apportèrent une tasse de café et une longue pipe à fourneau d'argent. J'acceptai le tout avec empressement, sans comprendre ce qui me valait ces insignes politesses.

— Qu'est-ce donc? demandai-je à Sidi-Habib, qui s'avançait vers moi.

— C'est l'hospitalité arabe, me répondit-il de son air sentencieux. Le caïd a reconnu l'Européen, et il a fait signe à ses nègres de le traiter dignement.

— Pourquoi les nouveaux époux ne paraissent-ils pas à la fête donnée en leur honneur? dis-je à mon ami; où sont-ils?

— Chez eux. Kadidja, l'épousée, renfermée dans cette chambre en face de nous, écoute attentivement les leçons, les conseils des matrones qui lui enseignent les devoirs et les obligations du mariage.

XI.

Pendant que Sidi-Habib m'expliquait les mœurs de sa race, je fouillais du regard l'angle où les moukères étaient réunies. Les voiles s'écartaient coquettement, et des ovales admirables, de ravissantes figures, m'apparaissaient. Par intervalles, ce groupe compacte ondulait comme des épis sous l'action du vent. Des femmes se glissaient furtivement en vraies gerboises parmi leurs compagnes. D'où venaient-elles?... Mon cicerone me l'apprit. Elles trompaient leur maître; elles avaient oublié sous les oliviers ou dans une tente étrangère les devoirs du mariage et les dangers de l'infidélité à l'époux. La garde sévère des femmes n'est donc pas chose tout à fait vaine dans ce pays du soleil qui enflamme l'imagination et les sens. Mais la répression, si terrible qu'elle soit, n'effraye pas deux âmes amoureuses, bravant mille morts pour s'étreindre dans un baiser. Je m'expliquai dès lors l'enthousiasme des moukères pour les fêtes en opposition frappante avec l'insouciance des Arabes, qui ont d'ailleurs le caractère trop fier pour estimer des jeux dignes à leur point de vue de marionnettes. Ils préfèrent le cheval à la danseuse, l'échevelée fantasia sur l'impétueux coursier. Leur dédain pour cette profession va si loin que, sauf des Mauresques d'Alger, de Constantine et des Koulouglis [1], on trouve peu de danseuses dans le Tell. Elles viennent habituellement du Sahara, où les mœurs sont moins sévères et la liberté en toutes choses plus large.

Je fus interrompu au milieu de mes réflexions par une danseuse du Sahara, dont la physionomie était plus sauvage que celle de la première. Elle s'avançait vers moi en tortillant son mouchoir et en remuant son arme d'une façon menaçante. Ses gestes étaient si gracieux, ses mouvements étaient si purs, si coquets lorsqu'elle imitait l'action du chaouss [2] décollant une tête, qu'elle développait les instincts féroces et inspirait le désir d'assister au spectacle d'une exécution par le yatagan. Ce ne fut pourtant pas sans inquiétude que je la vis s'approcher et poser son arme devant moi.

Je me demandai immédiatement si elle en voulait à ma tête occidentale, qui peut-être ne lui convenait pas. Heureusement les flatteries intéressées du chef des musiciens m'expliquèrent l'énigme. Je me souvins du tribut que tout spectateur choisi par l'aimée devait payer. Je me levai et glissai une pièce de monnaie sous son bénica [3].

Pendant cette opération, exécutée maladroitement, car je n'y étais pas habitué, mon visage effleura celui de la danseuse. J'étais fasciné par son regard, je respirais son haleine embaumée de parfums..., lorsque l'éclair du yatagan relevé subitement me frappa comme un *Mané, thecel, pharés*.

XII.

Singulièrement impressionné par les fumées du tabac, par les copieuses tasses de moka et surtout par l'insolite curiosité des moukères, dont l'œil ardent trouait les voiles blancs, il me sembla que tout dansait autour de moi aux mystérieuses clartés des étoiles comme dans une fête macabre. Le yatagan tournait toujours dans la main de la sirène. Je fus pris d'un sommeil magnétique, de cette somnolence extatique qui peuple de délicieux rêves, d'éphémères enthousiasmes, d'heureuses visions les cerveaux électrisés des fumeurs de hachich. Mon fidèle ami Sidi-Habib dut me réveiller de ma léthargie pour me donner le signal du départ.

— Où irons-nous, lui dis-je encore endormi, puisque les portes de Maskara sont fermées?

— La tente d'un ami est à ma disposition, me répliqua-t-il. Allons nous y reposer, car cette fête doit durer jusqu'à l'épreuve de la fiancée qui ne finira qu'au point du jour.

— Au moins il n'y a pas de danger?... Le yatagan?... — Et je glissai ces mots à son oreille.

— L'hospitalité de l'Arabe est une sauvegarde plus sûre qu'une armée, me dit-il presque bâillant.

Après avoir traversé avec une peine infinie les flots d'Arabes qui

[1] Filles de Turcs et de femmes arabes.
[2] Bourreau.
[3] Coiffe.

encombraient la cour, je sortis avec Sidi-Habib. Il me conduisit dans une tente du village de Bab-Aly. Je m'étendis sur un long tapis et je m'endormis bientôt au milieu des chèvres, des moutons et des poules, en songeant à l'originalité des mœurs arabes, à la danse du yatagan, qui peint fidèlement et merveilleusement les coutumes, les penchants, les passions de la race d'Ismaël.

CHAPITRE XIV.
La fantasia nègre.

I.

Le lendemain, Sidi-Habib me réveilla dès l'aube pour assister à une fête nègre.

Dans ces temps, on s'est beaucoup occupé des nègres. Les uns les ont condamnés à l'infériorité morale de par la création; les ont dénigrés systématiquement; d'autres les ont vantés outre mesure. A notre avis, le seul moyen d'éclairer cette question encore pendante consisterait à faire des études sérieuses sur la constitution physique et morale, sur les tendances et les affinités des divers autochthones de l'Afrique. On jetterait ainsi une grande lumière sur le problème; mais il faudrait peindre sur le vif de la nature. En attendant qu'un audacieux penseur exécute ce travail scientifique, nous vous donnerons un petit aperçu des mœurs de la race nègre, à notre point de vue aussi capable d'évolutions progressives que les races blanche ou arabe-indo-européenne, brune ou malaisienne, rouge ou américaine.

C'est un peuple d'enfants, qui a tous les défauts et toutes les qualités de l'enfance. Il est sympathique, doux, enjoué, naïf; suivant toujours les impulsions de sa spontanéité, de son ardente imagination qui lui montre les choses les plus simples à travers un prisme éblouissant, surnaturel; esclave de ses sens, s'assimilant aux animaux et ne songeant même pas à résister aux terribles ardeurs, aux folles passions que lui souffle son climat de feu, vivant enfin de la vie instinctive et non de la vie de réflexion et de raison.

Sans doute, pour qui ne veut pas se souvenir des siècles de barbarie traversés par toutes les nations européennes, et ne voit que le trajet fait, le progrès accompli, l'espèce nègre semble inapte à toute civilisation. Elle a d'étranges erreurs, de monstrueux vices. Sous ses tropiques, elle adore encore le palmier, le rocher, le grain de datte, le léopard, le serpent; elle se prosterne encore devant les ridicules fétiches de sa démence.

Sur la foi des voyageurs, nous aurions pu vous parler d'Abyssins dévorant avec avidité la chair de l'ennemi vaincu; d'Achantis de Guinée construisant des temples avec de l'argile détrempée de sang humain; de rois béninois et ibbos qui, assis sur un trône de têtes de morts, rendent la justice en laissant décapiter les deux parties plaignantes; de fêtes où l'on voit un essaim de jeunes filles danser devant un énorme serpent encagé qui, pour couronner la réjouissance, est lâché sur la foule; de mille superstitions odieuses, de coutumes extravagantes. Mais, sans atténuer en rien la véracité de ces voyageurs, nous préférons vous raconter une scène de mœurs nègres dont nous avons été le témoin oculaire.

II.

Les noirs dont il est question viennent de la Guinée, du cap de Bonne-Espérance, du Sondan, de Timbektou. Jeunes, ils ont été vendus sur le marché de l'Egypte ou pris comme des oiseaux au filet par des Bédouins [1] du désert, qui les attirent loin de leurs cases en leur jetant des coquillages, des amulettes, les enlèvent et les vendent à des trafiquants de chair humaine dont les caravanes sillonnent le sud de l'Afrique. Aucun soin n'a été donné à leur enfance; à peine nés, ils ont rampé sur la terre, qui leur a servi de nourrice, de lit et d'escabeau. Et malgré tout, ils sont devenus des êtres robustes, gazelles à la course, taureaux au travail. N'ayant reçu d'autre éducation que celle de la nature, méprisés, maltraités, ils n'en sont pas moins reconnaissants et caressants jusqu'à la mort à leurs maîtres, tendant la joue gauche quand on frappe sur la droite, rendant le bien pour le mal, vrais caniches de l'humanité.

Qui ne se sentirait ému de tant de courage et de résignation ? qui ne se réjouirait de leur joie, les voyant danser et s'ébattre follement aux bruyantes notes de leurs castagnettes de cuivre et de leurs tambourins ?

Cette facile gaieté, sans cause précise, est particulière à la race nègre et la différencie surtout de la race arabe, toujours austère et sombre, renfermant en elle-même ses impressions, et considérant la joie bruyante comme un enfantillage indigne d'être sérieux de disciples de Mahomet. Par exemple, il n'est pas rare d'entendre les Arabes d'entendre ainsi faire l'éloge d'un des leurs : « Il n'a jamais ri ! »

[1] Bédouins. — Cette chasse aux enfants nègres, qui constitue un véritable commerce, est pratiquée sur une large échelle du côté de Tombouctou par la puissante et redoutable tribu des Touaregg, véritables pirates du désert du Sahara.

tandis que si vous rencontrez un nègre sur votre route, à la première parole que vous lui adresserez, il vous montrera ses blanches dents et sourira à vos discours sans les comprendre le plus souvent.

III.

Dans les heures perdues de notre séjour parmi eux, nous avons eu maintes fois l'occasion de constater le naturel débonnaire des nègres. Lorsque, assis sur une pierre de la fontaine de Bab-Aly, nous interpellions les indigènes qui venaient puiser l'eau dans leurs petits chaudrons et en gonfler leur peau de bouc, les sectateurs d'Abd-el-Kader et leurs moukères nous répondaient presque toujours par un regard ironique ou par deux syllabes sèches : *Manarf* (je ne sais pas). Mais de jeunes négresses au torse superbement modelé, à peine vêtues d'un morceau de toile à larges raies brunes et rouges, serré aux hanches par une ceinture de laine, les pieds dans l'eau de la source jusqu'à la cheville, cessaient immédiatement leur travail et semblaient heureuses d'entrer en relation avec nous. Il en était de même de leur père ou de leur époux. La plupart d'entre eux nous exprimaient, dans leur langage original et concis, leur satisfaction de voir les Français maîtres de cette partie de l'Afrique. En effet, c'est depuis notre conquête seulement que les nègres ont été relevés de l'esclavage que leur imposaient les Arabes.

Cette race asiatique, orgueilleuse de sa conquête et de la révélation de son prophète, placide, austère, desséchée sur une pensée d'éternité, contraste singulièrement avec le tempérament vif et mobile, le sentiment humble et idolâtre du nègre, véritable autochthone de l'Afrique. L'assimilation était impossible entre des natures hostiles, à ce point que l'Arabe croirait déchoir en s'alliant à une femme de couleur. Quelques oasis perdues dans le Sahara offrent seulement des exemples de ces unions réprouvées par la généralité des croyants. Les Arabes ont toujours maintenu une démarcation absolue entre eux et les peuplades vaincues auxquelles ils se sont contentés d'imposer l'esclavage et le Koran. On comprend pourquoi les noirs regardent en quelque sorte la conquête française comme une délivrance, tandis que les Arabes l'acceptent si difficilement. Les nègres ont une prédilection très-prononcée pour nous. Dans les contrées de l'Afrique limitrophes à la domination française, les nègres maltraités menacent leurs maîtres de passer aux *roumis* (chrétiens). On sait qu'ils sont libres en Algérie.

Avec cette nature expansive, cette ardeur à communiquer leurs sentiments, à échanger leurs pensées, leurs sensations, comment croire à l'injuste malédiction lancée sur les noirs, à leur infériorité originelle, à leur crétinisme incurable ! C'est impossible. Comme leurs frères d'Europe, ils sont perfectibles et capables de se transformer sous l'influence du progrès et de la science.

IV.

Mais revenons.

La gent nègre est en grande liesse ; elle se livre à toutes les extravagances de la fantasia pour fêter dignement son nouveau marabout[1]. C'est un *maboul* (fou) ; aussi est-il vénéré comme un saint. En Occident, on se prosterne devant la raison ; en Orient, on adore la folie. Les fous sont des possédés de Dieu, dit-on ; un esprit supérieur s'est incarné en eux. Ils ne s'appartiennent plus, ils sont l'instrument et le jouet du *djinn*. De sorte qu'à son dans ces contrées peut se permettre impunément toutes les excentricités. Il est admis sous les tentes les plus riches, le couvert est constamment mis pour lui; ses coreligionnaires s'estiment trop heureux d'héberger et de secourir l'esprit divin égaré sous cette forme humaine.

Les nègres à cet égard jouissent des mêmes privilèges que les Arabes. J'ai connu plusieurs mabouls dans la province d'Oran, tous très-inoffensifs. L'un d'eux avait la monomanie des déguisements. Un jour il apparaissait sous le costume arabe, le lendemain il vêtait le paletot français, le surlendemain on le voyait en spahis ou en zouave, en juif ou en arménien. — Tel autre, véritable Hercule, — avait la passion de décharger les voitures des rouliers et de porter de lourds fardeaux. Celui-ci, du matin au soir et du soir au matin, salue le levant, embrasse alternativement la terre, ou pirouette sur lui-même comme un derviche; celui-là prie pour son émir Abd-el-Kader ; un autre joue du monocorde, du derboukah, du rebab, et danse à la porte des malades indigènes, sous prétexte de les guérir, — superstition très-répandue en Afrique. Il n'y a pas de maboul dangereux. On ne peut donc les comparer, en aucune manière, à nos fous d'Occident. Ceux-ci héritent des vices d'une civilisation complexe où les sentiments les plus mobiles, comme les passions les plus hideuses, sont perpétuellement mis en jeu. Mais dans l'état patriarcal et religieux de l'Afrique, où trouver l'envie, la vanité, l'ambition, ces dépravations du scepticisme, ces énervements qui étiolent et démoralisent les races occidentales ? Une tente, un cheval et une femme, c'est l'idéal du bonheur. Il ne reste après cela que les jouissances paradisiaques promises par le prophète à toutes les âmes dévotes.

[1] Prêtre.

V.

Dès l'aube, *la ville* est pleine de tumulte, de bruit et de poussière. De nombreux musiciens jouant du monocorde, des castagnettes et des cymbales, battant du tambour à tour de bras, la sillonnent en tous sens de leurs gammes stridentes et monotones. Les Européens qui aperçoivent de loin le drapeau nègre représenté par un foulard jaune, frangé d'une bordure verte, vont curieusement au-devant du cortége dans les rues des Maskara.

Une nuée de nègres et de négresses, vêtus de leurs draperies les plus éclatantes, accompagnent en vociférant et en sautant convulsivement, comme des insensés, trois animaux qui marchent au supplice la tête basse et le pressentiment éveillé. Ils vont être sacrifiés à la nature, au soleil, et leurs entrailles palpitantes, présages des influences climatériques et des futures récoltes, diront si la terre fécondée rendra en abondance les germes qui ont été déposés dans son sein.

L'or, les perles, l'ambre, le corail, les coquillages peints resplendissent sur la peau bronzée de cette population. Plus coquettes que les blanches Européennes, les filles de Nigritie ont accroché plusieurs cercles d'or, de cuivre et de plomb, de huit à dix centimètres de diamètre, à leurs larges oreilles; de riches colliers s'entortillent en serpents autour de leur cou; leurs poignets sont ornés de bracelets d'ambre et d'or ; des anneaux d'argent massif appelés *krollkhrali* cerclent leurs jambes et tombent sur leurs babouches.

Pour la fantasia nègre, rien n'est trop beau. Elles ont vêtu le blanc gandourah, lamé d'or; elles ont drapé le haïck de mousseline, brodé de palmes ; et enfin le voile à fleurs, qui cache presque entièrement les soieries multicolores enroulant leur tête ou dessinant leur taille. La joie dilate leurs noires prunelles. Brillantes comme le soleil qui verse sur elles ses flammes, elles dansent follement autour des victimes.

Deux nègres tiennent chacun par une corne un superbe taureau. Sa robe noire, coupée d'une ligne fauve qui suit l'épine dorsale dans sa longueur, l'a fait choisir entre ses concurrents. Il est suivi d'un bélier, aux cornes frisées en volute, et d'un noir bouc, aussi barbu que Platon le philosophe, ferme le convoi funèbre. Ces animaux ne comprennent pas trop pourquoi tant de noirs démons se trémoussent autour d'eux ; ils se défient de cette fête bruyante ; ils s'avancent très-inquiets, regrettant fort l'étable, au milieu des flots d'encens, des aspersions et des jonchées de sel que les sacrificateurs leur prodiguent.

VI.

La troupe fait halte devant une mosquée pour rendre hommage à Mohammed, car les nègres d'Afrique sont *meslem* (musulmans); seulement ils ont conservé certaines coutumes idolâtres, telles que le sacrifice des animaux, antiques traditions que ni le temps ni la religion nouvelle n'ont pu entièrement effacer.

La procession nègre fait irruption dans la cour de la mosquée et s'arrête respectueusement à la porte du temple. Le maboul, le mara-bout nègre, prenant les animaux contrits à l'iman, qui, accroupi sur le seuil dans une posture de sphinx, les purifie par ces versets du Koran :

« Parmi les animaux, les uns sont faits pour porter des fardeaux, les autres pour être égorgés. Nourrissez-vous de cette chair divine qui vous a accordé et ne suivez pas les traces de Satan, car il est votre ennemi déclaré ! »

— « Allah kébir ! Allah kébir ! » (Dieu est grand !) répètent en chœur les nègres.

« La vie de ce monde, reprend l'iman, n'est qu'une comédie et une frivolité ; la vie future vaut mieux pour ceux qui craignent ! »

— « Allah kébir ! Allah kébir. »

Ces formules dites et redites, un dialogue chanté s'engage entre l'iman et le maboul, et les assistants, comme un chœur de Sophocle ou d'Euripide, approuvent les interlocuteurs en chantant de minute en minute, c'est-à-dire en enflant la voix et en criant brusquement, ce refrain de la foi musulmane : — Lâ ilâh Allah Mohammed ou recoul Allah. (Il n'y a de Dieu que Dieu, et Mahomet est le prophète de Dieu.)

VII.

Après la prière, la danse du yatagan en l'honneur du prophète, où l'islamisme mêle sans cesse le sacré au profane; la foule s'écarte, et deux jeunes Arabes, aux vêtements éclatants, paraissent devant l'iman. De la main gauche ils tiennent un foulard à franges d'or, de la droite un yatagan. Ils dansent en mesure aux sons de la musique nègre, s'avancent par mouvements saccadés l'un vers l'autre, en se menaçant de leurs armes, puis font tourner alternativement au-dessus de leur tête le mouchoir et le yatagan : cercles mystiques, signes de l'hymen et de la mort qui doit punir l'infidélité féminine.

Les armes et les foulards se croisent, se séparent, dessinent en l'air une foule d'arabesques. L'iman incline la tête pour témoigner sa satisfaction et mettre un terme à la fureur des danses; les négresses jettent des *sgarits* (cris perçants), et les danseurs, après un quart d'heure de désarticulation à rompre un serpent, se séparent et se confondent dans la foule. Les tambours battent; la caravane poursuit sa route, l'oriflamme de la patrie en tête.

Les nègres sortent de Maskara, traversent Bab-Aly et s'arrêtent à une source qui coule en deçà du village arabe. C'est le théâtre de la cérémonie.

Rien de plus imposant que cet autel de la nature. Le regard se perd partout, au nord et au sud, du côté de la mer et du désert, au milieu d'une immensité de montagnes phosphorescentes figurant de gigantesques pyramides, des sphinx, des échelles de pierre, et ondulait à l'horizon comme les vagues d'un océan. Au-dessous des cases enfumées du village de Bab-Aly, Maskara, entourée de son collier de verdure, apparaît avec ses blanches et coquettes maisons sur un petit mamelon. Une lumière opale versée par un soleil perpendiculaire enflamme tous les toits et frappe d'éclairs les bijoux des négresses. L'âme, émerveillée de ce spectacle grandiose, confond sa prière avec celle de l'harmonieuse source dont les eaux pures comme le cristal vont tout à l'heure se teindre de sang.

VIII.

Les négresses s'échelonnent sur une montagne qui domine en amphithéâtre la fontaine : les plus riches occupent le premier rang, les plus pauvres le dernier. Parmi celles-ci, plusieurs sont chargées de leurs enfants, qui dorment paisiblement sur leur dos dans une sorte de berceau de toile.

Quant aux nègres, ils forment un cercle de trois rangs de profondeur et placent de distance en distance des sentinelles chargées de tenir hors de portée les Arabes ou les *roumis* (chrétiens) qui voudraient assister à la cérémonie. Néanmoins, un *thaleb* [1] français obtient l'insigne faveur de faire partie de la réunion, sous la condition qu'il se déchaussera et s'y montrera nu-pieds. Le thaleb se débarrasse avec empressement de ses bottes et de ses bas devant un nègre à l'air narquois, qui l'introduit parmi les siens [2].

Les vases contenant l'encens, les parfums, les calebasses pleines de sel, les couteaux, tous les ustensiles du sacrifice, sont déposés sur les roches granitiques détachées de la montagne par un tremblement de terre et amenées jusqu'à l'orifice de la source.

Alors commence une invocation religieuse que les nègres exécutent en se tournant vers l'orient et en élevant par intervalles les deux mains à la hauteur des tempes. Ce préliminaire achevé, la musique couvre de ses accents enivrés les cris, les bêlements des victimes, qui sont encensées, parfumées et lavées avec des précautions infinies.

Déjà les poulets blancs et noirs ont été immolés; le sacrificateur tient le bouc couché sur son genou, et il s'arme d'un coutelas. Les artistes et les danseurs s'animent étrangement : ils frappent à coups précipités leurs tambours ; ils font retentir leurs cymbales. Ces notes métalliques, augmentant d'intensité, exaltent le cerveau des prêtres et des prêtresses qui suivent les opérations du sacrificateur. Ce sont des fous, des malades. Selon la ferme croyance des noirs, ils ne peuvent être guéris qu'en buvant le sang des victimes. Ils exécutent une danse extravagante ; leurs yeux roulent avec une vitesse effrayante dans leur orbite, leurs lèvres grimacent la joie de l'hyène. Il faut du sang ! C'est le rédempteur universel !

Le couteau est enfoncé dans la gorge du bouc. A peine en est-il retiré qu'un nègre *nabout* se jette sur l'animal, s'attache à sa plaie comme une sangsue et boit à longs traits les flots de sang qui s'en échappent. Pendant que le bouc et l'homme se débattent dans le ruisseau rouge, le sacrificateur, penché sur le corps de la victime, étudie ses palpitations, la fraîcheur ou l'impureté de son haleine, les trépidations de ses membres pour en tirer augure. Si l'augure est déclaré favorable, les noirs ne se contiennent plus : ils se tordent les membres ; les femmes répondent à ces bruyantes manifestations par des cris aigus, et le prêtre du sang, après avoir épuisé les forces du bouc, se relève ivre, se tient debout un instant, puis tombe comme foudroyé. On l'enlève et on le transporte sur un amas de cailloux. Ses amis l'abandonnent là, laissant au soleil, qui darde des rayons brûlants, le soin de le guérir homœopathiquement de son apoplexie.

IX.

Nous arrivons à la seconde phase de la tragédie. Le bélier parfumé et lavé subit le même sort et dans les mêmes conditions que le bouc. Le prêtre qui suce sa plaie jusqu'à épuisement reste ivre-mort sur une des pierres de la fontaine. Les nègres l'entourent, récitent une prière dictée par leur marabout, chant monotone et cadencé, en élevant et en abaissant toujours les mains en mesure ; puis, voyant qu'il ne revient pas à la vie, ils l'abandonnent et se préparent, aux sons du tamtam et par des danses furibondes, au dernier sacrifice.

Évidemment l'on touche à la péripétie, car les acteurs de cette

[1] Écrivain.
[2] On sait que les musulmans abandonnent toujours leurs babouches à la porte des mosquées : c'est leur signe de respect, comme le nôtre est de nous tenir la tête découverte.

scène de cannibales redoublent de fureur. Le tour du taureau est venu. Il résiste et il ne peut être terrassé que par de vigoureux bras.

A ce moment s'avance sur le théâtre de l'exécution une négresse eune et belle, aux formes charmantes, aux extrémités fines, à peine vêtue d'un gandourah. Elle danse à se briser le corps et s'anime extraordinairement, le regard toujours fixé sur la victime. Son visage bouleversé traduit une horrible expression de férocité ; elle se lèche les lèvres de la langue, comme un tigre qui va bondir sur sa proie.

En effet, elle se précipite furieuse sur le taureau égorgé par le marabout. Elle aspire voluptueusement le sang qui sort en bouillonnant de sa blessure. Mais, ô surprise, il se relève, il marche !.... Présage des plus heureux... La négresse est suspendue sous l'animal, la bouche toujours collée à sa plaie, les mains accrochées à ses cornes. Un duel horrible s'engage entre la prêtresse et le taureau, qui se débat vainement sous l'étreinte de ce vampire femelle. Vaincu dans la lutte, il tombe épuisé et roule dans le ruisseau en mugissant sourdement.

La prêtresse se dresse triomphante, les vêtements, le visage, les mains, le corps entier maculés de sang. La musique célèbre la victoire, les femmes l'applaudissent de leurs cris sauvages. Hideux spectacle qui n'est plus de l'humanité, la sanglante bacchante, en délire, se livre à une danse incroyablement folle pour qui n'en a pas été témoin. Les nègres dansent avec elle et imitent tous ses mouvements. Dépeindre les contorsions et les grimaces de ces étranges créatures, leur joie féroce, leurs danses furibondes, leurs gestes extravagants, l'expression bestiale de leur physionomie, c'est avoir vu l'enfer.

X.

Enfin la sarabande diabolique cesse ; la prêtresse du sang, exténuée par le tourbillonnement, s'abat comme un cadavre sur une pierre de la fontaine. On l'emporte et on la transporte jusqu'à sa case de Bab-Aly, devant laquelle se donne le bal du sacrifice, présidé par le nouveau marabout. Les trois victimes, le bouc, le bélier, le taureau, sont dépouillées, dépecées en autant de morceaux que de convives. Le festin se prépare. En attendant qu'il soit prêt, les musiciens appellent à la danse en frappant sur le tamtam et sur les calebasses couvertes d'une peau légère.

Aussitôt le rond est formé. Deux nègres ouvrent le bal. Ils se démènent, en simulant par des figures expressives leurs peines et leurs joies, leurs travaux et leurs amours, jusqu'à ce qu'ils tombent en épilepsie.

Deux jeunes négresses, coiffées par leurs compagnes du mouchoir de prédilection, leur succèdent. Elles sautent alternativement d'un pied sur l'autre, en marquant une mesure à trois temps. Leurs gestes, d'abord rares, deviennent très-expressifs ; les musiciens s'enthousiasment ; ils chantent en jouant et en agitant la tête comme des Chinois de porcelaine ; ils encouragent ainsi les danseuses, qui d'ailleurs, applaudies par l'assistance frappant des mains en cadence, redoublent de vigueur et d'entrain. Elles prennent alors un nerf de bœuf et sillonnent de coups leurs flancs et leurs reins, puis le jettent loin d'elles pour exprimer des sensations plus agréables. Leur pas suit toujours la musique. Si elle hâte la mesure, leurs mouvements d'une incroyable vivacité révèlent une vive passion. Elles impriment à leurs corps une trépidation indicible. Une danseuse tombe mourante, hors d'haleine, l'autre la suit l'instant d'après.

Le même exercice est répété par d'autres négresses dont les poses, les gestes et les attitudes ne seraient assurément pas tolérées par les sergents de ville du Château-Rouge ou de la Closerie des lilas.

Enfin, un noir vient faire un signe cabalistique à l'assistance. Les musiciens jettent au diable leurs instruments, et la foule se précipite sur les morceaux de viande à peine esseuyés par le feu.

— Bon appétit, noirs enfants de l'Afrique !.... Qu'Allah vous pardonne vos sanglantes folies, communes d'ailleurs à tous les peuples et à tous les pays !

Je suivis avec une curiosité avide les phases diverses de la fête de Bab-Aly ; puis je revins à Maskara, que j'explorai en tous sens.

Maskara est la ville des ruines et des souvenirs. A chaque pas le touriste doit évoquer le fantôme d'une puissance écroulée. Entre une synagogue et un édifice construit sous la domination espagnole se trouve la mosquée dans laquelle Abd-el-Kader prêchait la guerre sainte aux Arabes ; plus loin ce sont les ruines du palais des anciens beys, qui fut saccagé et brûlé par les Arabes lorsqu'ils chassèrent les Turcs de Maskara. Les fûts, les arcades, les bassins en marbre, tout ce que le feu a respecté témoigne de la magnificence du palais des anciens beys.

CHAPITRE XV.

Lella Néfiza.

I.

Mes meilleures journées en Afrique ont été sans contredit celles que j'ai pu passer avec les Arabes.

Après avoir vécu de la vie laborieuse et compliquée de la civilisation, j'obéis à l'irrésistible entraînement d'expérimenter l'existence patriarcale et oisive des fils d'Ismaël.

Dans ce dessein j'allai planter ma tente à Aïn-Beida, village indigène contigu à Maskara. Les Arabes parurent d'abord étonnés et en quelque sorte scandalisés de ce caprice de chrétien, de cette *fantasia de roumi*, comme ils disaient dans leur langage pittoresque; mais en voyant mon imperturbable gravité et ma persistance à rester au milieu d'eux, ils changèrent d'opinion sur mon compte. Bientôt ils furent persuadés que l'esprit de Mohammed m'avait visité et que je ne tarderais pas à embrasser l'islam. Cette idée de conversion m'ouvrit les tentes et les gourbis (huttes en pisé). Les longs voiles des femmes arabes, fermés pour tous les chrétiens, s'écartaient coquettement à mon approche; on m'invitait à toutes les fêtes, à toutes les fantasias, et les marabouts (liés à Dieu) avaient pour moi des soins, de ces paroles caressantes, de ces délicates attentions qui témoignaient hautement de l'importance attachée à ma prétendue conversion. Rien de plus naturel. J'étais le premier Français de la province d'Oran qui donnât l'exemple d'une telle métamorphose!

Je dus faire nécessairement de notables concessions à la couleur locale pour vivre en parfaite intelligence avec mes futurs coreligionnaires. Ainsi il m'avait fallu tout d'abord échanger la classique redingote contre un gaudourah et un admirable burnous tissé par l'habile main de la belle veuve Lella Néfiza, abandonner les chaussures à l'européenne pour traîner les larges babouches qui permettent au musulman de se laver les pieds aux sources à toute heure du jour et d'entrer aisément dans les mosquées; enfin j'avais volontiers sacrifié l'absurde chapeau et j'avais reçu en échange une chachya du Maroc (calotte rouge). Mais je fis une opposition formelle, absolue quant au pantalon, vêtement indispensable pour me garantir contre les insectes qui pullulent dans les villages arabes. Ce détail me valut quelque froideur de la part des habitants d'Aïn-Beida, qui, en vrais primitifs, et n'ont bien raison, ma foi! veulent que l'on soit tout ou rien, chair ou poisson, chrétien ou musulman. Un homme en pantalon leur paraît d'ailleurs aussi étrange, aussi ridicule qu'à nous un homme en habit de femme. A la vérité, le pantalon fait triste figure en regard de la draperie. Rien n'est moins propre que notre costume à donner aux Africains une haute idée de notre civilisation. Pourtant, en dépit de leurs préjugés sur le costume, je fis entendre raison aux Arabes d'Aïn-Beida; je leur dis que des habitudes contractées dans l'enfance ne se perdaient pas dans un clin d'œil, qu'une fois acclimaté mon épiderme serait moins sensible aux piqûres, et je sus aussi demeurer en bonne intelligence avec eux tout en ne sacrifiant pas entièrement à l'exigence de leurs us et coutumes.

II.

Ma vie s'écoulait tout entière dans ce doux *far niente*, dans cette oisiveté si bien remplie des pays de zone torride, où la respiration est à elle seule un énorme travail. Je passais les longues heures du jour accroupi et les jambes croisées en tailleur, le dos appuyé à un piquet de ma tente ou me reportant par la pensée en temps où j'assistais au brillant spectacle de la civilisation. Mais, au lieu de l'activité parisienne, j'avais devant moi un chapitre de la Bible en action. Le type arabe rappelle, en effet, à l'imagination les grandes figures, les caractères et les physionomies extatiques de l'Ancien Testament.

Le panorama d'Aïn-Beida ne manquait pas d'étrangeté. Je suivais d'un air émerveillé le va-et-vient des indigènes qui tourbillonnaient dans la poussière enflammée des sentiers tracés en zigzag autour des tentes et des gourbis. Tantôt c'était une cavalcade montant au galop la rampe rapide du village; tantôt des yaoulets (enfants) traquant et poursuivant à outrance de pauvres gerboises; puis des nègres pliant le dos sous le poids de bamais et de guerbas; des négresses à peine vêtues d'un pagne rayé de jaune et de vert, faisant sonner à chaque pas les khrolkhral (anneaux d'argent) qui ornent leurs jambes nues, et portant fièrement leurs grands cercles d'oreilles, leurs bracelets et leurs innombrables colliers d'ambre, de corail, de nacre, d'os et de corne; de majestueuses femmes passaient enveloppées dans leur grand voile relevé par derrière et formant un berceau de toile où reposent leurs enfants; des Arabes taillés en statues allaient au-devant des cheikhs (patriarches) à la barbe blanche pour embrasser respectueusement un pan de leur burnous.

Mais la voix sonore du marabout-muezzin, qui du haut du minaret annonce la prière du coucher du soleil (salat el moghreb), arrête comme par enchantement le mouvement du village d'Aïn-Beida. Tous les Arabes tombent à genoux au point où ils se trouvent, près de la tente ou au milieu du chemin. Leurs gestes sculptent l'invocation à Dieu, leurs yeux tournés vers l'Orient semblent y chercher la lumière du Prophète. La foi vive, les sentiments d'adoration s'épanouissent sur leurs physionomies béates. Ils se prosternent le visage contre terre et embrassent par trois fois le sol dans une sainte adoration de la nature créée par Allah!

III.

Je croyais naïvement que ma métamorphose de Français en Arabe était sérieusement faite et que j'en avais décidément fini avec la civilisation. Les jours, les mois, se passaient sans que je m'en aperçusse en quelque sorte; mais cet engourdissement moral de mon être ne dura pas. L'image de la patrie absente vint tourmenter mon imagination et lui apparut comme un irrésistible mirage. Pour apaiser cette douleur nostalgique, j'eus beau me dire que j'avais trouvé en Afrique la paix, la précieuse paix du cœur si vainement cherchée à travers les vicissitudes d'une existence parisienne; rien n'y fit.

C'était surtout le soir qu'un spleen mortel me terrassait sur mon tapis, à cette heure délicieuse où la brise vient ranimer la terre africaine torréfiée par les vapeurs du désert et relever les corolles des séchées des fleurs.

Les flammes du couchant, après avoir longtemps empourpré l'horizon et les sommets des montagnes de l'Oued-el-Hammam d'éclatantes lueurs, pâlissent et s'effacent sous les teintes vagues de la nuit. Les enfants et les insectes bourdonnent joyeusement et chantent en chœur la fin du jour. La famille se réunit; les tentes fument et s'emplissent de joyeux cris, de you! you! you! répétés. Et moi, j'écoute, l'âme triste, ces poétiques harmonies, car je vis seul. Seul n'est pas le mot exact pourtant. J'avais pour me tenir compagnie Mordjana, ma négresse, que je regardais souvent, par manière de distraction, pétrir mes galettes d'orge et préparer mon kouscoussou.

Quand la pauvre Mordjana me voyait abattu, elle me psalmodiait d'un ton dolent quelque chant arabe, espérait ainsi ramener le sourire sur mes lèvres. De tous ces chants je n'en ai retenu qu'un, très-bref et très-peu récréatif. Il s'agit d'un guerrier qui revient à sa tribu pour voir sa fiancée. Le voici:

« Allons, ô mon cheval ailé, bondis comme le lion; vole dans ce sentier fleuri d'absinthes et de lauriers-roses. Nous n'allons pas combattre, l'ennemi est vaincu; nous courons au-devant de notre sœur[1].

» Puisses-tu arriver aujourd'hui jusqu'à elle et me jeter dans ses bras!

» Si je meurs de bonheur, qu'on lave mon corps avec ses larmes[2];

» Que son haleine me parfume; que ses cheveux me servent de linceul et que l'on m'enterre sous sa tente; les djennouns (mauvais génies) ne viendront pas m'y chercher!

» Allons, ô mon cheval ailé, bondis comme le lion; vole dans ce sentier fleuri d'absinthes et de lauriers-roses. »

Mordjana ne se contentait pas de me chanter des refrains arabes, elle me parlait sans cesse de la belle Néfiza, d'Aïn-Beida, qui l'avait entretenue de moi, m'assurait-elle. La rusée négresse me conseillait de neutraliser le vif sentiment de la patrie par un autre sentiment aussi doux au cœur. Pauvre Mordjana, son exemple aurait dû me donner du courage, car elle aussi était expatriée! Quel douloureux roman que le sien!

Enlevée du Soudan par les pirates du désert, les terribles Touaregs, elle était restée trois années leur esclave; puis elle avait passé des mains des Touaregs à celles d'Arabes d'Ouargla, vainqueurs de ses premiers maîtres. Vendue sur le marché aux esclaves d'Ouargla à un possesseur des dattiers de Mellili, celui-ci l'avait cédée à un Arabe du Tell, qui fut tué dans la guerre soutenue par Abd-el-Kader contre la France. Bref, d'après son propre témoignage, elle avait été négociée six fois, épousée neuf fois, et elle avait mis au monde trente-trois enfants des deux sexes, dispersés sur tous les points de l'Afrique. Nonobstant cette prodigieuse fécondité, elle songeait sérieusement à convoler en nouvelles noces avec Mesaoud, nègre libre d'Aïn-Beida. En dépit de tous les tourments de son existence, Mordjana avait conservé cette joyeuse humeur, cette exubérante gaieté qui forme le fond du caractère nègre. Voilà pourquoi elle n'aimait pas à me voir soucieux.

IV.

Je suivis le conseil de la négresse. Je cherchai à me délivrer de mon spleen en tournant mes idées vers Lella Néfiza. Mais comment la voir? C'était le nœud gordien à dénouer, car elle était presque toujours renfermée dans sa tente; elle n'en sortait qu'accompagnée le plus souvent d'une matrone pour puiser de l'eau à la source. Ce fut encore Mordjana qui me souffla un moyen de me rapprocher de Néfiza en lui achetant un burnous, car elle jouissait dans Aïn-Beida d'une célébrité de tailleur de burnous.

Je m'introduisis hardiment un matin sous la tente de Néfiza en laissant ma négresse en sentinelle au dehors pour m'avertir de la venue de son père ou de son frère. Une horrible matrone à la figure tatouée et ravinée de profondes rides m'arrêta à l'entrée d'un air maussade. Je l'informai de l'achat que je venais faire; elle se radoucit aussitôt et me montra une douzaine de burnous que je dédaignai. Lella Néfiza apparut alors, à la grande surprise de la matrone, qui la gourmanda sur son effronterie et sur son imprudence.

[1] Les Arabes appellent *sœur* leur maîtresse, leur fiancée.
[2] Les corps des musulmans sont lavés et parfumés avant leur inhumation.

— Oh! ne craignez rien, lui dis-je, Mordjana veille.

Les nègres étant en Afrique la sauvegarde des amants et la providence des femmes, mes paroles rassurèrent la vieille, et Néfiza déplia des pièces de laine devant moi. Pendant cette opération, je pus la considérer à l'aise.

Elle était d'une belle stature; son corps, élancé comme le palmier, ployait sous le poids de l'or, de la soie, des bijoux dont elle était littéralement couverte. La transparence de son haïck en mousseline laissait voir les boucles de ses cheveux constellés de cercles et de grappes d'argent accrochés aux oreilles. Ses grands yeux de gazelle pleins de molles et suaves lumières éclairaient sa physionomie un peu sauvage; ses lèvres saillantes étaient vermillonnées de henné et parfumées de souak. Les tatouages de son front figuraient un losange bleu, ceux qui enguirlandaient ses bras un bouquet de palmes. Son pied mignon, sur lequel retombait un lourd anneau d'argent massif (khrolkhral), chaussait une babouche du Maroc brodée de brillantes arabesques.

Deux Arabes saisirent la femme d'un bras nerveux, l'un par la tête, l'autre par les pieds.

Ma contemplation fut brusquement interrompue par le *sgarit* (cri) de ma négresse, qui me donnait le signal du départ. Je m'esquivai aussitôt en rampant comme une vipère autour de la tente, et en évitant les regards des deux Arabes qui s'approchaient de la demeure de Lella Néfiza.

V.

J'étais assez satisfait de ma visite, et je résolus bien de ne pas m'en tenir là. Mordjana me conseilla de surprendre la belle Arabe à la fontaine d'Aïn-Beida, où elle se rendait à la première aube. Je me laissai guider dès le lendemain matin par l'intrépide négresse à l'endroit indiqué.

La source coule au pied d'un énorme caroubier derrière lequel je me cachai. Je vis bientôt venir Néfiza. Elle déposa sa guerbas (peau de bouc) près d'elle, et, retroussant ses robes à la hauteur du genou, écartant son haïck, elle se lava les pieds, puis elle pencha sa tête au-dessus de l'orifice de la source, puisa de l'eau dans ses deux mains rapprochées l'une de l'autre qu'elle passa tour à tour sur son front et ses yeux avec une grâce parfaite. Les gouttes qui tombaient de son visage semblaient autant de perles échappées de sa bouche. Cette toilette terminée, Néfiza prépara sa guerbas pour l'emplir d'eau. Je me montrai à ce moment; elle fit un bond de gazelle effrayée.

Mes marques de respect, mes salutations jusqu'à terre, rassurèrent Néfiza sur mes desseins. Elle vint se rasseoir près de la pierre qu'elle avait désertée, et, reprenant son petit chaudron de fer, elle le promena de la source à l'embouchure de sa guerbas. Quant à moi, je m'accroupis à ses pieds comme un musulman, et je lui rappelai ma première visite fâcheusement interrompue. Néfiza me rit au nez d'un air impertinent. Je ne me décourageai pas : je lui exposai à l'orientale, en m'aidant d'éblouissantes métaphores, la passion que sa beauté m'avait inspirée. C'est un langage que les femmes de tous les pays comprennent d'intuition. Néfiza devint sérieuse; mais elle répondait invariablement à mes périodes, à mes propositions : *Fais-toi meslem!* (musulman.) Je cherchai en vain à lui contester cette dure nécessité.

— Ta foi religieuse, lui dis-je, ne défend pas aux femmes de s'unir aux étrangers qui croient à une révélation; la prohibition du mariage n'existe qu'à l'égard des païens, d'idolâtres.

— Je le sais, me répliqua Néfiza, qui était fort instruite; mais on ne souffrirait pas un *roumi* dans nos douars.

Néfiza revenait avec une insistance qui me dépitait sur son thème favori : « *Meslem* ou pas de mariage! » Pour hâter sans nul doute mes résolutions dans ce sens, elle m'informa que son temps de veuvage, selon les prescriptions du Koran, étant terminé, elle devait partir après la deuxième prière du jour, avec son père et son frère, pour Tiaret, frontière du petit désert. Là elle visiterait les parents de son fiancé, Si-Ahmed, qui lui remettraient les présents, les cadeaux de noces, considérés en Afrique comme une sorte de signature du mariage. D'ailleurs Néfiza ne reviendrait plus à Aïn-Beida, puisque son union avec Si-Ahmed l'incorporait légalement dans la tribu de son époux.

Ainsi pressé de me prononcer par oui ou par non, j'objectai à Néfiza que la perspective d'un séjour forcé en Afrique me faisait hésiter à devenir musulman, que j'aimais trop mon pays pour ne pas songer à le revoir d'un jour ou l'autre. Dans l'espoir de la décider à me suivre, je vantai la France, je fis un tableau flatté de la civilisation occidentale.

VI.

Néfiza paraissait m'écouter avec intérêt; je lui causai un étonnement profond en lui disant que les Françaises circulaient au dehors à visage découvert, et que du reste elles étaient aussi libres, sinon plus, que leurs maris. Croyant déjà l'avoir gagnée à la cause de la civilisation, je proposai à la belle Arabe de visiter la France avec moi. Sur ces dernières paroles, Néfiza se redressa fièrement et me répliqua :

« La France est un pays de paroles, l'Afrique une terre d'amour et de vérité. Je suis née et je mourrai dans le pays du soleil! »

Puis, levant les yeux vers l'immense horizon qui s'ouvrait devant nous, Néfiza reprit de sa voix la plus douce :

« Tu n'aimes pas notre ciel, roumi!

» Vois l'œil de la lumière (le soleil) qui enflamme de ses rayons les monstres de granit, tandis qu'au couchant les *djennouns* (mauvais génies) couvrent leurs fronts de noires vapeurs.

» Et ces perspectives infinies du désert qui miroitent au delà des gorges profondes!

» Tu n'aimes pas notre terre, roumi!

» Vois nos blancs marabouts qui prient agenouillés sur la croupe de ces escaliers de pierre d'où descendent les crépuscules;

» Et sur nos montagnes enchevêtrées comme les mailles d'un filet le troupeau de chamelles qui bondit en liberté dans l'espace!

» Et nos plaines vastes comme la mer, roulant leurs vertes vagues de palmiers!

» Et ces nuages de fumée, encens jeté à Allah, qui s'élèvent du sein des vallées par les ouvertures des tentes;

» Et nos aigles qui volent jusqu'au paradis du Prophète!

» La France est un pays de paroles, l'Afrique une terre d'amour et de vérité.

» Je suis née et je mourrai dans le pays du soleil! »

VII.

J'allais céder à l'entraînement du poétique discours de Lella Néfiza, lorsque je fus réveillé de l'extase où l'enchanteresse m'avait plongé par un avertissement de Mordjana, ma négresse. Des femmes arabes s'approchaient de nous. J'aidai Néfiza à se charger sa peau de bouc gonflée d'eau. Elle s'éloigna lentement se retournant à chaque instant et m'appelant du regard à travers son haïck coquettement écarté. Je fis un pas en avant; mais une ombre vint se placer entre Néfiza et moi. C'était l'image de la patrie absente. Je restai quelque temps assis sur la pierre de la source, abîmé dans le doute, luttant encore contre le charme de ma Rachel. Je vis lever par deux nègres la tente de Néfiza, qui monta sur un palanquin à dos de chameau, puis la caravane du désert disparut à l'horizon.

A ce moment, l'appel de la deuxième prière du jour crié du haut minaret par le marabout-muezzin de Maskara arriva jusqu'à moi comme le glas de mon amour.

« Dieu est grand! disait la sainte parole du marabout, j'atteste qu'il n'y a de Dieu que Dieu, j'atteste que Mohammed est le prophète de Dieu. Venez à la prière, venez au temple du salut. Dieu est très-grand. Il n'y a de Dieu que Dieu. Mohammed est le prophète de Dieu! »

Pendant cet *aden* (appel), je ployai machinalement les genoux au bord de la source; mais cette fois je ne me tournai pas vers l'orient. C'était la France que cherchaient et mon regard et ma pensée!

CHAPITRE XVI.

Une excursion au désert.

I.

Je cherchai à oublier Néfiza en me faisant l'hôte assidu des cafés maures où se réunissent les Arabes pour jouer, fumer, boire, dormir, se raser, traiter d'affaires : car ces établissements sont à la fois café, hôtellerie, théâtre, boutique de barbier et justice de paix.

Pendant le jeûne annuel du ramadan, les cafés maures se transforment, le soir, en véritables salles de spectacle égayées par les chants et les danses des troupes nomades ; enfin, les jours de marché, on voit les caïds et les cadis, assis sur des tapis, devant la porte des cafés maures, donner leur seing, entendre les témoins, juger les contestations qui se sont élevées entre leurs coreligionnaires.

Un nègre maboul se jette sur l'animal et s'attache à sa plaie comme une sangsue.

Nos cafés de France ne peuvent donner une idée de l'intérieur des cafés maures. Que l'on se représente une grande salle d'un rez-de-chaussée, aux murailles enduites de stuc, autour de laquelle règne un banc recouvert de tapis. Dans un angle de la salle bout une énorme cafetière devant un feu toujours ardent. Au-dessus du fourneau une planche supporte un grand nombre de petites tasses ovoïdes qui, moyennant dix centimes, sont livrées pleines de café et de marc aux clients, car les Arabes ne boivent pas le café, ils le mangent. Ne prendriez-vous qu'une tasse, vous avez le droit de passer la journée au café maure, et, au besoin, la nuit.

Rien de pittoresque comme les groupes des consommateurs arabes. Les uns, accroupis à terre sur des nattes de palmier, tendent une oreille avide aux paroles d'un conteur qui, armé d'une baguette d'olivier, retrace les merveilleux exploits de quelque chef du désert ; d'autres ne songent qu'à humer leur café et à fumer leur chibouk. Ceux-ci se lèvent à l'approche d'un cheik de leur douar, et s'empressent d'embrasser respectueusement le pan de son burnous ; ceux-là jouent aux damah (dames) ou aux stroudj (échecs). Quelques-uns se rasent tour à tour la tête avec leur couteau qu'ils portent dans une gaîne attachée à la ceinture, en ayant soin de laisser au sommet du crâne une touffe de cheveux appelée Mahomet, par laquelle, à leur mort, les anges doivent les prendre pour les transporter au paradis du Prophète.

Lorsque j'habitais Maskara, chaque jour je me rendais au café maure de la porte d'Oran. A peine entré, le cafetier m'apportait ma tasse et ma pipe au long tuyau de grenadier. J'étais passé maître dans l'art de fumer le chibouk et de manger le café, au grand scandale des Arabes, qui ne voyaient pas sans humeur un roumi (chrétien) profaner de sa présence leur réunion. Je fus longtemps l'objet des soupçons de ces naïfs indigènes ; ils m'isolaient et dardaient sur moi leurs grands yeux noirs en soufflant à l'oreille de leur compagnon quelque parole malveillante à mon adresse. Mais une circonstance heureuse dissipa leurs préventions, me gagna leur estime.

Un caïd, que j'avais eu l'occasion de saluer plusieurs fois, me proposa un jour une partie de stroudj. Jamais je ne vis d'hommes aussi étonnés que mes Arabes. Un caïd jouer avec un roumi, lui accorder cette insigne faveur ! Cependant ils nous entourèrent et s'intéressèrent aux diverses phases de notre partie.

La règle du jeu d'échecs arabe est la même que celle du nôtre ; le damier seul diffère. Les cases sont sculptées, et, au lieu de rois, de tours, de cavaliers, ce sont des minarets, des marabouts, des sultans. Je disputai vivement la partie au caïd ; mais, pour ne pas partager le sort de ce joueur, partenaire habituel de Voltaire à Ferney, qui, après avoir gagné, devait se dérober prudemment par une fuite précipitée à la vivacité de l'illustre auteur de *Candide*, je cédai la victoire à mon adversaire. Tous les indigènes applaudirent au succès de leur chef.

II.

Mon but était atteint. A dater de ce jour, les Arabes me considérèrent comme un des leurs. Le caïd m'avait réhabilité. Profitant de ces nouvelles dispositions des Arabes à mon égard, je nouai bientôt des relations avec un indigène fort intelligent de la tribu des Béni-Hamra, à qui j'exprimai mon désir de connaître, non pas le Maure, le Turc, le Kouloughi, l'Arabe des villes, mais le véritable indigène, l'Arabe de la tente et du gourbi. J'avais plus d'une fois rôdé autour

Une horrible matrone à la figure tatouée et ravinée de profondes rides m'arrêta à l'entrée.

des douars. Sous prétexte d'acheter des œufs ou de commander un burnous, j'avais même franchi à l'improviste le seuil de quelques tentes ; mais les Arabes des montagnes, qui ont une crainte superstitieuse du *mauvais œil du roumi*, m'avaient toujours dissimulé les détails les plus curieux de leur existence. Aussi remerciai-je vivement Mohammed-Ben-Hadja, qui me promit de satisfaire ma curiosité ; seulement je regimbai quand il tira un couteau affilé de sa gaîne, me découvrit sans façon en mettant ma casquette de côté, et me prit par les cheveux.

« Que veux-tu faire de ma tête ? lui demandai-je assez intrigué et moitié sérieux, moitié souriant.

— Laisse-moi agir, me répondit Mohammed en arabe. Cela est nécessaire ; aie confiance. »

Ne trouvant rien de sérieux à objecter à mon cicérone, dont je devais accepter toutes les volontés, je lui abandonnai ma tête. Il la plaça entre ses genoux et promena la lame de son couteau sur mon cuir chevelu. Lorsque l'opération fut terminée, il me présenta d'un air triomphant un petit miroir. J'étais horriblement défiguré ; il ne me restait qu'une longue mèche de cheveux au sommet du crâne. Je ressemblais à un Chinois !

« Demain au fedjer (point du jour), me dit Mohammed, sois prêt. Qu'Allah te favorise ! »

Et sur ces derniers mots, l'Arabe prit congé de moi. Honteux de ma ridicule tonsure comme le renard à la queue coupée de la fable, je traversai rapidement Maskara ; je me renfermai dans ma chambre, et je préparai mes effets en vue de la grande excursion du lendemain. J'achevais de garnir mon sac de voyage, lorsque l'hôtelier m'apporta un paquet qu'un Arabe, me dit-il, l'avait chargé de me remettre. J'ouvris le paquet et je trouvai un costume indigène complet. Je compris alors pourquoi Mohammed-Ben-Radja m'avait tonsuré.

Enchanté de me déguiser en Arabe, je me débarrassai aussitôt de ma redingote et j'entortillai autour de mes reins, de mon cou, de ma tête le léger haïck que je fixai sur le front au moyen de plusieurs tours de corde en poil de chameau ; puis j'endossai le gandoura en laine blanche et le burnous brun ; enfin je chaussai les babouches en maroquin jaune. Ainsi travesti, je me couchai, afin de pouvoir répondre sans retard à l'appel de mon cicérone.

III.

A l'heure dite, j'entendis la voix de basse-taille de Mohammed retentir sous mes croisées. Je descendis immédiatement. Mohammed parut satisfait de la manière dont je portais mon nouveau costume. Il se mit en selle, me fit signe de monter sur un cheval qu'il avait amené à mon intention, et nous sortîmes tous deux de Maskara par la porte d'Oran, Mohammed se tenant à mes côtés.

Après avoir traversé la vaste plaine des Ghris, laissant à notre droite la chaîne de l'Oued-el-Hammam, nous nous engageâmes dans les montagnes au delà desquelles nous devions trouver le douar de Mohammed.

Rien de plus agréable pour un touriste rêveur que de voyager en compagnie d'un Arabe. Il se contente de vous guider, de vous protéger au besoin, sans troubler vos pensées par les ridicules exclamations, le verbiage importun de l'Européen. Il ne vous dit pas à chaque moment : « Voyez donc quel site ! C'est beau comme une toile de Rousseau ou de Dupré!... Admirez donc ce coteau, ce vallon ! Et ces arbres, sont-ils verts ! Et ce ciel, est-il vrai!... »

Quand la nature parle, à quoi bon la phraséologie de l'homme ? J'estimais singulièrement Mohammed, qui me laissait vivre, respirer librement, admirer à mon aise l'océan des mamelons qui bornaient l'horizon de leurs vagues pétrifiées, les étroites et profondes gorges s'ouvrant, comme une décoration de théâtre, sur une vallée rayée de teintes grises, les ravins au fond desquels chantaient de limpides filets d'eau en baignant le pied des oliviers sauvages, les cactus qui découpaient leurs palettes de fer-blanc sur un ciel ardent, les rochers retenus par un grain de sable au bord des excavations et que le premier souffle du vent précipitera avec fracas, tous les effets merveilleux, toutes les manifestations sévères et imposantes de la nature africaine.

Mon cheval, en s'arrêtant brusquement, brisa le charme que me tenait sous sa puissance. J'étais seul. Je regardai inquiet autour de moi. Personne. Une panique s'empara de mon imagination troublée. Qu'était devenu Mohammed ? Sans doute ce traître allait revenir avec ses féroces compagnons pour égorger le chrétien. Épouvanté, je donnai un violent coup d'éperon à mon cheval, qui me porta d'un bond à quelques pas de Mohammed. Celui que j'avais pris pour un assassin était agenouillé près d'un marabout, petit monument qui contient les restes d'un saint. Le visage tourné vers le levant, je le vis baiser le sol à trois reprises, en murmurant les formules ordinaires de l'invocation arabe. Il faisait sa prière du milieu du jour (salat el dohor). J'admirai la ferveur religieuse de Mohammed. Que ne pouvais-je comme lui, sous l'impulsion d'une foi vive, fléchir mes genoux, rouler mon front dans la poussière de la route et embrasser la mère commune des hommes : Alma mater ! disait l'antiquité.

Ressentant une vive honte de mes aberrations poltronnes et voulant dissimuler à Mohammed mes injustes soupçons, je tournai bride avant qu'il eût terminé son invocation à Allah. Bientôt il se releva, prit une pierre et la déposa sur un amas de cailloux en criant : « Au nça de Bel-Ghrera ! » Les nça sont destinés à perpétuer la mémoire des crimes et des endroits où ils se sont commis, jusqu'à ce que les coupables soient exemplairement châtiés. L'Arabe ne passe jamais devant un nça sans grossir de sa pierre le témoignage accusateur, appel simple et sublime à la justice éternelle, entendu de Dieu, à défaut des hommes.

J'attendis Mohammed au fondouk des Hamra. Une caravane occupait ce caravansérail. Des Arabes remuaient les lourds bamals, faisaient boire les chameaux, pansaient les chevaux. Je restai en extase devant la physionomie expressive d'un caravaniste le pène couvert d'un burnous en loques qui rattachait à ses jambes basanées les ficelles de sa chaussure à fortes semelles en peau de bœuf. Jamais il ne m'était apparu un type d'une telle énergie, d'une telle musculature digne du ciseau de Michel-Ange. Il se mit à fumer le chibouk avec un sentiment d'insouciance et de bonheur qui détendit la peau parcheminée de son visage. Heureux nomade du Sahara, juif errant du désert, ne désirant rien, ne craignant rien sur la terre... qu'Allah !

IV.

J'engageai Mohammed à se reposer au fondouk, mais ce n'était pas son habitude. Il savait une source non loin de là, près de laquelle il se trouvait mieux qu'au caravansérail. Nous nous y arrêtâmes pour faire une collation de pains de dattes confites et de figues de Barbarie que Mohammed avait détachées d'un cactus.

Nous nous assîmes près d'une source où vinrent puiser des négresses et des femmes arabes. Mohammed les salua par quelques paroles courtoises auxquelles ces femmes répliquèrent. La conversation s'engagea entre elles et Mohammed. Quant à moi, je me contentais de regarder la simplicité de leurs attitudes, la grâce de leurs mouvements, lorsqu'elles remplissaient leur guerbas (peau de bouc) avec le petit chaudron de fer, ou lorsqu'elles se lavaient le visage, les bras et les pieds.

Un incident fort comique détourna mon attention de la fontaine. Une vingtaine d'Arabes armés de matraks (gros bâtons) accoururent de notre côté en jetant des cris assourdissants. Je demandai l'explication de cette étrange scène à Mohammed.

« La chasse au matrak ! » s'écria-t-il joyeux.

En effet, nos Arabes se réunirent de manière à entourer une étendue de terrain pendant que l'un d'eux, placé au centre du cercle, battait de son matrak les touffes de palmiers nains qui couvrent les montagnes pour en faire sortir un lièvre ou un lapin. Après une battue de quelques minutes, un lièvre s'élança d'un palmier, et fut accueilli par les vociférations, les exclamations des Arabes qui agitaient leurs bâtons. Le pauvre lièvre, traqué de toutes parts, ne savait où donner de la tête ; il tournait comme un écureuil dans sa cage, en cherchant vainement une issue. Enfin, à tout risque, l'animal prend son élan, cherche à passer entre deux Arabes ; mais ceux-ci le frappent de leur matrak et le reçoivent sanglant dans leur burnous. Ces Arabes se livrent fréquemment, au milieu de leurs montagnes, à ces chasses au matrak fort amusantes à voir.

La chasse terminée, nous continuâmes notre route. Mohammed pressa le pas de nos chevaux pour arriver avant le crépuscule au douar des Béni-Hamra, situé au sud de Saïda, frontière du petit désert. Les montagnes prenaient un aspect plus sauvage, les voyageurs devenaient rares. Durant deux heures de marche, nous vîmes seulement trois Arabes, qui passèrent rapides comme l'éclair à côté de nous sur leurs petits chevaux lancés à tous crins, leurs burnous flottant à la brise.

« Ahaho ! Ahaho ! leur cria Mohammed. Fantasia, bezef fantasia. »

Dans son enthousiasme de la fantasia, Mohammed m'invita du geste à disputer le prix de la course aux trois cavaliers arabes, qui faisaient galoper avec une heureuse témérité leurs véloces chevaux sur les terrains ravineux, effondrés ; mais, craignant de rouler au fond de quelque abîme, je résistai, en véritable Sancho, à l'entraînement de mon don Quichotte arabe.

Enfin nous aperçûmes à un instant nous et un vallon, les tentes du douar de Mohammed. Je fus si heureux que je faillis crier Terre ! comme les vigies de Christophe Colomb à la vue de l'Amérique. Mohammed, exploitant ma satisfaction, piqua des deux son cheval et me fit exécuter une fantasia échevelée. Je dus le suivre bon gré mal gré, car ma monture m'entraîna. J'arrivai plus essoufflé que mon cheval près de la tribu où je fus accueilli par les aboiements d'une meute de chiens. Les enfants de Mohammed, coiffés de la rouge chéchia, le cou entortillé d'amulettes en maroquin, vêtus seulement d'une longue chemise, accoururent au-devant de nous. Je croyais qu'ils venaient embrasser leur père ; mais je fus fort étonné quand je les vis sauter au cou de nos chevaux, grimper comme de véritables singes sur leur dos, et se poser hardiment à califourchon en répétant le mot arabe synonyme de la joie la plus grande : « Fantasia ! »

Après avoir considéré un instant avec un orgueil paternel ces petits cavaliers de quatre à cinq ans qui cabriolaient sur les chevaux, Mohammed m'introduisit sous sa tente.

V.

Le cérémonial d'une tente arabe ne ressemble pas à celui d'un salon parisien. Personne ne se dérange à votre arrivée. Mohammed m'ayant fait signe de m'asseoir, je m'accroupis sur une natte d'alfa.

Je demeurai un moment suffoqué par une forte odeur de bouc et de lait fermenté qui me monta aux narines, et, comme aveuglé par le faux jour qui régnait sous cette tente tissée en poil de chameau, fixée solidement au sol au moyen de huit gros piquets. Peu à peu cependant mes yeux s'habituèrent à cette obscurité, et je pus m'orienter.

Un long tapis, posé verticalement en guise de portière, séparait en deux parties la demeure de Mohammed. L'endroit que nous occupions servait de cuisine, de réfectoire, d'atelier. Dans un coin, une négresse horriblement tatouée, accoutrée de draperies bariolées, écrasait le grain entre les deux pierres tournant en sens inverse du petit moulin arabe, pendant qu'une jeune moukère formait en grumeaux, manipulait la farine du kouscoussou en soufflant le feu dans un trou creusé en terre. C'était le fourneau.

Derrière un métier à tisser formé grossièrement de roseaux de Coléah se tenait une femme qui me parut fort belle : c'était la première épouse de Mohammed, la préférée d'après la déférence qu'il lui témoignait. Elle se nommait Fatma; comme toutes les femmes arabes, elle était tatouée, coloriée d'arabesques, de losanges, d'étoiles au front, aux mains, aux poignets, aux jambes.

Deux grands yeux noircis de kohéul brillaient plus que des diamants à la lumière, sous l'arc prolongé de leurs sourcils, et animaient la physionomie juvénile de Fatma. Ses lèvres rougies de henné, parfumées de souak, exhalaient le parfum, avaient la vivacité d'éclat d'une grenade entr'ouverte. Sa gracieuse main bariolée d'arabesques tressait rapidement les fils de laine d'un burnous et en formait la trame. Fatma était littéralement couverte de bijoux, cerclés d'oreilles, bracelets, colliers de perles et de corail, khrolkhral (anneaux de pieds) en argent massif. Je ne pus la regarder sans être ébloui de son brillant costume et de sa beauté, qui semblait éclairer cette sombre demeure.

A une injonction de son maître, Fatma se leva, déployant sa haute stature et serrant sa ceinture autour de sa taille flexible ; puis elle tira plusieurs pots d'un silo, grande fosse dans laquelle les Arabes serrent leur argent, leurs bijoux, leur blé et leurs autres denrées.

Mohammed sortit à ce moment ; je restai seul avec ses femmes. Très-embarrassé de ma contenance, je cherchai vainement dans ma cervelle un sujet de conversation. Je ne pouvais me rabattre sur la pluie et sur le beau temps, comme je fais en France lorsque je ne sais que dire, car l'éternel soleil d'Afrique vous enlève cette planche de salut. Ne trouvant aucune idée d'à-propos à exprimer, je pris le sage parti de garder un silence obstiné. Mais la mutine Fatma s'amusait de mon embarras, me regardait furtivement, me riait au nez d'un air impertinent qui la rendait encore plus charmante. J'étais fort vexé de mon rôle ridicule.

VI.

Je fus bientôt délivré de ma situation perplexe. Une amie de Fatma lui rappela du dehors un rendez-vous de femmes au cimetière, une cérémonie en l'honneur de quelque marabout décédé. Cette étrange conversation, tenue par un interlocuteur hors de la tente et l'autre dedans, piqua ma curiosité. Lorsque Mohammed rentra, je lui en exprimai mon étonnement. Il me dit qu'une femme ne devait pas franchir le seuil d'une demeure quand le maître de la tente s'y trouvait. En l'absence de celui-ci, les femmes arabes peuvent recevoir une amie, une parente ; mais il leur est défendu, sous peine de châtiment corporel, de recevoir aucun étranger.

La veille, ajouta Mohammed, un Arabe du douar des Béni-Hamra avait surpris un visiteur dans sa tente et avait renouvelé sur lui et sur son épouse la scène terrible de Paolo et de Francesca da Rimizi.

Une telle tragédie racontée de cette façon succincte m'impressionna vivement. J'étouffais sous la tente. Mohammed, se méprenant sur mes intentions, m'amena au bord d'une fosse où l'on jetait les restes des animaux, et me montra la tête du malheureux exécuté par le Lanciotto arabe. Je reculai d'horreur.

Fâché de m'avoir affecté de la sorte, Mohammed me conduisit au milieu d'un oasis d'oliviers et de grenadiers. Je respirai plus librement. Les riants aspects de la nature chassèrent de mon esprit la scène sauvage qui l'obsédait. Je n'ai pas vu en Afrique de douar mieux situé que celui des Béni-Hamra. Un cirque de rochers nus à plans verticaux entoure de leurs masses sévères un vallon, véritable jardin d'Armide, tatoué de tentes grisâtres qui ressemblaient, du point où nous nous trouvions, à des pèlerins agenouillés au milieu de la verdure, des fleurs, dans des sentiers bordés de lauriers-roses, de cactus, de touffes d'absinthe. Des rochers, au pied desquels serpente une eau vive, s'ouvrent par une forte dépression au sud de Saïda et laissent voir les plaines jaunes du Sahara, les perspectives infinies du désert, les immenses espaces où se perdent le rêve et le regard, où l'homme apparaît comme un atome dans l'Océan.

Mohammed ramena ma pensée, qu'égaraient les mirages du désert, en me parlant des apprêts du repas. Deux robustes Arabes, aux bras basanés, s'emparèrent du mouton qui devait être servi à notre dîner. Ils coupèrent devant nous la tête de l'animal, le dépouillèrent et l'empalèrent sur une longue perche qu'ils firent tourner ensuite comme une broche, devant un feu de palmier. Je suivais avec intérêt les détails de cette cuisine primitive en plein vent. Lorsque le mouton fut rôti à point, les Arabes le renversèrent sur un gaça, énorme plat en bois ; puis ils nous l'apportèrent.

Les divers mets composant notre repas nous furent apportés par les serviteurs, les femmes et les enfants de Mohammed. Rien n'était plus plaisant que de les voir accourir, un plat ou une tasse pleine d'eau en main, de la tente sous les oliviers à l'ombre desquels nous étions assis. Les apprêts terminés, Mohammed m'engagea à ouvrir le feu ; je le priai de me tenir compagnie, mais ce fut en vain : car les Arabes croiraient manquer de politesse en mangeant avant que leur invité soit rassasié.

Je me lavai les mains pour m'en servir en guise de fourchette, et je pris le plus délicatement possible entre mes doigts du kouscoussou mêlé de figues, de raisin cuit, d'œufs durs, de membres de poulet. Mohammed m'encourageait du geste, puis il me demandait si je trouvais les mets de mon goût. Mais je vis son visage se rembrunir quand je repoussai le plat. Il trouvait sans doute que je ne faisais pas honneur à son repas. Désirant avant tout le satisfaire, je revins au kouscoussou, dont je faillis me donner une indigestion, à la grande satisfaction de Mohammed qui, comme tous ses coreligionnaires, tenait à honneur que son hôte mangeât beaucoup.

Après le plat de kouscoussou, j'abordai le mouton que les deux cuisiniers arabes avaient dépecé avec leurs doigts et leurs couteaux ; puis je passai aux galettes d'orge, aux dattes, aux pâtes sucrées, le tout arrosé de l'eau fraîche de la source. On sait que le Prophète a défendu l'usage du vin aux musulmans.

Lorsque j'eus amplement satisfait mon appétit, mes plats furent repris en sous-œuvre par Mohammed, ensuite par les femmes, les enfants, les serviteurs nègres de Mohammed, et le dîner s'échelonna ainsi tour à tour jusqu'aux kelb (chiens), qui s'abattirent voraces sur les restes du festin.

VII.

Mohammed avait eu la délicate attention de me préparer un curieux spectacle qui me surprit agréablement. Il avait appelé des aïssaouas, sorte de bohémiens arabes, faiseurs de tours. Ces aïssaouas, au nombre de huit, vinrent se poster à quelque distance de nous. Aussitôt ils furent entourés des habitants de la tribu. Ils commencèrent alors leurs périlleux exercices. Au bruit assourdissant du tambourin-derbouhah, du rebab, de la flûte-roseau, les uns, comme les psylles de l'antiquité, commencèrent à jouer avec des serpents qu'ils plaçaient sur leur poitrine, dans leur bouche, dont ils faisaient un turban à leur front ; d'autres léchèrent des charbons ardents ; ceux-ci mangèrent du verre, des cailloux, des cactus hérissés d'épines ; ceux-là entraient en danse, tournaient sur eux-mêmes comme des derviches, grimaçaient, se contorsionnaient, s'animaient graduellement aux notes de la musique qui jouait crescendo jusqu'à tomber en épilepsie et à se rouler sur le sol l'écume à la bouche, les membres tordus d'une façon effrayante.

Il fallait voir la joie exubérante des spectateurs ; il fallait entendre les cris de joie des négresses, les youyou répétés des femmes trouant leur grand voile d'un œil avide.

A la fin de leurs exercices surprenants appelés hadra, qu'aucune description ne saurait rendre, les aïssaouas reçurent dans le capuchon de leur burnous les offrandes de tous les assistants. Je ne fus pas le dernier à leur payer mon tribut.

Les aïssaouas sillonnent les villes et les douars du nord de l'Algérie. On croit qu'ils ont le pouvoir de guérir les malades. Ces disciples d'Aïssa, saint musulman qui a la réputation d'avoir accompli de son vivant des actions extraordinaires, sont aimés, choyés, hébergés par les Arabes dévots. Du reste, en Afrique, les associations les plus profanes prennent un caractère religieux : les aïssaouas, comme les almées du Sahara, les gonzaims, confrérie de sorcières qui portent la bonne aventure au milieu des tribus.

Fêtés, largement rétribués, les aïssaouas se retirèrent et furent escortés par leurs admirateurs dans la tente d'hospitalité dressée à leur intention.

Je restai quelque temps encore sous les oliviers, aspirant à pleins poumons la brise parfumée qui rafraîchissait mes sens calcinés par le vent du désert, le terrible simoun dont j'avais souffert une partie de la journée, admirant la limpide lumière des nuits africaines, qui argentait de vives clartés le douar de l'oasis des Béni-Hamra.

VIII.

Les Arabes étaient presque tous accroupis au seuil de leurs tentes ou de leurs gourbis. Des cheikhs à la barbe blanche contaient quelque merveilleuse histoire à des jeunes gens qui les écoutaient en regardant, distraits, les myriades d'étoiles scintillant au-dessus de leur tête ; les joyeuses négresses montraient à tout propos la double rangée de leurs dents d'ivoire. Une troupe bruyante de yaoulets coiffés de la rouge chéchia, vêtus de la longue chemise de laine, le cou entortillé d'amulettes en maroquin, couraient, dans la poudre des chemins, à la poursuite d'agiles gerboises. De belles Agars, de majestueuses Rachels, noblement drapées, reposaient dans des attitudes nonchalantes pleines de grâce sur des tapis, ouvrant leur voile aux rayons de la lune, discrets adorateurs de leur beauté. L'aspect heureux de ces groupes m'émut tellement, que je ne pus m'empêcher de murmurer assez haut pour que Mohammed entendît mes paroles :

— Le bonheur, si vainement cherché dans la vie pleine d'inquiétudes, d'intrigues misérables, d'agitations vaines de la civilisation, ne se trouverait-il pas ici aux côtés de quelque moukère belle et simple comme Ruth la glaneuse, dans cette vie patriarcale des Arabes?

La réponse me fut faite par une mélodieuse voix de sirène qui chanta, en s'accompagnant du derboukah, la chanson suivante, dont Mohammed me traduisit le sens :

1.

— Ami, pourquoi sitôt plier ta tente et quitter la tribu des Hachem?
Tu es le doigt de ma main, le frère de mon cœur.
Reste dans notre douar et deviens fils de nos keikhs [1];
Tu choisiras cent têtes parmi tous nos troupeaux.
Nos femmes sont belles, tu leur donneras le krolkhral d'or [2].
Nos chevaux bondiront comme des gazelles sur cet océan de montagnes, dans les gorges profondes, les ravins et les abîmes où les hyènes et les chacals ont leur repaire.
Reste dans le Tell [3] et ne fuis pas au désert !

2.

— Arrête ce nuage voyageur qui glisse rapide sur nos têtes.
Défends à cet aigle d'ouvrir ses larges ailes et de planer aux cieux.
Dis à la source de remonter la pente d'une colline.
Réconcilie dans un baiser de frères le serpent et le lion ;
Mais ne cherche pas à retenir le Nomade !

3.

Il méprise la vie de l'habitant des ksour [4], marchands de poivre [5] et fils de juifs, qui payent l'achour [6] au maître.
Il n'a jamais attelé son coursier à une charrue ; il ne touche la terre que du talon.
Il n'a jamais vu la face d'un sultan.
Il est indépendant et fier, le Nomade !

4.

A lui le Sahara et ses espaces sans limites où il vole sur les ailes de son cheval à la poursuite du ghézal [7] et de l'autruche ;
A lui les femmes plus blanches que le lait des chamelles, fleurs du désert parfumant l'air pur des oasis, qui se couchent à ses pieds sur l'atouche.
Il est heureux, le Nomade !

5.

A l'appel du jour et de la nuit, il se lève pour la tebha [8] ;
Il s'arme de la mezeraque [9], du fusil, et fait parler la poudre en tombant comme les grêlons de l'hiver sur la tribu maudite qui a outragé ses alliés ;
Il tue les guerriers jusqu'au dernier, prend les nègres, les chevaux et les moutons ; mais il renvoie les femmes à leurs mères avec tous leurs bijoux.
Il est brave et généreux, le Nomade !

6.

Notre saint marabout Sidi-Bed-Abd-Allah, descendant du prophète (que Mohammed le favorise!), a dit : Le voyageur est un hôte envoyé par Dieu : fût-il chrétien, fût-il juif, partagez avec lui la datte et la rhuina [10]; car tout ce que vous avez appartient à Dieu !
Donnez à l'étranger la première place sur le ferrache [11], et reconduisez-le au fedjeur [12] en lui disant : — Suis ton bonheur !
Il est hospitalier, le Nomade !

7.

Au printemps, lorsque les eaux de la grande mer [13] ont arrosé les sables, en chantant les versets du Livre [14], il pousse devant lui ses troupeaux qui disputent aux biches sauvages l'alfa et le guétof [15];
Sa tente ne s'est jamais reposée plus d'une lune.
Buvant l'air et dévorant l'espace, il est errant sur la terre, le Nomade !

[1] Vieillards.
[2] Anneaux de pieds, — présent de mariage.
[3] Partie septentrionale de l'Afrique, qui comprend nos possessions.
[4] Habitants des villes.
[5] Pour les Arabes nomades, les habitants des villes sont des sekakri (mot à mot épiciers). Voir à ce sujet le savant ouvrage de M. le général Daumas : les Chevaux du Sahara.
[6] L'impôt.
[7] De la gazelle.
[8] Terrible vengeance des Arabes.
[9] De la lance.
[10] Pâte composée d'eau et de farine, et roulée dans la main.
[11] Lits faits avec de longs tapis.
[12] Au point du jour.
[13] Du ciel.
[14] Le Koran.
[15] Herbes du désert.

8.

Mon père (que Dieu l'ait en sa miséricorde !) m'a dit : — L'heure du rahil [1] a sonné ! Va dans le Tell et achète dix hamals de grains. Monte sur tes vaisseaux [2] et mesure-toi avec le vent !

9.

J'ai le mirage dans les yeux et dans le cœur.
Nos dunes de sable sont dorées par les dernières flammes de l'œil de la lumière [3].
A l'horizon rouge se montre un troupeau de mahari [4] qui s'avancent d'un pas agile et mesuré vers l'oasis fortuné d'El Haouita.
Le bendaïr résonne ; les jeunes filles courent à travers les orangers et les palmiers, et chantent avec les sources la chanson du soir, qu'elles coupent par ces cris : — Les voilà ! le rahil est fini !

10.

Comme une montagne de sable roulée par le simoun, la caravane avide envahit l'oasis aux frais ombrages ;
Toutes les tentes s'emplissent de grains et de joyeuses paroles ;
La mienne seule est triste et silencieuse.
Ma sœur voile de son blanc haouly ses yeux plus brillants que les étoiles des nuits d'été ; mon cheval, si gai qu'il dansait devant les jeunes filles, baisse la tête et creuse du pied une tombe dans le sable.
Mon père maudit le Tell, et mes nègres du Soudan disent en regardant le ciel : — Maître est parti pour le grand rahil [5] !

11.

Enfants d'El Haouita, pourquoi faire parler la plainte ?
La patience est la clef du bonheur.
Je donne le dernier baiser à un ami du Tell.
Me voici : le Nomade appartient au désert !

12.

Arrête ce nuage voyageur qui glisse rapide sur nos têtes.
Défends à cet aigle d'ouvrir ses larges ailes et de planer aux cieux.
Dis à la source de remonter la pente d'une colline.
Réconcilie dans un baiser de frères le serpent et le lion ;
Mais ne cherche pas à retenir le Nomade !
Adieu ! La terre est large. Chacun suit son destin !

IX.

Les chacals couvrirent de leurs glapissements les dernières notes du musicien. Comme je paraissais m'émouvoir de ces cris sinistres, Mohammed me dit :

— Tu ne connais pas les chacals ? Suis-moi. Tu les verras de près.

J'accompagnai Mohammed à sa tente. Il prit son fusil, son yatagan, et nous partîmes à la chasse aux chacals.

Nous avions à peine compté cent pas, que je vis une troupe de ces animaux décamper à notre approche. Mohammed se tapit derrière le talus d'un ravin profond dans lequel il jeta un quartier de mouton. Cinq minutes après un chacal descendait à pas comptés le terrain ravineux en face de nous, tournant ses yeux reluisants de tous côtés, consultant parfois la lune comme un rêveur allemand, flairant de son museau taillé en angle aigu chaque pierre du chemin. Enfin il se précipite d'un bond sur la proie convoitée. Mohammed ajuste et tire ; mais le chacal se sauve plus vite qu'il n'est venu.

Sans se décourager, le chasseur arabe recharge son fusil en disant :
— Patience. Il en viendra d'autres.

En effet un nouvel affamé, d'allure plus sauvage, de formes plus prononcées, descendit au ravin par le même sentier que le chacal.
— Une panthère ! une panthère ! dit Mohammed en étouffant sa voix.

Cette annonce ne me rassura pas. J'avais connu au Jardin des Plantes de Paris des panthères fort civilisées, mais je savais par expérience que celles d'Afrique ne sont pas d'aussi bonne composition, et que, blessées, elles se retournent furieuses contre le chasseur.

A la manière dont Mohammed s'apprêtait, je vis que cette fois une partie sérieuse allait se jouer. La panthère défiante s'arrêta à une petite portée de la viande fraîche, se demandant sans doute si elle devait avancer ou reculer. Mohammed ne lui laissa pas le temps de délibérer. Il tira. Un cri lugubre retentit dans le ravin. L'animal était touché. Nous aperçûmes aussitôt la panthère qui grimpait rapidement jusqu'à nous. J'étais fort ennuyé de ma situation.

Heureusement Mohammed ne perdit pas la tramontane. Il me remit son fusil, tira du fourreau son yatagan et attendit de pied ferme la panthère blessée qui poussa droit à lui. Mohammed, bondissant

[1] Rahil, émigration annuelle des habitants du Sahara, qui vont chercher dans le Tell les grains nécessaires à leur subsistance.
[2] Chameaux.
[3] Du soleil.
[4] Dromadaires coureurs du Sahara.
[5] La dernière migration, — la mort.

comme un lion, se jeta de côté et lui enfonça son yatagan dans les flancs. Un râle plaintif nous annonça que le coup était mortel.

— J'ai mal réussi, fit Mohammed ; j'ai gâté la peau.

Moi qui ne tenais qu'à la mort de la panthère et non à la peau, je fus enchanté du résultat obtenu.

Mohammed essuya la lame de son yatagan, chargea l'animal sur ses épaules, puis nous nous acheminâmes vers la tribu. Le chasseur fut accueilli triomphalement par les cheiks, qui eurent la bonhomie de me féliciter. Je déclinai leurs éloges.

X.

La soirée étant fort avancée, Mohammed me conduisit sous une tente d'hospitalité où je trouvai un lit ferrache fait de longs tapis et de coussins. Je me couchai tout habillé et je me serais endormi volontiers ; mais les hurlements des chacals, auxquels répondaient en chœur les chiens du douar, me tinrent éveillé longtemps. Je n'avais pas non plus bien clos ma tente ; elle fut visitée par des moutons et des chèvres, qui vinrent familièrement s'étendre à mes côtés. Malgré l'odeur nauséabonde de ces animaux, malgré les glapissements des chacals, que je m'obstinais à prendre pour des cris de panthère, je ne tardai pas à m'endormir d'un profond sommeil. Je me réveillai tard le lendemain matin.

Le digne Mohammed-ben-Radja me reconduisit à cheval jusqu'à la plaine des Ghris. Là, nous nous séparâmes. Nous nous pressâmes cordialement les mains, et Mohammed embrassa à plusieurs reprises sa main droite qui avait touché la mienne.

Avant mon départ de l'Afrique, je revis une dernière fois Mohammed-ben-Radja au café maure de Maskara. Il me donna un petit sachet en maroquin rouge historié, contenant nos deux noms écrits en arabe, sorte d'amulette que j'ai religieusement conservée. Si ce livre lui tombe sous les yeux, il apprendra avec plaisir que je n'ai oublié ni ses bons services, ni cette franche amitié, si rare de musulman à chrétien, d'Arabe à Français.

En arrivant à Maskara, j'allai à l'hôtel du *Spahi* où je retrouvai mes amis, qui m'accueillirent comme un véritable enfant prodigue.

CHAPITRE XVII.

Excursion dans les forêts de l'Afrique. — La tribu d'Abd-el-Kader. — La smala de Maskara. — Réception des tribus. — La poésie arabe. — Les chanteurs et les musiciens. — La fête de Mahomet. — Départ de Maskara. — Retour en France.

I.

Après avoir exploré les bourgades arabes, nous devions faire une excursion dans les environs de Maskara ; mais comme il fallait nécessairement séjourner au milieu des tribus, parcourir des bois et des montagnes, nous attendions une occasion favorable. Elle se présenta bientôt. Le garde général des forêts de la subdivision de Maskara nous proposa de l'accompagner dans sa tournée mensuelle d'inspection. Nous acceptâmes son offre et préparâmes immédiatement, comme il nous l'avait conseillé, toutes nos provisions pour le départ. Le lendemain, nous nous trouvions à six heures du matin au rendez-vous indiqué, où nous attendaient le garde et son *chaouch*[1], Mohammed-ben-Makta, qui nous servait de guide. Aussitôt réunis, le coup d'éperon fut donné et nos agiles chevaux nous emportèrent dans les immenses plaines d'Ehgreiss.

La journée s'annonçait magnifique. Les teintes vives du levant coloriaient la plaine de mille nuances, se jouaient entre les aiguilles enchevêtrées des monts et fuyaient en perspective dans les gorges profondes. Nous ressentions un bien-être inexplicable à respirer un air frais et embaumé des senteurs que jetaient les lauriers-roses, les touffes d'absinthe et les fleurs à leur réveil. Les Arabes avaient déjà fait la prière du point du jour, *salat el fedjer*. L'activité régnait dans les tribus devant lesquelles nous passions. Des nuages de fumée sortaient des tentes où l'on préparait le déjeuner et se perdaient dans l'espace avec les vapeurs du matin. Les femmes portaient la peau de bouc gonflée d'eau, les nègres sellaient les chevaux du caïd et de sa suite, les pasteurs, à peine vêtus d'une chemise en loques, poussaient leurs troupeaux de chèvres et de moutons vers les montagnes, tandis que les laboureurs, embarrassés de leurs draperies pour manier la charrue, traçaient un tortueux sillon autour de palmiers nains, d'alfa et d'autres plantes parasites. Les Africains sèment ainsi l'orge et le blé à travers pierres et ronces, et le soleil aidant, tout croît !

A vue, les Arabes s'arrêtaient et se dressaient fièrement en se drapant dans leurs burnous. Très-étonnés de voir les *roumi* faire une fantasia chez eux, ils nous regardaient pourtant avec respect. Il est vrai que nous avions eu la précaution de nous munir de sabres et de carabines. Les Arabes ont une grande vénération pour les gens armés.

Mohammed avait pris les devants. Nous piquâmes des deux pour le rejoindre. Il causait avec un Arabe qui suivait à pied un cheval

[1] Serviteur arabe.

richement harnaché sur lequel une moukère se prélassait en palanquin. Mohammed nous dit que c'était une nouvelle épousée. Son mari venait de la prendre dans la tribu de son père et l'emmenait dans la sienne. Elle était littéralement surchargée de bijoux et de draperies de gaze et de mousseline. A notre grande satisfaction, elle ralentit le pas de son cheval, écarta le haouly à franges d'or qui lui couvrait la tête et nous toisa l'un après l'autre d'un air curieux et narquois en nous montrant un front tatoué d'étoiles bleues, deux grands yeux ardents aux paupières noircies de koheul et une bouche enluminée. Cet étrange et ravissant visage accusait tout au plus une douzaine d'années, et son mari, taillé en Hercule, pouvait en avoir quarante. Il paraît que la vue des Français ne déplaisait pas à la moukère, car elle s'obstinait à voyager à nos côtés. Son maître remarqua ce manège de coquetterie. Il fronça le sourcil, quitta brusquement Mohammed et s'éloigna du côté opposé au nôtre.

II.

Le chaouch du garde général nous fit couper la plaine d'Ehgreiss en diagonale, pour que nous pussions visiter en passant la smalah des spahis de Maskara. Ce sont des goums, des contingents fournis par les tribus. Ils reçoivent la solde des troupes d'Afrique et sont commandés par un chef français. Du reste, ils vivent en pleine liberté dans les plaines, au milieu des montagnes, avec leurs mœurs. On les convoque seulement aux grandes revues ou en cas de guerre. Ils ont toujours marché au feu avec courage et n'ont pas déserté une seule fois le drapeau français. La smalah vers laquelle nous nous dirigions était pour chef un ami du garde général. Guidés par Mohammed, qui imposa silence à une troupe furieuse de chiens, nous pénétrâmes dans le cercle formé par les tentes en cherchant des yeux notre compatriote. Un homme vêtu du costume arabe, et dont l'accent trahissait un Gascon, vint à la rencontre du garde général. Il nous serra la main à tous et ordonna à ses nègres de nous apporter le chibouk et le café.

Nous entrâmes dans la demeure du chef de la smalah. Sa tente en poil de chameau était haute et spacieuse. Elle réunissait le confort européen aux habitudes de la vie africaine. Un sommier élastique remplaçait avantageusement les tapis qui servent de lits aux indigènes. Des hamals remplis de denrées indiquaient clairement que notre Gascon n'était pas le moins du monde partisan de la sobriété arabe. — Après quelques banales politesses, le docteur P..., le plus caustique personnage de notre caravane, lança quelques traits plaisants au caïd de la smalah. Celui-ci nous dit alors en souriant :

— Mon Dieu, messieurs, je suis bien persuadé que vous pensez tous comme votre ami. En me voyant à la tête d'une centaine de familles arabes, vous me considérez à l'égal d'un roi entouré de ses sujets, d'un sultan dont les moindres désirs sont prévenus par des esclaves. Vous ne vous rendez pas un compte exact de ma position. D'abord je réponds vis-à-vis de l'autorité française de la fidélité des goums que je dirige ; d'un autre côté, je suis chargé de l'administration des tribus, et, Dieu vous garde, messieurs, d'un semblable fardeau.

Chaque matin, je dois écouter patiemment les réclamations de mes subordonnés. Celui-ci a eu une récolte enlevée ou un mouton volé ; celui-là prétend avoir acheté et payé une moukère à un maître de tente qui ne reconnaît pas le marché. Tel a surpris un rival dans son gourbi, tel autre a été assommé de coups, de matrak par un voisin jaloux. Je ne parle pas des femmes qui viennent en secret m'exposer les outrages et les violences de leurs époux, des dénonciations, des vendetta de tente à tente, de famille à famille. C'est une cohue de haines et de jalousies à déconcerter le plus enthousiaste de la vie sauvage. Après tout, sauvage ou civilisé, l'homme est toujours le même avec ses bonnes et ses mauvaises qualités, ses passions et ses vertus. Je regrette pourtant que celles-ci ne dominent pas dans mon petit royaume, comme il vous convient de l'appeler, messieurs.

Lorsque le chef de la smalah nous eut ainsi franchement découvert sa position, il nous conduisit sous d'autres tentes, où nous fûmes, grâce à son introduction, parfaitement reçus. Les Arabes se montraient très-sérieux à notre approche ; mais leurs femmes, accroupies derrière leurs métiers à tisser la laine, nous raillaient entre elles. Notre curiosité satisfaite, nous prîmes congé de notre compatriote pour continuer rapidement notre route du côté de la forêt de Kacherou.

III.

Nous courions vers une chaîne de montagnes au pied desquelles sont semés les douars des Hachem-Gharrabas. Abd-el-Kader est né au milieu de cette tribu, qui, autrefois riche et puissante, a suivi dignement la mauvaise fortune de son chef ; elle lui a prodigué son sang et ses trésors, elle lui a fourni ses meilleurs et ses plus intrépides soldats. A vingt lieues à la ronde on dit : « Cavalier comme un Hachem. » Les Hachem-Gharrabas, décimés par la guerre, vivent dans une extrême pauvreté ; mais il n'y a pas de peuple, sauf peut-être les Américains pour Washington, qui ait donné l'exemple d'un tel attachement à un homme, d'un tel fanatisme. Chaque jour on voit des Hachem s'acheminer religieusement vers le marabout qui renferme les dépouilles mortelles de Mahi-Eddin, père d'Abd-el-Kader. Nous y arrivâmes après avoir escaladé plusieurs mamelons. Ce marabout est figuré par quatre murs enchâssant un dôme octogonal. Les fidèles ont laissé dans la niche une foule de talismans, des sachets renfermant des versets du Koran, des colliers d'ambre et de corail.

Du marabout d'Abd-el-Kader on a un point de vue magnifique. A nos pieds, les nappes vertes et dorées de la plaine d'Elgreiss ondulaient jusqu'à une montagne dont la ville de Maskara couronne le sommet; au delà de Maskara, les roches élevaient leurs pics jusqu'aux nues. Une large bande d'un bleu terne se confondait avec l'horizon au nord de la chaîne de l'Oued-el-Hammam : c'était la Méditerranée! Nous reposâmes notre vue fatiguée sur les oliviers, les grenadiers, les lauriers-roses, les fleurs éclatantes qui comblaient pour ainsi dire le large et profond ravin de l'oasis de Kacherou, où coule une eau limpide et toujours abondante.

IV.

Le garde général donna le signal du départ en nous rappelant que nous étions encore à deux lieues de la forêt de Kacherou, dont les premiers arbres découpaient au-dessus de nos têtes leurs silhouettes dentelées sur l'azur du ciel. Grâce à nos infatigables petits chevaux, la distance fut bientôt franchie; mais au lieu des grands ombrages que nous comptions trouver, nous fûmes très-surpris de ne voir que des chênes verts à l'état de broussailles, quelques pins d'Alep, des genévriers, des genêts, des lentisques et autres arbustes rabougris. Il est vrai que nous étions sur des hauteurs où la violence des vents et les ardeurs du soleil nuisent à la croissance des arbres. Les beaux peuplements existent au cœur de la forêt de Kacherou, qui a quinze mille hectares d'étendue. En descendant les pentes des ravins, nous découvrîmes en effet de magnifiques chênes-liéges, des chênes à glands doux, des caroubiers, et dans les bas-fonds, des cépées de lentisques, des plantations d'oliviers au milieu desquelles apparaissaient, comme des nids dans les branchages, les toiles grises des tentes. Les nombreuses tribus qui séjournent dans la forêt de Kacherou sont très-riches. Elles ont tiré un bon parti de leur position avantageuse en fabriquant du charbon, en fournissant le bois de construction et de chauffage à Maskara, enfin en se nourrissant en partie de glands doux. Ces glands d'Afrique ont, après la cuisson, le même goût que nos marrons. Pourtant il y a deux sources de richesses que les Arabes ne connaissent pas : ce sont l'extraction de la résine des pins et la greffe des oliviers sauvages, qui pullulent dans la forêt de Kacherou.

Si nos colons, au lieu de se presser sur le littoral et d'y vivre péniblement, s'établissaient au milieu des forêts de l'Algérie, ils récolteraient abondamment l'huile d'olive, la résine, le liége. Ces produits assureraient leur aisance et profiteraient en outre à la mère patrie. Voilà du moins ce que nous assura le garde général. Nous croyons utile de le consigner ici.

Les tribus, avides de gain, auraient entièrement détruit les bois, si des gardes forestiers n'y avaient mis bon ordre. Les troupeaux broutaient les jeunes semis, les brins de semence; les Arabes, pour faire du charbon, ne se donnaient pas la peine d'abattre les arbres, ils y mettaient le feu, et l'incendie dévorait une partie de la forêt. L'administration française, dans l'intérêt des tribus elles-mêmes, car les bois en Afrique sont nécessaires à l'entretien des sources et à la salubrité du climat, dut leur circonscrire certains massifs et leur défendre l'exploitation des autres. Mais la prohibition n'a pas suffi. Il a fallu qu'une surveillance de chaque instant obligeât les indigènes à l'exécution de ces ordres.

V.

Au moment où nous traversions un peuplement d'oliviers, Mohammed-ben-Makta éperonna tout à coup son cheval et s'enfuit au galop en brandissant son yatagan. Nous le suivîmes. — Des Arabes couraient devant lui, mais il rejoignit le dernier et le força à s'arrêter en le menaçant de son arme. Mohammed vint à notre rencontre en nous montrant orgueilleusement son prisonnier qu'il avait surpris, malgré la défense expresse de l'autorité forestière, à brûler avec ses compagnons des oliviers pour avoir du charbon. — Qu'allez-vous faire de ce malheureux Bédouin? demanda l'avocat P... au garde général. — Vous allez voir, lui fut-il répondu laconiquement. Le garde général ordonna à l'Arabe de prendre la bride de son cheval et de le conduire à son douar.

La tribu se trouvait à une centaine de pas de là, en versant d'un mamelon couvert de pins d'Alep et d'arbousiers. Dès que le caïd eut appris l'arrivée du sultan des forêts (c'est ainsi que les Arabes appelaient le garde général), il vint au-devant de lui en le saluant à plusieurs reprises jusqu'à terre. Mohammed-ben-Makta l'informa de ce qui venait d'arriver. — Le général des forêts, ajouta-t-il, te commande de donner cinquante coups de matrak à cet homme et d'apporter sous trois jours cent douros (500 fr.) à ton bureau arabe de Maskara. Les femmes montraient leurs têtes curieuses et inquiètes à la porte de leur gourbi. Au mot de matrak, elles firent quelques pas hors de leurs demeures pour implorer sans doute la grâce du prisonnier. Mais la crainte les retint en chemin. Nous traduisîmes de vive voix leurs intentions : malgré nos prières réitérées, nous ne pûmes obtenir qu'une remise de la moitié de la peine. Il fallait un exemple.

On fit avancer le chaouch de la tribu, qui lia les mains et les pieds du patient, le coucha les ventre à terre et lui appliqua sur les reins vingt-cinq coups de bâton. Il y avait de quoi assommer un bœuf. L'Arabe ne souffla mot et l'opération faite il se releva; détacha ses liens de palmier et se retira sous sa tente, après nous avoir jeté de farouches regards.

Mohammed demanda au caïd un guide pour nous conduire à la tribu des Béni-Arva. Nous eûmes en cette occasion le thermomètre de l'amour que les indigènes portent aux Français. Une discussion s'éleva immédiatement entre eux. C'était à qui ne nous accompagnerait pas. Mohammed, selon sa belliqueuse habitude, trancha la difficulté en dégaînant son yatagan. Un Arabe se mit à notre dévotion et le caïd fit ses adieux au garde général en embrassant humblement les pans de son uniforme.

VI.

Nous voulions oublier en chassant le triste spectacle auquel nous venions d'assister, mais le garde général nous en dissuada.

— Messieurs, nous dit-il en riant, la conservation de votre existence est attachée à mon uniforme. Je ne réponds plus de vous si les Arabes maraudeurs vous surprennent à la poursuite de quelque gibier qui pourrait bien être une hyène ou un lion, car les bêtes féroces abondent dans la forêt de Kacherou.

Ces observations calmèrent subitement notre passion de chasse. — Que ne tirez-vous ces vautours qui planent au-dessus de vos têtes, ajouta le garde, ou bien ces sangliers...

Trois coups de fusil partis simultanément interrompirent le railleur. Nous avions tiré deux noirs sangliers qui coururent de plus belle et se perdirent dans les cépées de thuyas.

— Dieu merci! s'écria le garde général, nous ne dînerons pas ce soir avec le produit de votre chasse, d'autant plus que vous devez avoir faim comme moi. L'heure s'avance. Mohammed, pousse ton guide!

Nous pressâmes le pas pour arriver avant la nuit à la tribu des Béni-Arva.

Mohammed, toujours à l'avant-garde, nous fit signe d'approcher. Lorsque nous l'eûmes rejoint, il nous montra un cercle de tentes à la partie inférieure du mamelon que nous descendions. C'était le douar où nous devions nous reposer des fatigues de cette laborieuse journée. Mohammed détacha son guide pour avertir les Béni-Arva de notre approche. Nous vîmes bientôt venir à nous le caïd, le cadi, les marabouts, toutes les autorités du lieu. Le garde général descendit de cheval afin de répondre dignement à la solennité de la réception. Le caïd pressa la main du garde d'un air grave et porta ensuite le sienne à ses lèvres. Cela signifiait pour les Arabes et les nègres qui entouraient leur chef : « — Ces Français sont puissants... Ils sont nos amis. Nous ne devons présentement ni les tuer ni les voler. Il faut bien les recevoir... autrement il nous en cuirait! » Du reste, Mohammed se chargea de la traduction de leur pensée. Il dit à ses compatriotes :

— Le général des forêts vient vous visiter. Vous lui ferez honneur en tuant le plus gros de vos moutons.

Les Arabes s'emparèrent de nos chevaux pour les panser, les faire boire et leur donner l'orge. Débarrassés de ce soin, nous suivîmes le garde général et le cadi. Ce dernier nous invita à passer sous sa tente. Nous y entrâmes. Le caïd resta pour commander notre souper. Un bruit de fête dans la tente éveilla notre curiosité. Mohammed nous dit alors, de l'air le plus comique du monde : — Messieurs les roumi, moukères est ici très-jolie, très-jolie ! Nous levâmes doucement un épais tapis qui séparait la tente du caïd en deux parties, et nous aperçûmes un essaim de femmes accroupies en rond auxquelles nous souhaitâmes poliment le bonjour.

— Bonjour! nous répondirent-elles sur le même ton, sans être effrayées de notre indiscrétion, en mimant nos gestes et en riant aux éclats. Malheureusement il fallut interrompre l'intéressante conversation à peine commencée et baisser le rideau. Le caïd entrait.

— Comment te portes-tu? demanda-t-il au garde général en s'asseyant près de lui. Et tes amis, tes moutons, ta moukère, tes yaouleds (enfants)?

— Fort bien, et les tiens? répliqua le garde. Les demandes et les réponses étaient traduites par l'universel Mohammed-ben-Makta.

Jouant le rôle de comparses de théâtre dans ce dialogue, nous prîmes congé provisoire du caïd et du garde pour aller respirer le bon air de la soirée. Devant le douar des Arva, au fond d'un ravin, coulait une source au lit caillouteux et limpide entre deux haies d'oliviers et de lentisques. Nous passâmes quelques instants dans cette oasis à écouter le joyeux murmure de l'eau courante et à suivre d'un œil émerveillé les capricieuses dégradations de la lumière crépusculaire qui noyait de vapeurs irisées la croupe des mamelons, passait en traînées de feu dans les clairières de la forêt et grésillait à travers les feuilles dentelées des oliviers. Mais un autre spectacle non moins intéressant nous arracha à la contemplation de la nature. On préparait notre dîner.

VII.

Trois robustes Arabes amenèrent un mouton aux bords de la source, l'égorgèrent suivant les prescriptions du Koran, le dépouillèrent ensuite et lui passèrent par le corps une énorme perche en guise de broche. L'animal ainsi empalé fut placé dans un grand feu que la brise soufflait activement. Lorsqu'une partie du mouton était suffisamment cuite, ceux qui tenaient la perche lui imprimaient un mouvement de rotation. Ce manège dura jusqu'à ce que les étranges cuisiniers, jugeant que le gibier était cuit à point, plantèrent verticalement leur broche en terre en nous regardant d'un air triomphant; puis, tout à coup, à notre grande surprise, ils lâchèrent perche et mouton, se jetèrent sur leurs genoux en tournant le visage au levant, et embrassèrent par trois fois le sol. C'était la prière du soir que le marabout-muezzin des Béni-Arva avait annoncée par son cri habituel.

Les devoirs de leur religion accomplis, nos Arabes se mirent à dépecer, à déchiqueter le mouton des ongles et du couteau. Après avoir posé les morceaux sur un grand panier plat, ils prévinrent le caïd et le garde général que le repas était prêt. Nous nous accroupîmes tous en formant un rond; mais le caïd et les marabouts seuls *se mirent à table* en même temps que nous. Les hommes de la tribu nous entouraient dans des attitudes grotesques. Les uns étaient à genoux, d'autres couchés, quelques-uns se tenaient debout et suivaient les opérations du festin avec un œil de convoitise. Nous eûmes pour entrée des galettes d'orge trempées de beurre qui nous furent présentées dans des gamelles en bois grossièrement creusées au couteau; nous passâmes ensuite au mouton, enfin au dernier plat, consistant en kouscousson mêlé d'œufs durs et de raisins cuits. Nous nous servîmes des couverts que nous avions eu la précaution d'apporter; quant au caïd et au cadi, ils mangèrent délicatement avec les doigts. Lorsque nous étions rassasiés des mets, les marabouts les passaient derrière nous aux Arabes, qui allongeaient aussitôt leurs bras brunis par le soleil. Ceux-ci en faisaient autant pour d'autres, pour le commun des martyrs, et cette troisième catégorie de convives livrait ses débris à des chiens qui attendaient impatiemment leur tour.

Des nègres nous apportèrent le café et le chibouk. Notre ami Mohammed-ben-Makta se leva et dit à ses compatriotes:
— Le général des forêts vous offre à tous du tabac de France!
Ces paroles furent accueillies par des cris de joie.
— *El kerim mlè*[1] sultan des forêts! dirent les Arabes en chœur.
Mohammed distribua les paquets de tabac. Chacun se mit alors à fumer, en jouissant silencieusement de la belle soirée et en regardant les blanches étoiles qui constellaient le firmament.

VIII.

Le caïd des Béni-Arva nous ménageait une surprise. A un signal qu'il donna, une nuée de moukères sortirent des tentes et vinrent s'abattre en face de nous. Mais des musiciens se placèrent aussitôt devant elles. Après avoir prélude quelques instants, l'un d'eux, qui jouait du derbouka[2], chanta les strophes suivantes, que notre ami Mohammed eut la complaisance de nous traduire ainsi:

IX.

« Schérifa, j'aime tes yeux à travers ton haïk, rayonnantes étoiles qu'envieraient les cieux; j'aime tes lèvres purpurines, tes dents blanches, perles fines dérobées à la mer.

» Prends tous ces boudjous, tu les donneras à ta mère. J'aurai pour te plaire des parfums et des bijoux. Ta beauté fait la joie et l'orgueil d'un époux. Je teindrai de henna les ongles de tes mains et de tes pieds.

» Ma demeure est fermée au soleil. Je l'ai parée. Notre amour aura pour compagnes la fleur et le ciel! Tes négresses te suivront le soir au bain et te parfumeront. Tu reviendras fidèle et plus belle auprès de ton époux.

» Si les djenoun[3] te tourmentent, le derbouka et la danse les chasseront. Quand la plaine sera brûlée par le vent du désert, nous irons dans un palanquin respirer la brise de la mer.

» Schérifa, tes yeux noirs se lèvent sur moi; tu es la plus belle palme des palmiers de Sahara! »

X.

Le chanteur arabe rhythmait sa poésie en frappant de la main à plat un derbouka et en posant langoureusement sa tête de droite à gauche. Nous eûmes du plaisir à l'entendre; mais notre satisfaction fut un peu troublée par les glapissements des chacals, les cris lugubres de l'hyène et les rugissements du lion, auxquels répondaient en chœur les aboiements de tous les chiens de la tribu des Béni-Arva. Mohammed nous dit que ces féroces artistes faisaient entendre chaque nuit un semblable concert dans la forêt de Kacheron. Le caïd ordonna cependant d'allumer de grands feux pour éloigner les animaux.

Lorsque le joueur de derbouka eut terminé sa chanson, le joueur de zoumarah[1] reprit sur le même ton:

XI.

« J'ai vu aujourd'hui ma gazelle; elle m'a rendu fou. Elle a fui à l'approche d'Arabes qui passaient. Si j'avais cent sultanis d'or, je les offrirais pour la posséder. Mais comme je n'ai que ma voix, je me contente de la chanter. »

Après le joueur de derbouka, le premier musicien reprit:

XII.

« Allons, ô mon coursier rapide, vole dans les sentiers, nous allons voir notre *sœur!*
» Puisses-tu arriver jusqu'à elle et me jeter dans ses bras!
» Si je meurs de bonheur, qu'on lave mon corps avec ses larmes, que son haleine le parfume, que ses cheveux me servent de linceul, et qu'on m'enterre à son chevet. Et vous, passants, vous appellerez sur moi la miséricorde d'Allah. »

XIII.

Nous admirions cette poésie arabe si belle, si imagée; mais la monotonie d'intonation des musiciens-chanteurs ne tarda pas à nous assoupir. Il faut dire, à notre excuse, que nous étions harassés de fatigue. Le caïd, qui s'en aperçut, nous engagea à nous retirer sous la *tente d'hospitalité*, où nous passâmes une nuit assez agitée, car nous fûmes plus d'une fois réveillés en sursaut par les chiens qui sentaient les bêtes féroces de la forêt rôder autour des tentes pour surprendre quelque mouton. Dès l'aube, nous levâmes de nos tapis, et après avoir remercié de sa gracieuse réception le caïd des Béni-Arva, nous quittâmes sa tribu.

Notre trajet de retour fut fait d'une longue haleine; nous nous arrêtâmes seulement devant Aïn-Beïda, village arabe situé à la porte sud de Maskara, en entendant une fusillade bien nourrie suivie de vociférations. Nous nous perdions en ridicules conjectures, et déjà nous croyions à une révolte de tribus, lorsque Mohammed-ben-Makta, qui s'était fort amusé de notre inquiétude, voulut bien nous donner le mot de l'énigme. Les Arabes célébraient les fêtes de la naissance de leur prophète Mahomet. Ces fêtes durent sept jours.

Ainsi rassurés par le chaouch du garde général, nous entrâmes dans Aïn-Beïda; mais il nous fut impossible de traverser la foule d'Arabes et de nègres qui encombraient les avenues du village. Nous dûmes rester patients spectateurs des joies extravagantes par lesquelles les Africains prétendent honorer la naissance de leur prophète.

XIV.

Deux armées d'Arabes avaient pris position dans le village. Les indigènes de Bab-Aly occupaient le sommet du mamelon, ceux d'Aïn-Beïda la partie inférieure qui se perdait dans le ravin. Les combattants étaient armés de pied en cap. Yatagans, cangiars, fusils plaqués d'argent étincelaient au soleil. Les femmes, parées de leurs plus belles draperies et de tous leurs bijoux, animaient les guerriers en leur rappelant leur glorieuse origine, les traits de bravoure de leurs aïeux. Ces indigènes de quatre à cinq ans maniaient avec une étonnante adresse des sabres, des pistolets, et *faisaient parler la poudre.* A la porte des tentes des gourbis déserts étaient seuls restés les vieillards. Ils suivaient avec un intérêt passionné les péripéties de la lutte.

Les plus audacieux combattants des deux côtés s'avançaient hors des rangs et se provoquaient mutuellement par des défis insolents, par des épithètes les plus grossières; puis, à bout de paroles, ils en venaient aux mains. Alors les deux armées volent au secours de leurs guerriers; elles se ruent l'une sur l'autre en vociférant. C'est une furieuse mêlée. Les Africains se démènent comme une trompe de damnés dans des nuages de poudre et de poussière enflammée. Jamais nous n'avions assisté à un simulacre de guerre qui ressemblât plus à une guerre. L'acharnement de la bataille en vint à point que les marabouts furent forcés d'intervenir pour séparer les combattants, qui, après avoir déchargé leurs armes à bout portant, se frappaient à coups de crosse. Les Arabes obéirent aux injonctions de leurs prêtres. Les indigènes de Bab-Aly battirent en retraite jusqu'à leur village, et ceux d'Aïn-Beïda se rendirent dans les cafés maures pour commenter les incidents de la victoire. Aux luttes sanglantes succédèrent de bruyantes réjouissances: — les danses d'almées, les chants, les processions aux mosquées, l'oriflamme arabe en tête.

---

[1] Le très-généreux.
[2] Tambourin de forme conique.
[3] Mauvais esprits.

[1] Roseau percé d'un seul trou.

Si les fêtes publiques donnent l'expression morale d'un peuple, assurément les Arabes sont avant tout guerriers et fanatiques. Du reste, pour comprendre la folle joie, le belliqueux délire du musulman au milieu de ces fêtes, — lui qui d'ordinaire est si méditatif, si calme, — il faut songer qu'il place tout son orgueil, tout son bonheur dans la révélation du Koran. — Comment ne célébrerait-il pas avec enthousiasme le jour anniversaire de la naissance de Mahomet? Ce jour-là, disent les livres sacrés des Orientaux, le monde fut ébranlé jusque dans sa base et éclairé d'une lumière surnaturelle; le feu sacré gardé par les Mages, et qui depuis Zoroastre avait brûlé mille ans, fut éteint tout à coup; les djennoun (mauvais génies) furent précipités du haut des étoiles. L'Africain ne connaît donc que son prophète. C'est là toute sa science; il n'en veut pas d'autre.

Il me montra la tête du malheureux exécuté.

XV.

Il nous fut enfin permis de circuler librement; mais nous fûmes obligés de céder aux pressantes invitations de Mohammed, qui tenait absolument à nous faire visiter la mosquée d'Abd-el-Kader, située à la porte sud de Maskara. Cette mosquée n'a rien de remarquable, si ce n'est l'éclat, le brillant souvenir qui s'attache au célèbre personnage dont elle porte le nom. Son minaret très-élevé tombe en ruines, ses arcades s'affaissent sur les chapiteaux, les versets du Koran gravés sur les murs sont illisibles; le *mihrab* seul, historié de mille arabesques aux teintes effacées, est demeuré intact de structure. Près de cette niche qui indique aux fidèles la direction de la Mecque, Mohammed nous montra l'endroit où était le *member* (chaire), d'où Abd-el-Kader prêchait la guerre sainte aux Arabes et allumait leur fanatisme, alarmait leurs croyances en nous dépeignant comme des destructeurs du Koran, des ennemis d'Allah. C'est avec ce puissant levier, avec le saint nom de Dieu, que le célèbre défenseur de la nationalité arabe levait des armées.

Mohammed s'exaltant outre mesure au souvenir de son émir, nous le congédiâmes, et nous nous rendîmes incontinent à nos demeures pour oublier dans un repos indispensable Mahomet, Abd-el-Kader et leurs bruyants sectaires.

XVI.

Le lendemain même de notre excursion à la forêt de Kacherou, nous reçûmes une lettre d'un ami commun de Mers-el-Kebir, qui nous mandait que nous devions partir immédiatement de Maskara si nous tenions à nous embarquer sur le *Charlemagne*, faisant voile pour Marseille. Cet avis nous mit en grande perplexité. Comment nous rendre à Mers-el-Kebir? Aucune voiture ne faisait le trajet, et les Arabes de Maskara, corps et âme, à la fête de Mahomet, qui devait durer encore cinq jours, refusaient de nous accompagner. Pendant que nous débattions entre nous les propositions les plus contradictoires en cherchant le moyen de sortir d'embarras, notre ami le docteur P... eut le bon esprit de visiter toutes les tentes, tous les gourbis du village de Bab-Aly. Il eut la chance de trouver un Arabe assez sceptique à l'endroit de Mahomet pour nous louer, moyennant un bon prix, ses chevaux et nous conduire à destination.

Nous fîmes une halte à la Sénia pour y prendre un repas. Notre guide nous attendit sur la route en mangeant ses figues, après avoir soigneusement pansé et lavé ses chevaux. C'est en vain que nous lui avions offert de s'asseoir à notre table. Craignant sans doute d'être engagé à boire du vin ou à manger des viandes prohibées par le Koran, il s'était contenté des trente figues qu'il avait apportées de Maskara dans le capuchon de son burnous. Cette rude sobriété, qui contraste si étrangement avec les mœurs européennes, nous donna à réfléchir. Elle nous expliqua naturellement les macérations inouïes, les abstinences, les jeûnes prolongés des saint Antoine, des saint Jérôme, des premiers chrétiens dans le désert, qui jusque-là nous avaient paru presque miraculeux.

Nous arrivâmes à temps à Mers-el-Kebir pour nous embarquer à bord du *Charlemagne*.

Notre traversée fut égayée par le récit suivant d'un vieux zouave, que nous rapportons en le baptisant de ce titre : — *Le Roman comique de l'Algérie*.

CHAPITRE XVIII.

Le roman comique de l'Algérie.

I.

Quatre Parisiens se trouvaient réunis, le 1er mars 1851, dans la chambre d'un hôtel garni du quartier latin, où ils discutaient chau-

Mohammed.

dement les moyens d'assurer leur existence problématique. Celui qui était assis sur le lit parlait avec volubilité en secouant sa blonde chevelure. Il se nommait Charles Fromentin. C'était un étudiant en droit de huitième année et un poëte inédit. Il avait confié au papier une kyrielle d'odes, de ballades, de sonnets, qui étaient discrètement restés en portefeuille. En face de lui, à califourchon sur une chaise, se tenait Eugène Marcillac, peintre gascon, qui n'avait jamais pu obtenir un tableau de commande. Son torse, vigoureusement accusé, contrastait avec la complexion blonde et délicate du poëte. Près de la cheminée était modestement assis sur un escabeau Pierre Balard, ancien professeur de philosophie d'un collège de province. Son teint pâle, son crâne chauve, son front sillonné de rides précoces, attestaient de grandes études ou de grandes misères. Il gardait une humble attitude que semblaient justifier ses bottes éculées et ses vêtements plus qu'usés. Le quatrième héros de cette histoire, Théodore

Aldenis, ex-violon de la Porte-Saint-Martin, se promenait de long en large de la chambre avec des mouvements fébriles de colère, qui divertissaient fort ses amis. Il s'emportait, il déclamait, il gesticulait comme un comédien. Aldenis avait contracté les habitudes théâtrales en accompagnant sur son violon les entrées et les sorties de M. Frédérick Lemaître à la Porte-Saint-Martin.

Maintenant que nous avons regardé, écoutons.

— Messieurs, disait avec emphase Théodore Aldenis, vous connaissez l'ordre du jour de notre réunion : il s'agit de sortir de la citadelle où la misère nous assiège. Qu'allons-nous faire? Moi, je suis parfaitement décidé à tenter l'aventure. J'ai perdu l'espoir de retrouver une position comme celle que j'occupais à la Porte-Saint-Martin, et qu'un rendez-vous d'amour à l'heure du spectacle m'a fait perdre.

— Je n'ai rien non plus à attendre de la civilisation, interrompit Charles Fromentin. Tous ces affreux Philistins de libraires m'ont refusé ma *Tour de Babel*.

— Tu parlais peut-être toutes les langues là dedans, ricana le Gascon. Mais, ajouta-t-il comme correctif, le talent ne motive pas le succès, puisque les marchands de tableaux ne vendent pas mes œuvres.

— Décidément le public n'entend plus rien au beau, railla Fromentin à son tour.

— Et que pense de tout ceci maître Platon? demanda Aldenis en frappant sur l'épaule de Pierre Balard.

— Il serait peut-être sage, hasarda timidement le philosophe Pierre Balard, de se contenter de son sort, de son rayon de soleil, de son modeste nid, de vivre enfin dans une salutaire médiocrité. *Aurea mediocritas*, dit Horace. Vous le savez, mes amis, j'ai accepté la vie avec ses ombres et ses tristesses. Ma place de pion dans la pension Desmoineaux, qui me rapporte huit francs par mois et le dîner, suffit à mon existence matérielle.

— Nous ne nous séparerons pas de toi, Pierre! s'écria Marcillac. Ta solide raison nous est indispensable pour servir de frein, de contre-poids à notre légèreté. Voyons, promets-nous d'accompagner nos nouvelles destinées!

— Mon Dieu! mes amis, répondit Pierre Balard, je ne veux pas vous contrarier, et je sacrifierais de grand cœur ma place, si ma personne pouvait vous être de quelque utilité.

— Bravo! dit Marcillac. Dans la bonne comme dans la mauvaise fortune, jurons, mes amis, de rester toujours unis.

— Oui! oui! nous le jurons! dirent en chœur tous les artistes.

— Mais abordons le vif de la question, reprit Marcillac. Qu'allons-nous faire?

— Si nous inventions une machine quelconque? hasarda Fromentin.

— Bah! répliqua Marcillac, nous ne trouverions jamais un capitaliste qui voulût avancer les fonds de l'entreprise. A un autre!

— Si nous montrions une femme géante dans les foires et les marchés? Si nous fondions un bureau de mariage, ou un office général d'annonces, ou un remplacement militaire? Qui nous empêcherait aussi d'essayer du magnétisme, du somnambulisme, des jeux de bonne aventure, de l'homéopathie, du théâtre de province?

Ces motions ridicules d'Aldenis furent couvertes de huées par ses camarades.

— Alors, messieurs, reprit le dépité, il ne nous reste plus qu'à déclarer la guerre au genre humain, à nous faire pirates ou contrebandiers.

— Il ne suffit pas de déclarer la guerre, dit judicieusement Pierre Balard, il faut vaincre.

— Moi, dit Marcillac, j'opine sérieusement pour que nous mettions le soleil en actions. Nous trouverions des actionnaires!

— Pourquoi pas la lune et les étoiles, la terre et la mer? persifla Aldenis.

— A propos, si nous voyagions? dit Pierre Balard. L'homme est un être merveilleusement ondoyant et divers; il vit partout où il y a terre et ciel!

— Oh! quelle idée! s'écria Marcillac. Le voyage! vive le voyage! Malheureux dans un pays, heureux dans l'autre! Mais vers quel point de la terre dirigerons-nous nos destinées? A l'orient ou à l'occident, au nord ou au midi? En Chine, aux Grandes Indes, en Russie, en Californie, en Australie? Ce monde est vaste. Choisissons.

— Je préférerais une colonie française, l'Algérie, par exemple, dit Pierre Balard.

— Va pour l'Algérie! s'écria Fromentin. Secouons la poudre de nos souliers sur la France, ingrate patrie qui nous a méconnus. L'Afrique me sourit; l'Afrique, pays des lions, des panthères, des gazelles, des aigles, des almées, de toutes les créatures nobles, gracieuses ou terribles! Oh! les femmes du désert!.. élancées comme le palmier, ardentes comme le soleil de leur tropique, dangereuses comme le simoun. Aimer une de ces femmes-là, et mourir! Pourtant, si je ne laisse pas mon cadavre au désert, j'en rapporterai un roman en dix volumes.

— Ton lyrisme, Guzman, ne connaît pas d'obstacle, dit Aldenis. Qui payera les frais de voyage?

Un moment solennel de silence se fit.

— J'ai la clef, reprit Fromentin. Nous aurons notre passage gratuit en Algérie; ainsi, préparons nos paquets!

A la suite de cette grave décision, le peintre, le poète et le musicien se cotisèrent pour dîner dans un modeste restaurant d'étudiants de la rue de la Harpe, laissant à regret s'acheminer vers Batignolles Pierre Balard, qui avait voulu profiter jusqu'au dernier jour du repas de sa pension.

Et le philosophe Pierre Balard, soudainement métamorphosé en Arabe, suivit la négresse au ravin des lauriers-roses.

II.

Une semaine jour pour jour après leur délibération, les quatre amis, dûment munis de passe-ports, arrivaient à Marseille et s'embarquaient sur la frégate *l'Ajax*, qui devait les conduire francs de port en Algérie.

En attendant l'ordre du départ, ils devisaient de leurs nouvelles destinées, de la fortune qui sans nul doute allait les accueillir au rivage d'Afrique, de mille et un rêves, de mille et un projets fantastiques. O jeunesse! tes horizons sont toujours éclairés par cette éblouissante fée qu'on nomme l'Espérance!

Pendant le voyage, Fromentin se complaisait à réciter ses pièces de vers inédites aux matelots. Aldenis écoutait les harmonies mystiques que roulaient avec une admirable mesure les vagues de la Méditerranée. Pierre Balard restait en contemplation devant les horizons infinis de la mer. Quant à Marcillac, il cherchait des sujets de tableaux dans les plus petites évolutions de ce spectacle grandiose et nouveau pour lui.

La traversée se fit heureusement. Deux jours après sa sortie du port de Marseille, *l'Ajax* entrait dans le port d'Oran. Le classique Pierre Balard, en posant le pied sur le rivage, s'écria comme César :

— Terre d'Afrique, je te tiens!

Les artistes repoussèrent les offres intéressées de commissionnaires juifs, arabes, espagnols, chargèrent eux-mêmes leurs bagages sur leurs épaules et s'inquiétèrent de trouver un logement en rapport avec leur modeste bourse. Mais ils ne purent résoudre ce problème; les chambres qu'ils visitaient leur étaient offertes à des prix exorbitants. Ce que voyant, l'ingénieux Marcillac proposa à ses camarades de loger sous la tente, à la manière arabe. Les artistes sillonnèrent en tous sens le *village nègre*, situé à la porte d'Oran, marchandant les tentes, les gourbis, les huttes en pisé des indigènes; enfin ils se décidèrent à payer quinze francs la hutte d'un nègre où ils campèrent et se reposèrent tant bien que mal, au milieu de nombreux insectes, des fatigues du voyage jusqu'au lendemain matin.

Mais de sérieuses déceptions attendaient les aventuriers à leur réveil. Comptant sur la Providence, ils avaient emporté plus de lettres de recommandation que de billets de banque. Ils apprirent, à leurs dépens, qu'il ne faut jamais préjuger d'un pays sur des récits de voyage. Les personnes auxquelles ils étaient adressés leur firent un triste tableau de l'avenir qui les attendait en Algérie.

— Est-ce possible? leur disait-on; vous avez eu la naïveté de prendre l'Algérie pour une Californie ou pour une Australie; mais rien n'est si rare, si introuvable que l'or ici. Ne songez donc plus à vous enrichir, mais à vivre modiquement. Bienheureux si vous y parvenez, car vous n'êtes ni agriculteurs, ni marchands, ni prêteurs à la petite semaine. Il y a en Algérie une foule de parasites, d'aventuriers, qui cherchent leur existence, s'ingénient à trouver un moyen de faire face à la mauvaise fortune, et avec de la hardiesse, du courage, une aptitude universelle, ne parviennent pas à la vaincre. En tout état de choses, ce n'est pas à Oran que vous trouverez votre nid; il faudrait choisir une ville moins exploitée, Tlemcen ou Maskara, par exemple.

A la suite de cette explication, les quatre artistes s'entre-regardèrent d'un air penaud, comme si un dentiste malhabile leur eût arraché à chacun une bonne dent. Ils restèrent quelques instants muets et immobiles, frappés de stupeur. Marcillac retrouva le premier la parole.

— Comment! s'écria-t-il, vous êtes transportés dans le pays des almées, des odalisques, des lions, des djennoun, dans la contrée des mirages, des rêves, du hachisch, et vous gardez cette pose d'Ibis, et vous faites cette grimace piteuse? Soyons hommes, mille dious!

— La vie est un tric-trac dont nous sommes les ridicules pions, débita sentencieusement Pierre Balard.

— Votre scepticisme s'arrange de tout, dit Aldenis.

— Hé, répliqua le philosophe, ne vaut-il pas mieux rire comme Rabelais, que pleurer comme Pascal? Pourquoi nous attrister de notre séjour en Afrique, puisque nous devons y rester quand même? Croyez-vous que tous les pays, comme toutes les femmes, n'ont pas leurs grâces, leurs sourires et leur beauté, en dépit de ce qu'on vient de nous dire sur l'Algérie? Le bien est toujours à côté du mal.

— Ah! ah! messieurs, ricana Fromentin, Pierre est un sectaire de la doctrine de compensation. Il pense qu'un malheureux touche à la suprême félicité parce qu'il n'a plus de motifs de craindre les vicissitudes du sort. La logique de cette école conclut que tuer un homme, c'est lui rendre service, car on le guérit radicalement de toutes les maladies; système médical et humanitaire fort en usage, comme vous savez.

— Trêve de mauvaises plaisanteries, dit Marcillac. Ne nous laissons pas gagner par le découragement. Décidons quelque chose : allons aux frontières du Maroc ou dans la cité d'Abd-el-Kader, à Tlemcen ou à Maskara, comme on nous l'a conseillé.

L'assemblée était fort indécise; on tira les deux villes au sort. Maskara sortit triomphalement du chapeau. Aussitôt les paquets furent faits; la hutte achetée la veille fut vendue, avec le produit de la vente, les voyageurs firent l'emplette d'un ânon sur le dos duquel ils chargèrent leurs bagages; après quoi ils se mirent en route vers la terre promise.

III.

Cependant la première expérience de l'Algérie avait considérablement refroidi l'enthousiasme des artistes. En vain le philosophe cherchait à rasséréner l'esprit de ses compagnons par un véritable flux de sentences stoïques; en vain le poëte lançait au hasard ses paradoxes les plus spirituels; en vain le musicien fredonnait ses thèmes favoris, et le peintre s'extasiait à chaque instant devant les chauds horizons ou les pittoresques chaînes de montagnes; quoiqu'elle s'ingéniât à masquer ses secrets sentiments, la troupe nomade n'était pas gaie. Un regrettable incident vint encore ajouter à la tristesse des artistes : à mi-chemin d'Oran à Maskara, ils perdirent leur précieux ânon pour avoir oublié de lui donner à manger. Cependant ils arrivèrent sains et saufs au terme de leur voyage; ils firent leur entrée dans la ville de Maskara d'une manière théâtrale, en drapant leurs vêtements couverts de poussière et déchirés aux aspérités de la route.

A peine les artistes eurent-ils franchi la porte de Maskara qu'à leur grande surprise ils furent sollicités de tous côtés par des hôteliers qui leur vantaient chacun son établissement. Après avoir écouté ces diverses propositions attentivement, avec une dignité de capitaliste, ils crurent devoir donner la préférence à l'auberge du *Spahi*, où ils commandèrent immédiatement à souper. L'hôtelier, s'imaginant avoir affaire à des touristes de qualité, croyant avoir trouvé en eux le Pérou, criait à tue-tête à son cuisinier : — Chef! des voyageurs! — Bon! répondait le chef d'une voix de stentor. — Chef! à vos fourneaux! — Voilà! — Chef! potage, purée, crécy. — Bon! — Chef! deux gigots! — Bon! — Chef! quatre poulets à la broche. — Bon! — Et le chef de danser dans son office et de révolutionner toutes ses casseroles.

Nos convives firent le plus grand honneur au repas. Les mets furent arrosés de vin d'Espagne; au vin d'Espagne succédèrent le café et les liqueurs, si bien que la note de l'hôtelier, nouvelle tête de Méduse, sembla terrifier les consommateurs; elle arrêta brusquement le cours jusque-là paisible de leur digestion.

— C'est bien! dit Marcillac avec sang-froid à l'aubergiste en insérant la note dans sa poche. Nous additionnerons cela..... Vous savez que nous prenons domicile chez vous.

— Ah! mais pardon, rectifia l'hôtelier, je n'ai pas l'avantage de vous connaître, messieurs. Certainement, je ne doute pas de votre solvabilité, bien loin de là... Mais j'aimerais autant être payé tout de suite.

— Qu'à cela ne tienne, brave homme! reprit Marcillac impassible. Qui a la bourse de la communauté? Toi, je crois, Théodore?

Le musicien balbutia et répondit naïvement :

— Non, ma foi! tu te trompes. Tu sais bien que tu en es chargé...

— Parbleu! se hâta de reprendre Fromentin en clignant de l'œil à ses amis; ne vous rappelez-vous pas que Bourriquaud s'était chargé du trésor de la communauté.

— Pauvre Bourriquaud! soupira le philosophe. Quel malheur de l'avoir perdu en route!

L'hôtelier, qui suivait mot à mot cet étrange dialogue avec une inquiétude croissante, demanda des explications.

— Comment? vous avez perdu Bourriquaud, votre caissier, en route... Je ne comprends pas bien, messieurs.

— Il s'est égaré aux environs du Sig, continua Marcillac; mais il reviendra intact avec son sac d'écus, car Bourriquaud n'a jamais rien perdu... que son chemin.

— Je ne doute pas de vous, messieurs, dit l'hôtelier impatienté; cependant veuillez excuser mon insistance. Vous ignorez les mœurs et les usages de ces contrées. Entre nous, on peut le dire, nous sommes dans un pays de voleurs!...

— Misérable! tonna Marcillac menaçant, en se dressant de toute sa taille, tu nous traites de voleurs!

— Infâme gargotier! cria Fromentin à son tour, tout tou sang ne suffirait pas à payer cette insulte!

— Pourvu que je ne le paye pas de mon dîner, c'est tout ce que je demande, répliqua vertement l'aubergiste. Mais je vais vous faire consigner chez le commandant de place.

— C'en est trop, mille dious! hurla Marcillac en sortant de table.

En ce moment un spahi, un zouave et un zéphyr (bataillon d'Afrique) qui se trouvaient dans la première pièce, ouvrirent la porte du salon et s'interposèrent entre les parties belligérantes.

— Qu'y a-t-il? Pourquoi tant d'évolutions? demandèrent-ils.

— Il y a, répondit l'aubergiste furieux, que ces messieurs se sont gavés chez moi et qu'ils ne veulent pas me payer.

— Est-ce vrai, messieurs? questionna le zouave.

— Nous ne demandons pas mieux que de payer, dit Marcillac.

— Eh bien! alors... dit le zouave.

— Mais nous n'avons pas le sou, acheva Marcillac.

— Pas le sou! Je suis ruiné! s'écria l'aubergiste en tombant comme une masse sur une chaise.

— Pas le sou! répéta le chef de cuisine présent à la scène. Eh bien! comment ferai-je mon marché demain?

— Allons! allons! père gargotier, dit le zouave, pas tant d'esbrouf pour du *quibus*. Ces camarades-là n'ont pas figures de fripons.

— Mais en attendant ils digèrent mon dîner franc de port, répondit l'aubergiste.

— Eh bien! nous vous en répondons de votre dîner, moi et mes amis le spahi et le zéphyr, à la condition que vous logerez cette nuit ces messieurs, et demain nous règlerons tous ensemble ce compte-là. Ça vous va-t-il?

Les mains du zouave, du spahi et du zéphyr furent disputées à la fois par le chef, l'aubergiste et les artistes. Il y eut une effusion de sentiment difficile à décrire. L'aubergiste, remué par une noble émotion, pleura abondamment; le chef, désarmé par son marché, fit ses accès de gaieté folle. Tous les acteurs de cette scène trinquèrent à plusieurs reprises au milieu de l'enthousiasme général.

— Mes enfants, dit le zouave attablé le verre en main, nous devons nous expliquer franchement, car demain sans doute vous serez dans la même embarras qu'aujourd'hui, et tout en causant nous pourrions vous trouver quelque bonne affaire. Voyons, confiez-vous à Jacques le zouave, un vieux filou d'Afrique. Quelles ressources avez-vous? quelle est votre profession? D'abord, vous, tête blonde?

— Poëte, homme de lettres, répondit Charles Fromentin interpellé.

Le vieux zouave fit une grimace épique de mauvais augure.

— Un homme de lettres en Afrique, s'écria-t-il; voilà du nouveau. Vous ne ferez rien ici, mon jeune ami. Nous manquons absolument de cabinets de lecture et d'académie! Ah! si vous vouliez être souffleur de notre théâtre.

— Tout de même, fit Fromentin.

— Bon ! j'ai votre affaire. A votre tour, camarade, questionna Jacques, en touchant amicalement l'épaule d'Aldenis.
— Moi ! je suis un ex-deuxième violon de l'orchestre de la Porte-Saint-Martin.
— Un ex-violon ! fit le zouave. Mauvais instrument ! Ah ! si vous aviez la vocation de cardeur de matelas !... le besoin de cette profession se fait généralement sentir à Maskara... je vous enseignerais la manière de battre la laine en mesure.
— Cardeur de matelas ! répéta Aldenis. Le métier n'a rien d'attrayant ; mais enfin... faute de mieux...
— A un troisième, demanda le zouave.
— Je vous présente un peintre de paysages, dit Marcillac en se prenant par le poignet.
— Si vous étiez peintre de victoires, mon cher, dit avec orgueil le vieux Jacques, zouaves, spahis, zéphyrs, turcos, chasseurs d'Afrique, nous poserions gratis ! Mais puisque vous avez le maniement des couleurs, vous deviendrez un excellent teinturier dégraisseur.
— Va pour la teinture ! s'écria gaiement Marcillac.
— Et le quatrième, là-bas, le taciturne, qu'est-il ? dit Jacques.
— Ancien professeur de philosophie, répondit Marcillac.
— Bon ! nous en tirerons un avocat ou un homme d'affaires... Eh bien ! mes enfants, il me semble que vous voilà à peu près casés.
— Ce sont des professions peu libérales ! objecta Aldenis, à qui le métier de cardeur de matelas souriait peu.
— Ah ! si vous conservez les préjugés de l'Occident, mes petits agneaux, répliqua le vieux zouave, vous êtes certains de vivre aussi heureux en Algérie que sur le radeau de la *Méduse*. Vous ne trouverez pas ici comme en Europe des sociétés de secours mutuels, des frères et des sœurs de charité. Chez nous, chacun pour soi et Dieu pour tous ! Mais à vos yeux écarquillés, à vos oreilles tendues, à votre air de novices à bord, je juge que vous êtes diablement étrangers à nos us et coutumes. Écoutez donc religieusement mon sermon et faites-en votre profit.

Les Européens d'Afrique peuvent se diviser en trois classes : les fonctionnaires, les colons agriculteurs et les individus sans profession déterminée. Respect à la première catégorie ! Elle a des appointements fixes. Rien à dire de la seconde, sinon qu'elle ne met pas le pot au feu tous les jours. Mais la troisième dont nous faites partie... Ah ! voilà celle qui vous intéresse. Les Européens sans profession fixe comptent une centaine de mille âmes, tandis que les sédentaires, les agriculteurs sont au nombre de vingt mille. Vous voyez que nous ne tranchons pas mal de la bohème. Notre régiment de nomades civils est composé en grande partie d'aventuriers, de gens décidés à tout pour arriver à la fortune. Ils sortent on ne sait trop d'où ! L'homme qui débarque sur notre terre fait peau neuve. Personne ne le connaît, personne ne peut trahir son origine douteuse ou divulguer son histoire scandaleuse. Qu'importe qu'il ait failli, qu'il ait déposé frauduleusement son bilan, qu'il cherche à échapper à l'atteinte de la misère, de l'huissier ou du gendarme ! Encore une fois, qui peut le savoir ? Nouveau phénix, l'émigrant renaît de ses cendres. Il se blasonne de titres, d'honnêteté et de vertus dignes de l'âge d'or ; il se donne d'illustres aïeux, de riches parents qui l'ont excommunié pour une vétille ; en un mot, il s'attribue la plus intéressante et la plus poétique des odyssées. Mais malheur sur sa vie si ces fantastiques histoires lui font perdre de vue la terre, s'il ne travaille pas, s'il n'a pas argent en poche pour répondre à ses premiers besoins, car le crédit est brûlé en Afrique. Une pièce de cent sous vaut dix francs ; encore pour l'avoir doit-on s'agenouiller humblement devant les fils d'Israël. Lorsqu'on a comme vous, messieurs, le gousset vide, il ne s'agit donc pas de s'amuser aux bagatelles de la porte ; il faut se mettre de suite à une œuvre quelconque, à n'importe quoi, à carder des matelas, à vendre des aiguilles, et se garder de rougir de son métier. Il y a une absence complète de préjugés chez nous. Le même homme qui vend aujourd'hui du cirage ou des épingles sur la place publique obtiendra demain la concession d'une vaste propriété, soumissionnera une importante entreprise, prêtera à la petite semaine, ou prendra un grand établissement. L'Algérie est le pays des métamorphoses ! Ainsi, mes enfants, arrière les vains amours-propres et les inutiles timidités de la civilisation. Soyons chrétiens en France et musulmans en Afrique ! A l'œuvre ! à l'œuvre ! Les travaux ne manquent pas chez nous ; ce sont les bras qui manquent ; voilà le vrai défaut de la cuirasse ! Nous avons moins besoin de peintres, de poètes, de philosophes, de musiciens que d'industriels, de maçons, de remueurs de terre ! J'ai dit.

Les artistes remercièrent avec effusion le zouave, le zéphyr et le spahi, sauf pourtant Aldenis, qui gardait encore sa rancune. Ce que voyant, le zouave lui dit :
— Puisque vous ne vous sentez pas de vocation pour le tricotage de la laine et que vous montez si bien à l'échelle, nous ferons de vous un peintre en bâtiment.

Cette pérorason saillie mit en joyeuse humeur toute la troupe, qui ne se sépara qu'à minuit. On promit de se revoir.

L'hôtelier conduisit les quatre amis au premier étage de sa maison pour leur indiquer leurs logements respectifs.

Dans le corridor, il les arrêta et leur dit :

— Qui de vous, messieurs, veut être logé à la française ?
— Tous ! répondirent les artistes.
— Ah ! mais c'est impossible, reprit l'hôtelier. Je n'ai qu'une chambre ornée de lit. Les autres sont garnies d'un moelleux tapis qui assurément vaut mieux que la plume.
— Je réclame le lit comme le plus éreinté ! s'écria Aldenis.

Ses camarades ne contrarièrent pas le désir du musicien, qui s'empara de la chambre *ornée du lit.*

IV.

Aussitôt couchés, nos aventuriers s'endormirent du sommeil du juste ; mais vers les trois heures du matin ils furent réveillés en sursaut par des cris : *Au voleur !* à *l'assassin !* Tous les voyageurs de l'hôtel du *Spahi* envahirent instantanément la chambre d'Aldenis, d'où étaient partis ces cris, et là furent témoins d'un spectacle grotesque. Aldenis venait de terrasser l'hôtelier lui-même et s'apprêtait à l'étrangler, lorsqu'il en fut empêché par ses amis. On s'explique la part et d'autre. Cet événement, qui avait failli tourner au tragique, résultait d'une méprise. Des voyageurs étant arrivés à trois heures du matin ; l'hôtelier du *Spahi*, manquant de meubles et de linge, avait pénétré à pas de loup dans la chambre d'Aldenis pour lui enlever subrepticement un vase de nuit et un couvre-pieds, qu'il destinait aux nouveaux venus. Mais en pratiquant cette opération difficile, il eut le malheur de réveiller Aldenis, qui en ce moment rêvait de bataille et d'Arabes. Le musicien crut qu'il avait affaire à un assassin et le traita comme tel. Grâce à Dieu, l'hôtelier en fut quitte pour la peur. L'explication terminée, chacun regagna son lit en riant de cette aventure.

Dès sept heures du matin, Jacques ouvrit la porte de Fromentin.
— Qui va là ? murmura le poète encore endormi.
— C'est moi, et j'entre ! dit le zouave.
— Ah ! c'est vous l'ami, donnez-vous donc la peine de vous asseoir.
— Sur votre tapis, n'est-ce pas ? dit le zouave. J'espère que vous êtes crânement meublé. Un pot à tabac et un tapis. Voilà un hôtel bien garni, ou je ne m'y connais pas. Cependant il ne faudrait pas s'endormir au sein des délices de Capoue. Vous n'êtes plus à Paris, camarade !
— Mais, à propos, où diable sommes-nous ? demanda Fromentin en se posant sur son séant.
— A Maskara, la ville d'Abd-el-Kader, située à 4,000 mètres au-dessus du niveau de la mer et à 40 lieues du désert, répondit plaisamment le zouave.
— Du désert... répéta Fromentin pensif ; diable !
— Allons, réveillez-vous, bel endormi ! dit Jacques. Voici la servante qui vous apporte le champoreau du matin.
— Champoreau ! qu'est-ce que cela ?
— Un mélange de café, de vin, d'eau-de-vie, de lait et de sucre ; ça nettoie l'estomac, buvez de confiance ! Moi je vais pendant ce temps réveiller vos camarades. Nous devons nous entendre pour entrer en campagne aujourd'hui même.

Lorsque les quatre artistes furent réunis, le zouave leur fit à chacun la leçon. Il donna à Marcillac tout ce qui est nécessaire au dégraissage des effets : fiel de bœuf, potasse, alcali, gomme en poudre pour lustrer l'étoffe dégraissée, et lui enseigna la manière de s'en servir. Passant à Théodore Aldenis, il ouvrit un matelas devant lui en moins de vingt minutes. Puis il montra à Eugène Fromentin comment il fallait tirer la voix de la poitrine afin de bien souffler aux acteurs de Maskara, qui ne savaient jamais leurs rôles.
— Quant à vous, Pierre Balard, dit le zouave, vous cumulerez les importantes fonctions d'écrivain public, d'homme d'affaires et d'avocat. Demandez toujours dix francs d'avance à ceux qui vous apporteront leurs dossiers. Dix francs d'avance ! Toute la science des hommes d'affaires est là.

A ce moment, l'hôtelier entra dans la chambre où étaient réunis nos cinq personnages, prit à part le zouave et lui dit quelques mots à l'oreille.
— Oh ! quelle aubaine ! s'écria Jacques. Faites monter, corbleu, faites monter.
— Qu'y a-t-il donc ? qu'arrive-t-il ? demandèrent les artistes intrigués.
— Il arrive un client ! s'écria le zouave avec enthousiasme.

En effet, un individu à figure de fouine parut au fond du corridor.
— A vos appartements, messieurs ! dit le zouave à ses élèves.

La sortie simultanée des artistes troubla le nouveau venu, qui demanda timidement l'avocat récemment arrivé de Paris. Le zouave le conduisit dans la chambre de Pierre Balard.
— Ah ! oui, le célèbre Balard, fit Jacques en allant au-devant du client. Il est arrivé hier de Paris, et il n'a pu encore s'installer convenablement. Je suis son brosseur, son confident ; mais je ne sais pas s'il consentira à vous recevoir. Il a tant d'affaires !
— La mienne presse.
— C'est bien. Je vais le prévenir.

Le zouave disparut quelques instants et revint auprès du client,

3.

qu'il introduisit dans la chambre d'Aldenis, où se trouvait Pierre Balard.

— Monsieur, dit aussitôt le client, j'ai appris ce matin par la rumeur publique qu'un célèbre avocat de Paris avait franchi nos murs, et j'accours vers vous..... J'ai une affaire très-difficile, très-laborieuse....

— *Labor improbus omnia vincit*, dit sentencieusement le philosophe.

— Il s'agit d'un terrain, reprit le colon, dont la concession m'avait été accordée par l'administration, et que la tribu des Hachem-Gharabas a ensemencé sans m'en demander l'autorisation. Naturellement j'ai pris les récoltes de ma terre ; elles me revenaient de droit. Mais la tribu, par l'organe de son caïd, a adressé une plainte contre moi au commandant de place. Un procès m'est fait, et je compte vous charger de ma défense. Vous comprenez : il faut prouver que les récoltes des Arabes m'appartiennent.

— Avez-vous entre vos mains les titres de votre concession ? demanda Pierre Balard.

— Non, je ne les ai pas, répondit naïvement le colon ; cependant ne pourrait-on pas prouver que le terrain m'appartenait, puisque j'ai enlevé les récoltes ?

— Diable ! le syllogisme pèche par la base. Le terrain ne vous appartient pas *de jure* ni *de facto*, et la loi exige....

— Oui, monsieur, interrompit brusquement le zouave en marchant sur le pied de l'innocent avocat qui allait rebuter son client ; oui, monsieur, nous prouverons que les Arabes sont des misérables...

— Des brigands, fit le colon.

— Des voleurs, reprit le zouave. Leurs récoltes ne leur appartenaient pas. Ils ont volé un terrain qui ne vous appartenait pas, mais qui aurait pu vous appartenir. Nous le prouverons *de jure et de facto*. Monsieur Balard a prouvé bien d'autres choses à Paris. Monsieur ne viendrait pas de Paris pour ne rien prouver !

— Oh ! je me confie pleinement au talent éprouvé de monsieur, dit le colon gagné par les paroles de Jacques.

— Votre cause est gagnée d'avance.... Mais vous n'ignorez pas les usages de Paris. Un petit dépôt préalable en numéraire est indispensable pour premiers frais d'actes, de significations, etc. N'est-ce pas, monsieur ? demanda le zouave à l'avocat improvisé.

— Oui, confirma Pierre Balard. Dix francs seulement.

— Dix francs ! murmura le client. Diable ! Si j'avais su avant de partir de la maison. Je n'ai que cinq francs sur moi.

— Eh bien ! donnez-les, dit vivement Jacques... Ça passera comme à-compte pour aujourd'hui.

Le client tira avec précaution une pièce de cent sous de sa poche, mais l'œil averti de Jacques découvrit une autre pièce dans les profondeurs du gilet du colon. Il résolut de la lui faire donner.

— C'est bien entendu, monsieur, dit le colon en remettant l'argent à Balard, vous vous chargez de mon affaire. Je vous apporterai demain tous mes papiers.

— Quand vous voudrez, monsieur, répondit le philosophe.

— Ah çà ! monsieur, dit le zouave en reconduisant le client, n'auriez-vous pas par hasard de literie à refaire ? Cet hôtel possède un cardeur de matelas à nul autre pareil... Tenez, le voici, ajouta Jacques en ouvrant la porte de la chambre d'Aldenis. Celui-ci, stupéfait, ne sut rien dire.

— Non, non, zouave ! je vous le répète, s'écria le client, je n'ai pas de mauvais matelas !

— Au moins, revint à la charge l'obstiné zouave, vos maisons ont-elles besoin d'être remises en état, d'être réparées et repeintes à neuf ? Voilà votre homme ! Monsieur Marcillac de Paris, peintre en tableaux et en bâtiments.

— Mes maisons sont nouvellement bâties, répondit le colon ; je n'ai que faire de peintre.

— Comment, monsieur ! dit le zouave en reconduisant le client, vous un riche colon, vous portez des habits ainsi souillés de taches, maculés de vilenies. Venez donc ! Nous possédons dans cet hôtel le plus célèbre dégraisseur de Paris. Il va vous nettoyer comme un gant !

Et ce disant, le zouave prit le colon au collet et l'entraîna dans la chambre de Marcillac en faisant signe à ce dernier de l'imiter. Ils se mirent tous deux à savonner, à frotter cet homme des pieds à la tête, en lui disant :

— Monsieur, que vous étiez dans un triste état ! Quel habit immonde ! quel sale pantalon et quel gilet ! On ne vous reconnaîtra plus lorsque vous sortirez de nos mains. Tenez, vous voilà métamorphosé ! Regardez-vous dans ce miroir.

— Merci, messieurs, dit sans plus de façon le client en tournant les talons.

— Pardon ! s'écria Jacques, vous nous devez cinq francs.

— Cinq francs ! Mais je ne vous ai pas demandé de nettoyage, moi !

— Qui ne dit mot consent, répliqua Jacques. Comment ! vous marchandez le plus célèbre dégraisseur de Paris qui vous a mis au net ! C'est mesquin. Vos vêtements valent le double maintenant. Allons, exécutez-vous de bonne grâce.

— Je consentirais volontiers ; mais, vous le savez, j'ai oublié de prendre de l'argent chez moi. Je me trouve au dépourvu.

— Cependant, dit le zouave, en dégraissant votre gilet j'avais cru sentir une résistance sous les doigts.

— Ah ! oui, ah ! oui, fit le client rouge de honte et de peur, en mettant la main dans sa poche pour s'assurer qu'il n'était pas volé. La voici ! la voici ! Mais c'est hors de prix.

— Tenez, je vous donne un morceau de savon par-dessus le marché, dit Jacques en prenant la pièce de cinq francs.

Le client sortit complètement nettoyé de la chambre du dégraissage, jurant, mais un peu tard, qu'on ne l'y prendrait plus.

— Eh bien ! mes amis, dit le zouave aux artistes, vous voilà à la tête de dix francs. Ne désespérez jamais de la Providence. Aide-toi, le ciel t'aidera ! Ah çà ! tenez-vous sur vos gardes. Je vais faire annoncer aujourd'hui dans la ville, par l'embouchure de mon ami le trompette, que les habitants de Maskara trouveront à l'hôtel du *Spahi* une cargaison d'industriels et d'artistes parisiens, teinturiers, dégraisseurs, cardeurs de matelas, peintres en bâtiments, hommes d'affaires, professeurs de belles-lettres et de philosophie, etc. Les travaux ne vous manqueront pas, je vous en réponds. Voyez, j'ai semé ce matin seulement la bonne nouvelle, et nous avons déjà récolté un client !

— Quel homme étonnant vous êtes ! dit Marcillac au brave Jacques.

— Non, pas un homme étonnant, répliqua Jacques, mais un vrai zouave, je m'en fais gloire, également propre à battre l'ennemi et à se tirer d'affaire dans la pratique industrielle de la vie civile ! Tête, bras et jambes toujours en avant !

— Mais enfin, dit Marcillac, pourquoi vous dévouer ainsi à notre cause ? Qu'avons-nous fait pour que vous vous intéressiez si fort à nous ?

— Est-ce que je sais, moi ! Je vous ai vus hier au soir exposés avec votre inexpérience à vos illusions à mourir de faim, et, ma foi, j'ai voulu me mettre en travers du destin ! Et puis, vrai ! votre physionomie m'a plu au premier coup d'œil. C'est peut-être parce que vous êtes de beaux, de fringants jeunes gens, tandis que je suis vieux comme Hérode. J'ai besoin de m'attacher à quelqu'un, à quelque chose. Je m'ennuie.... Il y a longtemps que je n'ai tripoté les Arabes. Après tout, quoi ! une bonne action par-ci, par-là, rachète quelque vieux péché, vous comprenez.... la balance.... Au diable l'explication ! Est-ce qu'on se rend compte du pourquoi et du parce que de ces choses-là ! je vous aime et je vous servirai tant que je le pourrai, voilà la chose !

— Vous êtes notre sauveur, maître Jacques ! s'écria Marcillac.

— Oh ! pas tant d'épithètes. Songeons à l'action. Vous, le héros de la teinture, à vos baquets. Vous, l'homme d'affaires, à votre bureau. Vous, Aldenis, au tricotage de vos matelas. Quant au seigneur Fromentin, je vais le présenter immédiatement au directeur du théâtre de Maskara, qui a besoin d'un souffleur. Allons, les enfants, bon courage et joyeuse humeur ! Tête, cœur, bras et jambes toujours en avant !

Sur cette dernière parole, le zouave prit le bras du poète et sortit avec lui de l'hôtel du *Spahi*.

V.

Eugène Fromentin fut agréé par le directeur du théâtre de Maskara. Le soir même il soufflait les *Premières amours* de M. Scribe à la satisfaction générale des artistes. Le lendemain il dut jouer un rôle de comparse dans un ballet, car la troupe du père Laurenton était assez pauvrement composée. Le machiniste jouait les seconds comiques ; la première amoureuse dansait le pas de deux avec le jeune premier, un fort beau maréchal des logis des spahis. Un artiste de la troupe du père Laurenton devait être universel, jouer la tragédie, le drame, la comédie et le vaudeville ; chanter l'opéra, danser le ballet, souffler et figurer au besoin.

Fromentin eut d'abord beaucoup de mal à tirer de sa poitrine la voix de ventriloque des souffleurs de théâtre ; en outre, sa position dans le trou de l'orchestre était fort gênante, mais il se trouva d'agréables compensations à ces petites misères du métier. Avant le lever du rideau, les actrices prenaient leur voix la plus caressante pour lui recommander tel ou tel passage de la brochure ; et lorsqu'il était retiré au fond de son antre, il pouvait admirer les tibias et les pieds mignons de ces dames, si bien qu'à force de contempler aux feux de la rampe le pied cambré d'une actrice espagnole qui jouait les ingénues, le poète-souffleur en devint amoureux fou. Il passait sa vie au théâtre, il n'y voyait plus ses amis de l'hôtel du *Spahi*. Ceux-ci, de leur côté, trimaient furieusement.

Grâce au trompette de zouaves, les clients étaient venus en nombre. Aldenis maugréait toujours contre sa position sociale de cardeur de matelas, il se plaignait d'une toux causée par la poussière de la laine. Quant à Marcillac, il s'acquit bientôt à Maskara une réputation d'excellent teinturier dégraisseur. Il eut spécialement la clientèle des fils d'Israël. Tous les juifs, qui ne s'étaient pas fait nettoyer depuis Moïse, lui apportèrent turbans, vestes, culottes, caftans. Mais la roche Tarpéienne est près du Capitole. La présomption perdit Marcillac. Se croyant sûr de son talent, il entreprit de dégraisser avec de l'alcali une magnifique robe plaquée d'or et la brûla.

Cette robe de juive valait au moins quinze cents francs. Lorsqu'il la reporta à son propriétaire, la femme Salomon menaça Marcillac du poing, l'injuria en hébreu, lui fit une scène qui se serait terminée d'une façon dramatique si une jeune fille n'était venue se placer, nouvelle Sabine, entre les champions. C'était mademoiselle Salomon elle-même, élevée à Paris, pianotant agréablement et parlant purement la langue française. Elle désarma le fougueux Marcillac par sa parole harmonieuse autant que par sa ravissante figure du plus pur type israélite. Le teinturier dégraisseur se retira en emportant dans son cœur cette angélique apparition.

Marcillac croyait sa malencontreuse affaire terminée, lorsqu'il reçut une assignation à comparaître devant le commissaire civil pour avoir à payer deux mille francs de dommages-intérêts comme indemnité de la robe brûlée. Grande rumeur dans la colonie artistique. Comment se tirer de ce mauvais pas? Deux mille francs à payer! Jamais les quatre amis ne réaliseraient pareille somme. Cette nouvelle atterra le zouave Jacques lui-même ; il ne parlait de rien moins que de désosser le juif Salomon. Enfin on prit un parti ; il fut décidé que l'avocat Pierre Balard défendrait Marcillac.

Le jour des débats une nombreuse assistance, attirée par l'étrangeté de la cause, assiégeait la barre du commissaire civil. Maître Salomon se présenta armé de la robe, pièce de conviction du délit, exposa ses griefs, réclama chaudement ses dommages-intérêts, s'écriant qu'il n'aurait pas donné la robe de sa femme pour dix mille francs. Il pleura, il émut l'auditoire. A son tour, Pierre Balard, le défenseur de l'inculpé, se leva ; il ouvrit sa harangue par des considérations philosophiques, fort étrangères au dégraissage, sur les costumes de l'antiquité grecque et romaine qui lui valurent de nombreux rappels à l'ordre de la part du commissaire civil. Ces interruptions le troublèrent et jetèrent une grande confusion dans sa plaidoirie.

S'apercevant que son ami le perdait bel et bien, Marcillac demanda la parole. Il convint avec franchise de la brûlure de la robe, contesta la valeur du dommage causé, et termina son allocution en disant qu'il lui était impossible de remettre neuve dix mille francs au juif, mais qu'il lui offrait en revanche d'épouser sa fille sans dot. Cette conclusion fort inattendue provoqua un rire homérique dans l'assemblée.

— Ne riez pas, messieurs ! s'écria Marcillac avec une imperturbable gravité. Mon père possède deux châteaux avec ponts-levis et mâchicoulis sur les bords de la Garonne; ma tante maternelle ne connaît pas l'étendue de ses terres, et dès que je serai rentré en grâce avec mes parents, il me sera facile, si ma proposition de mariage n'est pas agréée de la plaignante, de donner deux misérables billets de mille francs !

Ces affirmations hardies arrêtèrent les moqueries de la foule. Le juif Salomon lui-même considéra d'un air d'intérêt l'homme qui se proposait de devenir son gendre.

— S'il n'était pas chrétien, murmura-t-il. Au surplus, c'est à voir. En attendant, je me désiste.

Le commissaire civil désarma débouta Marcillac de la plainte portée contre sa personne, en lui recommandant cependant de ne pas brûler à l'avenir les robes sous prétexte de les nettoyer.

L'aventure de la robe juive popularisa Marcillac à Maskara. Ses amours furent commentées, courantes de bouche en bouche. Marcillac se piqua au jeu. S'étant rendu à une soirée donnée par le commandant de place à la population de Maskara, il eut le bonheur de causer et danser avec la belle Rachel Salomon. Dès lors il passa à l'état d'amoureux fou comme son ami Charles Fromentin ; mais le poète ne manœuvra pas aussi bien que Marcillac. Il eut l'imprudence de s'aliéner le public en défendant publiquement l'actrice espagnole contre le public. Un soir qu'on la sifflait à outrance, Fromentin surgit impétueusement des son rang du soufflour, d'où il n'aurait jamais dû sortir, et harangua le parterre d'une manière inconvenante.

— A la niche ! à la niche ! lui cria le public.

Cette sortie insolite le couvrit de ridicule et lui valut un duel. Heureusement Jacques le zouave arrangea l'affaire. Mais l'actrice sifflée dut quitter Maskara; elle se rendit à Barcelone, où Charles Fromentin l'accompagna contre le vœu de ses amis.

VI.

Une pierre de l'édifice enlevée, le reste croule. Bientôt l'association des artistes se démembra complètement. Marcillac épousa Rachel la belle juive et suivit la famille Salomon, qui alla résider à Constantine.

Aldenis, de plus en plus dégoûté du cardage, s'engagea dans la musique militaire à Mostaganem. Pierre Balard fut le seul qui tint ferme à Maskara, à la grande satisfaction du zouave, que ces départs successifs avaient attristé.

— On ne vous enlèvera pas, philosophe, comme ces étourneaux de Fromentin et de Marcillac, disait-il souvent à Pierre Balard.

Le zouave se trompait.

Après un éclatant insuccès devant le tribunal du commissaire civil, Pierre Balard, qui avait quelques connaissances en médecine, se fit docteur consultant des indigènes. Il réussit dans cette nouvelle profession. Les Arabes des plus riches tribus l'envoyèrent chercher fréquemment. Une Mauresque de Cacherou réclamait souvent sa présence, quoiqu'elle ne fût pas le moins du monde malade, causait quelques instants avec lui et le payait avec générosité. Pierre Balard cherchait vainement à comprendre le sens caché de cette étrange conduite, lorsque l'explication lui en fut donnée un jour par la négresse de la Mauresque, qui lui apporta un riche costume arabe, et lui dit que sa maîtresse les attendait au ravin des Lauriers-Roses de la plaine d'Eghris pour partir ensemble au désert. Le philosophe fut si stupéfait d'avoir inspiré cette passion, qu'il chaussa machinalement des babouches et se laissa vêtir sans opposition par la négresse du reït, du haïk, du burnous.

— Ceci tient des *Mille et une Nuits*, pensait-il. Pourquoi n'obéirais-je pas au destin? Je n'ai plus d'amis à Maskara. Le sort en est jeté ! Allons étudier les mœurs des Bédouins au désert !

Et le philosophe Pierre Balard, soudainement métamorphosé en Arabe, suivit la négresse au ravin des Lauriers-Roses.

Lorsque l'hôtelier du *Spahi* apprit à Jacques le départ de Pierre Balard, le zouave s'écria furieux :

— Oh ! les juifs, les Espagnols, les Arabes ! Ils m'ont enlevé mes amis ! ils me le payeront cher à la première occasion.

Cette explosion de colère passée, le zouave resté seul se mit à pleurer comme un enfant sur ses élèves, qu'il ne devait plus revoir.

Ainsi ces quatre compagnons, après avoir juré de rester unis jusqu'à la tombe, s'étaient séparés au premier choc de la passion comme les grains de poussière que le tourbillon disperse dans l'espace ; et ce voyage qui avait commencé par l'enthousiasme, l'union, la misère et la gaieté, finit par l'isolement, la fortune et la tristesse. N'est-ce pas la vie en abrégé?

Cette histoire terminée, il ne nous fut pas difficile de comprendre que le zouave Jacques n'était autre que le narrateur lui-même, et nous lui prodiguâmes unanimement nos consolations et nos offres amicales.

Deux jours après notre départ de Mers-el-Kebir, mes amis et moi nous entrions par un bon vent arrière dans le magnifique port de Marseille, et, oubliant toutes les vicissitudes de notre voyage en Afrique, nous posions joyeusement le pied sur la terre de France.

DEUXIÈME PARTIE. — LA COLONISATION.

CHAPITRE PREMIER.

Colons. — Industriels. — Commerçants.

S'il y a en Europe une nation qui ait par excellence le génie de propagande et d'assimilation, assurément c'est la nation française. En effet, l'Allemand est naïf et lourd à New-York, à Rio-Janeiro aussi bien qu'à Vienne et à Berlin ; l'Anglais garde son étroit vigilance à Calcutta aussi bien qu'à Londres; les Polonais, l'Italien, l'Espagnol restent partout Polonais, Italiens, Espagnols ; en un mot, ce sont des races qui se conservent intactes à travers les vicissitudes de l'émigration et de la colonisation. Nos compatriotes seuls ont le don précieux de plier leur nature à tous les climats et à toutes les civilisations. Autant de contrées, autant de métamorphoses. C'est donc en pays étranger qu'il faut étudier le Français si l'on veut connaître les fécondes ressources de son esprit inventif, la vivacité de ses sentiments, la souplesse de son caractère, la variété de ses moyens, l'enjouement de son humeur, et cette étonnante énergie, ces allures décidées, cette gaieté philosophique de Pangloss conservée au milieu des plus grandes misères et des plus terribles dangers.

Pour nous renfermer dans notre sujet, la colonisation de l'Algérie suffit à faire la preuve victorieuse de ce que nous venons d'avancer. Que d'habileté, que de courage, que de talents de Protée, que d'efforts dépensés dans cette lutte herculéenne, dans ces épreuves sans cesse renaissantes comme les têtes de l'hydre, supportées avec une inébranlable constance par les Cincinnatus de l'Algérie! Les premiers colons durent tenir en échec des ennemis multiples, manier l'arme d'une main et le manche de la charrue de l'autre, résister à la fois aux incertitudes de la conquête, au climat, au défaut de bras, à la pénurie du capital. Je sais qu'à cette heure il n'est vraiment triomphe que d'une difficulté, mais on m'accordera que la sécurité dans la propriété est une acquisition assez sérieuse. Eh bien, cette sécurité est aussi complète que possible aujourd'hui. La lumière de la vérité a réduit à néant ces récits apocryphes, chimériques, sur les nombreux dangers auxquels seraient toujours exposés les Européens en Afrique. Des Français défrichent paisiblement leurs champs et établissent leurs moulins au milieu des tribus.

Quant à moi, qui ne fais pas profession de bravoure, j'ai parcouru, armé d'une simple baguette de caroubier, les bois, les montagnes de l'Afrique, et jamais ces Arabes, que les vieux dictionnaires géographiques s'obstinent à qualifier de *très-féroces*, ne m'ont soufflé mot. Bien au contraire, lorsque par hasard je tenais un étroit sentier, ils avaient l'attention délicate de s'écarter, de prendre à droite ou à gauche pour ne pas me déranger de mon itinéraire. Mes amis ont passé impunément des nuits étoilées à la chasse de l'hyène et du chacal. Ils entendaient parfois rugir non pas le lion du désert, mythe à l'usage des versificateurs, car le lion ne se nourrit pas de sable, mais le vrai lion des montagnes. Là se bornaient leurs périls. Ils revenaient intacts à Maskara de leur chasse à l'hyène, chargés le plus souvent de ces innocents chacals que des saltimbanques déguisés en zouaves ou en Arabes montrent dans les marchés forains de la France aux badauds terrifiés.

On vit donc maintenant plus en sûreté en Afrique qu'à Paris, la capitale du monde civilisé, où l'on risque fort d'être écrasé si l'on n'a pas la science du chassé-croisé des voitures, — d'être volé si l'on ne regarde pas souvent l'heure à sa montre, — d'être maltraité si l'on s'attarde dans certains quartiers.

J'ai interrogé beaucoup de colons pendant mon séjour en Algérie, et jamais une plainte contre la fertilité de la terre n'est sortie de leur bouche. Il me souvient d'avoir longuement causé de colonisation au Tlélat, centre de population placé à mi-chemin de la route d'Oran au Sig. Les habitants de ce bourg sont Belges, Espagnols et Français. Ceux-ci se reconnaissaient à leur physionomie ouverte, à leurs allègres mouvements. J'amenais la conversation sur la beauté des blés et sur le rapport des terres.

— Le bon Dieu, me dit l'un de ces braves gens, a eu compassion de nous. Après une année de sécheresse qui nous avait ruinés en nous forçant d'emprunter des capitaux juifs, il nous a envoyé des pluies en abondance. La merveilleuse récolte que nous allons faire nous dédommagera de nos pertes. Voyez, du reste, les épis serrés qui couvrent les champs, et jugez par vous-même de ce qu'on peut faire produire à la terre d'Algérie quand on a de l'eau !

Très-heureux de la bonne fortune de mes compatriotes, je voulus prendre congé d'eux; mais je dus trinquer à la patrie absente, à la France, car en Afrique, bon gré, mal gré, il faut boire. La vie se passe à absorber de l'absinthe et du café ! Les Européens émigrés, pour résister aux premières épreuves de l'acclimatation, ne manquent jamais de prendre toutes les précautions hygiéniques du vêtement ; ils se munissent immédiatement d'une large ceinture de laine destinée à préserver le corps des transitions de la chaleur du jour au froid glacial de la nuit ; mais ils négligent volontiers cette autre précaution hygiénique non moins nécessaire, la sobriété.

Quant aux indigènes, ils vivent, eux, en anachorètes; leur religion leur interdit d'ailleurs très-judicieusement les spiritueux. Ils accomplissent de longues pérégrinations avec quelques figues sèches et de la farine (rhonia) qu'ils humectent à la source de la montagne et font cuire à un feu de palmier. Les Européens, au contraire, dont les sens sont constamment surexcités par une chaleur tropicale, se livrent à des débauches incroyables de boissons ; ils absorbent des quantités fabuleuses d'alcool. De ces abus des spiritueux naissent les folies, si communes en Afrique, les maladies inflammatoires, les fièvres. Les fièvres atteignent également les colons les plus sobres : il suffit de l'eau malsaine d'une source, du voisinage d'un marais, des émanations putrides d'une terre nouvellement remuée.

Les colons de plusieurs localités que je visitai n'ont pas paru l'autre ne me parurent pas satisfaits de leur situation matérielle. Le confort, qui fait le charme, l'attrait de la maison, était absent de ces vastes chambres à peine garnies d'un mauvais lit sur lequel quelques travailleurs tremblaient de la fièvre, et de trois ou quatre escabeaux. La chaise constitue un luxe en Algérie. Les colons ne se plaignirent nullement de la terre, mais de la cherté de certaines denrées, des meubles, des vêtements, du linge et autres accessoires de ménage. En effet, l'extension du commerce et l'organisation de l'industrie laissent beaucoup à désirer en Algérie ; elles ne sont sérieuses que dans les centres. Des Allemands nomades, des Maltais pacotilleurs, sillonnent les chemins et vendent de mauvaises marchandises aux sédentaires, forcés, faute de mieux, de leur acheter. Quant à l'industrie, c'est encore pis : il n'y a pas d'ouvriers dans les petites localités, on, si par hasard on en rencontre, ils se cotent très-cher. De là gêne de l'agriculture, hausse sur mille choses nécessaires au colon, obligé souvent de suppléer chez lui à l'ébéniste, au peintre, au menuisier, au charron, au forgeron, au serrurier, qui sont introuvables ou impayables.

L'agriculture, le commerce et l'industrie représentent les trois nécessités absolues de la vie d'un peuple ; que l'un des trois termes corrélatifs de cette proposition soit négligé, le reste périclite. Nous avons donc lieu d'espérer que le commerce et l'industrie ne tarderont pas à prendre un essor rapide, un développement en rapport avec l'importance de la colonisation agricole. Les efforts des amis de l'Algérie doivent se porter de ce côté.

L'administration de l'Algérie, qui a concédé gratuitement aux colons les terrains à défricher, ne s'est pas contentée de leur assurer la jouissance paisible de leur propriété ; elle leur a fourni, dans la mesure de son pouvoir, les moyens de la faire fructifier. Des villages ont été édifiés au centre des terres labourables, des bœufs et des chevaux ont été loués à bas prix ou prêtés temporairement, des instruments de labour ont été donnés. En outre, les achats de la majeure partie des récoltes par l'administration ont assuré les débouchés. Et cependant, malgré ces avantages, ces facilités inouïes, la colonisation de l'Algérie, qui commence seulement à entrer dans une phase relativement meilleure, s'est longtemps traînée dans l'ornière des tâtonnements et n'a pu atteindre un degré normal de bien-être, de prospérité. Faut-il attribuer à la terre elle-même cet état précaire ? Non. Le sol est des plus fertiles, nous l'avons dit : il rend jusqu'à vingt-cinq hectolitres à l'hectare. Nos champs de la Beauce, nos belles vallées de la Loire paraîtraient étriqués en face de ces immenses plaines de l'Algérie, qui ondulent à l'infini les flots jaunes de leurs moissons.

Si la responsabilité des lenteurs, des difficultés de la colonisation, ne doit remonter ni à l'administration ni à la terre, à quelle cause la rattacherons-nous ? Au colon lui-même, à ses illusions, à sa situation d'émigré, à son état d'isolement.

Le colon européen débarque en Afrique avec des idées bien arrêtées de fortune et d'Eldorado. Il a des désirs insatiables ; mais si son imagination est riche, en revanche sa bourse est vide ou à peu près. Cependant, poussé en avant par son ambition, il n'hésite pas à demander à l'administration une concession d'une étendue telle qu'il lui faudrait au moins le double de son pécule pour couvrir les premiers frais de culture. Le voilà donc engagé dans une tâche au-dessus de ses forces. Premier échec. Au moment où sa santé lui serait d'une nécessité absolue, le colon subit les malaises de l'acclimatation ; les fièvres le retiennent au lit, lui dévorent un temps précieux. Deuxième échec. Nous passons maintenant à la troisième déception, aux variations, aux vicissitudes du climat, ouragans, grêles, sécheresses.

Comment le colon français fera-t-il face à ces trois accidents ordinaires de la vie agricole en Afrique ? Si ses récoltes sont détruites, penserez-vous, il attendra les suivantes, qui le compenseront largement de ses pertes. S'il est malade, il payera un travailleur qui le remplacera. Si, enfin, ses épargnes ne suffisent pas à l'entretien de sa concession, il empruntera. Dans un autre pays, je n'en disconviens pas, les choses s'arrangeraient de la sorte ; mais non pas en Algérie où le capital et le crédit sont à l'état de mythe. Le taux légal, et j'ai bonne mémoire, est de 20 p. cent. En réalité, une pièce de cent sous vaut dix francs. Cela s'explique. Les capitalistes français, préférant s'enterrer à Paris plutôt que de rayonner dans les colonies, ont laissé la place libre aux dignes enfants de Moïse. Ceux-ci ont profité des bénéfices de la conquête française ; ils ont accumulé d'immenses fortunes en suivant les colonnes expéditionnaires, en achetant à vil prix des soldats les bijoux, les produits des razzias, en maniant d'autre part l'arme du trafic avec la dextérité qu'on leur connaît, en monopolisant le commerce des transactions, en spéculant sur toutes choses. Les juifs détiennent donc le capital du pays et ne le cèdent qu'à des conditions exorbitantes.

Pourtant le colon dont les travaux sont suspendus guette, inquiet, pantelant, un moyen de sauvetage. Cette belle propriété qui commençait à s'arrondir, à laquelle le soleil semblait sourire avec amour, cette propriété caressée par l'imagination de son nouveau possesseur, s'en va, tombe en friche. Alors, le colon aux abois se laisse prendre dans la toile tendue du juif. Pour ne pas se noyer, il s'accroche comme il peut à cette branche trompeuse qui casse toujours entre ses mains : l'emprunt usuraire, l'emprunt à un taux impossible. Enfin, il tient cet argent si cher ! Vite il faut relever la propriété trop longtemps négligée. Quatrième et dernier échec. Le colon ne trouve pas de bras à sa disposition : la main-d'œuvre manque en Algérie. Adieu donc la propriété ; le colon succombe à tant de revers, et ses rêves de fortune s'évanouissent au froid contact de la misère. Tel est le sort du colon à la fois naïf, imprévoyant et ambitieux ; mais tout autre est celui du colon qui tient en réserve un pécule en prévision des échecs mentionnés, qui borne ses désirs et ne dissémine pas son travail, son activité, sur une trop grande étendue de terrain. Ce colon-là s'appelle le colon expérimenté, calculateur. Par malheur, je crois qu'il forme en Algérie le type exceptionnel.

En résumé, que l'avons-nous dit ? car il ne suffit pas de dire beaucoup de choses, encore faut-il dire quelque chose. Nous avons acquis cette conviction que l'individualisme, pouvant réussir dans une société organisée, échoue dans un pays dépourvu de capital et d'institutions de crédit. Nous n'attachons pas une grande importance à la banque d'Alger, qui ne rayonne pas assez ; c'est un germe seulement. Pas de crédit, partant pas d'agriculture, pas de commerce, pas d'industrie possibles, puisque le crédit est l'âme de toute société. Donc, jusqu'au jour où les institutions de crédit fonctionneront régulièrement en Algérie, l'individualisme, aux prises avec les nécessités de la vie, avec les accidents et les revers, se ruinera ou végétera, tandis qu'en substituant le principe de collectivité à l'individualisme, des groupes de colons, des entreprises assises sur les solides bases de l'union des bras et du capital surmonteront facilement tous les obstacles que notre article vient de passer en revue, tireront le parti le plus avantageux, conséquemment les plus beaux fruits de cette vigoureuse terre de l'Algérie. Et la magnifique colonie, qui compte 40 millions d'hectares équivalant aux trois quarts d'étendue de la mère patrie, deviendra dans sa prospérité la richesse, le grenier de la France, après avoir été le grenier de Rome !

CHAPITRE II.

Population civile de l'Algérie.

La population civile de l'Algérie, pandémonium de toutes les races et de toutes les civilisations, est une population hétérogène s'il en fut jamais. Il y a, en les classant par ordre numérique, des Français, des Espagnols, des Italiens, des Anglo-Maltais, des Allemands, des Suisses, des Belges, des Hollandais, des Irlandais, des Polonais, des Portugais; nous nous arrêtons là pour abréger la kyrielle. Tous ces Européens, qui forment le plus curieux contraste avec la population indigène, composée d'Arabes, de Maures, de Kouloughis, de juifs et de nègres, ne viennent tenter la fortune en Algérie qu'après avoir plus ou moins échoué dans leur patrie respective. Les uns se sont fatigués de passer sans cesse sous les fourches caudines de la misère, les autres ont été ruinés par suite de mauvaises spéculations ou de contre-coups de banqueroutes; ceux-ci ont jeté leur bien et celui des autres au vent des folies mondaines, ceux-là ont vainement lutté contre le mauvais destin. Bref, pour une cause ou pour une autre, l'on trouve souvent un naufrage au fond des odyssées des émigrés européens en Algérie. Ainsi que d'Espagnols ont échappé aux présides en sautant dans une tartane et en cinglant à toutes voiles vers les rives algériennes ! Mais l'on se métamorphose en posant le pied sur cette terre de feu. Les criminels y oublient leurs scélératesses, les fils de famille, transformés en spahis ou en chasseurs, leurs dettes criardes, les pauvres leur misère, les maris trompés leurs infidèles, les femmes innocentes et persécutées leurs tyrans. L'eau de la Méditerranée, comme l'onde du Léthé mythologique, a la vertu de noyer le passé.

En abordant à ce nouveau port de prédilection, chacun secoue son fardeau sur le rivage et recommence une nouvelle existence avec l'espoir, avec la conviction d'être moins malheureux ou moins scélérat que dans l'autre monde. Aussi, quel enthousiasme, quelle ardeur dépensés pour la seconde édition de l'existence !

A peine ont-ils touché le sol africain, ces maltraités de tous les points du globe, ces naufragés des sociétés, cet amas d'épaves humaines, ces émigrés d'Europe, qu'ils redressent leur échine fatiguée de courbatures, qu'ils relèvent fièrement la tête et regardent sans sourciller le soleil face à face. Vous n'avez plus devant vous des têtes pâles, des caractères flasques, irrésolus, humides comme la zone tempérée, mais des figures de bronze, des cœurs de lion, des âmes énergiques à la lutte, ardentes à l'aventure. Que me parlez-vous de l'Europe ! Les horizons se sont élargis, ils sont infinis comme la mer. Paris serait imperceptible au désert ! Nos fleurs d'un jour, violettes et roses, pâliraient à côté du cactus centenaire aux corolles d'acier.

Nulle étude n'offre donc plus d'intérêt que celle des transformations des Européens dans notre colonie, et pourtant les Arabes ont jusqu'ici accaparé la curiosité et les observations des touristes. Certes, ce n'est pas nous qui nierons que cette race biblique, religieuse comme des patriarches, simple et grandiose comme l'antiquité, sobre, courageuse et résignée, mâchant dans son mutisme, au milieu de ses immenses solitudes, une pensée d'éternité ; ce n'est pas nous qui nierons que les Arabes méritent l'attention des voyageurs, de tous ceux qui s'intéressent à l'avenir de l'Algérie ; mais il plus forte raison faut-il sérieusement s'occuper de la population européenne, puisqu'elle doit agir progressivement sur les indigènes, leur inoculer les principes et les doter des avantages de la civilisation. Eh bien ! le côté psychologique de la question de colonisation a été complètement négligé par tous les théoriciens ; de cette omission sont nés les préjugés les plus bizarres sur les habitants de l'Algérie.

Un scepticisme voltairien, une insouciance philosophique à l'épreuve de la balle et du simoun, forment le fond du caractère des Européens en Afrique. Par malheur, si ces braves chevaliers errants de la civilisation sont sans peur, l'on ne saurait affirmer qu'ils soient tous sans reproche. Certains commerçants ont des habitudes de ruse, de duplicité, qui rappellent les trop célèbres Carthaginois. Cela s'explique.

Plus d'un émigré débarque sans capital ; il lui faut un crédit qui supplée à l'absence du numéraire. Alors il met la ruse en avant, tranche de l'aventurier aux diverses questions sur son origine et sur sa position avec une jactance digne de Robert Macaire. A l'en croire, il descend d'une souche illustre, il possède quelque château hypothéqué sur les bords de la Garonne. S'il parvient à inspirer de la confiance à ceux qui l'entourent en s'étayant de richesses imaginaires, si les crédits s'ouvrent à ses désirs, notre concurrent de fortune se lance à corps perdu dans le commerce, fonde des compagnies d'assurances, demande de vastes concessions, des adjudications de travaux à l'administration, loue des Européens, des Arabes et des nègres, taille, rogne, achète, et le tout aux risques et périls du château fantastique.

Cependant le besoin d'argent se fait vivement sentir ; il faut payer les premiers frais d'entreprise, d'établissement, de main-d'œuvre. Les nègres montrent leurs dents blanches et bien rangées, et les Arabes appellent le prétendu négociant d'un nom que nous ne voudrions pas retracer. On traîne l'aventurier endetté à la barre du commissaire civil, et là, au grand jour, à moins qu'un bon juif ne le sauve de la débâcle en lui avançant de l'argent à 100 pour 100 d'intérêt, il doit tomber du haut de ses rêves et de ses prouesses. C'était encore un *carottier*, murmure la foule en sortant des tribunaux du commerce civil ou du commandant de place. Et vous êtes renversé de votre piédestal, sauf à y remonter plus tard au moyen de semblables roueries.

Vient ensuite la seconde catégorie de ce monde interlope de commerçants et d'entrepreneurs, sinon plus riche, du moins plus estimable. Elle se contente du menu fretin de la pêche ; mais si ses gains sont très-bornés, du moins ses pertes n'entraînent pas la ruine d'autrui. Ces modestes aventuriers fournissent les marchands nomades qui vont porter les produits industriels de l'Europe dans les villages les plus éloignés du centre de l'Algérie, jusqu'au milieu des tribus arabes et kabyles, où ils vendent principalement aux coquettes mouknères des gourbis de petits miroirs qu'elles épinglent à leur robe. Les colporteurs français et maltais sillonnent toutes les routes, chaussés de babouches ou d'espadrilles, la figure à l'ombre sous un large chapeau de paille. Ils vivent en anachorètes, buvant à la source de la montagne et mangeant des figues sans arbres. Souvent les colporteurs, ingénieux jusqu'au miracle, se transforment en artisans, suppléant ainsi à la main-d'œuvre qui manque en Algérie. Tour à tour peintres en bâtiments, teinturiers, maçons, moissonneurs improvisés, c'est merveille de voir leurs curieuses métamorphoses. A-t-on besoin de construire au Sahara un blockhaus, une redoute, vite ils s'enrôlent. Ils suivent la colonne militaire au désert et lui fournissent durant le trajet des vivres, des boissons supplémentaires. Arrivés au lieu de destination, ces étranges ouvriers manient la truelle et le pinceau avec la même dextérité qu'ils versaient un petit verre.

J'ai vu partir en 1852 de Maskara pour l'expédition d'El-Aghouat une petite troupe de ces Protées africains ; tous revinrent riches à Maskara en 1853. Qu'avaient-ils fait ? Ils s'étaient amassé par la vente des boissons et le trafic d'objets d'utilité un petit pécule, et ils avaient pu acheter aux soldats les diverses valeurs provenant du sac d'El-Aghouat.

Dans ce pays, au reste, on s'inquiète peu de ce que vous êtes, de ce que vous faites, de la source de votre richesse, de la cause de votre pauvreté, de vos mœurs, de votre conduite, de votre façon de penser ou d'agir. Les préjugés y sont outrageusement sifflés. Jamais carrière plus grande ne fut laissée à la libre action de l'homme. Et le nouvel émigré habitué dès l'enfance aux actions automatiques, à l'inquisition de l'opinion publique, aux nombreux règlements, aux lois multiples, à toutes les lisières, à tous les enchevêtrements des sociétés européennes, est à la fois ravi et étonné de mouvoir sa personne en pleine liberté, d'embrasser d'un œil émerveillé le théâtre de sa nouvelle destinée, figurée par des espaces incommensurables et les larges horizons ! Ainsi, les préjugés relatifs au travail manuel, assez communs encore en Europe, n'existent pas en Afrique. Chacun ici-bas doit tirer le meilleur parti de son corps et de son esprit, et tout est bien dans la meilleure des colonies possible. Telle est la loi de l'Algérie. Les gens les plus instruits, les individus ayant exercé autrefois en Europe des professions libérales, ne se font pas scrupule de pratiquer au-delà de la Méditerranée les métiers les plus humbles.

La fraternité, si, l'on veut, l'échange réciproque des bons services se produit sur une large échelle en Afrique. Si vous arrivez à la bourse vide, frappez sans crainte à la porte du premier venu, et vous trouverez chez lui tout au moins de quoi satisfaire aux plus impérieuses nécessités de l'existence. D'ailleurs, pourvu que vous ayez quelque peu le génie de l'aventure, l'on vous fournira immédiatement les moyens d'utiliser vos petits talents.

Cette audace invincible qui se joue du danger et des difficultés de l'entreprise se gagne vite en Algérie. Beaucoup de gens d'Afrique sont gens sans regrets, sans illusions et, pour lâcher le mot, sans scrupule. Francs éclectiques, conciliant la duplicité avec la nécessité de vivre, ils empruntent volontiers la conscience de Robert Macaire, de Gil Blas et de César de Bazan. Qu'exiger de plus de naufragés qui ont essuyé toutes les tempêtes célestes et sociales, assisté au pompeux spectacle des bassesses humaines, connu toutes les vicissitudes, toutes les misères, toutes les déceptions, tous les tours de bâton de la destinée ? Ces hommes ont un regard qui glace, un sourire d'outre-tombe, un verbe de ressuscité. A eux non pas la petite guerre, non plus les passes d'armes élégantes et inoffensives, non pas les vains simulacres de la bataille, mais le sérieux combat de la vie, la lutte à outrance, sans trêve ni merci, la mêlée furieuse et complète. Au bout la mort, c'est-à-dire la délivrance.

Il semble qu'en abordant au nouveau rivage ces émigrés d'Europe aient oublié leurs principes, les notions, les habitudes de leur pays. Cette molle enveloppe de civilisé se fond au soleil tropical ; l'homme de la nature se montre à nu. Rien, sauf la duplicité, ne lui reste de sa première empreinte, ni les formes d'urbanité, ni les délicatesses, ni les sentiments féminins, ni le désir du bien-être, du confort, du foyer, ni même l'amour de la famille. A part les colons qui, en grand nombre, amènent avec eux l'élément moral de la famille, le reste des habitants vit généralement dans un célibat forcé ou dans des liaisons morganatiques.

La femme, qui doit sa puissance et son prestige aux idées de convention sociale, aux sentiments chevaleresques qu'inspirent sa grâce et sa beauté, perd trop souvent son prestige; c'est la servante Agar, c'est la moukère esclave de l'époux, et non pas l'être sanctifié et relevé par le Christ. Aussi la morale est-elle quelquefois traitée assez cavalièrement en Algérie.

Vraiment il faut avoir vu de près ces individus transplantés des serres chaudes des sociétés européennes pour comprendre que les civilisations occidentales marquent seulement l'épiderme de l'homme et ne le transforment nullement comme elles en ont l'outrecuidante prétention. La religion, cette dernière ancre où s'accroche l'âme humaine, disparaît aussi dans la métamorphose. Et pourtant les pessimistes de la colonisation algérienne soutiennent encore que l'invincible difficulté d'assimilation résulte de la différence des religions et

Jacques le zouave.

du fanatisme des différents sectaires. J'accorde que les Arabes et les Juifs sont de fanatiques croyants, mais rien n'est plus chimérique quant aux autres cultes. Des émigrés montrent une tolérance si peu voltairienne, qu'ils ne craignent pas de s'enorgueillir de l'épithète de meslem (musulmans). Cette qualification équivaut à l'éloge le plus pompeux ; elle est le synonyme de héros, de dur à cuire, d'Africain fieffé ; tandis qu'un conscrit, sensible au sirocco, aux nuits glaciales, au repos sous la tente, est traité de chrétien. De même pour le culte. On ajoute un clocher à une mosquée abandonnée, on substitue la croix au croissant, et le temple catholique est édifié.

Résumons-nous : l'Européen d'Algérie a-t-il fait table rase de son passé? N'a-t-il conservé aucun sentiment, aucun souvenir, nul parfum de sa première éducation ? Ce serait exagérer la vérité. L'émigré, tout en rejetant l'uniforme, les formes particulières que la civilisation lui a imposées, garde cependant cet amour du progrès développé par l'éducation, cette virtualité inaliénable, cette fièvre d'enthousiasme inconnue aux peuples cantonnés dans le fanatisme qui pousse le civilisé à s'agiter en tous sens, à fonder, à innover, à conquérir, à chercher par les fatigues et les dangers la réalisation la plus complète de l'existence. Lorsque les Arabes, qui vivent dans une perpétuelle somnolence, bercés par le rhythme monotone et négatif du Koran, se seront réveillés de leur extase; lorsqu'ils seront initiés par le contact des Français aux sentiments du bien-être, du progrès, de l'activité sociale, nous serons alors émerveillés de leurs œuvres nouvelles. Mais jusqu'ici ils ne comprennent rien aux rouages de notre machine.

J'ai interrogé beaucoup d'Arabes en Algérie qui avaient fait le voyage de Paris. Tous m'ont répondu dans ce sens : — Chemin de fer, beau! Bateau à vapeur, beau! Paris, très-beau! Mais pourquoi des chemins de fer quand les jambes de l'homme, du cheval et du chameau marchent? pourquoi de la vapeur quand les pirogues dansent dans la bleue (la mer)? pourquoi Paris quand on a le désert? Cela signifie simplement que l'addition leur semble un problème plus simple et aussi avantageux que la multiplication. Ils ne conçoivent ni les profits ni la raison d'être de la civilisation.

Les Français d'Algérie ont donc charge d'âmes, rôles d'initiateurs. Ils doivent amener graduellement l'Arabe à l'intelligence des développements et des accroissements procurés à l'individu par la société, par la réunion des forces individuelles. Malheureusement les Européens d'Algérie dédaignent trop l'Arabe pour entretenir de bonnes relations avec lui. Ils le raillent toujours, le rebutent et le maltraitent souvent sans raison ; ils le trouvent grossier lorsqu'il est simple, sauvage quand il est sobre, idolâtre quand il est religieux, stupide quand il se renferme dans son mutisme ou dans son laconisme, idiot quand il porte sur lui des amulettes renfermant des versets du Koran. On le voit, la critique des Européens est très-superficielle, car elle ne saisit ni les sens des dogmes orientaux ni la vie morale de l'Arabe.

Cette ignorance générale porte un grave préjudice à la colonisation en rendant impossible le rapprochement des races européenne et arabe, et, d'un autre côté, en irritant contre nous des gens qui valent infiniment mieux que ne le font croire les jugements erronés portés sur eux. En effet, les fils d'Ismaël peuvent se dire nos maîtres en beaucoup de choses. Ils ont des instincts plus puissants, plus vigoureux que les nôtres. Ils ne sont tourmentés ni par nos idées complexes, ni par nos besoins multiples. Ils ne connaissent pas nos ambitions effrénées, nos mesquins amours-propres, nos sentiments d'envie, nos désirs insatiables, nos découragements et nos déceptions. Dieu et le désert suffisent à leurs aspirations. Pendant que nous dispersons notre attention sur des milliers d'ouvrages, ils concentrent la leur sur un seul livre, le Koran. Ils opposent à nos inquiétudes quotidiennes une quiétude inaltérable, une sainte résignation aux misères inévitables de la destinée,—aux doutes de notre esprit l'amour divin, — à nos hypocrisies une admirable dignité; en un mot, ils possèdent la force, les vertus que leur donne un commerce constant avec la nature, de même que nous avons les qualités et les vices des sociétés européennes.

La colonisation française portera tôt ou tard ses fruits en Algérie ; elle modifiera sensiblement, à n'en pas douter, les mœurs arabes.

Sa première action aura pour heureuse conséquence d'améliorer, de changer le sort, l'épouvantable sort des femmes indigènes. Le voyageur n'a jamais visité une bourgade sans avoir entendu crier l'une ou l'autre de ces malheureuses sous le matrak du maître courroucé.

La femme arabe subit un martyre ; elle est traitée comme une véritable bête de somme.

Jeune, on l'achète à son père moyennant quelques douros, comme on ferait d'une vile marchandise. Une fois vendue et mariée, elle doit subir tous les caprices, toutes les injustices, toutes les rebuffades de son nouveau maître, car le Koran a donné plein pouvoir aux maris sur leurs femmes.

« Les femmes sont votre champ, » leur dit-il.

Le Koran autorise l'époux à frapper sa femme quand elle se montre rebelle à sa volonté.

Il est vrai que les commentateurs, l'imam chouchaoui, entre autres, ont cherché à atténuer cette dure loi en disant que le mari doit employer d'abord contre la femme rebelle la réprimande ; en second lieu, la privation du lit conjugal, et enfin, si ces deux moyens n'aboutissent pas, il peut la frapper avec un objet doux, souple et large.

Mais le principe étant consacré, la plupart des musulmans n'ont admis aucune restriction.

On a vu de misérables indigènes, sur une calomnie, sur un soupçon d'infidélité, couper le nez à leurs femmes, et les renvoyer ainsi mutilées à la tribu de leur père ; d'autres leur brûler les pieds devant un feu ardent ou leur fendre la tête d'un coup de yatagan.

En vain les femmes énergiques se plaignent-elles des mauvais traitements qu'elles subissent devant leur cadi ; ce juge fait rarement droit à leurs justes plaintes.

En outre, la femme chassée de la tente conjugale trouve difficilement un autre époux; elle est exposée à mourir de faim ou à devenir la servante et l'esclave d'une tribu étrangère.

Mieux vaut donc encore pour elle souffrir muette et résignée les duretés de l'époux jusqu'à ce que la mort la délivre et la métamorphose en houri au paradis de Mahomet.

Non-seulement la destinée de l'épouse arabe doit être modifiée dans un avenir prochain, mais encore elle régnera en souveraine unique sous la tente, en dépit des fausses idées répandues par des écrivains trop enthousiastes de la couleur locale, qui ont donné brevet d'éternité à la polygamie. La polygamie n'est pas, comme ils l'ont cru, une loi de la race ; mais une résultante, une fatale nécessité de la vie patriarcale.

Les femmes arabes jouent le rôle d'ouvrières universelles dans les tribus. Tout à la fois meunières, boulangères, cuisinières, blanchisseuses, tailleurs, etc., elles servent de factotums à leurs époux et maîtres, demi-dieux qui méprisent les œuvres de peine et tuent le temps à courir la fantasia ou à jouir au soleil d'un éternel farniente; à peine daignent-ils s'occuper des affaires du dehors, des transactions sur le marché pour le trafic des bestiaux. L'Africain s'est en tous points modelé sur le type de son prophète Mahomet. Il est pasteur, commerçant et voyageur ; mais il méprise le travail manuel. Il n'a pas, comme les chrétiens, le touchant exemple d'un révélateur humble industriel, d'un Messie charpentier.

Le problème de la colonisation consiste donc actuellement à plier la nature arabe à l'organisation industrielle, à établir dans ces contrées une loi économique qui supprime la dégradante obligation des femmes esclaves et substitue la monogamie, principe unique de l'espèce humaine, à la polygamie sanctionnée par le Koran.

Le juif Salomon.

Il importe absolument, à tous les points de vue, que la fusion des peuples français et arabes se fasse. De ce contact d'un état primitif et d'un état civilisé, de cette éducation mutuelle de deux races si diverses et si vivaces, naîtra une forme sociale qui ne sera ni la barbarie ni la civilisation ; mais qui mariera les lumières, les délicatesses, les agréments et les grâces de l'une à l'énergie sauvage, aux élans naturels, à la sève abondante et à l'admirable simplicité de l'autre.

CHAPITRE III.

Arabes, juifs et nègres.

Nous avons fait ressortir la parfaite sécurité d'existence dont jouissent les colons, les particuliers. Notre conquête de l'Algérie est passée dans le domaine des faits accomplis, des choses certaines qu'on ne discute plus. Notre rayonnement porte aussi loin que possible. Nous avons définitivement franchi la limite qui nous séparait du désert ; nous avons marché dans les sables brûlants, conquis les vertes oasis. Les chérifs d'El-Aghouat, de Timimoun, d'Ouargla, reconnaissent ou subissent notre commandement. A cette heure, nous pouvons commercer, échanger nos produits contre ceux du désert avec Tombouctou, cette mystérieuse ville nègre du Soudan, jadis l'écueil et l'effroi des voyageurs européens.

A considérer uniquement l'œuvre militaire, il semble donc que nous n'ayons plus qu'à nous reposer sur nos lauriers, à nous croiser les bras, à jouir en paix de cette terre fertile, de ce beau ciel, de ce pays d'or et de soleil, en remerciant les dieux de notre heureux destin. Mais nous entendons derrière notre char de triomphe la voix discordante de l'esclave insulteur qui nous rappelle au sentiment de la réalité, de la vraie situation. Une réflexion historique vient troubler notre quiétude.

D'autres peuples, les Romains, les Espagnols, les Turcs, ont conquis en partie l'Afrique. Qu'ont-ils semé ? que reste-t-il aujourd'hui de leurs exploits, de leurs conquêtes ? Rien, à peine un souvenir. Ils ont détruit, mais ils n'ont pas su féconder. Notre ambition se bornerait-elle à ce pitoyable résultat ? Voudrions-nous dépenser notre or et notre sang sans profit réel pour la mère patrie ? D'autre part, n'aurions-nous pas scrupule de troubler un peuple aussi imposant que le peuple arabe sans lui donner le cachet de notre génie national, sans lui laisser la profonde empreinte de nos mœurs, de nos idées, en ce qu'elles ont de grand, de vrai, de juste ? Assurément non, puisque au contraire nous visons à créer une colonie qui devienne une véritable richesse pour la France. Et comment réaliserions-nous cette noble entreprise, si ce n'est en amenant à nous les races arabe et kabyle ?

En effet, il y a deux façons pour un peuple de s'établir en pays étranger. Il faut ou supprimer la race conquise, procéder violemment vis-à-vis d'elle, la coucher sur le lit de Procuste, comme Charlemagne fit jadis des Saxons, comme de nos jours les Américains se conduisent vis-à-vis des Peaux Rouges, des Indiens ; ou bien composer avec elle et l'élever progressivement à son niveau. Ce dernier système pratiqué en Algérie, le seul vraiment humain, sérieux, rationnel, déplaît pourtant à certains théoriciens pessimistes trop pressés d'en finir, qui voient à travers les verres sombres de leurs lunettes des Arabes incorrigibles, condamnés à une éternelle ignorance, sauvages à perpétuité. Ils raillent agréablement ce qu'ils appellent vos poétiques illusions; ils vous secouent fort et ferme en vous criant aux oreilles : — Dérisoire rapprochement ! la nation française et la population arabe, l'Océan et la mer Morte !

Que de fois nous avons entendu en Afrique fredonner de semblables refrains de désespoir ! Ce qui a déterminé un certain nombre de personnes à croire que les Arabes sont incapables d'améliorer à

Je vous apprendrai la manière de battre la laine en mesure.

notre contact leur état social, c'est la résistance qu'ils ont opposée tout d'abord aux louables tentatives de l'administration française pour les dégager de leurs vieilles lisières. Ainsi lorsqu'on leur donnait des terrains, des villages désertés par les colons, ils ne cultivaient pas : ils établissaient leurs tentes près des maisons couvertes de pariétaire, mais ils se gardaient bien d'y entrer, d'y loger. On a vu dans ce fait un acte irrécusable de barbarie. C'est juger trop superficiellement les choses. L'Arabe tient à sa tente comme à son vêtement. Pour tout l'or de la terre il ne consentirait pas, par exemple, à se coiffer de notre chapeau. Quand les Arabes du désert font leur carnaval, ils affublent un nègre de nos habits et le promènent en jouant du derboukah par la ville au milieu des rires inextinguibles de la foule. Il en est de même de la tente, qui convient à la vie nomade et religieuse de l'Arabe. Il n'oserait pas invoquer Allah enfermé dans nos demeures ; tandis que sa maison de poil lui permet de reposer la tête sur le sein de cette tendre mère, qu'il embrasse quinze fois par jour en récitant ses cinq prières.

Semblable à Antée, l'Arabe trouve le secret de sa force, de sa puissance, d'une héroïque résignation, en touchant son sol. La terre est tout à la fois le temple, le parvis, l'escabeau et l'oreiller de l'enfant d'Ismaël. D'autres raisons lui font encore préférer la tente à l'habitation européenne. Il peut y recevoir les animaux domestiques. Cheval, chèvres, moutons, chiens font partie à un certain degré de la famille arabe. Le cheval joue avec les enfants, qui grimpent audacieusement à ses jambes; le chien lape les restes de la rhuina ou du kouscoussou dans l'écuelle de bois où le maître vient de manger; chèvres et moutons couchent avec lui. Bref, l'animal est un membre de la corporation, un hôte de la tribu, et, pour nous servir de la belle expression formulée par M. Michelet, un *frère inférieur*.

Nous ne cherchons pas à nier que les Africains s'écartent complétement de nous par leurs croyances et par leurs habitudes. Nous savons qu'il existe une démarcation très-nette entre la nature d'un Français et celle d'un Arabe; mais il n'est pas question d'enlever à ce dernier sa forme particulière, sa tente et son vêtement : il s'agit uniquement de lui donner une autre âme, de lui inculquer le sentiment du progrès qui constitue le civilisé, de le tourner, de le transformer au profit de notre colonisation, dont il deviendrait ainsi l'agent le plus actif. Or les races arabe et kabyle, races supérieures, éminemment intelligentes, sont très-aptes à recevoir nos enseignements. Voilà ce que je tenais à constater ici. Que désormais on ne s'effraye donc plus de leur lenteur à venir à nous, et surtout qu'on ne désespère pas d'elles.

L'Arabe éprouve maintenant un sentiment très-naturel : il se tient en défiance de ses conquérants et maîtres; il paraphrase ainsi la célèbre déclaration du Troyen : « Je me défie des Français et de leurs présents. » Cependant peu à peu, sans qu'il sans doute lui-même, il modifie ses habitudes, corrige ses bévues éclairées par notre lanterne; il améliore ses travaux d'agriculture.

Encore quelques heures de ce siècle, le temps d'oublier les charges meurtrières des spahis et des chasseurs d'Afrique, les coups de baïonnette des *chaouls* (les Arabes appellent ainsi les zouaves), les razzias des zéphyrs (compagnies de discipline), et l'Africain changera, pourvu toutefois qu'on ne le presse pas trop l'épée aux reins et s'étend qu'on n'inquiète pas sa foi religieuse. Sa croyance à Mahomet, ses versets du Koran, c'est sa vie tout entière. Le musulman, le meslem (résigné), trouve une large compensation de ses maux dans l'adoration d'Allah, l'amour de son prophète, la foi aux jouissances éternelles, qui devront effacer les misères et les fatigues éprouvées durant le pénible voyage de la vie terrestre. Du reste, nous aimons à le répéter, parce qu'en Algérie nous en avons été émerveillé, jamais on n'exerça semblable tolérance en pays conquis. Cette admirable liberté religieuse laissée aux Arabes les a rapprochés de nous; elle a avancé d'un siècle la colonisation.

En réalité, à part les souvenirs encore chauds de ses défaites, l'Arabe ne déteste pas le Français. Chaque année des mariages se contractent entre émigrés européens et femmes indigènes. Si ces unions se multiplient, comme il est probable, elles forineront le ciment d'une sérieuse colonisation. La loi religieuse des Arabes ne défend pas d'ailleurs aux femmes de s'unir à des étrangers qui croient à un Dieu, à une révélation. La prohibition du mariage n'existe qu'à l'égard des païens, d'idolâtres. Malheureusement l'intolérance des musulmans oppose une barrière difficile à ces rapprochements si désirables qui n'ont lieu qu'à l'état d'exception, d'actes de courage.

Les Arabes ne sont pas seuls en Afrique à repousser les alliances européennes. La famille juive est constituée dans ce pays sur une exclusion absolue des autres religions, et nous les regrettons vraiment au point de vue de l'amélioration physique de l'espèce humaine qui s'enlaidit, car la juive d'Afrique jouit d'une beauté plus opulente encore que la femme arabe. Mais les juifs gardent leurs filles et serrent leur argent. S'ils n'avaient pas cet énorme défaut d'accaparement, cette soif inextinguible des richesses commune à la race qui se trouve dispersée sur tous les points du globe, il faudrait vanter l'excellente nature des juifs de l'Algérie. Ils ont à un degré supérieur les vertus de famille, la sobriété, l'économie, l'amour des enfants. Ils recherchent le travail, ne reculent devant aucune fatigue, devant aucun danger pour réaliser un bénéfice; leur génie polyglotte les rend en outre indispensables aux divers peuples qui habitent l'Algérie. Sans les interprètes juifs, on serait fort embarrassé de s'entendre là-bas.

Les juifs n'ont pas à se louer de l'ancienne domination turque et arabe; ils préfèrent assurément la nôtre. Pour un caprice, un agha, un chérif, les dépouillait et les tuaient. Notre conquête leur a rendu la liberté et la pleine sécurité de leurs richesses. Les nègres de l'Algérie nous doivent également la liberté; mais ils n'ont pas su en profiter comme les juifs. Délivrés de l'esclavage, ils continuent à jouer le rôle de domestiques, de serviteurs dans les douars. Ils manquent généralement d'initiative, de personnalité, d'orgueil; ils ne savent pas être les maîtres de leur individu.

Certes, on a des preuves certaines que l'intelligence ne fait pas défaut à cette race; mais, en étudiant sa nature, on reconnaît qu'elle a un sentiment doux, humble, serviable, une abnégation personnelle extraordinaire qui doit la rendre la servante volontaire ou l'esclave de l'humanité.

On peut donner en trois mots la physiologie des trois races indigènes de l'Afrique. Les Arabes sont faits pour asservir l'humanité; les nègres pour la servir, les juifs pour l'exploiter. Telles sont les races que notre colonisation doit transformer.

Si nous avions su exposer avec plus de clarté, si nous avions mieux serré nos arguments, nous aurions peut-être pu convaincre les lecteurs de ce livre de l'importante mission qu'accomplit la France en Algérie. Conquérir par les armes un pays d'une étendue à peu près égale au nôtre; féconder, assainir cette immense contrée en grande partie inculte par la colonisation agricole; réformer, adoucir les mœurs arabes par l'importation des idées européennes; traîner des races orientales, paresseuses à l'excès, à la remorque du progrès, de la civilisation, y a-t-il dans l'histoire une entreprise plus glorieuse et plus utile à la fois? À la vérité, les choses ne sont pas encore consommées; l'œuvre marche : il faut du temps à l'accomplissement des grands desseins. En effet, il ne nous suffit pas de prendre une portion de territoire et d'en tirer du blé, comme les Romains, comme les autres conquérants de l'Afrique l'ont fait jusqu'à nous. Nous voulons fonder une colonisation durable, et le seul moyen d'aboutir vivement, nous l'avons indiqué : c'est de nous servir de l'instrument le plus actif du pays, de l'Arabe. Il faut appliquer à la colonisation l'habile procédé militaire employé dans notre dernière campagne au sud de l'Algérie. Une fois maîtres d'El-Aghoûat, nous avons jeté le réseau jusqu'à Ouargla; nous avons gagné près de deux cents lieues de territoire du petit désert sans perdre un soldat! Qui a donc terrassé le fanatique Mohammed-ben-Abd-Allah? Qui a assuré notre prépondérance au désert? Les Arabes eux-mêmes, commandés par un de leurs chefs. Ceci est péremptoire.

Pour nous, il n'y a pas de doute possible relativement à notre colonisation en Afrique. Nous avons pleinement foi à son succès et aux avantages réels que la France en recueillera. La conquête matérielle est faite; la dernière conquête, la conquête morale de l'Algérie, doit se faire.

CHAPITRE IV.

Conquête morale de la civilisation. — Les bureaux arabes.

Au début de la conquête française de l'Algérie, la révolte des indigènes avait en quelque sorte emprunté les têtes sans cesse renaissantes de l'hydre. À peine une tribu était-elle battue et rasée qu'une autre se levait pour éprouver le même sort; les soulèvements furent multipliés et ajournés dans nos dures notre salut à l'éparpillement des forces indigènes, à l'absence d'unité, de lien et de nationalité des tribus arabes. On pouvait croire à cette époque que ce manège de destruction n'aurait pas de fin, et que la France militaire, condamnée au travail de Sisyphe, roulerait de victoire en victoire son rocher arabe, qui lui retomberait sans cesse sur les bras. Aussi les personnes, et elles étaient en grand nombre, qui partageaient ces idées, furent-elles fort étonnées lorsqu'elles virent l'esprit de soumission succéder aux sentiments belliqueux parmi les tribus algériennes. Cette notable conversion fut généralement attribuée à la terreur justifiée des armes françaises, aux charges irrésistibles des chasseurs d'Afrique, à l'entrain vraiment diabolique des zouaves, aux razzias meurtrières et aux terribles représailles des zéphyrs (compagnies de discipline), à ces combats multipliés dont M. Léon Plée a fait l'intéressant historique dans son ouvrage sur *Abd-el-Kader et l'armée d'Afrique*.

Certes, on ne doit pas nier que de tels faits d'armes n'aient puissamment contribué au respect que les Arabes veulent bien nous porter aujourd'hui; mais comme, en fin de compte, la répression n'enfante rien de durable, nous croyons qu'il faut faire remonter les bienfaits de la pacification de l'Algérie, de la tranquillité actuelle des tribus, à l'esprit de tolérance des administrateurs de la colonie, aux satisfactions légitimes données par les vainqueurs aux vaincus.

En effet, il ne suffisait pas de terrasser une population arabe de deux millions cinq cent mille individus, il fallait la désarmer en lui laissant son existence religieuse et morale parfaitement libre, en protégeant son existence matérielle. Cette œuvre de pacification, d'organisation, qui ne put être entreprise avec fruit qu'après la défaite définitive d'Abd-el-Kader, présentait des difficultés énormes. Les Arabes avaient à notre égard des préjugés fabuleux. Ils ne voyaient pas en nous des Français, mais des *roumis* (chrétiens) qui adoraient de l'Occident pour les exterminer au nom d'un autre Dieu que le leur.

Le Christ s'armait contre Mahomet au temps des croisades; la lutte prenait les proportions d'une guerre de religion : c'est-à-dire que les musulmans, entraînés par leur fanatisme, devaient lutter jusqu'à la mort du dernier croyant. C'était là une belle occasion d'en finir avec les Arabes, on n'avait eu moins de nettoyer le terrain en les refoulant jusqu'à leur désert. Nous croyons que toute autre nation européenne en eût profité; mais la France se souvint des sublimes enseignements de 89 : elle sacrifia l'intérêt égoïste à la justice; elle substitua la conquête morale à ces hideuses guerres de destruction des Attila, des Gengis-Khan et des Omar, qui aboutissent à rayer du globe les races conquises.

Pour remplir ce noble but de colonisation, d'assimilation, de conquête morale, la création de bureaux arabes fut décidée. On établit une direction des affaires arabes par province, un bureau de première classe par subdivision, un bureau de deuxième classe par cercle, enfin des annexes sur les points éloignés des circonscriptions.

Les employés des bureaux arabes jouèrent le rôle, périlleux souvent, difficile toujours, d'intermédiaires, de traits d'union entre la direction française et les chefs indigènes civils et religieux. Ils durent établir les nouveaux rapports entre les tribus et l'administration, préciser la propriété vague des Arabes, régler et toucher les divers impôts sur les récoltes et sur les troupeaux des indigènes, tels que l'*achour*, le *zekat*, la *lezma*; imposer aux tribus la surveillance de leur circonscription, les rendre responsables des crimes commis sur leur terrain en créant des postes arabes chargés de veiller jour et nuit à la sûreté des voyageurs; — réquisitionner les *goums* ou contingents militaires indigènes; — entretenir des intelligences au sein des douars, récompenser les zélés, frapper d'amendes ou de corrections ceux qui contrevenaient aux conventions acceptées; — aider et encourager les chefs, bach-aghas, aghas, caïds, cadis, dans la nouvelle administration de leurs cercles; — bref, transformer un peuple primitif, le faire passer brusquement des coutumes irrégulières de la vie nomade à l'exactitude législative de la vie civilisée. Et cela au milieu des préventions, des haines, des passions qui animaient contre eux les Arabes vaincus, mais si peu soumis, que les prédications de leurs marabouts, quelque absurdes qu'elles fussent, réussissaient toujours auprès d'eux.

Toutes les occasions de calomnier les Français, de donner le change sur leurs actes, semblaient bonnes aux chefs religieux Ainsi, quand il s'agit de cantonner les Arabes dans un espace de propriété suffisant à leur subsistance, ils s'écrièrent que nous venions les déposséder, les dépouiller. De même pour le culte : nous voulions les contraindre, sous menace de mort, à devenir chrétiens.

Les efforts efficaces des bureaux arabes détruisirent promptement ces fausses idées, ces calomnies, par la réalisation d'équitables mesures. La propriété indigène fut déclarée inviolable; les ressources particulières aux tribus leur furent assurées, leurs récoltes garanties. Voilà pour le corps. Quant à l'âme du musulman, elle rayonna librement dans les marabouts comme dans les mosquées, au nombre de 1,569. Six mosquées furent en outre construites aux frais de l'administration, qui ne borna pas là sa sollicitude. Un des soins un service médical fut établi auprès de chaque bureau arabe.

Les indigènes vinrent consulter nos médecins et leur demander des médicaments. Les tribus les plus intelligentes amenèrent leurs femmes devant les officiers de santé. Ceux-ci faisaient en outre des tournées périodiques, visitaient gratuitement les tentes et vaccinaient les enfants, souvent en dépit des parents eux-mêmes, qui s'imaginaient follement que la vaccine était une marque pour désigner leurs *yaoulets* comme de futurs esclaves ou de futurs soldats de la France. Aujourd'hui les Arabes vénèrent nos médecins à l'égal de leurs marabouts.

On dut songer ensuite à donner toutes les garanties possibles de justice aux indigènes. Un *cadi*, juge arabe qui règle les contestations, dresse les actes de mariage, prononce les divorces, etc., rendit ses verdicts sous la surveillance immédiate du bureau arabe auquel il était attaché. Les directions des affaires arabes se changèrent également des registres de l'état civil des indigènes, qui signalent d'une manière vague l'époque de la naissance et celle de la mort.

Il devenait urgent de rapprocher de nous les Arabes en leur enseignant gratuitement la langue française. À cet effet, des écoles primaires arabes-françaises de garçons et de filles furent créées dans les principales villes de l'Algérie. Les encouragements donnés aux élèves les plus avancés consistent en vêtements et en divers objets d'utilité. Ces écoles, tenues par un directeur français et un adjoint musulman, ont répandu avec succès la connaissance de la langue française parmi les indigènes. Elles sont très-florissantes aujourd'hui.

Pour compléter l'instruction des Arabes, aussi bien pour mieux détruire les fausses nouvelles semées par les agitateurs, l'administration eut recours à l'utile propagande du journalisme. Le *Monbacher*, feuille semi-mensuelle imprimée en caractères arabes-français, fut adressé aux cercles indigènes. Les tribus ont pris un tel goût à la lecture de ce journal, qu'elles ne manquent pas d'envoyer en réclamation un de leurs cavaliers au bureau arabe quand le *Monbacher* (Nouvelliste) ne leur arrive pas au jour ordinaire. Le journalisme n'est donc pas seulement un besoin impérieux des nations civilisées, c'est encore une jouissance pour les peuples primitifs, auxquels il peut servir d'attrayant moyen d'éducation.

L'œuvre d'assimilation et de pacification tentée par l'administration française avec le secours des bureaux arabes porta ses fruits. Dès que la fumée des combats fut dissipée, les Arabes, auprès desquels leurs chefs militants nous avaient nécessairement travestis, purent se convaincre que nous n'étions ni des jésuites qui voulussent leur décoller la tête parce qu'ils adoraient Mahomet, ni des pirates qui prétendissent leur enlever le butin de leurs récoltes. Ils se radoucirent alors sensiblement, changèrent de conduite, et congédièrent les visionnaires, les inspirés, les somnambules, les illuminés, les envoyés d'Allah ou d'Abd-el-Kader, qui leur prêchaient la guerre sainte du haut du *member* des mosquées ou au milieu des douars. Chaque jour montra une preuve nouvelle de notre bienveillance, de notre tolérance; à ce point que les indigènes ne s'expliquent pas encore la liberté religieuse que nous leur laissons. Procédant de la révélation de l'ange Gabriel à Mahomet, enfermés corps et âme dans le Koran, et n'ayant jamais fait appel à l'esprit d'examen hors du livre sacré d'Allah, les Arabes ne sauraient comprendre la tolérance naturelle de la philosophie française vis-à-vis de leur secte, non plus que sa pitié profonde pour les égarements du fanatisme. Et pourtant, grâce à cette raison supérieure qui, voyant tout de haut, ne condamne pas à l'Inquisition les erreurs, les faiblesses de l'humanité, a été réalisée cette pacification de l'Algérie, si complète qu'elle a permis aux troupes françaises du Tell de franchir la limite du petit désert et de le conquérir en partie.

La féconde institution des bureaux arabes, chargés de la direction des tribus, a été complétée par un décret du 8 août 1854, qui crée des bureaux arabes *départementaux*, dont la mission consiste à organiser les *berrani*, c'est-à-dire les indigènes du dehors établis dans les villes de l'Algérie, tels que Kabyles, Mozabites, Biskris, etc. Un décret du 11 juin 1859 avait déjà reconnu les immenses services rendus à la cause de la colonisation par les bureaux arabes en assurant à leurs officiers les droits à l'avancement, et en régularisant leur position, fort modeste jusqu'alors, car elle ne rapportait guère que des fatigues, des périls et un travail accablant.

Ce qu'il y eut de plus bizarre dans la formation des bureaux arabes, c'est que leurs employés furent pris parmi les officiers et les sous-officiers de l'armée, naturellement parmi les plus instruits et les plus intelligents. Cette audacieuse mesure aurait pu être une pierre d'achoppement au but que l'on poursuivait; mais le caractère français a des élasticités étonnantes, une souplesse et une variété qui se jouent des événements. Ces mêmes hommes qui avaient fait une guerre sans merci aux Arabes et reçu d'eux de terribles blessures oublièrent les trahisons, les perfidies, les luttes sanglantes de leurs adversaires pour ne songer qu'à l'œuvre colonisatrice, pour réaliser le rapprochement, l'assimilation de la race indigène avec la population européenne. Ils se dédoublèrent en quelque sorte, laissant le guerrier dormir au camp où il avait combattu, et revenant seulement l'administrateur à la tribu. Comme Louis IX, ils déposèrent les armes au pied du chêne de justice, ils écoutèrent patiemment leurs ennemis, et firent la part de chacun selon son droit. Aux lions du champ de bataille avaient succédé des hommes doux, tolérants comme la vérité elle-même. Le juge avait tué en eux le lutteur. Bien plus, après avoir appris la langue de l'indigène, vêtu son haïk et son burnous, couché sous sa tente, partagé le kouscoussou avec lui, ils réhabilitèrent cette race arabe, simple et grande comme l'antiquité injustement flétrie. Les meilleurs livres qui ont initié les Européens aux mœurs et à la vie des Africains ont été écrits par des officiers des bureaux arabes.

Les indigènes se trouvent si bien de l'intervention des employés des directions arabes, qu'un commun accord les appellent fréquemment au douar pour les constituer arbitres de leurs différends, et les décisions des Français sont immédiatement exécutées, ne rencontrent aucune opposition, tandis que les arrêts des cadis font presque toujours des mécontents. Si l'administration condescendait au désir de certaines tribus, elle devrait placer en permanence au milieu d'elles des officiers attachés aux bureaux arabes. Les smalahs, contingents militaires fournis par les tribus, qui ont à leur tête des officiers sortis de ces directions, vivent dans un état fort prospère. Nous avançons des choses en connaissance de cause, il nous est arrivé, en Algérie, de visiter des douars des smalahs, et nous avons été émerveillé de l'ordre, de la paix, de la satisfaction qui y régnaient.

Le levier avec lequel Archimède voulait soulever le monde est donc trouvé pour l'Algérie. Notre colonie gagnera du terrain en raison de la puissance et de l'extension données aux bureaux arabes. Par eux seront définitivement réalisées l'assimilation des races européennes-africaines et la conquête morale de l'Algérie.

CHAPITRE V.

Les phases de la colonisation. — Travaux accomplis. — Avenir de la colonie.

Du temps de César comme de nos jours, l'Afrique laissait échapper en abondance de ses mamelles l'huile et le blé; mais ce que l'antiquité païenne conquérante n'a pas su créer, c'est une Algérie qui produise du tabac, du coton, de la soie, de la garance, de la cochenille, du fer, du cuivre, de l'acier, du plomb, du zinc, etc. En comparant les résultats de la conquête romaine et de la conquête française, vous pouvez facilement mesurer le chemin parcouru par les sciences exactes et estimer à leur valeur les progrès qu'elles ont accomplis. Malheureusement, ces progrès sont encore niés par une race d'hommes qui, regardant toujours en arrière au lieu de regarder devant eux, se trouvent en retard de vingt siècles sur leurs contemporains.

Quant à l'Algérie, ces hommes de l'antiquité voyaient bien qu'elle pouvait produire comme autrefois de l'huile et du blé; mais quoi! devions-nous pour cela engloutir nos trésors et nos armées *dans ces arides pays?* Qu'en pensent aujourd'hui les pessimistes? Il nous semble que nous n'avons pas lieu de jeter à la colonie cette paraphrase de la parole désolée d'Auguste : *Algérie, rends-moi mes légions!* Si nous avons dépensé de l'argent, nous ne l'avons pas semé sur le roc, puisqu'il nous revient sous toutes les formes heureuses en productions magnifiques qui manquaient sur nos marchés.

Sans doute nous n'avons pas colonisé avec la franchise d'allures qu'on aurait pu désirer. Nous avons demandé conseil à différents systèmes; nous avons tergiversé et tâtonné trop longtemps. Des fautes sérieuses ont été commises par les premières administrations. Par exemple, elles cédèrent trop facilement aux appétits avides des premiers occupants. Ceux-ci accaparèrent de grandes étendues de terrain, et maîtres de leurs concessions, ils imposèrent des conditions défavorables à des cultivateurs désappointés, qui venaient en Algérie pour être propriétaires et non pour être fermiers ou tâcherons, car ils eussent préféré ces dernières positions sous leur patrie. La confusion des titres de propriété fit également un mal très-sérieux à la colonie. Après l'occupation d'Alger, les titres ne furent pas constatés, les droits des nouveaux concessionnaires ne furent pas enregistrés. L'administration des domaines, qui fonctionne régulièrement aujourd'hui, n'existait alors qu'à l'état embryonnaire. A la faveur du désordre, de coupables manœuvres eurent lieu. On ne se donna pas la peine de cultiver les terres concédées par l'administration; on les négocia, on en trafiqua. Ainsi, certains individus vendirent à différents acquéreurs la même propriété; d'autres déclarèrent de fausses contenances; des particuliers sans autorité, sans mission officielle, effrayèrent au moyen d'odieuses fables de spoliation les Maures, les Arabes, pour leur acheter à vil prix leurs terres. Instruits par l'exemple des Européens, les Arabes à leur tour dupèrent les acquéreurs en leur vendant des terrains chimériques et qui s'évanouissaient au moment de la prise de possession; bref, le scandale eut un tel retentissement, qu'en 1836 l'administration opposa des règlements sévères à l'accaparement des terres et à la spéculation sans frein sur la propriété dont les fruits ne revenaient pas à ses véritables cultivateurs. Ne soyons donc plus étonnés des lenteurs de notre colonisation à son début. Tôt ou tard il faut que l'abus se redresse, que la faute se répare. La colonisation d'un pays, si heureusement douée qu'on le suppose, ne se fait jamais avec une rapidité égale à celle de la conquête; voilà ce qui décourage à tort beaucoup de gens. La conquête exige de la bravoure, de l'ardeur, de la vivacité, qualités toutes françaises; la colonisation demande au contraire des études patientes, des recherches, des progressions, de sages lenteurs. Ainsi la véritable initiative de notre colonisation ne date que de 1840. Jusque-là nous nous traînons péniblement dans la vieille ornière; nous discourons sur la fécondité de l'Algérie, le grenier de Rome, la terre d'abondance, etc. ; nous faisons avec le maréchal Bugeaud des théories agricoles; nous chantons d'éternels hymnes en l'honneur des Cincinnatus de l'Algérie, pendant que les Cincinnatus encensés se débattent au milieu de difficultés sans nombre.

En effet, si la terre ne trahissait pas la fortune des colons, les produits industriels, la main-d'œuvre et les capitaux leur manquaient généralement. Le sol africain leur rendait les épis en abondance; mais les moissons battues et mises en grange, nos colons paraissaient aussi embarrassés de leurs richesses que le coq de la fable de la perle trouvée, et ils fussent morts sur leurs gerbes si l'administration ne les leur avait achetées. Malgré les efforts, les encouragements, les sacrifices et la prévoyance de l'administration, le colon algérien souffrait, parce qu'il devait payer d'un prix hors de rapport avec les produits de la terre le mobilier, le vêtement, la nourriture, la main-d'œuvre et les accessoires. Les théoriciens agricoles avaient oublié dans leur enthousiasme que l'agriculture meurt d'épuisement lorsqu'elle n'est pas alimentée par ses sœurs jumelles, l'industrie et le commerce, et que la vie d'une nation ou d'une colonie résulte uniquement de l'union de ces trois forces vives et si parfaites en France.

Nos colons se dépitaient avec raison face de leur détresse ils voyaient les tribus prospérer et leurs cultures s'épanouir au soleil. Les Arabes avaient deux avantages sur eux : ils étaient groupés par tribus, par cercles, par familles superposées, qui unissaient leurs bras et mariaient leurs ressources pour l'exploitation d'une certaine étendue de terrain ; tandis que les agriculteurs français, s'imaginant que l'individualisme pouvait prévaloir dans une colonie naissante comme dans la mère patrie, avaient dédaigné la puissance efficace de l'association. D'autre part, la mise en œuvre simple et la vie primitive des Arabes ne nécessitaient ni les nombreux engins ni la consommation des produits industriels indispensables à l'existence des Européens.

L'exclusivisme agricole engendra en Algérie les plus étranges phénomènes. Des commerçants, des ouvriers horlogers, bijoutiers, relieurs, doreurs, tailleurs, la plupart physiquement incapables de supporter les fatigues habituelles du paysan, vinrent échouer dans l'entreprise d'une tâche impossible. Après d'inutiles efforts, ils laissèrent ces maisons couvertes de pariétaire, ces tristes hameaux ironiquement surnommés *colonies parisiennes*. Et pendant que ces ouvriers, ces commerçants s'épuisaient vainement à défricher le sol, les produits manquaient de débouchés et la main-d'œuvre industrielle faisait complètement défaut. *A chacun son métier*, dit avec justesse et simplicité le proverbe. La société n'a rien à gagner aux métamorphoses de cultivateurs en ouvriers et d'ouvriers en cultivateurs. Celui qui façonne le métal ne sait pas conduire la charrue. Le travail agricole demande d'autres muscles et d'autres aptitudes que le travail industriel.

On commit donc une grande faute en n'organisant pas en Algérie le commerce et l'industrie simultanément avec l'agriculture, et en déclarant à tort que l'agriculture seule avait un rôle sérieux à jouer dans la colonie.

Il fallait donner un démenti à cette fausse théorie, qui engendrait des conséquences désastreuses ; il fallait élargir le cercle des productions du pays et briser les mailles du filet de la routine, qui étranglaient la colonie à son début. On voit poindre et rayonner cette idée régénératrice de 1840 à 1848. Des savants, de sérieux explorateurs, sillonnent l'Algérie en tous sens, parcourent les forêts, fouillent les montagnes, expérimentent les terrains, analysent les gisements, sondent les sources, et, leurs explorations terminées, viennent affirmer, avec la conviction de la science unie à l'expérience, qu'il y a un nouveau monde à faire surgir des entrailles de la colonie, un monde de productions qui attend un *fiat lux* pour dérouler à tous les yeux ses richesses inexploitées : forêts de chênes-lièges, de cèdres, d'oliviers, de bois de construction, gisements de cuivre, de fer, de mercure, d'antimoine, de plomb argentifère, de lignite, de combustible minéral, de fontes aciéreuses, gîtes de marbre, d'albâtre, de pouzzolane, de terre à porcelaine, cultures du tabac, du coton, du mûrier, de la garance, de la cochenille, de l'arachide, du sésame, du ricin, de l'indigo, de l'anis.

A l'annonce de cette résurrection de l'Algérie, les détracteurs de la colonie ne manquèrent pas de crier haro sur l'utopie ; en dépit de leurs clameurs, les commissions s'organisèrent, les projets s'élaborèrent, les capitaux et avec eux le commerce et l'industrie prirent le chemin de la colonie et se mirent résolument à l'œuvre. Les résultats ont dépassé toutes les espérances. Aujourd'hui nous possédons des carrières, des usines et des mines en pleine activité dans les trois provinces de l'Algérie. Outre l'exploitation actuelle de trois mines de cuivre, d'une mine de fer et d'une mine de plomb argentifère, plusieurs permis d'exploration ont été accordés pour d'autres mines de plomb, de cuivre, de fer et de zinc ; enfin la science a acquis la certitude que les richesses recélées dans les flancs de la vieille Afrique sont immenses. Les aciers de notre colonie entrent maintenant en concurrence avec les meilleurs aciers anglais.

Les cultures du coton et du tabac prennent chaque jour de l'accroissement ; celle du coton surtout est destinée à rendre la colonie fort prospère. Quelques tribus arabes se livrent également avec succès à la culture du tabac et du coton.

Un précieux minéral, le sel gemme, n'est pas rare en Algérie. Les magnifiques salines d'Arzew, dont l'exploitation date seulement de 1851, exportent déjà une grande partie de leurs produits à l'étranger. Les herbes, les plantes les plus communes de l'Algérie peuvent être utilisées pour l'industrie. C'est ainsi que récemment des fabricants français ont tiré du crin végétal du palmier nain qui couvre les montagnes de l'Afrique, et un papier d'une bonne qualité de l'herbe forte que les Arabes appellent *alfa*.

Dans ce catalogue des ressources nouvelles de la colonie, nous n'avons pas compris la pêche du corail et les autres produits de la vie maritime, — les nombreux moulins à farine et à huile construits par les colons, — l'exportation de la laine, qui s'est élevée en 1853 à 4,354,480 kilog., — les productions des indigènes, consistant principalement en maroquin, tapis, tissus de laine pour haïks et burnous, broderies de soie, d'or et d'argent ; — les marchandises du désert (plumes d'autruche, poudre d'or, gomme, ivoire), qui, apportées de Tombuktou, se dirigeaient à l'est ou à l'ouest, vers Tunis ou le Maroc, avant la conquête d'El-Aghouat et de Tuggurt, et qui nous arrivent maintenant sur les marchés de Constantine et du Sahara.

Les trois branches de l'activité humaine, l'agriculture, l'industrie et le commerce, ont donc enfin trouvé en Algérie une envergure et des éléments dignes d'elles. Sous leur action incessante, la colonie transformée, fertilisée, remuée de fond en comble, sillonnée en tous sens par des chemins de fer dont les plans sont prêts, complètement reliée à la mère patrie par le télégraphe électrique, verra l'abondance, la richesse, succéder à la pénurie qui l'a frappée trop longtemps. L'exubérance de sa sève, la variété de ses produits, l'énergie de son soleil, le pittoresque de sa nature, l'originalité de sa population, composée de diverses races, lui attireront non-seulement les Européens qui auront à lui demander de l'emploi d'une fortune, mais encore les heureux pèlerins du *far niente* qui, chaque année, visitent l'Espagne ou l'Italie pour dissiper leur superdu. Par exemple, lorsqu'en moins de deux journées on franchit la Méditerranée, pourquoi les élégantes processions de baigneurs et de baigneuses de Vichy, de Plombières ou de Bagnères-de-Bigorre ne prendraient-elles pas le chemin de l'Algérie, où se trouvent de nombreux bains thermaux, la plupart entourés de ruines romaines, dont les eaux, reconnues supérieures à celles de la France, sont d'une efficacité certaine contre les phthisies, les débilités d'estomac et les affections articulaires? Pourquoi bâtirait-on sa maison de campagne en Normandie ou en Touraine plutôt que dans la province d'Alger ou dans la province de Constantine?

Ces propositions, qui semblent hardies à cette heure, auront pourtant leur réalisation avant dix ans, car la montagne d'erreurs et de préventions élevées contre l'Algérie comme une sentence de mort commence à crouler sous les coups de marteau de la publicité. La lumière est faite; aucun obstacle n'arrêtera le rapide essor de la colonie.

CHAPITRE VI.
Vie des indigènes.

Faire la vie où était la mort, la salubrité où était le marais, féconder le sol d'un pays, utiliser ses sources, remuer ses montagnes et ses plaines, ouvrir ses gisements minéralogiques, cette œuvre de notre colonisation en Algérie est universellement appréciée. Mais la France a une autre mission plus noble sinon plus utile à remplir : elle doit fondre dans son creuset, élever à son niveau intellectuel, s'assimiler complètement, en un mot, les races qui peuplent l'Afrique. Cette dernière partie du programme de la colonisation n'est certes pas aussi facile à tenir qu'à exprimer.

Quelle méthode employer? comment se reconnaître au milieu de ce tourbillon de récits sur les Arabes? Ils ont donné lieu à de violents dénigrements et à des panégyriques outrés. Les uns les dotent de toutes les vertus du mythologique âge d'or, tandis que les autres voient en eux des cannibales et les condamnent à un perpétuel état sauvage. Il a fallu lutter pendant vingt-quatre années pour rendre sensible cette vérité élémentaire, à savoir que les Arabes sont susceptibles d'éducation, de progrès; qu'ils peuvent apporter un utile concours à notre colonie. Les systèmes les plus contradictoires furent tour à tour applaudis, essayés, puis définitivement abandonnés. Le système d'extermination de la race indigène prévalut d'abord. Sous l'administration du duc de Rovigo, une troupe de brigands nomades ayant égorgé le personnel d'une ambassade près du territoire des Ouffias, cette tribu, surprise au point du jour par les troupes françaises, fut massacrée, sauf trois ou quatre enfants et quelques femmes que l'humanité des officiers parvint à sauver en dépit des ordres donnés. Cette sanglante expédition condamna à la fois le système d'extermination et l'administration du duc de Rovigo, car il fut reconnu trop tard que la tribu des Ouffias n'avait nullement trempé dans le meurtre des parlementaires.

En tout état de cause, il n'est jamais permis de conclure de l'exception à la règle, de condamner un peuple parce qu'il se trouvera chez lui quelques voleurs et quelques assassins. Mais alors (1832-1833) on ne raisonnait pas, on s'abandonnait à sa passion. Aucune logique n'aurait pu arrêter l'ardeur des partisans du système de l'extermination. Ils ne parlaient que d'en finir avec la race arabe, de la gouverner, de la traiter à la manière des Osmanlis. Quel exemple concluant! Comme si les Turcs d'Afrique, exécrés des Arabes, avaient laissé derrière eux autre chose que des ruines, des souvenirs de deuil et de sang!

Au système d'extermination, incompatible avec le caractère français, succéda le système du refoulement des indigènes. C'était le temps où l'on confisquait sans façon, au profit de l'État ou en faveur de particuliers avides de biens mal acquis, les fortunes mobilières et immobilières des Arabes; on s'emparait de leurs propriétés, de leurs haouchs (fermes), sous les plus frivoles prétextes : on les accusait, par exemple, de conspirer contre la domination française. Les propagateurs de cette belle méthode de spoliation exposaient qu'en repoussant les Arabes au fond des solitudes du grand désert, l'administration atteignait un double but, réalisait plusieurs avantages : en même temps qu'elle se débarrassait de ses ennemis, elle disposait de leurs terres. Mais une invincible difficulté surgissait. Qui cultiverait ces terres délaissées par leurs propriétaires? Jamais les colons européens n'auraient suffi à la tâche.

En 1846, la population fixe de l'Algérie compte seulement 17,000 individus; d'après les statistiques de l'administration, le contingent d'agriculteurs français de 1852, au nombre de 25,000 âmes, donne 614,000 hectolitres de graines farineuses, quantité insuffisante pour satisfaire même à ses besoins alimentaires. Les 613,000 hectolitres de blé que la France put tirer de l'Algérie l'année suivante proviennent uniquement des cultures indigènes, car notre population agricole, qui se recrute lentement, consomme encore plus qu'elle ne produit. Les Arabes forment donc le véritable élément producteur en céréales de notre colonie. Ils nous offrent de précieuses ressources agricoles et militaires; ils sont les seuls éleveurs de bestiaux; en outre, ce sont eux qui fournissent à l'armée les chevaux et les mulets.

L'absurde et unique système de refoulement eût fait un véritable désert de l'Algérie en nous privant du concours des forces indigènes. D'ailleurs les Arabes ne gênent pas le colon, à qui la terre n'a jamais manqué. Le cantonnement des tribus, c'est-à-dire la délimitation précise de leur territoire, a laissé de grands espaces encore inexploités. Aujourd'hui le mouvement de l'immigration européenne se porte de préférence vers les cultures industrielles du tabac, du coton, vers les travaux des mines, vers toutes ces ressources nouvelles de la colonie passées en revue dans notre dernier article, qui donnent aux colons l'espoir de réaliser de plus larges bénéfices qu'avec les céréales. Pour un certain nombre d'habitants de l'Algérie, c'est peu de vivre en travaillant; il s'agit surtout de *faire fortune*. Les énergies de nos compatriotes étant absorbées par d'autres occupations, les Arabes resteront sans doute longtemps les maîtres comme producteurs de céréales.

Après avoir essayé divers systèmes, après avoir demandé à différentes méthodes le meilleur mode de direction, d'administration qui pût convenir aux indigènes, on le trouva enfin dans la voie de la justice et de l'humanité. La France colonisatrice gagna les Arabes à sa cause en les traitant sur le pied d'égalité, en respectant leurs croyances, leurs droits, leur dignité d'homme, en les appelant à partager les bienfaits, les lumières de la civilisation. Elle ne tarda pas à recueillir les conséquences fécondes de ce principe d'assimilation, de fusion des races qui a définitivement triomphé. Nos anciens et implacables ennemis vinrent établir leurs douars autour de nos villes, entrèrent en relations quotidiennes avec les Français, étudièrent leur langue, servirent aux colons de cicerones, de fournisseurs, d'aides, de manœuvres. Un grand nombre d'exploitations agricoles réunissent maintenant les hommes des deux races, qui apprennent à se connaître, à ne plus se considérer comme adversaires, heureux effet de cette sorte de communion dans le travail. Bien mieux, les Arabes furent souvent appelés au secours de colons sans ressources, et les tribus répondirent toujours avec empressement à ces charitables appels. Accourant avec leurs charrues, elles défrichaient gratuitement les terres concédées aux colons. De tels services, appelés *touiza*, se rendent du reste entre tribus.

Nous n'inspirons donc aux Arabes aucune répulsion, aucune antipathie. Des individus appartenant aux deux peuples se lient chaque jour d'une amitié sérieuse. La répulsion, l'éloignement, viendraient plutôt de notre côté. Il faut bien le dire, notre contact n'est pas toujours agréable. Ainsi rien de plus habituel que de voir des marchands d'absinthe se conduire envers les indigènes pauvres comme Bilboquet envers son pitre Gringalet. Ils les rudoient, les humilient, les maltraitent pour des vétilles, parce qu'ils se sont accroupis le long de leurs boutiques ou qu'ils auront demandé un verre d'eau. Quelques-uns de nos compatriotes prisent aussi très-fort le rôle de matamore. Quoiqu'ils n'aient jamais endossé l'uniforme, ils s'attribuent néanmoins tous les succès militaires des campagnes d'Afrique et s'écrient que les Arabes étant incorrigibles, il leur domnera une nouvelle leçon! Mais ceci est du ressort de la comédie.

Les adversaires de la juxtaposition et de l'assimilation des races ont accrédité en France beaucoup de fables sur les indigènes. Par exemple, l'on croit généralement que les Arabes sont inaptes à tout progrès, à toute civilisation. Nous pourrions réfuter *à priori* cette fausse assertion en rappelant le brillant passé des Arabes, leurs établissements en Sicile et en Espagne, l'éclat de leurs sciences et de leur littérature au moyen âge. Ils ont déchu, il est vrai; mais la faute incombe aux dominations despotiques et barbares qu'ils ont tour à tour subies. Ces tristes révolutions n'ont pu cependant leur enlever leur caractère typique : imagination merveilleuse, sens poétique, grandes passions, vive intelligence. Les faits actuels parlent éloquemment en leur faveur. Est-ce qu'ils n'ont pas mis à profit les enseignements que nous leur avons donnés? Est-ce qu'ils ne s'initient pas à nos procédés agricoles et industriels? Est-ce que les écoles arabes-françaises ne témoignent pas de la facilité surprenante avec laquelle les enfants d'indigènes apprennent notre langue?

Un officier me racontait qu'ayant perdu sa route aux environs de Frendah, et tourmenté par la soif, il avait abordé un yaoulet (enfant) porteur de courges, en lui adressant ce simple mot : *Cadech?* (combien?) — Trois pour un sou, mon officier! répliqua très-distinctement le petit Arabe comme un vrai gamin de Paris. De quelque manière que l'on accepte cette anecdote, il n'en est pas moins certain que la plupart des indigènes entendent le français, tandis que les Européens d'Afrique ignorent presque tous la langue arabe. Le reproche de barbarie ne saurait du reste atteindre les marabouts, les *tholbas* (savants), les chefs arabes, fort versés en théologie, en législation et en histoire. Ils envient nos connaissances scientifiques, et ils ne tarderont pas à les acquérir pour les communiquer à leurs coreligionnaires.

Mais il reste un suprême argument aux obstinés détracteurs des races africaines. À les entendre, elles ne pourraient se fixer au sol par des constructions permanentes; elles seraient condamnées à l'état nomade. D'abord il faudrait distinguer entre les Kabyles et les Arabes. Les Kabyles, si rebelles aux dominations étrangères, habitent la maison; ils se livrent avec une ardeur égale aux travaux agricoles et aux labeurs industriels; ils construisent eux-mêmes leurs demeures; ils font de la poudre, forgent des armes, des fusils, des yatagans, tissent des vêtements de laine, etc. Voilà une race africaine essentiellement laborieuse, sédentaire. Quant aux Arabes, ils sont plus pasteurs et plus commerçants qu'industriels. L'échange annuel de produits qui se fait entre le Tell et le Sahara nécessite un déplacement provisoire des individus des deux contrées. Il n'y a pas encore lieu, ce nous semble, de traiter ces négociants voyageurs de juifs errants, de bohémiens.

Les Arabes contractèrent leurs habitudes nomades sous l'impulsion d'un fait indépendant d'eux-mêmes, car ils n'ont pas eu l'heureuse situation des Kabyles. Ceux-ci, abrités derrière des montagnes inaccessibles, formant une confédération républicaine de tribus dont la Suisse peut donner une idée, bravèrent longtemps les conquérants de l'Afrique; tandis que les Arabes, occupant les plaines, furent exposés aux incendies, aux massacres, aux spoliations, aux dîmes, à toutes les calamités qui suivent les invasions. Et vous auriez voulu que l'Arabe élevât sa maison, qu'il ensemençât ses propriétés pour repaire de joie l'étranger ! Plus intelligent, il combina son existence de manière à se soustraire rapidement à la force brutale. Il fit paître ses troupeaux sur la montagne; il réalisa ses biens en douros qu'il cacha dans un silo; il s'abrita sous un morceau de toile.

Quand le nomade entendit hennir le cheval ennemi, il plia sa tente, prit son sac d'argent et s'enfuit au désert. Mais dès que le despotisme eut disparu de son pays, dès que l'Arabe put vivre en sûreté sous une administration équitable, il sortit de sa retraite, cultiva des champs, construisit des haouchs, des gourbis, des maisons. De récents rapports attestent qu'à cette heure les constructions permanentes des indigènes augmentent en notable proportion. On évalue à trois millions les fonds qu'ils ont déjà consacrés à l'édification de demeures stables.

L'Arabe n'est donc pas nomade par tempérament, comme on le croit trop en Europe. Il n'y a pas de nomade de cette espèce ici-bas. Lorsque l'homme a le bonheur, la satisfaction de son être, il reste, il se fixe; il ne cherche pas, il ne voyage pas. L'Arabe est, avant tout, soucieux de son indépendance individuelle; il n'aime pas sentir sur lui l'action sociale ou administrative; il lui faut l'entier gouvernement de son individu, la pleine liberté de ses actes. La vie collective des sociétés occidentales est encore un sphinx pour lui; il ne comprend que la vie personnelle, la vie de famille représentée par la tribu.

Cependant les idées, les croyances des Arabes se sont sensiblement modifiées depuis notre établissement en Algérie. Les Arabes de 1855 ne ressemblent pas à ceux de 1830. En vingt-quatre ans les indigènes de l'Afrique ont fait plus de chemin qu'ils n'en eussent mesuré durant dix siècles restés séparés de l'Occident. Nous avons donné une forte impulsion à la race arabe en l'amenant par la persuasion à substituer la maison fixe à la maison vague; il nous reste à lui fournir l'explication grammaticale et philosophique des mots société, nation, patrie ; à lui faire comprendre les bénéfices mathématiques résultant d'une société libre, de l'unité de ses forces, du concours empressé de tous ses membres pour accroître le bien-être collectif.

Nul doute qu'en peu de temps les Arabes ne montrent au niveau de notre civilisation, car, nous aimons à le répéter, c'est une race essentiellement intelligente. Nos lecteurs en acquerront la conviction en lisant notre histoire de l'Exposition algérienne. Ces magnifiques produits de l'Afrique, où la dextérité de la main-d'œuvre se marie si habilement aux brillants caprices de l'imagination, parleront plus éloquemment que nous en faveur des Arabes. Il nous suffit d'avoir établi que la transformation morale des races africaines doit marcher de pair avec la transformation matérielle du sol de l'Algérie.

TROISIÈME PARTIE. — L'EXPOSITION.

CHAPITRE PREMIER.

Introduction.

L'ingratitude, une des nombreuses variétés de l'égoïsme, atteint les peuples aussi bien que les individus. Il serait équitable de résister au courant de ces misérables préjugés inspirés par un sentiment trop commun de nos jours : l'enthousiasme de soi-même et le mépris des œuvres d'autrui. Qui a plus travaillé pour l'humanité que l'Orient ? et comment l'en a-t-on récompensé ? Par l'oubli, par le mépris.

Et pourtant si l'Orient ne nous avait pas éclairés et régénérés, notre existence serait encore emprisonnée dans un cloître ou dans une jésuitière, avec les deux issues éternelles de la damnation et de l'inquisition.

En effet, pendant que l'Europe mystique du moyen âge, vouée à la mort du corps et de l'esprit, récite benoîtement son De profundis, la vie, l'activité créatrice, le mouvement progressif de la civilisation, se réfugient chez les musulmans.

Dès l'aurore du neuvième siècle, ils reprennent les travaux de l'école d'Alexandrie, les glorieuses traditions oubliées de la Grèce et de Rome. Dans leurs célèbres écoles de Bagdad, du Caire, de Fez, de Samarcande, ils traduisent, commentent et enseignent publiquement Pline, Aristote, Hippocrate, Euclide, Archimède, tous les auteurs grecs et latins.

Les Arabes roulent comme un orage en Afrique, en Asie, en Europe; mais c'est un orage qui féconde et qui fertilise. À peine ont-ils mis le pied sur un rivage, que les sciences, les lettres, le commerce fleurissent, prennent un essor merveilleux. Ils civilisent, instruisent, enrichissent, élèvent les nations vaincues, c'est-à-dire la moitié du monde !

Leurs plus illustres califes (Almanzor, Haroun-al-Raschid, son fils Almamoun), dont l'empire s'étend depuis le Tage jusqu'au Gange, s'entourent de savants et d'artistes, emploient leur puissance, leurs trésors immenses à encourager les travaux de l'esprit humain. Les historiens arabes créent les encyclopédies, les dictionnaires biographiques; les artistes, ne pouvant se livrer ni à la peinture ni à la sculpture, arts frappés d'interdiction par le Koran, se rejettent sur l'architecture et créent de féeriques alhambras; les poëtes, d'une inépuisable fécondité, d'une imagination éblouissante, produisent des élégies, des apologues, des proverbes, des contes dont le souffle lyrique inspirera le romancero espagnol, les minnesingers de l'Allemagne et les troubadours du midi de la France. Les philosophes arabes, divisés par sectes de croyants (motakhalim), de rationalistes (motazélistes), de mystiques (souffis), de matérialistes (mosiellas), de pythagoriciens (hermanites), agitent, discutent tous les problèmes de l'esprit, et le timide moyen âge vient apprendre à leur école les premiers bégayements de sa scolastique; enfin, leurs savants universels rédigent des traités techniques (au onzième siècle, la bibliothèque du Caire contenait dix mille manuscrits traitant des mathématiques et de l'astronomie), ouvrent de nouvelles voies à la médecine, à la pharmacie, à la chimie, à la géographie.

C'est aux Arabes que nous devons la lithotritie, l'arithmétique et le système de numération en usage aujourd'hui. Ils ont réformé le calendrier, dressé les cartes géographiques, de nouvelles tables astronomiques, inventé le balancier, le gnomon à trous, les alambics, les cornues, le papier de coton ; ils revendiquent également les armes à feu, la poudre à canon ainsi que la boussole, dont leurs caravanes du Sahara se sont servies avant que les Chinois l'aient utilisée pour la navigation.

M. de Humboldt (Cosmos) M. Sédillot (Histoire des Arabes), et M. Michelet (Renaissance) ont rendu pleine justice à l'intelligente initiative des Arabes.

Lorsque les Arabes sont fatigués de cette création inouïe dans toutes les branches des connaissances humaines, les Persans et les Ottomans reprennent l'œuvre interrompue. Leurs bâtiments de commerce visitent l'Inde, la Chine, l'Afrique australe, et portent aux contrées les plus lointaines les découvertes et les produits de l'Afrique et de l'Asie. À la suite de ces voyages, les peuples visités viennent à leur tour apporter leurs denrées à ses grands marchés de l'Orient; les productions de l'Espagne, de l'Italie, de l'Égypte, de la Perse, de la Russie, de l'Abyssinie, abondent aux entrepôts de la Mecque, de Médine, de Damas et de Bagdad. L'Orient devient le rendez-vous, le centre commercial du monde entier. Les sultans de Constantinople déploient un luxe extraordinaire, une magnificence sans bornes. Ils donnent des fêtes qui réalisent ce que l'imagination a pu rêver de riche et de merveilleux, et c'est très-probablement à ces fêtes splendides que l'Occident a emprunté la première et féconde idée de ses expositions universelles.

Les fêtes de la Circoncision étaient les plus solennelles. Comme nos expositions, elles s'annonçaient et se préparaient quelques mois d'avance. Chaque puissance en rapport diplomatique avec l'empire ottoman envoyait son représentant; les commerçants et les touristes arrivaient de toutes parts. Les corporations ouvrières de l'empire se réunissaient à Constantinople et faisaient l'exposition des produits de leur industrie qui devaient être offerts au sultan.

À la fête de la Circoncision célébrée sous Mohammed IV le 6 juin 1675 (12 rebinol-ewel 1086), les cordonniers exposèrent des bottes monstrueuses et une paire de bottines brodées et ornées de pierres précieuses; les orfèvres, des fleurs d'or, des cyprès d'argent; les commis marchands, les plus riches étoffes; les chaudronniers, de grands vases et des bassines en argent; les ouvriers en soie, des tapis de soie; les fourbisseurs, des armes, des sabres avec des fourreaux dorés et des poignées d'agate, d'aloès et de dents de morse; les corroyeurs, des peaux de lions, de tigres, d'ours, de léopards, de lynx, d'hermine, de zibeline; les tailleurs, outre leurs étoffes, des vases de senteur et de parfums; les maçons, un kœschk (extérieur d'un édifice) portatif et trois fontaines jaillissantes; les boulangers et les bouchers, ne pouvant offrir du pain et de la viande au sultan, exposèrent des coussins en velours et en étoffes persanes.

Tous les exposants avaient des déguisements particuliers à leur profession. Les commis marchands, l'épée au côté et le bouclier sur l'épaule, s'étaient affublés de peaux de tigre ; les orfèvres étaient vêtus en juifs, les tailleurs en Persans, les cordonniers en Arméniens, les riches corroyeurs portaient toutes les fourrures dont ils trafiquaient, et leur boutique était traînée par quatre mulets étincelants de pierreries. Vingt-quatre palmiers artificiels offraient au public l'emblème de la fête et de l'exposition des produits.

Après le temps consacré à l'exposition, chaque corps de métier défilait avec ses produits et allait les porter au sultan. Cette cérémonie imposante ne rappelle-t-elle pas les touchantes offrandes faites en 1848 au gouvernement provisoire par les corporations ouvrières ?

Voilà le magnifique spectacle que l'Orient a donné au monde, voilà le brillant rôle joué dans la vie de l'humanité par ces musulmans méprisés, reniés, méconnus ou connus par les récits de touristes attaqués de spleen et de frénétiques coloristes qui ont accrédité en Europe un Orient ignorant et stérile, endormi à l'ombre de sa fainéantise et de sa lâcheté.

Maintenant que nous avons rappelé le glorieux passé de l'Orient, sa part de travaux scientifiques, littéraires et industriels apportée au grand œuvre de la civilisation, nous devons montrer ce qu'il est dans le présent, à l'Exposition universelle de Paris. Nos lecteurs pourront ainsi comparer et juger en dernier ressort, si l'Orient, que menace le panslavisme russe, a tort de lutter au nom de son indépendance par le cœur et les bras de ses Turcs, de ses Égyptiens, de ses Arabes, et de vouloir maintenir sa place au soleil des peuples libres.

CHAPITRE II.

Exposition de l'Algérie. — Fabrication indigène.

L'exposition algérienne est plus qu'un succès : c'est un triomphe salué par des acclamations unanimes. L'Algérie vient de remporter une victoire décisive ; elle a mis en déroute les derniers partisans du système Desjobert, qui prêchaient avec la ténacité d'un *Delenda Carthago* l'abandon d'une colonie *dispendieuse* et *stérile*. Il n'est pas permis, même au parti pris, de douter du brillant avenir de l'Algérie après avoir vu ses magnifiques produits à l'exposition universelle.

Près de trois cents indigènes ont envoyé à Paris des échantillons consistant principalement en articles à leur usage. Nous examinerons les produits de nos colons que l'on achève de placer dans la grande salle de l'annexe, après avoir rendu compte des envois des indigènes arabes, kabyles, juifs et nègres.

Oui, les nègres eux-mêmes, que l'on chasse comme des sangliers dans les contrées du Soudan, que l'on achète pour quelques boudjous ou pour un millier d'aiguilles sur les marchés du désert, les nègres, vivant libres à Alger sous la protection de la loi française, participent aux progrès de la civilisation et sont admis à l'Exposition universelle de Paris. La grande famille des industriels n'entend pas diviser l'humanité en plusieurs espèces, comme ces naïfs know-notings d'Amérique et certains savants trop orgueilleux de leur génie. Pour elle, il n'y a qu'un homme, qu'il soit nègre ou albinos, blond ou brun, nature ou géant, et qu'une grande loi : le travail.

A ce point de vue, les nègres méritent le plus vif intérêt, car ils s'acquittent, en Afrique, des charges les plus rudes avec un courage, avec une résignation toute musulmane. Le gouvernement provisoire de la république, en les déclarant libres sur le territoire de nos colonies, leur a rendu pleine justice.

Les nègres ont signalé leur adresse dans les ouvrages de vannerie. Leurs nattes, paniers, corbeilles, mannes de toutes formes à fermeture hermétique, ornés de houppes en laine jaune et de petites lanières de drap écarlate, sont admirablement tressés et d'une solidité à toute épreuve. Nous en dirons autant des chapeaux-parasols de paille coloriée à haute forme cylindrique et à larges rebords, rehaussés de plumes d'autruche, qui servent de coiffure aux chefs du désert et aux caravanistes. Ces chapeaux sont imperméables.

La négresse Zahra, d'Alger, originaire de Tombouctou, a exposé une ceinture soie et laine, chargée de coraux, de nacre, d'amulettes en maroquin, d'os sculptés, de grains d'or, de petits grelots qui forment d'étranges entrelacements. Dans les dessins extravagants auxquels se livrent les négresses de l'Afrique, les ornements de ces ceintures font une harmonie à peu près semblable à celle des mules d'Espagne avec leurs clochettes.

Nous ne féliciterions pas moins Lella Zahra de son ingénieux travail, si nous n'étions persuadé que cette négresse de Tombouctou, complétement étrangère aux livres, se soucie fort peu de nos éloges imprimés.

Les vitrines de l'Exposition consacrées aux articles de fabrication indigène figurent exactement, par la quantité des objets qu'elles contiennent, ces bazars de l'Afrique où l'on trouve pêle-mêle haïks, babouches, robes, culottes, caftans, écharpes, tapis, instruments de musique, armes, etc. Comme nos marchands du Temple de Paris qui accrochent, à côté de la brillante défroque d'un gentilhomme, une dépouille de poète pendu ou d'assassin exécuté, les négociants juifs et maures ne savent rien disposer ni mettre à la place convenable. L'œil doit chercher ce qui lui plaît dans ce salmigondis d'étoffes diaprées, dans cet imbroglio de soies, d'or et de pierreries.

Les juifs se sont faits les banquiers, les orfèvres, les bijoutiers de l'Afrique. Pas une paillette d'or, pas une parcelle d'argent qui ne passent entre leurs mains. Ils ont habilement profité du dédain chevaleresque des Arabes pour le travail des métaux. Les juifs d'Alger, de Constantine, d'Oran, que nous ne désignerons pas nominalement, car ils s'appellent tous Moïse ou Jacob (ils portent le même nom, exercent le même métier et font de père en fils la même fortune), ont exposé des porte-monnaie, des sachets en velours bleu brodé de fils d'or, divers bracelets ciselés et émaillés, des bagues, des chaînes et colliers de plusieurs sortes, des agrafes pour les haïks de femmes, de lourds anneaux de pied en argent massif, des boucles d'oreilles corail ou s'arrondissant en cercles ou imitant les replis du serpent.

Tous ces bijoux sont plutôt remarquables par leur solidité que par l'élégance de leur exécution. Du reste, il faut tenir compte de la manière d'opérer de l'orfèvre juif. Pour outils, il a un marteau et un mauvais ciselet, pour ustensiles un fourneau et un soufflet en peau de chèvre, pour établi quelque tronc d'olivier ou de caroubier, pour siège une natte de palmier, et pour boutique une échoppe d'un mètre carré. On ne peut pas, après cela, se montrer très-exigeant.

Nous avons remarqué une délicieuse petite armoire de nacre coraillé renfermant un miroir, meuble si cher aux Mauresques d'Alger.

Si les Arabes méprisent les travaux d'orfévrerie, en revanche ils excellent à travailler la laine et le maroquin. Quelle richesse de broderies ! quelle fantaisie d'ornementation ! quelle vivacité de nuances ! Comme les arabesques capricieuses serpentent avec grâce sur les burnous, sur les selles, sur les caftans ! Chaque pièce de laine surchargée d'un labyrinthe de dessins que tracent les fils d'or et les soies de diverses couleurs, rappelle à l'imagination les merveilleux poèmes des Orientaux, dans lesquels l'importance du sujet disparaît sous la profusion des détails.

Les ouvriers arabes sont d'une dextérité incroyable pour qui ne les a pas vus à l'œuvre. Orfèvres, selliers, cordonniers, tailleurs, travaillent presque toujours au grand air. Accroupis sur le seuil de leur gourbi, ils brodent le maroquin de fils d'or ou forment la trame légère d'un burnous en se servant de leurs doigts de pied comme d'une attache, avec une véritable agilité de singe.

Ahmed-ben-Ali, fabricant de tissus à Alger, a exposé plusieurs étoffes à l'usage des femmes arabes, tels que haïks et foutas fond écru à raies rouges et bleues, roses et blanches, d'une finesse extrême de tissu et d'un fort bon goût; Saïd-ben-Kroled, de la tribu des Beni-Abbès, des burnous en grosse laine brune; Bel Gaïd, cadi à Oran, un burnous et un haïk blanc à franges et à glands de soie dont il faut louer l'abondance de la matière et la netteté du travail; Mohammed-bel-Arbi, de larges ceintures en grosse laine grenat à franges jaunes, rouges et bleues, si utiles comme hygiène aux femmes arabes; Hadj Ahmed, des *reit*, cordes en poil de chameau avec lesquelles les Arabes se ficellent la tête et maintiennent leur haïk; Jacob Khalfoun, de Tlemcen, un long châle de juive fond laine rouge et bordures massives d'or; Liaou-ben-Kemoun, un caftan de juive soie orange cannetillé d'or; M. Solal, d'Alger, un ample burnous de bach-agha en drap rouge (le rouge est le signe d'investiture des dignitaires arabes) d'une teinte très-vive, rehaussé de broderies aux contours et de glands d'or; Ben-Ali-ben-Zivdjeh, de Tlemcen, un haïk blanc à raies jaunes, vertes, cramoisies, dont le tissu soie et laine paraît de bien frappé. La ville de Tlemcen possède 240 métiers servis par 120 fabricants indigènes.

Une femme arabe, Fatma Embark, a tissé un gandourah (longue blouse sans manches) en mariant la soie au poil de lièvre. Ce gandourah est irréprochable au point de vue de la délicatesse et de l'exécution du travail. Les femmes arabes sont fort expertes dans le tissure des gandourahs et des burnous. Sous toutes les tentes il y a un métier formé grossièrement par des roseaux de Coléah entrelacés devant lequel les épouses de l'Arabe sont accroupies du matin au soir. Ce sont elles qui fabriquent les tapis, les sacs de charge, les burnous. Les femmes du Sahara ont une renommée toute spéciale pour la confection des burnous.

Madame Luce nous a envoyé les étoffes composant le costume complet des Mauresques d'Alger : chemises de gaze à manches brodées, pantalons flottants de mousseline transparente, gilets à épaulettes paillettées ; robes en velours rouge lamées d'or ; écharpes et bandelettes cannetillées d'argent, brodées de fleurs éclatantes de toutes nuances ; fouta (pièce d'étoffe qui s'enroule autour des hanches et tombe jusqu'aux pieds) en laine blanche très-fine à franges de soie ; mouchoirs de tête, coiffes en soie rouge, calottes brodées d'argent, tortillées de perles et de corail ; cheveux nattés avec des rubans bleus et des fils d'or; voiles en crêpe, haïks laine et soie; souliers de velours à paillons d'or.

Que pensez-vous d'un costume aussi compliqué ? Encore n'avons-nous pas parlé des accessoires : agrafes de haïks, miroirs renfermés dans de mignonnes armoires de nacre, porte-musc à glands de soie coraillés, écrans d'ivoire en forme de drapeau déployé, éventails de plumes d'autruche, anneaux de pieds, bagues, cercles d'oreilles, colliers de perles, sachets d'odeur, etc. C'est vraiment le dédale de l'habillement. Les Mauresques, aussi orgueilleuses sous cette livrée que l'âne chargé de reliques de la fable, passent leur temps, comme les comédiennes, à se mirer, à ajuster leurs étoffes multicolores, à se peindre en rose les ongles et les lèvres, à donner à leurs yeux, au moyen du kohoul, un feu et un éclat irrésistibles.

Malheur au conscrit sur qui tombe ce regard plus brillant que le soleil, plus acéré que la flèche de Cupidon!

Toutes les étoffes sorties des ateliers de madame Luce se distinguent par l'élégance, l'heureuse harmonie des nuances, et surtout par un cachet oriental sans alliage de mode européenne. Signalons aussi dans la belle exposition de madame Luce les pagnes de négresse aux couleurs vives, et les portières mauresques en mousseline claire à grands dessins bariolés.

Aldenis venait de terrasser l'hôtelier lui-même et s'apprêtait à l'étrangler.

Rien de moins oriental que le gilet en drap noir et lamé d'or de M. Solal, qui est coté 2,000 fr. A ce prix, qui voudrait se passer de gilet?... Il ne faudrait pourtant pas appliquer de l'or sur nos gilets et nous les expédier d'Alger en nous les donnant pour des vêtements indigènes. Si peu connaisseur que nous soyons, nous savons encore distinguer un gilet de la *Belle Jardinière* ou du *Prophète* d'un tremblah d'Africain. Mais M. Solal, prévoyant sans doute cet échec, a su prendre d'avance sa revanche. Il nous a envoyé deux gracieux burnous, sortie de bal en laine blanche, dont les exquises broderies à la poitrine, aux emmanchures, aux bordures en soie orange et bleue, font ressortir la finesse, la limpidité du tissu. Nul doute que les dames européennes, à l'exemple des dames algériennes, ne consacrent bientôt à la mode de ces élégants burnous pour la sortie du bal et du théâtre; ils remplaceraient avantageusement les horribles mantes à capuchons.

Depuis quelques instants, nous entendons crier dans les vitrines le Marocain, qui sollicite l'examen de ses selles et de ses chaussures. Nous y sommes. Commençons par les chaussures; elles répondent toutes à l'appel: les belgha, savates jaunes du Maroc; les guergues, les temagues, bottes du cavalier arabe, en filali orné de gaufrures et de lacets d'argent sur la couture, recouvertes d'une bande de cuir extérieure découpée en cœur; les sabbats, souliers à pointes recourbées, garnis à l'intérieur de soie cramoisie, couverts en velours pourpre brodé en or fin et rehaussé de paillons; les sandales d'alfa; enfin, jusqu'aux chaussures en peau de bœuf dont se servent les nomades du désert. Un certain nombre de ces chaussures viennent de Tuggurt et de Laghouat; la plupart de la province d'Oran, de Maskara et de Tlemcen, villes qui possèdent les ouvriers belghadjis les plus habiles.

Nous ne citerons que notre excellent ami Mohammed, avec qui il y a deux ans nous jouions aux damah dans les cafés maures de Maskara. Nous ne nous doutions pas certes à ce moment de notre vie que nous aurions le plaisir de faire son éloge dans ce livre. Mais quel homme sait son lendemain?

L'exposition de la sellerie indigène est fort belle. Rien n'étonne le regard du visiteur comme ces selles à montants, à hauts rebords, entre lesquels le dos et l'abdomen de l'Arabe sont emboîtés, ces larges étriers argentés et coraillés, ces terribles éperons, longs morceaux de fer à la pointe aiguisée, tout ce harnachement somptueux et sauvage à la fois.

Ismaïl-ben-Mustapha-Khodja, d'Alger, a envoyé une riche selle en velours rouge à large bordure d'argent. Cette selle est bien coupée et d'une jolie cambrure. Mais le prix de l'élégance revient incontestablement à Ahmed-Habib, qui a exposé une selle recouverte en velours bleu brodé de fils d'or et de soie orange. Les têtières, les brides, les sangles du poitrail sont en velours rouge étoilé de rosaces or et argent; les dessins de quelques lanières pastichent la peau bigarrée du serpent.

On comprend que les petits chevaux arabes se montrent fringants et fiers sous ce riche harnachement, qui rendrait fou de joie un mendiant si on le lui mettait sur le dos.

Mohammed-ben-Kroura, caïd de Maskara, a exposé une selle très-belle et très-simple en maroquin rouge rehaussé de broderies d'or.

Nous avons vu les grandes ceintures de combat (mahazema kebira) avec porte-pistolets, grande et petite cartouchière, le tout piqué de fils d'argent, brodé de caractères arabes.

Abd-el-Kader (pas celui de Brousse), de Tlemcen, a exposé des cartouchières en maroquin rouge rehaussé de gaufrures, piqûres en soie, broderies en or sur velours noir; — des djebira (gibecières de

En effet, un individu à figure de fouine parut au fond du corridor.

cavaliers) brodées en argent fin, semées de paillettes, fermées avec des glands de corail; des chkara (sacs à tabac) en drap noir moucheté de cannetilles. L'originalité des dessins, le style franc des arabesques, le travail soigné, signalent les objets exposés par Abd-el-Kader.

Les Kabyles sont les armuriers et les forgerons de l'Algérie. On recherche leurs sabres (flissa) et leurs fusils. L'industrieuse tribu des Beni-Abbès (province de Constantine) a envoyé à l'exposition plusieurs platines de pistolets et de fusils fort bien forgées, des poudrières sculptées en bois d'olivier, des yatagans, des flissa à poignée d'argent ciselé, des fusils au long canon cerclé de lames d'argent, aux batteries à rouet dorées, à la petite crosse d'ivoire ou de thuya incrustée de coraux, des fourreaux en velours brodé de fils d'or.

Nous ne parlerons que pour mémoire de la poterie kabyle en terre, peinte rouge et noir, qui est informe et sans style. Parmi ces gargoulettes, ces plats, ces écuelles, ces jarres grossières, ce qui nous a paru le plus curieux, ce sont quatre cruches se tenant ensemble par les anses, et des porte-chandelles à plusieurs branches reposant sur une plate-forme imitant la demeure kabyle, le gourbi. Citons cependant les peaux de boucs à goulot (*guerbas*), que les femmes vont remplir aux sources; les porte-bougies style mauresque, en bois colorié; les etites tables arabes, qui ressemblent à un crible posé sur quatre bâtons de chaise; les énormes plats en bois sur lesquels on sert un mouton entier; les *tassa*, tasses en cuivre pour puiser l'eau; les *guessaa*, écuelles en bois pour manger le couscoussou.

La tribu des Moatla (province de Constantine) a exposé des sacs à bijoux (ghrerara), des sacs de charge en laine, des hamais, différents tapis en laine abondante rayée noir et gris, des tissus à raies où sont mêlés la laine et le poil de chèvre, des tissus imperméables pour tentes en poil de chameau, en grosse laine et barbe de palmier.

N'avons-nous rien oublié? Avons-nous mentionné les élégants fourneaux de pipes à fumer le hachich, les œufs d'autruche coloriés et encadrés de filets de soie à glands d'or, les porte-essences enjolivés d'arabesques, les peignes en bois d'oranger, les portefeuilles en maroquin doublé de velours bleu, les coussins brodés en argent sur fond de drap rouge, les amulettes et talismans historiés, les colliers de graines de palmier, les chapelets en pastilles d'ambre, etc.? Il y a de quoi se perdre dans ce dédale d'objets. Qu'il nous suffise d'avoir donné cet aperçu général des productions indigènes.

Pour juger en connaissance de cause l'état actuel de l'industrie arabe, il faut se rendre compte du milieu routinier où elle se manifeste. Les Africains n'ont pas d'écoles d'arts et métiers, pas d'enseignements scientifiques. Leur industrie, comme leur société, est à l'état patriarcal. Le maître de chaque tente sème son blé, conduit ses moutons au pâturage pendant que sa femme tisse sous la tente les vêtements nécessaires à la famille.

Il y a bien des corporations, mais les ouvriers composant ces corporations ne consacrent pas leur vie à un métier; venus du fond du désert et de la Kabylie, ils désertent Alger, Oran, Constantine, dès qu'ils ont gagné un pécule suffisant pour acheter un gourbi, un fusil, un cheval et une femme. Leurs notions acquises meurent avec eux, et jamais les enfants de ces industriels ne reprennent, ne continuent l'œuvre interrompue de leur père, comme en Europe. Dans ces conditions, l'industrie d'un peuple ne saurait progresser; elle ne peut que décliner. En effet, les Arabes ne se sont pas maintenus à la hauteur de leurs ancêtres, qui, au moyen âge, couvraient le monde de richesses industrielles, et qui avaient alors une renommée universelle comme tanneurs, fondeurs, ciseleurs, fourbisseurs d'armes; comme fabricants d'étoffes, de tissus de laine, de soie et de lin.

Si les Arabes ont décliné, ou tout au moins s'ils sont restés stationnaires dans leur industrie pendant que l'Europe a marché, ils n'ont pas perdu cependant leur dextérité, leur sûreté de main, leur esprit ingénieux. L'exposition présente prouve qu'ils peuvent exercer avec succès les arts mécaniques. Les Africains ont compris les avantages de nos méthodes agricoles; pourquoi ne comprendraient-ils pas ceux de nos procédés industriels et ne deviendraient-ils pas d'un utile secours à la colonie, qui manque toujours d'ouvriers?

Nos colons ont toujours eu à se louer des services industriels qu'ils ont demandés aux Arabes.

L'introduction de l'industrie européenne dans la vie arabe relèvera la femme de son abaissement. L'Africain qui achète une femme mesure les douros à sa constitution, s'enquiert des forces corporelles de sa future épouse, de son organisation, comme les maquignons s'inquiètent dans les foires de savoir si les animaux exposés n'ont pas de vices rédhibitoires. Une fiancée délicate vaut, par contrat signé devant le cadi, trente ou quarante douros de moins qu'une fiancée robuste. Quand l'industrie européenne aura créé des légions d'ouvriers indigènes et simplifié leurs travaux manuels, l'Arabe ne se damnera pas de gaieté de cœur au milieu de deux, trois ou quatre femmes qui se battent presque toujours entre elles, mais qui sont actuellement nécessaires à son existence matérielle, puisqu'elles sont chargées des plus rudes travaux et qu'elles forment les seules classes industrielles de l'Afrique. La polygamie n'ayant plus de raison sociale, de nécessité mercantile d'exister, l'Arabe, comme l'Européen, pratiquera la monogamie, état normal de l'homme; il épousera l'âme d'une femme et non les muscles d'une bête de somme.

Il appartient à la France de tirer parti de la nature bien douée des Arabes en créant spécialement pour eux un certain nombre d'écoles d'arts et métiers à Alger, à Constantine, à Oran, dans lesquelles ils s'initieraient rapidement à la connaissance de nos procédés, à la mise en œuvre de l'industrie européenne. Ainsi la conquête française, guérissant elle-même, comme la lance d'Achille, les blessures qu'elle a faites, aurait la gloire, après avoir fertilisé le sol de l'Algérie, de gagner à la cause du progrès et de transformer la race arabe, si digne d'intérêt par son brillant passé, son noble caractère, ses grandes passions et son intelligence d'élite.

CHAPITRE III.

Céréales. — Minoterie. — Nouvelles tendances des Arabes. — Essences et parfums. — Librairie et journalisme.

Il n'est pas facile d'aborder les produits versés à profusion au centre de la grande galerie de l'annexe par la corne d'abondance algérienne.

Par où commencer?

Nous engagerons-nous audacieusement au fond de ces riches forêts de chênes-liéges, de thuyas, de lentisques, d'oliviers, de caroubiers, que peuplent des tribus mal soumises ou des animaux encore plus insoumis?

Nous arrêterons-nous devant cette belle exposition de céréales, échantillons pris aux moissons qui balancent dans les vastes plaines de l'Afrique leurs blonds épis?

Ou bien suivrons-nous courageux travailleurs qui ouvrent comme d'habiles anatomistes les entrailles

Les montagnes d'Oued-el-Hammam.

de la terre pour en extraire la pierre, le marbre, le fer, le cuivre, le plomb?

Mais voici le cotonnier qui nous sourit par ses blanches capsules, les plantes tinctoriales qui pastichent la robe multicolore du caméléon, les peaux de tigres, d'hyènes, de panthères, qui se gonflent et nous regardent avec des yeux de sphinx, les diverses races de moutons qui bêlent dans leur bergerie de verre, les rouleaux, les feuilles de tabac que trahit leur odeur parfumée, les vins liquoreux de la province d'Oran qui se mettent de la partie, et, dans leur impatience, font sauter les bouchons, les patates, les limons, les oranges, les fruits confits, que sais-je encore! Cette Cybèle africaine laisse tomber de sa robe éclatante tant de richesses, qu'il aurait fallu renoncer à les analyser si le catalogue rédigé par M. Duval avec une intelligence et des soins incessants au-dessus de tout éloge n'avait servi de cicerone aux visiteurs par le classement méthodique de ces innombrables produits.

Ab Jove principium. Commençons par le blé, principe nourricier, principal souci, suprême occupation de l'espèce humaine. Le peuple romain avili, qui avait perdu la république, demandait même avant les ignobles jeux du Cirque le pain de son ventre, *panem et circenses*. Que de bonnes joies apportent à des millions d'hommes les années fertiles, que de souffrances et de tristesses accompagnent les années infécondes! Jean-qui-pleure et Jean-qui-rit. Y a-t-il rien de plus féroce au monde qu'un homme affamé, sinon celui qui est trop repu? Avez-vous lu dans l'histoire les tragédies sanglantes de la faim, les récits lamentables des famines de ce moyen âge tant prôné par la gent cagote, où l'on voyait le frère dévorer le frère, l'enfant pendu à la mamelle de sa mère expirante, l'homme-tigre avec ses yeux hagards, son visage bleui, cherchant quelque moine obèse à mettre sous ses dents aiguisées?

Non, grâce à Dieu, l'Europe, dont les flancs semblent s'épuiser, ne reverra pas de semblables calamités publiques. Ses colonies, en reconnaissantes et bonnes filles, nourriront leur mère, et l'Algérie la première a donné l'exemple. En 1853, elle a fourni à la France un million d'hectolitres de céréales d'une valeur de quatorze millions de francs; en 1854, l'importation en céréales s'est élevée presque au double.

Un grand nombre d'échantillons des trois provinces de l'Algérie ont trouvé leur place sous deux arcades mauresques devant lesquelles s'arrête le public émerveillé de l'exposition pour admirer les touffes de blé, les paniers d'oranges, de limons, de cédrats, de colocases, les bocaux de fruits confits. Des vitrines latérales qui relient les arcades contiennent les graines, blé, orge, avoine, et les farines par année, par récolte, de manière à faciliter à l'amateur l'examen comparatif des produits.

En 1855, les exposants de céréales ont été nombreux. A l'exposition de 1849, onze colons cultivateurs seulement se présentèrent. Il y a progrès dans la qualité des produits aussi bien que dans le chiffre des exposants. Les grains sont plus lourds et plus pleins, les farines rendues plus blanches, de meilleure qualité, surtout celle provenant du blé tendre.

Une belle gerbe de blé tendre géant a été obtenue cette année à la Pointe-Pescade, sur la propriété de M. Laperlier, par les soins du fermier espagnol Aracil. Le semis de 21 kilogr. a rendu 500 kilogr. Nous féliciterons M. Laperlier d'avoir mis en évidence le nom de son fermier, exemple que tous les propriétaires exposants auraient dû suivre, car le travail et le travailleur méritent toujours le premier rang et la première mention.

Les cultivateurs algériens, tant européens qu'indigènes, ont cultivé pendant l'année 1854 483,616 hectares ayant produit 5,281,346 hectolitres, d'un rapport de 105 millions de francs. D'après ces chiffres, on peut se convaincre que l'Afrique ne perdra pas de sitôt sa classique réputation de grenier à céréales.

La question des substances alimentaires étant à l'ordre du jour, nous croyons utile d'appeler l'attention des économistes du jour, sur l'Algérie, qui de tout temps a été un pays privilégié pour la culture des céréales. Dans l'antiquité, l'Afrique était représentée sous la figure d'une femme tenant un épi dans chaque main, et debout sur un vaisseau chargé de blé. Après avoir soumis cette contrée, les Romains en firent le *grenier de l'Italie*, et ce surnom lui est resté comme signe distinctif d'une aptitude spéciale à produire les céréales.

Dans un chapitre de son *Histoire naturelle* ayant pour titre : *De la fertilité du blé en Afrique*, Pline a réuni de nombreux témoignages d'une fécondité exceptionnelle. Un boisseau de blé, dit-il, en produisait jusqu'à 150. L'intendant de l'empereur Auguste lui envoya un épi de froment d'où sortaient près de 400 tiges, toutes provenant d'un seul grain; celui de Néron lui envoya également 360 tiges de froment provenant d'un seul grain. Pline mettait le blé de la province d'Afrique au nombre des blés les plus estimés de son temps pour le poids et la qualité. Au moyen âge, les grains furent une des principales marchandises d'échange des États barbaresques avec l'Europe. Aux dix-septième et dix-huitième siècles, la compagnie française des concessions d'Afrique trouvait une source importante de bénéfices dans l'achat sur les côtes d'Alger d'une quantité considérable de grains qu'elle vendait avec grand profit en Provence, dans le bas Languedoc, en Espagne, en Italie. De 1792 à 1798, les blés de la régence d'Alger concoururent à l'approvisionnement des armées et des populations méridionales de la France, source première du conflit qui amena la conquête d'Alger.

Continuant le rôle historique, l'Algérie, dans ces dernières années, a commencé à expédier en Europe des quantités considérables de grains, dont le chiffre, pour 1854, s'est élevé à 1,033,718 hectolitres de blé, 459,048 hectolitres d'orge, soit 1,592,766 hectolitres de grains, plus 3,727,157 kilogrammes de farine, et 2,696,117 kilogrammes de pain et biscuit de mer. Ces chiffres paraîtront d'une éloquence irréfutable si l'on réfléchit que l'Europe ne peut trouver annuellement que treize millions d'hectolitres sur le marché général du monde.

Les cultures de 1854 en céréales (blé, seigle, orge, avoine, maïs) comprenaient 407,852 hectares, qui ont produit 9,124,571 hectolitres de grains d'une valeur de cent trente-cinq millions de francs.

L'une des productions algériennes d'un grand avenir comme plante alimentaire pour la France, c'est, sans contredit, le blé *dur* d'Afrique. Les blés *durs*, outre leur forte consistance qui les rend plus faciles à conserver, sont supérieures aux blés *tendres* en puissance nutritive; ils rendent une farine moins fine, mais plus abondante.

Il ressort d'une analyse faite récemment au laboratoire de chimie de la Sorbonne que les blés durs d'Afrique contiennent sur 100 kilog. 14 kilog. 780 gr. de gluten sec. Les blés durs d'Auvergne n'en renferment sur 100 kilog. que 10 kilog. 055 gr. Les blés durs d'Odessa donnent sur 100 kilog. 1 kilog. 540 gr. de gluten sec. Ces analyses prouvent donc que les blés durs d'Afrique sont aussi riches, soit en principes nutritifs, soit en rendement, que les blés durs de la mer Noire, qui sont les meilleurs blés de l'Europe.

Une des conditions essentielles de la bonne confection des pâtes, c'est qu'elles soient faites avec des blés durs, les seuls dont on puisse obtenir la semoule, car les blés tendres ne donnent que des gruaux. Jusqu'à ces derniers temps les blés durs servaient en France à la fabrication des pâtes dites d'Italie, vermicelles, macaronis, nouilles, taglioni, mandarini, étoiles, avaient été tirés principalement d'Odessa, de Taganrog et de Sicile, blés qui ont fait la réputation des pâtes de Gênes et de Naples. Mais plusieurs fabricants français ont pris l'initiative depuis quelques années d'employer les blés algériens dans la confection des pâtes, et peu à peu ont donné à leur emploi d'assez grands développements, à ce point que l'on fabrique d'aussi bonnes pâtes aujourd'hui en Auvergne, à Lyon, à Paris, qu'en Toscane. Les semoules qu'on obtient des blés durs d'Afrique sont de toute beauté; les semoules et les pâtes provenant des blés durs d'Algérie, comme celles des blés exotiques, ont l'avantage d'être d'un goût excellent, de se gonfler et de tenir fermes à la cuisson. Quant aux qualités supérieures des blés d'Algérie, elles donnent les mêmes avantages que celles de la mer Noire et de la mer d'Azoff; elles sont préférables pour le goût à tout autre blé. La fabrication des pâtes peut donc trouver en Afrique tous les éléments désirables et contribuer au développement de la richesse coloniale, car la consommation des pâtes faites uniquement de blé dur devient de jour en jour plus générale; elles remplacent en partie le pain.

Pour donner à nos lecteurs une idée complète du parti que l'on peut tirer du blé dur de l'Algérie, il nous reste à citer des expériences décisives qui viennent d'être faites par M. Ollivier, ancien syndic de la boulangerie à Alger. M. Ollivier a fabriqué lui-même avec le blé dur algérien du pain savoureux, très-blanc, excellent, qui peut être livré à la consommation à un prix bien inférieur à celui du pain d'égale qualité fait avec des blés ordinaires.

Du reste, voici les bases sur lesquelles M. Ollivier a opéré. L'administration a mis à sa disposition 676 kilogr. de blé dur d'Algérie qui ont produit 576 kilogr. de farine, dont 452 kilogr. ont été employés à la fabrication du pain blanc et 124 kilogr. pour celle du pain bis.

Les 452 kilogr. de farine blanche ont servi à faire trois fournées. La première a donné un rendement de 40 pour 100; la deuxième fournée a donné 45 pour 100, et enfin la troisième 50 pour 100. Ce dernier résultat est vraiment admirable.

Ainsi, somme toute, les 452 kilogr. de farine fournissent 633 kilogr. de pain blanc qui, vendus à 40 centimes par kilogr. au-dessous de la mercuriale actuelle, soit 41 centimes le kilogr., donnent un total de 259 fr. 35 c.

En calculant sur le pied du même rendement, les 124 kilogr. de farine bise fournissent 173 kilogr. de pain de deuxième qualité vendus à 40 centimes au-dessous de la mercuriale actuelle, soit à raison de 33 centimes le kilogr.; ces 173 kilogr. de pain rapportent 56 fr. 9 cent. Les issues représentent une somme de 26 fr. 62 cent.; enfin, en admettant pour frais généraux les 7 fr. par sac de 100 kilogr. alloués aux boulangers, on arrive à la balance suivante : la dépense a été de 292 fr., la recette de 342 fr. 24 c. Il reste en boni le chiffre de 49 fr. 83 c.

Ces magnifiques expériences ont été suivies et contrôlées par des hommes compétents.

Le poids des blés durs d'Afrique est en moyenne de 79 kilog. l'hectolitre; mais ce poids arriverait à dépasser celui du blé de Taganrog si la terre, aujourd'hui à peine écorchée par les laboureurs arabes, était convenablement travaillée, si elle était remuée et défoncée assez profondément, pour que les racines puissent s'étendre, y puiser une sève plus abondante, et si les blés des semailles étaient choisis avec plus de soin. Dans le système actuel de labourage arabe, s'il y a sécheresse, les racines trouvent un sol trop dur; si les pluies sont abondantes, ou les racines périssent, ou la tige pousse en paille et n'a pas assez de substance pour donner du grain.

Les terres bien travaillées par les colons français sont au contraire très-fertiles en bon blé, et il importe de pousser les Arabes à adopter de meilleures méthodes de labourage, car quelques bénéfices que l'on puisse trouver en Afrique dans l'exploitation des mines et des forêts, dans la récolte des huiles d'olive, des foins, des vins, des cotons et des vers à soie, la vente des blés donnera pendant longtemps encore les produits les plus considérables.

Les blés les plus estimés sont ceux de Bone, au grain allongé, bien nadré et très-fin; ceux de Constantine, de même nature et d'un bon poids; ceux d'Oran, ceux de Médéah, très-blancs et très-clairs; ceux de Milianah, blés de premier ordre, et généralement ceux des environs d'Alger, qui fournissent de très-bons blés durs et de magnifiques blés tendres.

Étes-vous pour le blé tendre, à l'écorce claire et blonde, que nos colons ont importé, ou pour le blé dur indigène? La lutte est engagée entre ces deux races de grains. Nos colons semblent préférer au blé dur, qui donne pourtant des produits plus considérables, plus nutritifs, et s'accommode de tous les terrains, le blé tendre, d'un meilleur débit sur la place en raison de sa blanche et fine farine. Néanmoins ces deux races de grains se sont améliorées parallèlement. Les blés tendres pèsent en moyenne 70 kilogr. à l'hectolitre, les blés durs 80 à 85 kilogr.

Parmi les exposants, nous devons citer MM. Grandeury, Delay, Kaczanowski, Thierry, Briffat, qui ont envoyé des échantillons de blé dur et tendre très-beau, d'un poids considérable et d'une maturité parfaite.

La belle colonie de Saint-Denis-du-Sig a exposé du froment sans barbes, à gros épis d'un blanc jaunâtre bien pleins et de très-bonne qualité; de l'orge du pays, arrosée une seule fois, d'une grosseur de grain surprenante; des touffes de blé, semence originaire de Sicile et d'Angleterre; des plantes fourragères, sainfoin, luzerne, provenant de prairies bien arrosées. Son avoine ne laisse non plus rien à désirer.

La minoterie ne le cède pas à l'agriculture. On ne peut imaginer rien de plus fin, de plus blanc que les farines et les semoules exposées. Nous voudrions apporter ici les témoignages enthousiastes de quelques boulangers de Paris et de la province devant ces vitrines qui constatent la perfection de la minoterie de la colonie, dont un grand nombre de cours et de chutes d'eau ont servi à l'installation de moulins à blé. La province d'Alger compte déjà 47 minoteries, celle de Constantine 52 et celle d'Oran 61, qui représentent un capital de trois à quatre millions. La plupart de ces minoteries emploient les excellentes meules de MM. Roger fils et Louis Rolond, de la Ferté-sous-Jouarre, qui ont une exposition dans l'annexe et des dépôts de meules vives, ardentes et ouvrières dans toutes les villes de l'Algérie.

Deux minotiers d'Oran, MM. Jacques et Tardieu, nous ont envoyé du vermicelle, du macaroni et de la semoule de blé dur indigène. Nous avons vu aussi quelques échantillons de blé indigène de beaucoup inférieur à celui de nos colons. Les races de grains sont plus petites, les gerbes moins fournies. Certains grains de blé ont rapporté aux agriculteurs européens jusqu'à 150 épis.

Nos colons doivent ces magnifiques résultats à la profondeur de leurs labours, à l'excellent choix des semences, à l'amélioration des races de grains, enfin aux instruments d'agriculture employés, aux divers systèmes perfectionnés : charrues modèles de Dombasle et de Grignon, machines à battre les grains à manèges, à fléaux mobiles. Le rendement de la culture européenne a l'avantage d'un tiers sur la culture indigène.

Les Arabes, après avoir brûlé les broussailles et les palmiers nains qui couvrent la terre, l'effleurent du soc de la charrue; rarement ils se donnent la peine d'un second labour, même sur les terrains garnis d'herbes à travers lesquelles ils jettent leur semence. Au moyen d'une petite faucille à dents ils coupent les épis à l'extrémité supérieure de la paille, puis ils les font fouler sous les pieds de leurs chevaux et de leurs bœufs, et enfouissent leur récolte dans de grandes fosses appelées *silos*.

Cependant les Arabes acquièrent chaque jour à notre contact des notions nouvelles. Ils ne possèdent pas encore nos moyens perfectionnés de labour, mais ils s'emparent de quelques-uns de nos procédés agricoles qu'ils mettent en pratique. En outre, leurs cultures s'étendent sur une plus large échelle. Comprenant le danger de la colonisation européenne qui aurait pu les absorber, les Arabes s'approprient maintenant la terre de manière à ne pouvoir être dépossédés.

Un mouvement complètement opposé à celui qui a suivi les premiers temps de notre occupation en Algérie se manifeste actuellement parmi les Arabes. À l'exemple de leur ancien émir Abd-el-Kader, qui cultive son jardin à Brousse et fait paître ses chèvres comme un berger de Florian, les Arabes semblent avoir oublié leur fanatisme guerrier, leurs farouches haines des chrétiens, pour ne songer qu'aux soins de la vie matérielle. Ils ne résistent plus à la conquête française, ils l'exploitent bel et bien. Autrefois ils fuyaient loin de nous, déplaçaient leurs douars, emportant leurs tentes, aujourd'hui leurs tribus se pressent autour des villes françaises. À la tente nomade a succédé le gourbi fixe de haouch (ferme) entouré de plantations d'oliviers et de mûriers; au haouch, la maison européenne à un étage. Les chefs arabes seuls, bach-aghas, caïds, cadis, ont eu jusqu'ici l'audace de bâtir à trois étages. C'est l'histoire de l'humanité. Les plus audacieux marchent en avant à leurs risques et périls, tandis que le gros bataillon s'avance lentement, sondant le terrain avant de risquer un pas de tortue.

Les Arabes du département d'Alger ont construit à leurs frais 551 maisons; ceux de la province d'Oran 483, sans compter les fondouks (caravansérails), les mosquées, les écoles, les novias, puits, fontaines, canaux d'irrigation. Les tribus nomades de la province de Constantine ont fait moins de progrès.

Ces nouvelles tendances à l'habitation fixe des Arabes sont en partie l'œuvre des employés des bureaux arabes, de ces missionnaires intelligents de la civilisation qui amènent à nous par la persuasion les races indigènes de l'Algérie, qui sèment la parole de progrès sous la tente, au milieu des douars et jusque dans les tribus les plus éloignées du désert, poursuivant leur glorieux but avec l'insouciance du danger et une infatigable persévérance.

Le groupe des propriétaires exploitant par leurs mains grossit tous les jours. Les khamas, si nombreux autrefois, tendent à disparaître. Le khamas est un fermier arabe qui prend le cinquième de la récolte en grains, le croît du bétail et ne doit au maître qu'une redevance en lait et la moitié de la laine. Chez les Arabes, la propriété est d'ailleurs peu divisée; quelques familles puissantes seulement ont en patrimoine particulier. Le reste du sol est réparti entre tous les membres de la tribu par le caïd ou les cheiks. Chacun prend ce qu'il peut cultiver dans son année. Manquant généralement d'instruments agricoles, de moyens d'exploitation, les Arabes ont l'habitude de réunir leurs ressources dans une intelligente association temporaire. Du reste, ils ne mettent en commun que les marais, les bois et les pacages. Il est de règle qu'une famille se fixant au sol par un établissement permanent, maison ou moulin, peut s'approprier le terrain nécessaire à son exploitation. Ce droit est consacré par le Koran comme le prix de la *vivification de la terre*.

Les indigènes cultivent l'orge jusque dans les oasis du Sahara. La plus belle variété est sans contredit l'orge à six rangs dont nous avons vu de magnifiques échantillons. Le seigle, peu cultivé en Algérie, n'offre rien de remarquable, non plus que le riz, le sarrasin, le millet, l'alpiste et le panis. Mais il faut s'arrêter devant le maïs en grande faveur chez les Arabes, qui en font un des éléments de leur cuisine, et devant l'avoine importée en Algérie et si bien venue qu'elle est recherchée aujourd'hui sur les marchés de Marseille.

En mêlant la farine de blé dur à la viande fraîche et à des légumes, MM. Callouunaud et Laurent ont fabriqué un biscuit-viande destiné à l'approvisionnement de l'armée. Leur procédé est breveté.

Mahourrar-ben-Chasin, de la province de Constantine, a voulu faire connaître aux Parisiens le mets national de l'Arabe, le couscoussou traditionnel que les femmes indigènes obtiennent en broyant péniblement le grain entre les deux pierres d'un moulin à bras, en mêlant la farine obtenue avec de l'eau pour en former des granneaux, et en faisant cuire ces granneaux à la vapeur d'un rôti.

Beaucoup d'Européens mangent sans répugnance du couscoussou. Nous lui préférons les pommes de terre, les patates douces, les colocasses du Mexique. Le sol africain n'est pas aussi favorable à la pomme de terre qu'à l'espèce dite patate douce. Cette plante, qui donne une fécule très-recherchée, a parfaitement réussi en Algérie au milieu de terrains humides, marécageux. Elle peut rendre jusqu'à 50,000 kilogrammes de tubercules à l'hectare.

Régions, pendant que nous y sommes, le compte des légumes et graines diverses qui sont presque tous sortis de la pépinière centrale de Hamma, près Alger : houblon, fenugrec, gesse cultivée, lentilles verte et grise, fèves, haricots. Nous en avons compté jusqu'à quinze variétés. Amateurs de haricots, égandissez-vous ! le haricot se multiplie, son règne est éternel. L'Algérie possède tous les légumes verts.

Au tour des amateurs de fruits maintenant, car il y en a pour tous les goûts dans ces jardins d'Armide. L'Algérie peut mettre sur notre table les fruits européens et exotiques : abricots, arbouses, avandes, bananes de la Chine, cerises, cédrats, châtaignes, figues, grenades, goyaves, dattes, nèfles, pommes, poires, noix, prunes, etc.; et des pêches, des limons, et des oranges, et des citrons admirables ! C'est le cas de chanter avec le Mignon de Gœthe aux oreilles de quelque mélancolique Wilhelm :

> Connais-tu la contrée où dans le noir feuillage
> Brille comme un fruit d'or le fruit des citronniers?
> . . . .

Une collection complète de bocaux renferme les fruits confits du bibacier, arbre de la Chine acclimaté en Algérie, du limon cédrat, du citron ballotin, de l'oranger.

La culture de l'oranger, d'abord négligée des colons, fut reprise en 1851, époque à laquelle on commença à faire quelques exportations sur les marchés de France, à Paris, Lyon et Marseille, qui furent fort bien accueillies. Nos colons reprirent courage et travaillèrent le terrain des plantations. Les résultats obtenus sont admirables. Désormais les oranges d'Espagne devront céder la place aux produits algériens; au lieu de ce cri stéréotypé de la valence et du portugal brisant notre tympan aux premiers jours de janvier, nous entendrons la chanson suivante sur le même air connu : — Mangez la constantine, la blidah, le coléah ! Ces trois villes possèdent en effet les plus belles orangeries.

La culture des orangers ne peut manquer de prendre un grand développement dans la colonie; car le revenu net de tous frais d'un hectare s'évalue de 1,000 à 1,200 francs. À l'exemple des propriétaires européens, les Arabes se mettent à cultiver l'oranger, mais ils ne labourent pas les plantations, n'éloignent ni n'émondent les arbres; aussi leurs récoltes ne peuvent se comparer à ceux de nos colons.

Des feuilles et des fleurs de l'oranger l'on extrait le néroli et l'essence de bigarade, dont les échantillons se trouvent sous les vitrines réservées à la magnifique exposition des parfums et des essences. Nous avons respiré là avec délices les senteurs aromatiques de la verveine, de l'absinthe, du thym, du romarin, de la menthe, du géranium, du petit-grain, du citron, du portugal, de la rose, du myrte, de la violette, de la tubéreuse, de la lavande, de la bergamote, du cactus opuntia, très-commun en Algérie. Il y a de quoi embaumer tout Paris.

La civilisation, qui a développé outre mesure certains sens, a négligé le plus subtil, le plus délicat, le plus pénétrant : l'odorat. En Orient, on a la bonne habitude de parfumer son corps, ses vêtements, ses appartements. La bouche des femmes distille des parfums exquis. Leur parole arrive à votre nerf olfactif chargée d'odeurs enivrantes. Nous engageons vivement la métropole française, qui nous donne trop souvent les nausées de ses turpitudes, à demander un assortiment complet d'essences aux habiles fabricants d'Alger. Les Parisiens pourront alors imiter les nababs, les radjahs indiens, qui ne congédient jamais un visiteur avant de l'avoir purifié et parfumé des pieds à la tête. L'hygiène y gagnerait.

Commencée seulement en 1851, la culture des essences a pris un grand accroissement en 1852. A cette époque l'étendue des plantations de végétaux à essences diverses couvraient une superficie de quinze hectares dans les trois provinces. En outre, les colons ont tiré un fort bon parti commercial de ces produits. Ainsi, l'essence de géranium s'est vendue à raison de 250 francs le kilogramme, celle de jasmin à 560 francs, le néroli à 400 francs et le reste proportionnellement. On a établi plusieurs distilleries pour utiliser les produits des orangers et des plantes spéciales à la parfumerie.

L'intéressante exposition de la librairie Bastide d'Alger, de M. Châtelain, imprimeur à Mostaganem, se trouve placée à la galerie du premier étage, à côté des objets de fabrication indigène. Cette curieuse vitrine renferme des pierres lithographiées en caractères arabes, tous les modèles d'écriture barbaresque, les tableaux calligraphiés et coloriés, les méthodes de lecture, les cours de langue arabe de M. Bresnier ; les divers objets à l'usage des indigènes dans leurs écoles : planchettes, étais en laurier-rose ornés de sculptures, roseaux-plumes barbaresques et de Turquie. Ces plumes-roseaux, dites *klem*, se taillent comme nos plumes à l'exception de la fente du bec, qui se pratique en dedans pour ne pas endommager l'écorce. Nos plumes ne peuvent supporter, sans faire jaillir autour de leur bec, sans déplacer les formes et les épaisseurs, l'effort exigé par l'écriture arabe, qui se trace dans un sens opposé à la nôtre. Les *tolbas* (savants) du pays tiennent et débitent les plumes-roseaux klem.

Des écoles primaires arabes-françaises de garçons et de filles ont été créées à Alger, à Oran, Constantine, Blidah, Tlemcen, Mostaganem, Bône. Les encouragements donnés aux élèves les plus avancés consistent en vêtements, en divers objets d'utilité. Ces écoles, tenues par un directeur français et un adjoint arabe, répandent avec succès la connaissance de la langue française parmi les indigènes. Elles sont très-florissantes aujourd'hui.

Un décret du 30 septembre a également institué des écoles supérieures, dites *medressa*, à Constantine, Médéah, où l'on enseigne la littérature, la théologie et la jurisprudence, pour former des sujets indigènes propres aux emplois du culte, de l'instruction publique et de la justice.

Comme un emblème de la fusion prochaine des Européens avec les diverses races autochthones de l'Afrique, le Koran, les livres arabes se mêlent aux ouvrages du général Daumas et de M. Carette : les *Mœurs et coutumes de l'Algérie*, les *Chevaux du Sahara*, l'*Exploration scientifique en Algérie*. Nous aurions voulu voir dans le cadre tous les journaux algériens : les *Annales de la colonisation algérienne*, de M. H. Pont ; les écrits de M. Jules Duval ; l'*Akhbar*, d'Alger ; l'*Africain*, de Constantine ; l'*Echo d'Oran* ; la *Seybouse* et même le *Mobacher* (Nouvelliste), feuille semi-mensuelle, imprimée en caractères arabes et envoyée par les tribus de l'administration.

En effet, l'Algérie ne doit-elle pas en partie sa prospérité aux travaux incessants des journalistes, qui ont élucidé toutes les questions ardues de colonisation, éclairé sa marche et crié, *Casse-cou!* quand elle s'approchait des abîmes? Mais nous n'insisterons pas sur les éminents services rendus par nos confrères à l'œuvre de la colonisation algérienne, de peur que le public ne nous reproche de trop prêcher pour notre saint. Pourtant nous ne croyons plus qu'à ce saint-là, quoiqu'il ne soit pas canonisé ! Il est l'apôtre universel du progrès, le *fiat lux* ; il est le fil d'Ariane des sociétés modernes; lui disparu, ce serait le chaos, la nuit éternelle. Heureusement les journalistes algériens n'ont pas le moins du monde envie de disparaître.

CHAPITRE IV.

Pépinières. — Vins et alcools. — Huiles. — Eaux thermales. — Médecine et hygiène.

Les pépinières de l'Algérie, entretenues aux frais de l'administration et dirigées par des agents spéciaux, ont puissamment contribué à la prospérité de la colonie française, en servant de terrain d'acclimatation et d'expérimentation pour les plantes, les végétaux exotiques qui ont pu être livrés aux exploitations particulières des agriculteurs, et en fournissant à des prix fort modérés aux colons les plantes, les semis, les graines dont ils ont un besoin incessant. C'est dans ces utiles établissements qu'ont été tour à tour expérimentées les cultures des céréales et les cultures industrielles, en plein rapport aujourd'hui, du tabac, du coton, de la soie, de la cochenille, de la garance et de diverses plantes tinctoriales.

Indépendamment de nombreux jardins d'acclimatation, appartenant à de riches concessionnaires, on compte vingt et une pépinières dans les trois provinces d'Alger, de Constantine et d'Oran.

Le personnel de ces établissements se compose d'un jardinier en chef, d'un régisseur comptable, de trois chefs de carré, de deux concierges.

Ce nombre total de huit agents peut être augmenté, selon les exigences du service, par des ouvriers supplémentaires à la journée.

Des six pépinières de la province d'Alger, la pépinière centrale du Hamma, située aux environs d'Alger, est la plus riche en produits. On y a tenté la naturalisation de cinquante-cinq espèces de végétaux exotiques arborescents des Indes orientales et occidentales, de Madagascar, du Brésil, du Mexique, de l'Amérique centrale, du Sénégal, de la Guinée. Six espèces seulement ont succombé; le reste a réussi.

Aux premiers temps de l'occupation française, la pépinière du Hamma avait d'abord été formée pour produire les arbres d'alignement nécessaires à la plantation de nouvelles routes. Plus tard, afin de pouvoir distribuer aux colons des échantillons types, on multiplia la plantation de ces arbres; enfin, sous l'habile direction de M. Hardy, la pépinière du Hamma prit un grand développement et devint le premier terrain d'expérimentation de l'Algérie.

Après la pépinière du Hamma viennent, par ordre d'importance, Médéah, Milianah, Aumale, Orléansville, et, en dernière ligne, le jardin d'expérimentation de Laghouat (ville du Sahara, conquise à la fin de 1853), créé en vue de conserver les nombreuses plantations de palmiers-dattiers de cette contrée du désert.

Les sept pépinières de l'Etat dans la province d'Oran comprennent Tlemcen, Maskara, Mostaganem, Sidi-Bel-Abbès, Arzew, Saint-Denis-du-Sig, Tiaret. Sept jardins d'acclimatation, fondés par des particuliers en 1852, portent à quatorze le nombre des pépinières dans la province d'Oran.

Toutes les pépinières du département de Constantine, à savoir : Constantine, Bône, Philippeville, Guelma, Sétif, Batna, Djidjelli, Biskara, appartiennent à l'Etat et relèvent de l'administration. On trouve dans ces jardins d'acclimatation, situés pour la plupart au milieu des sables du désert, l'oranger, le citronnier, l'olivier, le mûrier, le cotonnier, le palmier-dattier.

Dans l'ordre végétal, le palmier-dattier, arbre caractéristique du Sahara, est aussi utile aux habitants du désert que, dans l'ordre des mammifères, le chameau. Sauf les plus riches, qui vivent de galette et de couscoussou, les indigènes sédentaires ou nomades du Sahara font de la datte mêlée au lait ou au fromage la base de leur alimentation quotidienne. Nous ne pouvons apprécier ce fruit en Europe, car les dattes que vendent nos épiciers sont de la dernière qualité; au désert, on les donne aux chameaux et aux chevaux après les avoir mêlées à l'orge. La première qualité de dattes s'appelle *deglet-ennour*. Au mois de novembre, les indigènes font la cueillette des dattes, qu'ils empilent dans des magasins silloneés de petits canaux par où s'écoule le miel des fruits. Les dattes peuvent se conserver ainsi douze ou quinze années.

La datte, c'est de l'argent! disent les Sahariens. En effet, ils l'échangent contre les produits du Tell. Chaque année les échanges se renouvellent régulièrement. Les Sahariens apportent leurs régimes de dattes dans la région occidentale de l'Algérie et remportent l'équivalent en blé, en orge. Deux charges de blé valent une charge de dattes; les plus chères et les plus renommées viennent de l'oasis de Souf.

Outre les dattes, le palmier-dattier produit une boisson qui, fermentée, donne l'eau-de-vie et une substance blanchâtre très-alimentaire et très-tendre, d'un goût de noisette, que les Arabes enlèvent par feuilles en haut du tronc du palmier. La tabletterie, la sparterie, les constructions, utilisent la racine, le bois, les feuilles du palmier-dattier. Le feuillage (saf) sert à tresser des nattes, des coussins, des éventails, des chapeaux-parasols à larges bords appelés *medol*. On fait avec le tissu (lif) des cordes et des bourres pour les armes à feu, avec les branchages et les tiges des cannes et des ustensiles de ménage.

A trente ans le palmier-dattier a atteint l'apogée de son développement. Pendant soixante-dix ou quatre-vingts ans il peut produire chaque saison quinze ou vingt régimes de dattes. Puis il languit et périt à deux cents ans. Le système des plantations de palmiers par boutures est généralement préféré par les Sahariens à celui des semis. Le palmier-dattier n'a par encore être fécondé, malgré de nombreux essais, dans la région du Tell algérien; il ne donne aucun fruit.

Les habitants des oasis du Sahara ayant manifesté une grande aptitude pour les travaux d'agriculture, l'administration a eu l'excellente idée d'admettre comme élèves jardiniers, dans le jardin de Laghouat, des Arabes des tribus voisines, destinés à servir plus tard de moniteurs agricoles à leurs coreligionnaires.

Les livraisons faites par les pépinières aux colons, en 1852, consistant principalement en graines, plantes, essences, greffes d'arbres, mûriers, amandiers, orangers, citronniers, oliviers, pêchers, pruniers, etc., ont atteint la somme de 102,446 fr. 14 c.

Pendant la campagne 1853-1854, l'accroissement a été rapide. L'ensemble des livraisons de la province d'Alger seulement s'est élevé au chiffre de 70,935 fr. 36 c.

A la fin de la saison 1854, les établissements renfermaient plus de 1,200,000 plantes de un à cinq ans et un nombre égal de jeunes semis.

L'excédant des recettes sur les dépenses a été, en dix ans, à la pépinière centrale du Hamma, de 919,159 fr. 61 c.

Nous ne saurions donner trop d'éloges aux colons de l'Algérie qui ont envoyé les échantillons de leurs vins à l'Exposition universelle. La culture de la vigne n'a pas été jusqu'ici assez encouragée dans la colonie, quoique ses produits puissent être mis en parallèle avec les vins de dessert si renommés de l'Espagne. Sans la louable initiative de quelques colons, cette branche importante de l'alimentation de l'homme aurait été complétement délaissée.

Les vignes, en partie détruites ou ravagées par la guerre faite aux Arabes, se replantent maintenant dans les trois provinces de l'Algérie, et notamment à Tlemcen, Médéah, Milianah, Maskara. Cette dernière ville possède les plus beaux vignobles de l'Algérie; des plants de jeune et vieille vigne couvrent les collines qui l'environnent. La culture reprend sur tous les points avec une grande activité. Nous crions donc encore une fois courage aux vignerons africains qui relèvent cette précieuse industrie alimentaire, dont l'exportation ne tardera pas à s'emparer d'une manière définitive.

Les vins blancs ont été expédiés par MM. Ninet, Auguet, Cuny (de Maskara), Berton (d'Oran), Bréanté (de Médéah); les vins rouges, par MM. Gillot (de Mostaganem), Roux (de Mazagran), Laperlier (de la province d'Alger).

Toutes ces bouteilles, rangées militairement en ligne sur les estrades de l'annexe, offrent un coup d'œil fort agréable. Mais par la chaude température qui règne, les visiteurs subissent, en face de cette exhibition, le supplice de Tantale. Nous avons vu un monsieur naïvement indigné de ce que les gardiens ne lui permettaient pas de goûter aux vins exposés, s'écriant qu'on n'avait jamais pu juger d'un liquide sur la forme des bouteilles. Ce n'est pas le seul qui ait violé la défense imprimée à profusion de toucher aux objets exposés. En dépit des écriteaux, les gardiens officiels ont un mal inouï à empêcher les curieux de saisir les objets, de les retourner en tous sens. La main de l'homme est toujours disposée à prendre. *Prendre et recevoir*, dit Figaro, c'est là toute la science!

Heureusement pour mon compte rendu, je peux, sans enfreindre la consigne, parler en connaissance de cause des vignobles de l'Afrique, car j'ai eu, en 1852 et 1853, des relations assez suivies avec leurs vins blancs et leurs vins rouges. Je les appelais alors ma *lanterne magique*, parce que, grâce à leur esprit inventif, je revoyais amis, famille, patrie, tout ce qui me manquait alors. J'ai comparé les divers crus d'Espagne et d'Algérie, et je déclare que ceux-ci l'emportent en liqueur, en bouquet, en limpidité.

Lorsqu'on a dégusté ce vin de l'omerre mûri par le soleil d'Afrique, qui rend l'homme inaccessible à la crainte et rebelle au joug, on comprend jusqu'à un certain point que le prophète Mohammed, dans l'intérêt de sa propagande religieuse, en ait défendu l'usage aux croyants. Comment concevoir que les peuples orientaux fussent si superstitieux, si pliés au joug de l'autorité politique et religieuse, s'ils buvaient du vin, ami du libre arbitre et de l'indépendance? Le prophète arabe aura sans doute débattu en lui ces réflexions; en outre, il aura songé à l'abus du vin, plus terrible dans les pays de zone torride que chez nous, car le soleil enivre aussi bien que le vin ; et de là cette prohibition absolue des liqueurs fermentées résultant de plusieurs versets du Koran, entre autres du verset suivant de la *Table* :

« O croyants! le vin, les jeux de hasard, les statues et le sort des flèches, sont une abomination inventée par Satan. Abstenez-vous, et vous serez heureux! »

En outre, Mohammed exprime souvent le bonheur dont jouiront les croyants dans son paradis par cette image :

« Allah a accordé aux justes des jardins arrosés de courants d'eau, où ils demeureront éternellement. »

Que dire d'un peuple primitif et austère à ce point qu'il a placé le bonheur éternel dans la faculté de boire de l'eau à satiété? L'apologie de l'eau ne pouvait être sérieusement faite qu'au *Pays de la soif*, car c'est ainsi que les Arabes appellent leur désert.

Le prophète Mohammed-ben-Abdallah, par bonheur, n'a pas été aussi implacable que l'empereur romain Domitien, de funeste mémoire, qui avait ordonné d'arracher la vigne dans toute l'étendue de son empire; il a permis aux musulmans de manger des raisins frais ou secs. Cette tolérance nous a valu la conservation des vignes en Algérie.

Les Africains ont suivi à la lettre les prescriptions du Koran; c'est leur faire la plus grosse politesse que de leur offrir un verre de vin. Ce qui est politesse en Occident devient impolitesse en Orient. L'Arabe nomade s'arrête au milieu des montagnes et boit l'eau de la source avec la même félicité qu'un Français dégustant une bouteille de beaune. Les Arabes nous reprochent sans cesse l'abus de la parole et l'abus de la boisson.... Ils n'ont raison que sur un point. Sauf quelques loustics de caserne, quelques colons mystificateurs qui exploitent les *merveilles de la science* et raillent les Arabes en leur racontant des histoires de chemins de fer qui volent, de ballons qui vont visiter la lune et les étoiles, la parole française sème le bon grain en Algérie, nous gagne des alliés, et d'ailleurs la France s'enorgueillira toujours, même en face des Arabes qui abusent du silence, d'être le porte-voix du progrès, le pays de la parole, de l'éloquence, de la propagande. Quant à la sobriété des Européens émigrés, nul n'oserait la vanter. Le voyageur qui débarque dans une ville d'Afrique croit tous les habitants fous, à voir les démarches serpentées, les figures décomposées, les faces bleuies, les yeux luisants; à entendre les folles paroles, l'argot polyglotte, impossible à comprendre à un nouvel émigrant. Malheureusement, ce n'est pas l'ivresse du vin; le vin manque en Algérie, ou il coûte fort cher; non, c'est la dangereuse ivresse de mauvaises liqueurs, de l'absinthe surtout, dont on abuse étrangement. Aussi, quand vous vous avisez de parler de progrès aux Arabes, ils vous tournent le dos et s'en vont muets à leurs gourbis. L'ivresse est le mensonge : voilà, par la faute d'un certain nombre de débauchés, sous quelles couleurs leur apparaît la civilisation importée chez eux. L'extension de la culture de la vigne aura précisément pour effet d'empêcher cette consommation effrayante, antihygiénique, des mauvaises liqueurs.

En alcool, l'Algérie nous donne l'eau-de-vie de canne à sucre, le trois-six de figues de Barbarie, l'alcool de sorgho à sucre et d'asphodèle.

Un colon de Damrémont, après avoir fait de nombreux essais sur les racines de l'asphodèle, parvint à extraire un alcool constaté excellent par un rapport de M. Dumas, membre de l'Institut.

Dès 1852, une grande usine distillait 600 litres d'alcool d'asphodèle en vingt-quatre heures et alimentait la consommation locale. Cette nouvelle industrie algérienne, qui rend aux agriculteurs l'inappréciable service de débarrasser leurs terrains d'une plante envahissante, a appelé l'attention des spéculateurs. Plusieurs distilleries ont été établies dans les provinces d'Alger et d'Oran pour exploiter cette plante, dont la plaine de la Mitidja seulement donne deux millions et demi de racines.

On a extrait de l'alcool de la pulpe sucrée des caroubes, et les indigènes du Sahara font de l'eau-de-vie de dattes, avec laquelle ils s'enivrent quelquefois.

La fabrication des liqueurs, en grande activité dans la colonie, s'exerce sur l'absinthe, les anis, les limonades gazeuses, la baie d'arbousier, et M. Brocard de Coléah a tiré une liqueur qu'il appelle Oued-Allah (ruisseau de Dieu).

Une douzaine de bouteilles contiennent des eaux minéro-thermales de l'Oued-el-Hammam, de Mouzaïa-les-Mines, des Bains-de-la-Reine, d'Hammam-Righa, d'Hammam-Meskoutins. Les eaux minérales de l'Oued-el-Hammam, prises comme boisson ordinaire ou mêlées au vin, remplacent avec avantage la classique eau de Seltz; elles doivent à l'acide carbonique qu'elles renferment de provoquer l'appétit, de faciliter la digestion.

L'administration envoie un grand nombre de militaires malades aux bains thermaux, qui sont assidûment fréquentés par les Arabes; ils s'étaient autrefois par les Romains, comme le prouvent les ruines de piscines et de bassins jonchées autour des sources. Pourquoi les pèlerins de Bagnères, de Vichy, de Bade, ne s'achemineraient-ils pas vers l'Algérie? Ils y trouveraient des eaux excellentes et un climat d'une efficacité certaine contre les affections pulmonaires, les phthisies, les gastrites, les spleens. Il s'agit de traverser la Méditerranée: deux jours de voyage.

Il n'y a pas de pays aussi riche en huiles diverses que l'Algérie. Qu'on en juge par les huiles de graines oléagineuses suivantes : arachide, colza, caméline, coton, lentisque, lin, madia sativa, moutarde, navette, millette, chènevis, ricin, sésame, tournesol.

Toutes ces huiles sont excellentes. Il y a même un échantillon de nouvelle huile d'ortie. Les colons se livrent régulièrement aujourd'hui à la culture des plantes grasses, qui donnent de bons rapports. La caméline rend 30 p. 100 d'huile, le colza 35, le lin 37, la navette 35, le sésame 50 p. 100 de son poids en huile. Mais la meilleure exploitation d'huile, c'est celle du lentisque, dont l'essence abonde en Algérie. Cette huile, nécessaire à l'industrie, remplace l'huile d'olive pour les laines et l'huile de pied de bœuf pour le graissage des machines.

Quant à l'huile d'olive, c'est une des plus anciennes et des plus riches productions de l'Algérie. César nous apprend que l'Afrique fournissait de son temps à la métropole 3 millions de livres d'huile, ce qui équivaut, en réduisant la livre romaine à sa valeur, à 1 million 11,000 kil. Aujourd'hui l'exploitation en huile d'olive dépasse 2 millions 500,000 kil. La production de la dernière année est évaluée à 11 millions de litres donnés par 20,000 hectares d'oliviers exploitables. Les colons ont greffé 132,000 pieds d'oliviers, et chaque année les greffes augmentent en notable proportion, car l'Afrique est la patrie de l'olivier. Il croît à l'état spontané de tous côtés, tantôt isolé ou en bouquets, tantôt formant des vergers, tantôt de vastes forêts. Ce seul arbre pourrait enrichir l'Algérie, et il suffit de faire subir un bon greffage à tous les oliviers sauvages qui couvrent le pays.

Dans la production de l'huile, le cercle de Constantine prime les deux autres provinces. Toutes les tribus kabyles cultivent l'olivier. Après la cueillette, elles pressent les olives sous les pieds ou sous les pierres; quelques-unes possèdent des vis en bois.

Une école d'oliviers a été fondée à la pépinière centrale. L'administration a donné mission de greffer les oliviers sauvages à des compagnies militaires; enfin, des prix divers, des primes d'encouragement, ont été consacrés aux plantations fournissant les meilleures olives et huiles.

Nous avons remarqué à l'exposition, parmi les nombreux envois, les bouteilles d'huile d'olive, limpide comme l'eau de roche, de MM. Gauze, de Maskara; Lavie père, de Constantine; Haloche, d'Alger. Nous avons vu de curieux échantillons d'opium. La France, qui tire son opium de la Turquie et des Indes, pourra demander dans quelques années sa consommation à l'Algérie. Les essais tentés sur différents points de la colonie ont réussi. Le pavot à opium arrive à parfaite maturité comme en Turquie, et renferme plus de morphine.

Des docteurs d'Alger nous ont envoyé les plantes médicinales en usage dans la thérapeutique indigène : l'armen, plante commune du Sahara, dont les Arabes font des cataplasmes pour guérir les maux de tête; la racine de boukoka, employée contre la pierre et la gravelle; le driss, remède très-répandu pour les engorgements, les céphalalgies, les maladies d'abdomen, de poitrine; le henné, servant aux contusions, blessures, ulcérés; la *cassia fistula*, arbre qui donne la casse purgative, la poudre astringente d'orobanche, destinée aux diarrhétiques; les feuilles torréfiées du figuier, pour la goutte; les racines vomitives de la jusquiame; les feuilles du mikania guaco, usitées aux colonies contre la morsure des serpents; les feuilles purgatives du *globularia fruticosa*.

— Vous ne savez pas le latin? — Non. — *Ossabandus, nequeis nequer, notarinum, quipsa milus*. Voilà justement ce qui fait que votre fille est muette!

— Ça, c'est si bian que je n'y entends goutte!

Puisque je ne suis pas docteur, je n'ai pas besoin de me poser en savant et de jouer devant mes lecteurs de la scène désopilante entre Géronte et Sganarelle, dans *le Médecin malgré lui*, de Molière. Seulement il me sera permis de dire que la médecine française a tout intérêt à étudier les propriétés des espèces médicinales d'Algérie. Il y a là un champ vaste et fécond ouvert à ses investigations.

L'Afrique ne possède plus les Avicenne et les Averrhoès, qui, aux onzième et treizième siècles, furent les chefs illustres des sciences médicales; la médecine indigène n'est pas organisée sérieusement en Algérie. Des marabouts, des thollabs, ajoutent à leurs fonctions l'exercice libre de la thérapeutique; ils connaissent les vertus de certaines plantes, administrent arbitrairement des remèdes empiriques sans aucune certitude, sans régularité; aussi les Arabes très-négligent-ils et apprécient-ils mieux chaque jour la science de nos docteurs, qu'ils consultent souvent et qu'ils vénèrent presque à l'égal de leurs prêtres, car le médecin a cet avantage d'être accueilli partout comme un bienfaiteur. Les bandes sauvages empalent le missionnaire catholique qui s'évertue à leur expliquer le mystère de la Trinité et veut envoyer leur âme en droite ligne au paradis; mais elles respectent la vie du médecin de leur corps. La salutaire lancette du médecin a fait plus de conquêtes dans le monde que le tranchant du sabre. Des officiers de santé vont en tournées périodiques au milieu des tribus algériennes, vaccinent les enfants, soignent les malades. En outre, l'administration a pris la louable initiative d'attacher des médecins français aux bureaux arabes et aux principaux fondouks (caravansérails).

Nous avons lu avec surprise dans une publication, dit un intelligent médecin militaire de l'Algérie, M. Auselin, que si les Arabes ont pour les médecins de l'Europe un éloignement marqué, c'est parce que la génération actuelle n'a vu jusqu'ici la science médicale que l'épée au côté et derrière un canon; il y a loin de cette appréciation aux faits dont nous avons été témoin : chaque fois que nos troupes étaient campées dans les montagnes de la Kabylie, toujours notre tente était entourée d'indigènes qui nous venaient demander des conseils et des médicaments; ils nous attendaient souvent pendant des journées entières, alors que chargé du service de camps différents, distants parfois de deux et trois lieues, nous faisions de longues heures d'absence. Les femmes, qui pourtant jusqu'ici évitent encore soigneusement les Français, venaient elles-mêmes nous trouver dans les camps; presque toujours aussi elles nous apportaient des œufs, des figues, des raisins, des poules même, cadeaux qu'il nous fallait accepter sous peine de leur causer en même temps qu'une surprise étrange un véritable mécontentement. Si des femmes étaient trop malades et trop éloignées, les Kabyles nous priaient d'aller les visiter dans leurs tribus, et c'est ainsi que, grâce à notre profession, nous avons pu visiter leurs villages, pénétrer dans leurs habitations et étudier leurs mœurs, ce qui n'est guère possible aux officiers de troupe, dont ils ne confondent pas l'uniforme avec le nôtre. Avec les indigènes qui vivaient près de nous dans des rapports assez suivis, nous pouvions converser à l'aide d'un mélange curieux des mots français et berbères le plus communément usités et dont les Kabyles ont comme nous quelque habitude; mais dans les villages parfois éloignés des routes, au milieu de femmes privées de toute relation avec les Européens, la langue du pays nous eût été nécessaire ; il nous était toujours aussi difficile de leur donner des conseils que de leur fournir des médicaments. La confiance des indigènes dans le savoir des médecins français est illimitée, ils ne croient rien au-dessus des ressources de notre art; nous en pouvons citer un curieux exemple : Un Kabyle nous avait amené dans un camp, d'une distance de dix lieues, son fils affreusement défiguré par la variole, qui l'avait complétement aveuglé; nous nous déclarâmes impuissant à lui rendre la vue : le Kabyle quitta le camp en disant partout que nous n'étions pas médecin. La médecine sera un puissant moyen de civilisation chez eux, et la récente organisation des médecins de colonisation ne tardera pas à nous rallier les plus rebelles en leur démontrant qu'il y a chez nous supériorité marquée en bienfaisance et en intelligence.

Tous les médecins de l'Algérie recommandent aux colons de ne pas négliger les précautions hygiéniques qui préviennent les maladies.

Ce n'est pas en effet sans quelque danger que l'homme abandonne un climat aux influences duquel son organisme s'est habitué pour aller se soumettre à l'action d'un climat différent; il n'est pas contesté que, dans les conditions où il se trouve encore jusqu'ici, le sol de l'Algérie présente des conditions de salubrité moins bonnes que celui de la France.

Ce n'est qu'à la fin de l'automne, ou au commencement de l'hiver, que l'on doit arriver en Algérie.

Il n'est pas douteux que les Méridionaux de France souffrent moins d'une différence de température, qui n'est pas considérable pour eux; mais il est vrai aussi, dit M. Périer, que le Français du Nord change bien volontiers ses rudes saisons contre les privilèges de l'atmosphère algérienne.

Débarqués en Algérie, en toutes choses nous demeurons trop Européens. Nous semblons oublier tout d'abord que, soumis aux influences d'un climat nouveau, il nous faudrait conformer notre manière d'être aux exigences différentes de ce climat différent, et non pas y conserver les habitudes apportées de France. Si l'on s'est occupé d'étudier les mœurs, les habitudes, la manière de vivre des indigènes, il semble jusqu'ici que ce soit par pure curiosité ; car nous ne leur avons guère emprunté les habitudes que le climat commande.

La manière de vivre des habitants du pays pourrait, en certains points, nous servir de guide.

La sobriété habituelle est une qualité remarquable chez l'indigène algérien, chez l'Arabe et le Kabyle ; mais, bien autrement indolents que nous, ils ne dépensent pas dans leurs occupations la même activité, et par conséquent nous avons plus qu'eux à réparer des pertes plus considérables; nous avons d'ailleurs des habitudes antérieures qu'il ne serait pas prudent de modifier sans transition : aussi n'est-ce pas sur ce point que nous aurons le plus à mettre à profit les exemples fournis par les habitants du pays. Pourtant le régime succinct est le premier moyen que doit conseiller l'hygiène. Sous ce climat, ce sont surtout les viscères abdominaux qui ont à souffrir des influences d'une haute température ; et le moyen d'étudier l'impression de ces causes, c'est d'abord dans la température qu'il faut le chercher.

L'énergie digestive diminue d'ailleurs dans les migrations du nord vers le sud, et la quantité d'aliments peut être diminuée sans danger durant les chaleurs et lorsque les individus n'ont à supporter aucun exercice pénible. Il serait bon d'ailleurs d'adopter en été une alimentation plus végétale, et l'hiver une nourriture plus forte, plus animale, plus abondante aussi, commandée par les besoins plus considérables de l'organisme.

L'émigrant ne devra pas oublier que l'usage d'aliments trop nutritifs ou stimulants doit multiplier et aggraver les maladies des organes digestifs et mettre obstacle à l'acclimatement ; il éprouvera d'ailleurs une appétence prononcée pour les aliments tirés du règne végétal ; il n'aura qu'à suivre l'impulsion de ses instincts ; le sel, le poivre, les plantes alliacées, rehaussent le goût fade des légumes et les rendent plus digestibles.

Les fruits, très-communs en Afrique, tels que les melons et les pastèques, la grenade, l'orange, le raisin, la figue, la jujube, sont très-savoureux, très-agréables et très-propres à étancher la soif qu'excite la chaleur de l'atmosphère ; pris à l'état de maturité parfaite et avec modération, ils ne manquent pas d'être utiles et salutaires ; ils ne deviennent nuisibles que par l'abus : alors ils débilitent les organes digestifs et provoquent des dyssenteries difficiles à guérir.

Les indigènes s'abstiennent de vin et ne boivent que de l'eau ; notre hygiène ne nous impose pas ces lois ; l'habitude de boire du vin nous a fait au contraire de cette boisson un besoin réel ; elle dispose le corps à résister aux fatigues et aux causes débilitantes du froid humide et de l'extrême chaleur.

Les boissons glacées sont très-recherchées dans la plupart des pays où l'on peut se les procurer ; on peut boire à sa soif, si l'eau est bonne, tempérée, et bue de façon que la suppression de la transpiration ne puisse être causée.

Il est bon d'ajouter à l'eau quelques substances étrangères, un peu de vin, d'eau-de-vie, de vinaigre ; les limonades sont bien préférables à l'eau pure. On a accusé le vinaigre de débiliter les organes et de causer des sueurs abondantes; mais dans les pays à fièvres, il faut entretenir avec un soin extrême l'exhalation cutanée. L'eau coupée d'eau-de-vie forme une boisson propre à calmer la soif, à modérer la sueur et à soutenir le ton des organes. Mais le breuvage préférable à tout autre, c'est sans contredit l'eau de café. On sait que c'est la boisson favorite des peuples des divers pays chauds et de l'Algérie en particulier, qui lui vouent avec raison une prédilection spéciale. On a trouvé dans l'usage que les gens du pays, généralement si sobres, font fréquemment du café, un de ces moyens hygiéniques indiqués à l'homme par la nature et dont une longue expérience atteste tous les jours l'efficacité. Le café est incontestablement utile en Afrique ; non-seulement son emploi journalier n'a pas les inconvénients dont on le voit suivi en Europe ; mais encore l'excès même ne paraît pas nuire : il semble qu'on puisse en abuser. Beaucoup prennent le café aux repas et dans l'intervalle, sans qu'il leur soit nuisible. Cette boisson salutaire a pour effet de réchauffer alternativement les organes engourdis par le froid des nuits, et de les rafraîchir aux ardeurs du soleil, de les affermir, de multiplier d'une manière durable toutes les ressources de l'économie. Il faut, dit M. Périer, avoir observé les phénomènes qu'elle produit pendant la transpiration et sous un ciel brûlant; il faut les avoir observés dans les bivouacs froids et humides, dans les séjours désolés, dans les moments de disette ou de mauvaise qualité de vivres, pour comprendre le bien-être et le degré de tonicité que fait éprouver l'infusion de café.

L'alcool, voilà notre ennemi le plus cruel et la véritable plaie de l'Algérie. L'eau-de-vie offre des avantages incontestables dans les pays froids et humides ; en Algérie, où cette constitution ne se rencontre presque jamais, on ne saurait découvrir nulle part la nécessité de son emploi.

L'absinthe n'est pas moins meurtrière. Cette boisson seule a tué plus d'hommes que la guerre. Ses effets ont été si désastreux, que l'administration a dû se préoccuper d'en proscrire la vente. L'usage de l'absinthe a été défendu aux troupes; la vente en a été prohibée dans les camps et cantines.

Septembre est l'époque la plus favorable pour l'émigration. C'est d'ailleurs le moment où les labours vont commencer. Les colons n'ont à redouter alors que des flux diarrhéiques, qui promptement dégénéreraient en dyssenteries graves, s'ils ne les arrêtaient dès le début. Comme moyen préservatif et curatif à la fois, on mettra sur l'abdomen une ceinture de flanelle, on évitera les fruits aqueux, pastèques, grenades, oranges, limons, figues, bananes, etc. On ne fera usage que des eaux connues et réputées de bonne qualité ; il faudra savoir résister au besoin d'étancher la soif et s'habituer à boire peu. L'eau sera toujours coupée avec du vin ; à défaut d'eau vineuse, on prendra une légère décoction de café ou de petite centaurée : il faut se rappeler qu'une tasse de café bien chaud, fait à la manière arabe, rafraîchit plus et fait moins transpirer qu'un verre de limonade froide ou qu'un verre d'eau sucrée. Ces dernières boissons doivent toujours si faire se peut, être tonifiées par l'addition d'un verre de madère, d'eau-de-vie ou de rhum. L'usage du thé, dont les médecins ont fait un usage si heureux dans les ambulances, devrait être répandu en Algérie.

Le riz constitue l'aliment par excellence ; on ne saurait trop en conseiller l'usage. La poule au riz devrait chaque jour figurer sur la table des colons ; on évitera pendant l'été les viandes de porc, d'une digestion lourde, et défendues par les anciens législateurs sans doute parce qu'elles ont été reconnues malfaisantes sous les climats chauds.

La nourriture doit être saine, tonique, composée surtout de viandes rôties et peu abondante ; il faudra éviter de changer l'estomac de substances peu nutritives. Les bains maures, dont le massage excitant nettoie parfaitement la peau, sont préférables aux bains-tièdes, qui sont débilitants.

Le tabac à fumer est d'un usage journalier en Algérie. Pour les temps et les lieux froids, humides, insalubres, et pour la sphère des fièvres intermittentes en particulier, l'habitude de fumer est regardée comme moyen pouvant servir de correctif à l'air ambiant, et elle est conseillée par un très-grand nombre d'auteurs.

Dans les pays chauds, les vêtements doivent être larges et amples, de manière que l'air puisse y pénétrer. La tête doit être également pourvue d'une coiffure qui la mette à l'abri de l'influence d'un soleil brûlant.

Il n'est certes pas de vêtements plus conformes à ces prescriptions que ceux portés par les indigènes. Pour nous, fidèles à nos habitudes prises, il va sans dire que nous avons gardé sous ce climat plus chaud notre gênant costume. Serrés et mal à l'aise, nous cherchons à éviter la fatigante chaleur qu'il nous cause ; mais c'est alors par des moyens d'un pernicieux usage, et bientôt nous éprouvons les fâcheuses conséquences de notre imprudence. Ainsi nous adoptons les pantalons de toile ; des vestes de toile ; combien d'affections graves n'ont eu d'autre cause que l'imprudent usage de ces vêtements de lin, rapides conducteurs de la chaleur du corps, et par suite, il est vrai, plus frais, mais qui nous livrent sans défense à la funeste influence des brusques variations de température causées par la différence d'altitude des lieux parcourus, et à l'abaissement de température qu'apporte chaque nuit le rayonnement de la terre vers un ciel pur et sans nuages.

L'indigène, plus sage, ne porte que des vêtements de laine : l'expérience lui a appris que ceux-là seuls sont convenables, et il les rend supportables par la disposition si ample qui permet dans leurs replis la libre circulation de l'air. Nous avons toujours vu les Européens, qui en toute saison conservaient le pantalon de drap, se trouver fort bien de cette mesure.

Et de même pour la chaussure : au lieu de nos souliers couverts, au lieu des bottes qui emprisonnent nos pieds, nous nous trouverons bien mieux sans doute, voire même avec des bas, de l'usage des babouches, qui livrent à une libre évaporation la transpiration produite.

Pour la coiffure, nous nous sommes montrés plus rationnels. Nous n'avons pas adopté la coiffure indigène, et c'est avec raison, car elle nous paraît mériter des reproches à plus d'un titre ; mais nous avons renoncé, pour ainsi dire, au chapeau rond, coiffure aussi peu hygiénique qu'elle est disgracieuse. Dans les petites villes d'Afrique, le chapeau rond est devenu presque une curiosité ; à sa place l'Européen porte un chapeau bas, léger, en feutre gris ou en paille, avec de larges bords; celui-là, plus convenable, recouvre mieux la tête, préserve bien les yeux de l'action des rayons solaires, protège les oreilles et la nuque. Mais c'est la seule modification que nous avons apportée à notre costume, alors que tant d'autres seraient nécessaires.

On ne saurait trop recommander aux émigrants l'emploi des larges ceintures de laine, comme en portent les indigènes ; elles servent beaucoup à prévenir les affections intestinales, et il suffit souvent de s'en vêtir pour faire disparaître en peu d'heures une indisposition. Il est extrêmement avantageux de se couvrir de flanelle la poitrine, et surtout l'abdomen. Les Européens trouveront toujours dans les tissus de laine un puissant moyen de résister aux influences changeantes des modificateurs ambiants ; ils doivent, au contraire, proscrire tous les vêtements tissus de lin ou de chanvre.

Les soins de propreté du corps ne doivent pas être négligés ; ils sont utiles dans ce pays surtout, où une transpiration abondante mouille si souvent la surface de la peau. Ce n'est pas sans raison que les ablutions sont si fréquemment recommandées par les lois religieuses aux peuples des pays chauds. Les ablutions froides ne déterminent pas d'accidents, si on évite de les faire quand le corps est en sueur, si on les fait de courte durée, pour les arrêter à temps et faire naître facilement la réaction; elles débarrassent la peau des souillures que l'exhalation cutanée laisse à sa surface et sont en même temps un excellent moyen tonique dont on ne saurait trop recommander l'usage. Les bains froids agissent de la même manière ; ils doivent être pris dans l'eau courante. Les bains de mer sont rarement favorables au colon nouvellement arrivé ; quand l'acclimatement s'est opéré en partie, ils peuvent être pris sans inconvénients ; leur action est plus tonique et plus stimulante que celle de l'eau de rivière. Ils doivent être considérés comme dépurateurs. On ne peut pas précisément les regarder comme un moyen de débarrasser la surface du corps des impuretés qui ont pu s'y accumuler.

Les habitations des indigènes sont certainement construites bien plus convenablement que les nôtres pour l'intérieur de l'ardeur du climat. L'absence d'ouvertures sur la rue, alors que pourtant chez eux ces voies sont si étroites, contribuerait bien mieux encore à préserver de la chaleur que celles que nous construisons sur des rues larges où les rayons du soleil pénètrent sans obstacle. Les maisons des indigènes ne prennent jour que par la cour qu'elles entourent et seulement par de petites ouvertures de plus, une galerie extérieure les sépare encore de cette cour, le plus généralement couverte en totalité par d'énormes ceps de vigne. Aussi n'y souffre-t-on pas de la chaleur comme dans les nôtres.

Dans la saison des chaleurs on peut commencer le travail journalier une heure après le lever du soleil, pour éviter la rosée ; mais il faut l'interrompre de dix heures jusqu'à trois heures, faire quelques heures de sieste ou travailler sans fatigue à l'abri des rayons solaires. Le soir il faut rentrer au logis de bonne heure pour se soustraire à l'humidité et à l'influence des miasmes qui retombent sur la terre, où ils se condensent.

Les fièvres intermittentes ont généralement fort peu de gravité en Algérie ; elles ont disparu, sous l'effet envahissant de la colonisation, d'une foule de localités, et en persistant dans les mesures d'assainissement en vigueur, on n'en retrouvera bientôt plus de trace.

CHAPITRE V.

Dépouilles d'animaux. — Tableaux.

Abordons la classe des dépouilles d'animaux. En première ligne vient l'espèce ovine, principale richesse de l'Algérie, qui possède sept millions de bêtes ovines, produisant annuellement 10 millions de kilogrammes de laines, dont une partie est employée à la consommation locale et le reste exporté principalement en France, à Marseille et au Havre. Notre pays fait venir d'Allemagne, d'Angleterre et d'autres contrées productrices, pour une cinquantaine de millions de laines que l'Algérie lui enverra bientôt, car l'élève du mouton s'améliore et s'accroît chaque année.

Nos colons, qui commencent à comprendre quels importants bénéfices ils peuvent retirer du commerce des laines, s'appliquent généralement à l'élève de l'espèce ovine ; mais jusqu'ici les indigènes ont fourni presque toutes les tentes. L'Arabe n'aime pas l'agriculture, qui le rend esclave de la terre, qui le fixe au sol ; mais en revanche, de tout temps, comme nous l'apprend la Bible, il s'est montré pasteur et nomade. Après le cheval, dont l'Arabe a su faire un être intelligent, un associé, c'est le mouton qui le préoccupe le plus. Chaque tente possède une ou plusieurs bêtes ovines qui, réunies en troupeau sous la surveillance d'un enfant de dix ans armé d'un matrak et aidé d'un kelb (chien), paissent les herbes substantielles des montagnes du Tell ou les herbes aromatiques du Sahara. Peu d'Arabes prennent le

Malheur au conscrit sur qui tombe ce regard, plus brillant que le soleil.

soin de construire des bergeries ; les moutons, comme les chevaux, les bœufs et les chameaux, couchent à la belle étoile ; quand il pleut, ils s'introduisent sans façon dans les tentes et s'étendent aux côtés de leurs maîtres. L'Arabe tire un excellent parti du mouton. Il fait son régal de sa chair, vraiment plus succulente que celle des moutons de France. Quand l'Africain reçoit un hôte, il ne manque jamais de couper le cou à une brebis, de la faire rôtir devant un feu de palmier et de la servir entière sur un énorme plat en bois. Avec la toison du mouton, les femmes arabes tissent des tentes, des gandourahs, des burnous ; le surplus de la laine est vendu sur les marchés des villes aux Européens. Il y a souvent à reprendre à la qualité des laines, parce que les Arabes, rusés comme les Carthaginois et d'ailleurs tout permis vis-à-vis des roumis (chrétiens), mêlent aux toisons du sable ou de la terre pour leur donner un poids factice. Mais l'administration se montre très-sévère aujourd'hui contre ces fraudes.

Nous avons vu à l'Exposition de magnifiques échantillons de toutes les races pris sur le garrot : agnelets, béliers, mérinos, divers métis, brebis de Malte, moutons de Barbarie à large queue, dimmans au poil court, à la peau tachetée noir et blanc. L'Algérie possède les deux types de laine nécessaires à nos manufactures : les laines de carde, courtes et frisées, et les laines de peigne, longues et lisses.

Un négociant exportateur à Elbeuf a exposé de très-beaux articles, pantalons et paletots fabriqués avec les laines de l'Algérie. Son initiative ouvre une nouvelle voie au commerce des laines algériennes et à la fabrication des draps et nouveautés.

M. Bernis, vétérinaire en chef de l'armée d'Afrique, chargé de visiter les troupeaux de toutes les régions de l'Algérie, a consigné ses observations dans un mémoire où il constate que les indigènes ne donnent nul soin au choix des béliers, à la monte, à l'agnelage, à l'élève des jeunes bêtes, à l'entretien des animaux adultes ; que les grandes pluies d'automne et d'hiver déciment les troupeaux ; que l'élève du mouton bien dirigé offrirait de nouvelles et précieuses ressources. En outre, M. Bernis a rapporté 1,408 échantillons pris sur tous les points du territoire algérien et les a envoyés à Paris.

Le rapport de M. Bernis a été soumis à l'examen d'une commission prise parmi les hommes spéciaux. Diverses améliorations ont été réalisées. On a encouragé les tribus qui ont présenté les meilleurs élèves ; une prime de 6 francs par tête de bétail a été accordée à l'importation des brebis et béliers mérinos que des colons ont fait venir de l'extérieur ; enfin, cinquante têtes appartenant à magnifique troupeau de Naz, renommé par la beauté et la finesse de sa laine, ont été introduites en Algérie et distribuées entre les principaux éleveurs du pays. L'administration n'a pas cru devoir donner les mêmes encouragements à l'élève des chèvres d'Algérie à jambes courtes, à poils noirs et blancs très-longs qui, en broutant les jeunes pousses, ravagent les forêts ; cependant elle a fait exception pour le troupeau de boucs et chèvres d'Angora, offerts au ministère de la guerre par l'ancien émir Abd-el-Kader. Les chèvres de Malte fournissent un excellent lait pectoral aux villes algériennes. Toutes les tribus pastorales font du lait de chèvre, de vache, de chamelle, qu'elles mêlent à la farine d'orge et de dattes, la base de leur alimentation.

L'exportation de l'année 1854 en peaux de bœufs, moutons et chèvres, s'est élevée au chiffre de 895,000 kilogrammes. Des peaux de boucs et de chèvres les indigènes font des outres ; ils utilisent la peau de chameau pour les bois des selles et les semelles de leurs chaussures.

On a cloué d'une manière pittoresque, aux arcades en style mauresque de l'exposition algérienne, les dépouilles des espèces non domestiques, les peaux du lion, de la panthère, de l'hyène, du chacal, du cerf, de l'antilope, de la gazelle, du sanglier. Avis aux Nemrods modernes ; ils trouveront à satisfaire pleinement leur passion dans les bois et les montagnes de l'Afrique. Mais avant de partir à la chasse du sanglier craintif ou de l'innocent chacal, qu'ils se sondent bien les reins et se préparent aux incidents de la partie de plaisir, aux petites surprises du pays, pour ne pas trembler de tous leurs membres, comme cela nous est arrivé une belle nuit en face d'une panthère à la robe fauve, mouchetée de points noirs, dont nous ne recherchions pas précisément la société.

L'administration de l'Algérie a créé les primes suivantes pour la destruction des animaux nuisibles ou dangereux dans la colonie :

Un lion ou une lionne.	40 fr.	»
Un lionceau de un à six mois.	15	»
Une panthère.	40	»
Jeunes panthères de un à six mois.	15	»
Une hyène.	5	»
Jeunes hyènes de un à six mois.	1	50
Chacals de tout âge.	1	50

Le lion habite les régions boisées d'Alger, d'Oran et surtout de Constantine ; en dépit des alexandrins des poètes, il est inconnu au désert. Les Arabes le prennent dans les pièges et l'apprivoisent quand il est jeune ; comme le célèbre tueur de lions Gérard, les Français préfèrent le chasser au fusil.

On chasse les deux espèces de panthères, assez communes à l'ouest et au centre de l'Afrique, pour leur magnifique robe tachetée que le commerce estime à un prix élevé. Quant à l'hyène, moins dangereuse que le lion et la panthère, elle est fort commune sur tous les points de l'Algérie. Les chasseurs la prennent vivante et la vendent aux ménageries européennes. Les hyènes se tiennent le jour dans les excavations des ravins ; la nuit elles sortent pour dévorer les charognes et ravager les cimetières : aussi les Arabes sont-ils forcés d'enterrer profondément leurs morts.

Le chacal, tout à fait inoffensif vis-à-vis de l'homme, cause de grandes pertes aux colons. Il dévore les melons, les fruits, les légumes ; il mange les raisins, il enlève de nuit les moutons et les cochons. Une chasse active de cet animal nuisible est faite en Algérie par les intéressés ; les fourreurs tirent de beaux tapis de pied de la peau du chacal.

C'est par troupeaux que vivent les antilopes d'Algérie, si agiles que les slouguis (levriers) ne peuvent les suivre. Quand les Arabes les chassent, ils s'embusquent au fond d'un ravin ou dans les plis du terrain.

La gazelle est commune en Algérie, surtout au Sahara. Sa chair est très-estimée des Européens. Ce gracieux animal s'apprivoise facilement. Beaucoup de colons élèvent des gazelles qui vivent en domesticité à leur foyer.

On cherche à naturaliser en France une espèce de bouc sauvage d'Algérie, aux cornes volumineuses et recourbées, au poil abondant, le mouflon à manchettes. Il vit et il est chassé dans le Djebel-Amour. Les Arabes font leur régal de sa chair.

Européens et indigènes chassent à l'envi les deux variétés de sangliers dans les bois et marais de l'Algérie. Le sanglier pullule, à ce point que les bouchers le vendent souvent à égal prix du bœuf et du mouton. On élève facilement les marcassins.

Dans l'ordre des mammifères, il nous reste à mentionner l'once, le lynx, le léopard, le chat sauvage, le raton, le hérisson, le porc-épic, le lièvre, le lapin.

Les Arabes du désert chassent l'autruche à courre, à cheval, au lévrier. Quelques-uns surprennent l'agile bête en se couvrant de ses plumes. Le Koran ayant interdit aux musulmans la consommation de la graisse de porc, les indigènes emploient la graisse d'autruche et vendent le reste de ses dépouilles. Les autruches se domestiquent; on en voit un certain nombre dans les villes d'Algérie, ainsi que des cigognes, qui établissent leurs nids sur les toitures des maisons. La chasse des cigognes est prohibée. Comme les indigènes, les Européens respectent la cigogne, qui détruit les serpents, et ils feraient un mauvais parti au chasseur téméraire qui s'aviserait de les tirer.

Accroupis sur le seuil de leur gourbi, ils tressent le maroquin de fil d'or.

A la classe des substances propres à la parfumerie on a exposé les éponges, les fumées de gazelles, avec lesquelles on aromatise le tabac algérien, et le musc de civette ou zebed, cosmétique et pommade des femmes arabes. En matières dures à tailler, nous avons les os, sabots et cornes de bétail pour la tabletterie et la fabrication du noir animal, les dépouilles des tortues, les aiguillons du porc-épic, les dents d'éléphant apportées par les caravanes qui vont les acheter au Soudan. A la case des compositions diverses se trouvent le savon noir indigène, les bougies de cire jaune et blanche. Au moyen âge, les exportations de cire de Bougie étaient déjà considérables. Parmi les personnes qui brûlent de la bougie, beaucoup ne se doutent pas que ce nom vient de la capitale de la Kabylie. Elles n'en sont pas moins éclairées, soit dit sans jeu de mots. Nous avons vu de très-beau miel à l'Exposition. Les abeilles se multiplient dans les conditions de climat les plus favorables sur tous les points de l'Afrique septentrionale.

Nous aurions peut-être dû comprendre au chapitre des huiles et essences la collection des tableaux à sujets africains placés dans l'annexe, à l'exposition de l'Algérie, qui nous ont été envoyés d'Alger par je ne sais quels aspirants Raphaëls de la localité. En bonne esthétique, une bonne bouteille d'huile ne vaut-elle pas mieux qu'un mauvais tableau peint à l'huile? Malgré notre disposition naturelle à admirer ce qui vient d'Algérie, nous ne pouvons nous extasier devant ces toiles barbouillées sans doute avec une palette de fer-blanc, qui font du soleil africain une lanterne sourde, des femmes arabes, si majestueuses, des Gotons laveuses de vaisselle, et des paysages sévères de l'Algérie des morceaux de craie et de carton. C'est pour les empêcher de tomber dans de semblables erreurs, de commettre de pareils tableaux, que le prophète Mahomet a interdit la peinture aux musulmans. Nous renvoyons donc les peintres d'Alger au Koran et aux toiles de Decamps, le seul peintre qui ait compris l'Orient.

CHAPITRE VI.
Cultures industrielles.

Emprisonnée dans le cercle restreint de la production de l'huile du blé, nécessairement limitée sur ce terrain par les Arabes, dont les cultures s'étendent chaque jour, la colonie aurait été forcée, un jour ou l'autre, d'arrêter son essor, de resserrer ses envergure; il était facile de prévoir le moment où le sol, complètement exploité, manquerait aux bras de nouveaux colons lorsque s'est faite la révélation de richesses inépuisables de l'Algérie : exploitation des forêts et des mines, cultures industrielles et diverses, toutes nouvelles ressources qui, donnant un rapport plus considérable et plus prompt que les céréales, remplissent mieux par conséquent le but légitime de l'émigrant d'accroître rapidement son bien-être. Les cultures industrielles surtout ont ouvert une féconde voie à la colonisation algérienne.

On comprend maintenant pourquoi un grand nombre de nos colons ont abordé avec empressement l'exploitation du coton, du tabac, de la soie. Ils n'ont pas à craindre de ce côté de temps d'arrêt ni de concurrence de la part des indigènes. L'horizon est infini.

Tous les connaisseurs, nos rivaux eux-mêmes, ont applaudi à la merveilleuse exposition des colons de l'Algérie. Des Américains ont affirmé en notre présence que les cotonnières de leur pays ne donnaient pas d'échantillons supérieurs.

C'est le 24 juillet 1854 que les cotons algériens ont apparu la première fois sur la place du Havre. Les manufacturiers, les filateurs, ont étudié les balles, et l'examen terminé, ils ont constaté que la colonie pouvait produire tous les cotons extra-fins de l'Amérique.

Gérard le tueur de lions.

Par tous les moyens mis à sa disposition, l'administration a encouragé les planteurs. Des graines de coton longue et courte soie ont été mises à la disposition des colons; des commissions ont été chargées de reconnaître la nature, la composition des terrains; enfin divers prix de 3 à 20,000 francs ont récompensé les planteurs qui ont exposé de remarquables produits.

Nous avons vu sous les vitrines de l'Exposition universelle des cotons de toutes les espèces, longue et courte soie, New-York, Jumel, Nankin, Louisiane blanc, Mississipi, etc. Plusieurs échantillons viennent de la pépinière centrale de Hamma, le reste de planteurs particuliers. Le nombre des planteurs s'élevait en 1853 à 900.

Chaque province a sa spécialité de production. Les provinces d'Alger et de Constantine exploitent le coton courte soie. Les terres argilo-calcaires et salines de la province d'Oran sont très-favorables à l'espèce très-recherchée dite géorgie longue soie. Ces sortes exposées ont la finesse, la longueur, la force des beaux cotons fins d'Amérique. La France a fait en 1853 une demande de 7,500 balles de géorgie longue soie. Quelles immenses ressources, quelle richesse pour l'Algérie quand elle fournira à la métropole les besoins de sa consommation !

Différents essais ont été tentés avec succès au Sahara ; le cotonnier prospère au milieu des oasis du désert, aussi bien que dans la région du Tell. Des manufacturiers du Rhône, du Nord, du Haut-Rhin, appréciant la force et la finesse du coton d'Algérie, l'ont adopté et ont exposé des échantillons d'étoffes parfaitement ouvrés. On a organisé l'égrenage mécanique du coton à la pépinière centrale, à Oran et au Sig.

A en juger par les cocons et les flottes exposées, l'industrie séricicole a tenu les brillantes promesses qu'elle avait faites dès le début en 1842, et nous ne sommes pas surpris que les balles de soie algérienne expédiées à Lyon soient accueillies avec faveur sur cette place. L'industrie des soies, restreinte il y a cinq ou six ans à quelques localités, a gagné la plupart des centres de la colonisation. Chaque année les plantations de mûriers augmentent considérablement. En 1852, les pépinières de l'État ont livré aux colons 62,000 plants de mûriers; en 1853, 74,000. Nulle autre part le mûrier ne croît plus vigoureusement qu'en Algérie, où il se trouve à l'abri des gelées. A six ans il porte jusqu'à 50 kilog. de feuilles.

Le climat sans orage, sans variations de l'Algérie convient à l'éducation du ver à soie. La pépinière de Hamma a élevé trois races; en outre, elle vient de faire l'éducation de deux nouvelles races : le *bombyx mylitta* et le *bombyx cynthia*, qui se nourrissent l'une des feuilles du jujubier, l'autre des feuilles du ricin, arbres très-communs en Algérie. Les cocons des planteurs sont filés à la pépinière centrale par trente tours qui y sont établis. M. Labat père a exposé une magnanerie à claies mobiles pour les vers à soie.

Nous avons créé en Algérie l'industrie de la soie; celle du coton était seulement exercée par quelques tribus de la province d'Oran. Quant à la culture du tabac, si développée, si prospère aujourd'hui, les Arabes la pratiquaient généralement avant la conquête française. Les tribus des Krachouas et des Ouled-Chebel de la Métidja produisaient le tabac estimé connu sous le nom de *chebli*; celles du Souf exportaient aussi d'excellents tabacs.

A l'Exposition universelle, les tabacs grossiers des indigènes en feuilles et en côtes ont été placés à côté de ceux de nos colons. La supériorité incontestable de nos produits, qui se distinguent par la finesse des feuilles, les belles couleurs, le parfum délicat, peut se constater au premier coup d'œil.

La culture du tabac a pris dans la colonie un développement tel, qu'en 1844 on comptait quatre ou cinq planteurs, et, en 1854, 2,323. Grâce au zèle, à l'intelligente activité des colons, qui ont bien préparé, bien irrigué leurs terrains, qui ont amélioré l'écimage, l'ébourgeonnement, les moyens de dessication, le triage, les tabacs d'Algérie, frais et combustibles, doux et moelleux, valent ceux de l'Égypte, de la Macédoine, de la Grèce, de la Hongrie, même du Maryland. En 1854, les planteurs ont livré à la régie 2,950,000 kil. La France importe annuellement environ six millions de kilogrammes de tabac, qu'elle pourra demander dans un temps peu éloigné à l'Algérie. La colonie consomme elle-même une notable partie de son produit. De l'autre côté de la Méditerranée, Français et Arabes fument avec passion la pipe et le chibouque.

A Alger, Oran, Mostaganem, Philippeville, des ouvrières espagnoles, mahonnaises, juives, fabriquent supérieurement les cigares en mêlant les feuilles indigènes aux feuilles exotiques. Toutes les variétés de tabac et cigares sont exposées dans quatre vitrines de l'annexe : tabacs virginie, philippin, chebli, maryland, scaferlati, hachés, en feuilles, en manoques; cigares casse palatinal et triple algérie, san-domingo, porto-rico, queues de rat, chinois, brésiliens, américains, musqués; cigarettes douces de dames, virginie et havane, que les Mauresques d'Alger aiment tant à fumer. Il y a aussi une collection de tabacs à priser au citron, à la rose, à diverses essences. Cette magnifique exposition témoigne de l'éclatante prospérité de la culture du tabac dans les colonies.

Outre le tabac, l'exposition de l'Algérie comprend les échantillons des denrées coloniales naturalisées : le café, le gingembre, le thé, le gingembre, le piment, le poivre, la vanille. L'arbuste du café s'est bien développé sur le terrain de la pépinière centrale; mais les exploitations particulières ne se sont pas encore emparées de cette importante culture.

Quant à l'arbre à thé, son expérimentation sur des plants venus du Brésil n'a pas donné jusqu'ici de bons résultats; il résiste difficilement aux vents de l'ouest et au sirocco. Cependant l'administration tente une nouvelle épreuve dans la vallée de l'Oued-Khemis sur un terrain de trois hectares. Espérons que le succès couronnera ses efforts.

Depuis longtemps la naturalisation de la canne à sucre est un fait accompli en Afrique. Les colons ont obtenu de beaux produits dans les principales variétés de la grosse blonde d'Otaïti, la rubanée de Batavia, la violette de Saint-Domingue. L'exploitation de la canne à sucre laisse cependant à désirer, notamment comme fabrication en alcool. Mais nous comprenons ces lenteurs en face des dépenses exigées par l'installation des usines de canne à sucre.

CHAPITRE VII.

Plantes tinctoriales et textiles.

Les essais de plantation de sorgho à sucre (classe des farineux), tentés en 1853, ont donné entière satisfaction. Les plants ont atteint quatre mètres de hauteur. Ce produit, dont la fabrication de l'alcool peut s'emparer, a passé des pépinières de l'État aux mains des colons, qui en tireront bon parti. Le sorgho à sucre est commun à beaucoup de pays chauds, notamment à la Chine, où il se trouve en quantité considérable.

Puisque nous revenons incidemment aux farineux, réparons une omission faite au détriment de la culture du riz, qui a pris une importance notable. Les Arabes du Sahara le cultivent autour de leurs palmiers. Les colons ont substitué au riz de la Caroline, qui nécessitait de perpétuelles irrigations, la variété riz sec de la Chine, auquel suffisent les irrigations ordinaires.

Il n'y a pas de produit plus précieux et plus cher que celui de la vanille, et nous sommes heureux d'annoncer qu'elle fructifie dans la colonie. Plusieurs localités des trois provinces algériennes ont envoyé à l'Exposition universelle de la vanille d'une qualité supérieure. C'est un succès digne d'éloges, car la délicate vanille demande des soins continuels.

L'Algérie produit la plupart des plantes tinctoriales nécessaires à l'industrie manufacturière de la France, qui jusqu'à présent nous sont venues en partie de l'étranger, telles que la garance, la cochenille, le safran, le carthame, la gaude, le pastel, le tournesol, le sumac, l'orseille, le henné. Les échantillons de ces plantes tinctoriales sont exposés dans des bocaux sur les estrades de l'annexe.

La précieuse garance, que les Arabes appellent *fouah*, croît spontanément en Afrique. Comme le coton, la garance est une plante d'assolement, c'est-à-dire qu'en séjournant dans un terrain elle le prépare pour d'autres rendements. Le rapport commercial de la garance équivaut à celui des meilleurs produits; aussi sa culture s'est elle étendue en 1854. La société industrielle de Mulhouse a fondé des médailles en or et en argent à décerner aux planteurs algériens qui livreront une certaine quantité de garance de leur propriété.

La cochenille algérienne, dont le commerce recherche les produits, a suivi la même progression que la garance. La nopalerie de la pépinière centrale a produit, en 1852, 557 kilogrammes de cochenille sèche, qui a été vendue sur la place de Marseille à raison de 12 fr. 50 c. le kilogr. Elle a livré, en outre, aux colons-planteurs, pendant la saison 1852-53, 27,000 boutons de nopal et une grande quantité de cochenille mère.

Moins favorisée, la culture indigofère n'a pas eu jusqu'ici de succès en Algérie. Cependant le climat de la colonie lui est aussi favorable que celui des régences de Tunis et de Tripoli, d'Égypte, d'Espagne, du Caucase, où croît l'indigotier. Ne retirant pas des profits immédiats, les colons ont peut-être trop vite abandonné la culture de l'indigo, qui a réussi à la pépinière centrale. Suivant les calculs de M. Boussingault sur le rendement par hectare en indigo dans les pays producteurs, l'Algérie aurait le second rang comme production. Cette culture serait donc profitable aux colons qui ne craindraient pas de s'y livrer. Les dépôts récents des rivières conviennent parfaitement à l'indigotier.

La récolte du henné ne suffit pas aux besoins de l'Algérie. Les feuilles de cette matière colorante, broyées et délayées, donnent une vive couleur rouge-orangé avec laquelle les femmes arabes se teignent les ongles, les doigts, la paume et le revers des mains, le dessous des pieds, les orteils, les jambes, les lèvres et les joues. Elles colorent également de rouge-orangé les cheveux de leurs enfants; enfin, il n'est pas rare de voir la crinière, le dos et les jambes des chevaux teints de henné, ce qui fait ressembler ces animaux aux peintures de Delacroix. On utilise le henné, qui est surtout cultivé au Sahara pour la teinture de la laine et des cuirs. En y ajoutant la couperose, les Arabes font une couleur noire! M. Lamy, professeur de chimie à Lyon, a obtenu de belles teintures noires avec les feuilles du henné. Les Arabes font chaque année la récolte du kermès, insecte qui vit et meurt sur une essence de chêne vert très-abondant en Afrique. Comme la cochenille, le kermès donne la teinture écarlate. Les fleurs du safran teignent aussi d'une belle couleur rouge la soie, la laine, et en se mêlant au talc réduit en poudre composent le fard des femmes.

Qu'elles paraissent étranges, ces femmes arabes coloriées des pieds à la tête d'arabesques, les paupières noircies du koheul, la bouche teinte de henné et parfumée de souak ! La première fois que je les vis, il me sembla qu'elles sortaient des mains d'un imagier du moyen âge. Les femmes du désert elles-mêmes se fardent comme de vraies Parisiennes. Qu'Ève habite la tribu ou la ville, la hutte ou le palais, il faut qu'elle pare de petits accessoires tout ce que la nature lui a donné, qu'elle assaisonne ses charmes de coquetterie, d'emprunts à l'art de la parure et du travestissement, comme si sa beauté sans fard et sa grâce naturelle n'étaient pas infiniment supérieures et préférables à tous les déguisements. — « Mais ça fait aller le commerce ! » disent les optimistes industriels. Nous nous inclinons...

Quelques colons ont fait d'heureux essais du safran, de la noix de galle, employée dans la teinture en noir, et du sumac des corroyeurs avec lequel les indigènes préparent et tannent les cuirs marocains. Dans les forêts de l'Afrique se trouvent beaucoup d'essences dont les écorces ont des propriétés tannantes et tinctoriales.

Aussi riche en plantes à fibres textiles qu'en plantes tinctoriales, l'Algérie possède les joncs, l'alfa, le dis, le palmier-nain, le bananier, l'aloès, le yucca, l'ortie blanche, le chanvre et le lin, qui servent au tissage, à l'ameublement, à la vannerie, à la sparterie, à la corderie, à la sellerie, à la tapisserie, à la papeterie.

Avec les fortes tiges et les longues feuilles de l'alfa, les indigènes et les Espagnols font des paniers, des tapis, des chaussures, des chapeaux, des sacs, des cordes. De cette précieuse plante, qui croît en abondance sur le littoral, les Européens ont tiré une excellente pâte à papier. On comprendra, sans plus d'explication, quelles immenses ressources offre l'alfa destiné un jour à remplacer le papier de chiffons servant à l'impression des livres et des journaux. La réduction du prix de revient est énorme, par conséquent la publicité ne peut qu'y gagner, et nous sommes, on le sait, des partisans fanatiques de la publicité ! Vive donc l'alfa, qui supportera patiemment et sans controverse les intempérances de nos plumes !

On peut toujours faire tourner le mal à son profit, ou, pour mieux dire, il n'y a pas de mal dans la nature. Voilà sur quel axiome philosophique l'industrie européenne a basé ses calculs d'exploitation du palmier nain, qui couvre les montagnes de l'Algérie et stérilise de grandes étendues de terrains. Elle a déraciné les touffes de palmiers nains et les a transformées en éventails, en balais, en crin végétal, en filasse, en pâte à papier. M. Chanchard, exposant de produits textiles, a inventé une machine pour défibrer le palmier nain et le rendre propre à la filature, au tissage, à la papeterie, à la corderie, à la garniture des matelas et des meubles.

Parmi les végétaux à produits filamenteux, il faut comprendre en première ligne le yucca, qui donne une filasse blanche, lustrée, plus forte que le chanvre, quoique ses fils soient d'une extrême ténuité. La culture du yucca se fait régulièrement en Algérie. D'après les calculs d'un colon expérimenté, un hectare planté en yucca rapporterait neuf quintaux de filasse valant 2,784 fr.

L'agave d'Amérique appelée aloès croît spontanément en Afrique ; l'aloès borde tous les chemins de ses feuilles roides, de ses lames de fer-blanc, qui se développent jusqu'à 600 mètres au-dessus du niveau de la mer. Le bois d'aloès est utilisé dans les constructions légères ; les feuilles fournissent de la soie végétale pour cordes, filets de pêcheur, tapis de pied, ouvrages de sparterie, papier à vignettes.

Nous avons vu à l'Exposition de beaux échantillons de lin et de chanvre. La graine semée en Algérie n'a pas l'inconvénient, comme celle de Riga importée en Europe, de perdre ses propriétés originelles. Le lin algérien remplacera avec avantage dans le commerce le lin de Russie. Les indigènes de la Kabylie le cultivent.

Toutes les espèces de chanvre expérimentées à la pépinière centrale, entre autres le chanvre de Piémont et le chanvre géant de la Chine, ont parfaitement réussi. On fabrique de bons cordages pour la marine avec les chanvres algériens. De tout temps les indigènes ont cultivé le chanvre et le lin.

Les Sahariens cultivent une variété de chanvre dite takrouri ou kif, produisant le fameux hachisch, que les Orientaux fument dans de petites pipes ad hoc dont nous avons parlé au chapitre de la fabrication indigène, après avoir pilé la graine de chanvre et l'avoir fait bouillir dans une certaine quantité d'eau et de sucre. A Alger, à Constantine, des dames, friandes d'agréables hallucinations, mêlent le kif aux confitures. Aucune description ne saurait rendre les émotions étranges qu'éprouvent les consommateurs de hachich, les hatcheichia, dont il existe une corporation à Constantine. Il faut avoir fumé le kif pour comprendre les sensations inouïes, les extases infinies que l'homme peut ressentir quand il sort de son crétinisme habituel, et lâche la bride à cette folle fille du logis qu'on appelle l'imagination !

CHAPITRE VIII.

Découverte de l'or. — Minerais. — Marbres.

Il manquait à l'Algérie le prestige métallique qui séduit toutes les imaginations, enivre tous les cœurs et fait pirouetter les plus obstinés sédentaires : le prestige de l'or, auquel la Californie et l'Australie doivent leurs innombrables légions d'émigrants. Aujourd'hui les apprentis Crésus vont sans doute traverser la Méditerranée et courir vers l'Atlas, dont les terrains offrent des conditions géologiques analogues à celles de la Californie et de l'Australie, comme il résulte des découvertes de M. Nicaise, le Jason moderne de l'Algérie, qui ont motivé un rapport de M. Dumas sur les gisements aurifères de la colonie, lu à l'Académie des sciences.

Plusieurs cours d'eau de l'Algérie ont reçu des Arabes la dénomination d'Oued-Deheb (ruisseau d'or) ; les caravaniers de Tomboucton et de l'intérieur de l'Afrique ont d'ailleurs souvent apporté sur les marchés de la poudre d'or et de diamant. Tous ces indices ont pu servir M. Nicaise, qui a découvert l'or dans les ravins du petit Atlas. Déjà, en explorant les mines de Kef-Oum-Theboul, cercle de la Calle, dans la province de Constantine, on avait trouvé l'or associé au plomb et à l'argent. Telle est l'histoire concise de la découverte de l'or en Algérie.

Un petit bloc d'or natif de l'Algérie valant 12,000 fr. fait merveille à l'Exposition, où il est lorgné par un grand nombre de visiteurs de l'annexe qui, à la vue de ce lingot, s'intéressent vivement au sort de la colonie et s'éprennent tout à coup d'un bel amour pour ses charmes :

Et lorsqu'on vient à voir vos célestes appas,
Un cœur se laisse prendre et ne raisonne pas!

A côté du bloc d'or brille une coupole d'argent pesant 210 kilogrammes et valant 52,000 fr., qui provient du traitement des minerais de plomb auro-argentifères de Kef-Oum-Theboul.

Dussions-nous être traité de Spartiate par les auriphiles, nous avouons préférer à ces lingots les minerais de fer et de cuivre, de plomb et de zinc, l'antimoine, le mercure, le manganèse, le nickel, dont les échantillons envoyés par les compagnies de Mouzaïa, de l'Oued-Allelah, de Hammimate, d'Oued-Merdja, de Blidah, de Bou-Hamra, d'Aïn-Morka, de Gar-Rouban, parent les estrades de l'exposition algérienne. Voilà de vraies richesses que les montagnes de l'Afrique recèlent par nombreux gisements. L'industrie française, toujours en disette de cuivre, de fer, d'acier, plus que d'or et d'argent, tirera un bon parti des produits métalliques de la colonie.

La compagnie de l'Alélik a exposé des fers comparables à ceux de la Suède et des fontes aciéreuses qui peuvent rivaliser avec les meilleurs aciers de l'Angleterre.

Outre leur belle exposition, les compagnies de l'Alélik, de Mouzaïa et de Kef-Oum-Theboul nous ont adressé la peinture de leurs établissements, la perspective de leurs exploitations : massifs de mines qui dessinent leur rugueuse colonne vertébrale sur la ligne de l'horizon, hangars du triage et du cassage des minerais, machines à vapeur d'extraction, manéges à broyer, cantines, bureaux, attirail, que sais-je ! Et au milieu de ces usines se démènent comme des démons en fournaise des soldats, des ouvriers européens, des employés de la compagnie, des Marocains, des Kabyles, des Arabes embarrassés de leurs draperies de laine, des nègres et jusqu'à des négresses tenant par la main quelque yaoulet coiffé de la rouge chechia, le corps à peine couvert d'une djbalah déchirée et le con entortillé d'amulettes en maroquin.

Un habile ouvrier, M. Polidor, a obtenu d'excellents damas en employant uniquement l'acier d'Algérie, tandis que les aciers de l'Angleterre, de la Suède, de l'Allemagne sont, comme on sait, composés. M. Polidor a fait une très-belle exposition dans l'annexe de lames de sabre et d'épée façon Tolède, souples comme le jonc, estampées avec le nickel ou le platine, des couteaux de chasse, rasoirs, canifs en acier ordinaire et damas d'Algérie.

L'Algérie sera bientôt en mesure de fournir à l'importation annuelle de la France ce qui lui est nécessaire en fers, cuivres, plombs, antimoines ; car toutes les exploitations de gisements métalliques prennent une marche ascendante et paraissent en bonne voie de prospérité. De nombreux permis d'exploration ont été de nouveau accordés par l'administration des ingénieurs, à des colons qui sillonnent le massif méditerranéen à la recherche des filons de cuivre, de fer, de plomb, ces trésors enfouis dans les flancs pétrifiés de la vieille Afrique. Cherchez et vous trouverez, dit un proverbe encourageant. Un des plus intrépides chercheurs de la colonie, à coup sûr, c'est M. del Monte, né à Carrare d'une famille de marbriers, qui après avoir admiré les monuments de Rome et de Florence, résolut de retrouver les carrières d'où les Romains tiraient leurs marbres.

Ce Christophe Colomb du marbre parcourut l'Europe et enfin l'Algérie, où il questionna tous les indigènes, qui lui répondirent tantôt par des coups de yatagan, tantôt par des coups de fusil, tantôt par des macach sabir (je ne sais pas). Echappé presque miraculeusement à ces terribles épreuves, il rencontra près de Tlemcen un Arabe qui répliqua enfin à ses questions par un sabir, et qui le mena vers les carrières d'albâtre-onyx d'Aïn-Tryhaleck et Lars-Beyda, dont M. del Monte est aujourd'hui le seule propriétaire, et dont il a tiré ses magnifiques échantillons de l'Exposition.

Rien d'admirable comme ces urnes, ces vases, ces entablements d'albâtre antique, d'onyx translucide à stries délicates qui ont l'aspect tendre et neigeux, la veine limpide, le soyeux, le flou d'une chair de femme, les teintes irisées de l'arc-en-ciel, les reflets argentés de la nacre, les moires miroitantes d'une robe de satin, toute une gamme chromatique de nuances délicieuses, depuis le blanc le plus immaculé jusqu'au rouge le plus vif et au jaune d'or le plus brillant.

Les précieuses découvertes de M. del Monte transformeront sans nul doute l'art de la construction et la décoration architecturale, car l'onyx calcaire de la province d'Oran se taille bien, se travaille très-facilement à l'outil ; il peut être mis en œuvre pour fûts et chapiteaux de colonnes, architraves, lambris, balustrades, balcons, cheminées, piédestaux, tombeaux, statues, bas-reliefs, camées, pour tous les objets d'ameublement ou d'ornementation.

Nous avons vu à l'Exposition une très-belle incrustation de porcelaine peinte dans un entablement d'onyx qui figure la déesse de l'Algérie semant l'abondance autour d'elle. Ces incrustations de porcelaine dans l'albâtre-onyx transparent ne décoreraient-elles pas très-bien nos salles à manger, salles de bains, foyers de théâtre, vestibules ? Tâchons donc, hommes de progrès, de ne pas vivre au milieu de bicoques sans style, et élevons, s'il se peut, notre goût architectural à la hauteur de la majestueuse antiquité.

Ces albâtres d'Aïn-Teybalek ont été exploités par les Romains jusqu'à l'époque de l'invasion des Vandales en Afrique, soit en 428. Il existe à Tlemcen des ruines d'albâtre antique consistant en fûts et chapiteaux. Pline vante l'albâtre-onyx comme le roi des marbres, et dit qu'il est « d'une beauté et d'une grâce incomparables. »

Près d'une collection complète de cristaux, on a placé l'exposition des produits chimiques de l'Algérie : sulfates de cuivre, de fer, d'alumine, de baryte, soude, acide nitrique. Puis viennent les granits des bords de la Seybouse, les granits quartzeux pouvant s'extraire par 20 mètres de longueur, les porphyres de la Voile-Noire, du Cap-de-Fer, d'où l'on a extrait le bloc qui a servi de piédestal pour la statue du maréchal Bugeaud érigée à Alger, des gypses, des argiles, tuiles, lignites, anthracites, des échantillons de sel marin, de sel gemme, très-commun en Algérie dans les lacs salés et les eaux saumâtres, de la pouzzolane des environs de Blidah, des ardoises, de l'argile pyriteux et à poterie, des asphaltes et bitumes, des calcaires hydrauliques, du soufre, de la terre à porcelaine, de la terre à savon que les Arabes emploient pour laver leurs étoffes de laine, et toute une collection de pierres : pierres meulières, pierres à feu, à pavé, lithographiques, pierres précieuses, etc. Vraiment, il faut renoncer à détailler les produits innombrables de l'exposition algérienne.

Plusieurs échantillons exposés constatent que les fouilles faites aux environs de Philippeville ont mis à découvert le précieux marbre jaune antique veiné de petits filets noirs, ainsi que le marbre acajou de la route de Mers-el-Kébir à Oran. Le fameux marbre de Numidie, l'orgueil, le nec plus ultrà du luxe romain, n'a pu encore être découvert ; en revanche, les marbres blancs statuaires du mont Filfila, à l'est de Philippeville, dans la province de Constantine, sont en pleine exploitation aujourd'hui. Ces carrières, dont les Romains tiraient beaucoup de marbre statuaire, s'étendent sur une superficie de 25,000 mètres carrés.

Les marbres de Filfila, faciles au travail, d'un grain très-fin, d'une translucidité parfaite et de nuances variées, valent les marbres statuaires de Carrare. On a extrait des carrières de Filfila des blocs de 3 mètres de longueur. Ceci vous est réservé, artistes statuaires. Le marbre d'Algérie va trembler devant vous, selon la belle expression de Nicolas Poussin. Vous nous taillerez dans les flancs du mont Filfila des statues de Vercingétorix, de Caton d'Utique, de Descartes, de Washington, de Voltaire, de Carnot, de Lamennais, car il y a des temps où, l'esprit se troublant et le cœur faiblissant, le marbre doit enseigner à la chair le désintéressement, l'héroïsme, le sacrifice à l'idée, toutes les vertus trop oubliées du citoyen.

CHAPITRE IX.

Les bois.

Les forêts africaines, comme la forêt de Birnam que Shakespeare fait marcher vers le château de Dunsinane à la rencontre de Macbeth, ont traversé la Méditerranée et sont venues à Paris pour faire admirer la vigueur de leur végétation, la variété de leurs essences, les magnificences de leurs hautes futaies, la qualité et les nuances admirables de leurs bois, qui offrent de précieuses ressources à l'ébénisterie, à la menuiserie, à la charpente et aux constructions navales. Aucun pays n'a donné une collection de bois comparable à celle de l'Algérie, ni l'Espagne, ni la Grèce, ni le Canada, ni l'Australie, ni la Guyane anglaise. Caroubiers, oliviers, palmiers, dattiers, cèdres, thuyas, genévriers, orangers, lentisques, chênes, casuarinas, lauriers d'Apollon, plus de trois cents échantillons de bois divers se trouvent à l'exposition algérienne, depuis l'énorme chêne-liège des forêts du Tell jusqu'au palmier qui balance ses panaches sur sa tige élancée dans les vertes oasis du Sahara. Il n'y manque que les hôtes des forêts, lions, panthères et sangliers, dont la présence aurait pu troubler la sérénité des visiteurs de l'Exposition.

On a placé dans la partie de l'annexe réservée à l'Algérie un énorme olivier centenaire et tortillé confine un vieux vigneron de la Bourgogne, qui porte cette étiquette triomphale sur les branches veuves de feuilles et d'olives : âgé de mille ans. Ainsi ce patriarche des oliviers a été le contemporain de quarante générations d'Arabes avant de mourir sous la cognée et d'être transporté au palais de l'Industrie !

Que de choses il a dû voir ! Il a reçu les pieux baisers du musulman, qui n'adresse jamais son invocation à Allah sans embrasser le sol ; il a couvert de son ombre discrète le corps souple et fin comme celui de la gazelle de la Mauresque ; il a nourri le pauvre nègre mourant de faim ; il a rafraîchi sous ses épaisses ramures le transporté politique rêvant au retour dans la patrie, le nomade heureux au milieu des solitudes, l'esclave songeant à la liberté, les caravaniers du désert couverts de poussière et accablés par une longue marche au soleil et sur les sables ; il a servi de dernier oreiller au guerrier blessé en combattant pour sa tribu, d'alcôve au maître, à l'épouse, à l'almée, à ces majestueuses femmes du Sahara, dont le type par rappelle les Rachel et les Agar de la Bible. Aussi curieux de lui entendre raconter son histoire que le sultan Schahriar des Mille et une Nuits prêtant l'oreille aux contes merveilleux de Schéhérazade, nous avions réussi à l'émouvoir au moyen de quelques passes magnétiques autour de sa base et de ses branches ; il allait parler, nous ouvrir ses trésors d'érudition historique, lorsqu'un gardien de l'Exposition vint brutalement détruire l'incantation en s'écriant avec une prononciation alsacienne : Ne touchez pas, mossié ! Aussitôt mon olivier rentra dans son immobilité, et depuis il est resté sourd, muet et insensible comme une souche. L'idiome alsacien l'avait pétrifié.

Les fabricants de meubles, les ébénistes algériens et parisiens ont fait merveille avec les bois richement nuancés et veinés de l'Algérie. En employant le thuya, fort en vogue, comme on sait, dans l'antiquité, au temps de Cicéron, l'olivier, l'oranger, le cèdre, ils ont créé des chefs-d'œuvre d'ameublement. La plupart des lits, des secrétaires, des buffets de salons, des jardinières, des tables à ouvrage et à boston, des armoires, des chaises, portaient l'étiquette sacramentelle : Vendu. Nous avons vu un élégant bureau de dames Louis XV, dont les tiroirs sont en laurier d'Apollon et le reste en racine de thuya, variété noire du petit Atlas ; un guéridon, curieux travail de marqueterie, réunissant sept essences de bois indigène ; une grande table ronde d'une seule pièce provenant d'un cèdre de la forêt de Teniet-el-Kadj ; plusieurs chaises en laurier-rose, si finement découpées, si gracieuses, qu'une femme seule oserait s'asseoir sur ces sièges exquis ; des billards, des pianos en thuya et en olivier. Notons en passant, à l'adresse des musiciens, que le thuya, plus que tout autre bois, est favorable à l'émission des sons. Un habile fabricant de pianos de Toulouse, M. Cropet, exposant, a employé les essences d'Algérie et s'en est fort bien trouvé. M. Testut, d'Alger, a envoyé à l'Exposition une magnifique collection de bois.

La tabletterie a également mis en œuvre les bois algériens. A l'exposition de MM. Raymond et Marchal, nous avons remarqué de fort jolis ouvrages, des caves à essences et à liqueurs vides, tabatières, porte-montres en thuya, et des objets divers en cactus.

Nous devons recommander l'attention spéciale des dames aux corbeilles de mariage, les coffrets, les boîtes à châles en thuya, cèdre, oranger et cyprès odorant rehaussées de filets d'argent. C'est le mariage le plus heureux du luxe et du bon goût. Nul doute que les bois d'Algérie n'opèrent une utile réforme, ne fassent une heureuse diversion dans notre ameublement, en détrônant définitivement les par trop classiques bois d'acajou, de palissandre et de noyer.

Pendant la période belliqueuse de 1830 à 1846, les forêts de l'Algérie ont eu beaucoup à souffrir. Ce qui autrefois était un massif, une haute futaie, n'est plus qu'une étendue couverte de broussailles, d'arbustes nains et rabougris.

Néanmoins, grâce à la surveillance efficace des agents, les forêts se reforment, les coupes se font d'une manière sobre et régulière. On compte aujourd'hui plus de quinze cent mille hectares de massifs boisés dans les trois provinces de l'Algérie. Sur le littoral de Bone seulement il y a 30,000 hectares d'essences exploitables pour la charpente, la menuiserie et la marine, tant en forêts de chênes zans, d'ormes, de frênes, qu'en massifs de thuyas et de chênes verts.

Le bois et l'eau ne manqueront donc pas à l'Algérie. Un grand nombre de colons se livrent maintenant à l'exploitation des forêts de chênes-lièges, de cèdres, de bois de construction et de chauffage, ainsi qu'à la fabrication du charbon.

Les produits de la pêche algérienne provenant des côtes de la Méditerranée ou des cours d'eau de l'intérieur consistent en différents poissons et crustacés, en huîtres, en corail.

La pêche, l'exploitation et la fabrication du corail sont organisées en Afrique depuis huit siècles. On pêche, bon an, mal an, 30,000 kilogrammes de corail.

Une parure jadis très-recherchée des femmes, qui a été délaissée pendant quelque temps et revient aujourd'hui de mise par la loi du flux et du reflux de la mode, le corail, se trouve par nombreux bancs sur les côtes de l'Algérie. Il y en a de remarquables spécimens à l'Exposition. Les pêcheurs de corail se recrutent dans les rangs des colons, des Espagnols, des Maltais et de la population kabyle elle-même. Marseille est l'entrepôt et le marché du corail africain.

La pêche du corail est une industrie organisée sur les côtes d'Afrique depuis des siècles. La France en a le privilège dans les eaux de l'Algérie, en vertu de son droit de souveraineté, qui a confirmé et transformé un régime établi par d'anciens traités ; elle a de plus des droits particuliers sur la pêche du corail dans les eaux de Tunis, en vertu de deux traités avec le bey de cette régence.

De temps immémorial, écrit M. Duval dans son *Tableau de l'Algérie*, la pêche du corail s'est faite sur les côtes d'Italie, de Corse, de Sicile, de Sardaigne, comme sur celles d'Afrique; mais, depuis sept à huit cents ans, la supériorité des bancs de corail d'Afrique est reconnue.

Au commencement du douzième siècle, cette industrie faisait prospérer une ville nommée *Mers-el-Djoun*, en Tunisie. Dans le traité que les Pisans conclurent en 1167 avec le maître de Tunis, le principal objet fut la cession du corail; pour l'exploiter, ils formèrent un établissement à Tabarque. Vers l'an 1300, il est fait mention des pêcheries de Bône. Plus tard, la pêche passa dans les mains des Catalans, qui, en 1439, payaient à raison de cette industrie des redevances à l'État de Tunis. En 1446, la pêche des côtes de cette régence, qui s'étendaient alors jusqu'à Bougie, était affermée à un Barcelonais. En 1551, les Génois pêchaient à Bône; les bancs, qui paraissent aujourd'hui épuisés, s'exploitaient vis-à-vis Casbah. L'illustre marin André Doria ne dédaignait pas d'être fermier de la pêche. Vers la même époque, Charles-Quint ayant donné à la maison Lomellini de Gênes l'île de Tabarque, que lui avait cédée Soliman II pour la rançon du fameux corsaire Dragut, l'établissement génois s'y transféra, et la pêche en devint un des principaux objets. Lorsqu'en 1741 les Tunisiens le détruisirent, il employait à la pêche 34 barques et 272 matelots.

La France y intervint au seizième siècle. En 1551, une nef marseillaise, montée par un patron corse, se mêlait aux corailleurs génois, et ce ne fut pas probablement longtemps la seule; car dix ans plus tard, en 1561, on voit deux négociants de Marseille, Thomas Linches et Carlin Didier, agissant en vertu d'une convention avec les tribus de la Mazoule et en vertu d'un privilége de Soliman II, former dans l'anse du Bastion de France, à douze lieues est de Bône, à trois lieues ouest de la Calle, un premier établissement pour la pêche du corail. Linches et Didier se ruinèrent dans cette création, un des premiers jalons de la tradition française dans l'Afrique du Nord. Mais comme le corail des côtes d'Afrique était très-supérieur à celui des mers d'Italie, une autre compagnie française se présenta, et suivit les opérations de cette pêche en fondant successivement des comptoirs au cap Roux, à Bône, Collo, Djidjelli et Bougie.

En 1594, le centre des opérations fut transporté à la Calle.

La pêche du corail fut définitivement acquise aux Français par le traité du 20 mai 1604, préparé à Alger par Savary de Brèves, et conclu à Constantinople avec Amurat III.

Sous Louis XIII, en 1619, le duc de Guise, gouverneur de la Provence, racheta la concession, et lui donna un nouveau développement par l'intermédiaire d'un agent habilement choisi, le nommé Samson Napolon.

Dix ans après, le cardinal de Richelieu envoya en Barbarie plusieurs agents, et en 1640 il tentait de fonder un nouvel établissement à Stora.

Après le traité conclu le 7 juillet 1640 par le sieur Cosquiel, à qui Louis XIII assura le titre de capitaine-consul, la redevance à payer au pacha d'Alger est évaluée à 7 ou 8,000 écus.

En 1694, sous Louis XIV, une subvention annuelle de 40,000 livres est accordée à une compagnie, qui accepte pour dix ans la concession de la pêche au moyen d'une redevance de 105,000 livres par année.

Sous Louis XV, en 1719, la compagnie des Indes succède à la compagnie française. L'Asie Mineure et l'Inde étaient alors les principaux débouchés pour le corail.

En 1854, l'Algérie a exporté 23,042 kil. de corail brut, dont 1,618 kil. en France et 21,424 à l'étranger. En 1853, l'exportation avait été de 27,155 kil. Ce produit n'étant pas exploité par l'industrie algérienne, le chiffre de l'exportation égale celui de la production et confirme l'évaluation ci-dessus. Les pays d'exportation sont les mêmes que ceux d'où viennent les bateaux corailleurs : Deux-Siciles, Toscane, États sardes, Espagne. Le corail est taillé et monté, et de là il se charge à Livourne, Gênes, Naples, pour Alexandrie, Constantinople et Alep. De ces villes on le transporte à Bagdad, d'où il arrive en Perse, dans les Indes et jusque dans la Chine. Dans ces contrées lointaines, les principaux dépôts sont Goa, Calcutta et Madras, d'où les caravanes le transportent à l'intérieur. L'intervention du commerce européen s'arrête à Bagdad.

Longtemps en vogue du François Ier, sous Louis XIV, ensuite délaissé, le corail reprit faveur sous Napoléon, grâce à mademoiselle Clary, de Marseille, reine de Naples et d'Espagne, qui porta la première parure de corail. Elle encouragea et protégea les fabriques, qui étaient depuis longtemps une des gloires et des fortunes de sa ville natale. En effet, Marseille possédait autrefois une manufacture royale de corail qui occupait 300 ouvriers, dont 200 travaillaient la matière la plus précieuse, et 100 ouvraient en ville celle de qualité inférieure. Vers la fin du siècle dernier, cette industrie faisait vivre 100 familles. Elle y a longtemps survécu à l'abandon du corail par la marine marchande. On comptait encore en 1843 trois fabriques occupant 400 ouvriers, dont moitié à Cassis, commune du littoral de Marseille, occupés à percer le corail, que d'autres taillaient à Marseille. Dédaigné sous la Restauration et dans les premières années de la révolution de juillet, le corail a repris faveur depuis quelques années.

En 1853, l'importation en France a été de 9,597 kil. de corail brut, valant 227,425 fr., sur quoi l'Algérie lui a fourni 3,045 kil., et l'étranger 6,059 kil. En corail taillé la France a reçu, en 1853, 411 kil., valant 69,870 fr.

Nous sommes arrivé au terme de notre course, qui a pu paraître longue à nos lecteurs ; mais l'exposition algérienne méritait d'être traitée sérieusement : elle a été une véritable révélation pour le public, qui certes ne se doutait pas que l'Algérie pût fournir à l'Europe épuisée les principaux éléments de l'existence : du blé, du bois, du marbre, du fer, du cuivre, du plomb, du coton, des laines, etc. Aujourd'hui l'Algérie, grâce à son exposition qui lui a valu une unanime ovation, peut s'écrier avec César, son ancien maître : *Veni, vidi, vici*. Tous les visiteurs, après avoir admiré les échantillons de ses richesses, l'ont saluée comme la reine des colonies. Les journalistes lui ont rendu pleine justice, non pas seulement les journalistes français, mais les Anglais eux-mêmes, fort discrets jusqu'ici à l'endroit de l'Algérie, et qui à cette heure la discutent dans leurs journaux. Les capitaux, à leur tour, se sont émus ; ils combinent, ils préparent leur pèlerinage africain. La colonie aura donc recueilli de magnifiques avantages de son exposition ; certes on ne pourra pas dire d'elle qu'elle s'est dérangée pour le roi de Prusse !

Nous le croyons, l'Algérie sera un jour pour la France ce qu'ont été les Indes pour l'Angleterre, une source intarissable de revenus ; avec cette différence, cependant, qu'en nous montrant tolérants, équitables vis-à-vis des Arabes, nous les aurons gagnés sans retour à notre cause, et qu'au lieu de trouver la fertilité et l'abondance en Algérie, comme les Anglais les ont trouvées en débarquant à Calcutta, à Madras, à Bombay, nous les aurons tirées de notre propre fonds, en un mot nous les aurons créées.

L'Algérie est lancée dans une voie rapide de progrès et de prospérité. Chaque année ses cultures industrielles s'étendent ; ses exploitations métallurgiques sont en pleine activité ; la fertilité de ses terres lui permet de venir au secours de l'Europe, menacée de famine. L'amélioration des routes, le desséchement des marais, ses irrigations qui transforment en jardins d'immenses plaines autrefois stériles ou en jachères, la construction de nouveaux ports, l'établissement de chemins de fer et de lignes de télégraphie électrique, la découverte de carrières de marbre, de mines de fer, de cuivre, de plomb, l'ouverture de marchés au désert, tout favorise son essor et aplanit son chemin jusqu'à la profonde tranquillité, sans exemple après quatorze siècles de barbarie, dont elle jouit. Ses anciens agitateurs sont aujourd'hui les gens les plus paisibles du monde. Ne voit-on pas un Bou-Maza demander du service dans les armées alliées, et un Abd-el-Kader, nouveau Dioclétien, cultiver philosophiquement son jardin à Brousse, à Damas, et planter ses choux en oubliant ses grandeurs passées, sa lutte acharnée et son serment d'Annibal contre la France ?

Cependant une ombre assombrit le tableau. L'Algérie manque de bras ; il y a déficit d'hommes. Si sa population d'émigrants européens ne diminue pas, du moins elle n'augmente pas d'une manière notable. Voilà le défaut de la cuirasse. Aussi mille projets, mille remèdes empiriques sont-ils de se croiser comme les fusées d'un feu d'artifice. Celui-ci propose d'enrégimenter tous les ouvriers français sans ouvrage et de les transporter en Algérie. Et ces pauvres colonies parisiennes, que sont-elles devenues, je vous prie ? Celui-là trouve qu'on favorise trop les indigènes au détriment des colons ; il voudrait refouler les Arabes expulsés de leurs propriétés, de leurs terres, au désert ; au besoin, il les refoulerait dans la mer. L'un se plaint de la prépondérance de l'administration militaire et préférerait la suprématie de l'administration civile ; un autre, émettant un vœu diamétralement contraire, retourne la proposition. Puisque chacun apporte son avis au conseil, je dirai le mien. Ce qui n'est pas la conséquence de la libre volonté de l'homme n'a rien de durable. Tous ces pauvres diables de rêveurs d'Eldorados embarqués pour l'Algérie au son du fifre et du tambour sont devenus de détestables agriculteurs.

L'exposition algérienne vous vaudra plus de colons, plus d'émigrants, que tous vos recrutements artificiels. Laissez faire : la fiancée est belle et riche, elle a montré ses grâces et ses trésors, elle sera épousée. N'ayez d'autre souci que de tenir la balance juste entre les intérêts des Européens et ceux des Arabes, de faciliter les communications, les échanges entre les diverses races de l'Algérie, au moyen de routes bien entretenues et de lignes de chemins de fer ; simplifiez les rouages de votre administration, lâchez les lisières, ne parquez plus les colons dans les villages-casernes, donnez toute latitude à l'Algérien d'aller et de venir, de commercer, d'associer son capital ou ses bras, et vous serez bientôt convaincus par les résultats que le seul moyen de rendre l'Algérie prospère et de la peupler de nouvelles légions d'émigrants, c'est de lui appliquer cette paraphrase de la grande parole de Danton : « De la liberté, encore de la liberté, toujours de la liberté !.... »

CHAPITRE X.

Les habitants de l'Algérie. — Les races indigènes. — Les Kabyles. — Organisation des tribus.

D'après les recensements, la population totale de l'Algérie se compose ainsi qu'il suit :

Habitants européens (dénombrement de 1852)	124,401
Habitants musulmans et israélites des territoires européens (dénombrement de 1852)	105,865
Habitants des tribus (recensement de 1851)	2,323,855
Total	2,554,121

La population européenne de l'Algérie compte 124,401 individus qui se décomposent ainsi :

Sous le rapport des nationalités :

Français	69,930	Suisses	1,323
Espagnols	35,120	Belges et Hollandais	516
Italiens	7,408	Anglo-Irlandais	483
Anglo-Maltais	5,669	Polonais	258
Allemands	3,025	Portugais	145

Sous le rapport des sexes et des âges :

Hommes	29,451	Garçons	40,073
Femmes	28,233	Filles	26,645
Total	57,684	Total	66,718

Sous le rapport des familles :

32,826 ménages, habitant 16,215 maisons.

Sous le rapport de la religion :

Catholiques, 121,226. — Protestants, 2,561. — Israélites, 614.

Sous le rapport de la résidence et des travaux :

Population urbaine	80,143
— rurale agricole	30,805
— non agricole	13,453 } 44,258

Sous le rapport de la distribution par province :

Province d'Alger	120,596
— de Constantine	73,709
— d'Oran	70,126

L'Algérie est quatre fois moins peuplée que l'Espagne, cinq fois moins que la Turquie d'Europe, sept fois moins que la Prusse, huit fois et demie moins que la France, onze fois moins que la Hollande, seize fois moins que la Belgique.

Ainsi, sans déplacer la population indigène, l'Algérie pourrait recevoir en moyenne par kilomètre carré, pour être peuplée :

Comme l'Espagne	24 habitants de plus.
Comme la Turquie d'Europe	31
Comme la Prusse	47
Comme la France	57
Comme la Hollande	78
Comme la Belgique	116

L'émigration européenne peut donc y introduire, pour qu'elle soit peuplée :

Comme l'Espagne	9,381,000 habitants.
Comme la Turquie d'Europe	12,117,000
Comme la Prusse	18,372,300
Comme la France	22,271,300
Comme la Hollande	30,490,200
Comme la Belgique	45,344,400

La population indigène de l'Algérie, qu'on évalue à deux millions et demi, se subdivise en six races, qui sont :

Les Kabyles ou Berbères, — les Arabes, — les Maures, — les Kouloughis, — les Juifs, — les Nègres. Le Berbère et l'Arabe sont les deux éléments fondamentaux ; les autres sont secondaires.

Dans notre *Voyage*, nous avons caractérisé les *Kouloughis*, qui proviennent du mélange des Turcs avec les femmes indigènes ; les *Nègres*, ces dociles et bons serviteurs ; les *Juifs*, ces éternels négociants et thésauriseurs de tous les pays ; les indolents *Maures*, habitant les villes commerçantes, remarquables par la beauté de leurs traits, l'élégance de leurs manières et le luxe de leur costume ; les *Arabes*, majestueux et simples comme leur père Abraham, hommes rustiques, fiers cavaliers, caractères nobles, dédaignant les vanités et les travaux de la civilisation ; enfin les *Kabyles*, dont nous devons compléter le portrait.

Les Kabyles ont fait, à l'Exposition universelle de Paris, la preuve victorieuse de leur génie et de leur aptitude industriels. Leur fabrication est très-supérieure à celle des Arabes ; les ouvriers de leurs tribus pourraient rivaliser avec ceux de l'Europe.

La race kabyle, moins connue des Français que la race arabe, diffère essentiellement de celle-ci par son origine, par son attachement au sol, par ses mœurs et par ses goûts industrieux.

— Les Berbères ou Kabyles (dit M. Anselin dans son intéressant travail sur la Kabylie) sont les plus anciens possesseurs de l'Algérie ; on s'accorde à les faire descendre des souches dites autochthones, libyenne et gétulienne ; et on peut les considérer comme le résidu et le mélange de toutes les races dont le caractère indépendant a résisté, à diverses époques, aux différentes invasions qui se sont succédé sur le sol africain. Les occupations successives des peuples conquérants qui s'appropriaient les plaines les ont refoulés dans les lieux de l'accès le plus difficile, sur les hautes montagnes, et ce peuple autrefois dominateur du pays s'est trouvé morcelé de la sorte en grandes factions devenues à la longue étrangères l'une à l'autre, occupant sur le territoire africain tous les massifs montagneux, qui forment autant de Kabylies distinctes.

Ce n'est qu'après l'invasion arabe que les Berbères commencent à être appelés Kabyles, du mot arabe *Kuebila*.

L'uniformité des caractères physiques et moraux qui existent chez les Kabyles de l'Algérie, de Tunis, du Maroc, des oasis et des autres localités où ils sont répandus, prouve qu'ils forment une race primitive, pure de tout mélange.

Le Kabyle n'est pas d'une haute stature ; il a la peau brune et bistrée, les yeux noirs, les cheveux noirs ou bruns et lisses, la tête arrondie : il diffère en cela de l'Arabe ; le front est peu découvert, le menton rond, le nez presque à angle droit ; les narines sont peu ouvertes, les lèvres plus grosses que chez les autres variétés de la race caucasienne ; leurs traits sont courts, l'ensemble du visage offre une forme arrondie plutôt qu'ovalaire. Il est de taille moyenne, a l'ensemble du corps très-bien proportionné, et surtout la jambe parfaitement faite ; il est nerveux, robuste, actif, comme le sont d'ordinaire les montagnards, et généralement maigre.

Les Kabyles ne sont pas naturellement noirs ; ils naissent blancs et restent blancs toute leur vie, quand leurs travaux ne les exposent pas aux ardeurs du soleil. Dans les villes, les femmes ont une blancheur éclatante ; mais celles de la montagne, sans cesse brûlées par le soleil et presque toujours à moitié nues, deviennent, même dès l'enfance, d'une couleur brune qui approche beaucoup de celle de la suie.

Elles ont de beaux yeux noirs ornés de cils très-longs, et leurs dents sont très-blanches. Étant jeunes, elles peuvent passer pour belles et ont la réputation de surpasser les femmes arabes en beauté ; mais cette beauté est éphémère. Elles sont communément bien proportionnées, mais presque toujours de petite taille ; elles vieillissent vite et deviennent fort laides avant quarante ans ; de vingt-huit à trente elles offrent déjà des signes précurseurs de décrépitude. Mariées de onze à douze ans, il n'est pas rare qu'elles aient de petits enfants à l'âge de vingt-quatre ans.

Les montagnes qui environnent Bougie dans un rayon de douze à quinze lieues sont généralement bien peuplées.

L'amour de l'indépendance, leur passion pour l'argent, et la jalousie sont les traits saillants du caractère national des Kabyles ; l'adresse, la force, la bravoure, forment leurs qualités dominantes ; ils ont l'esprit vif, les mœurs sociales et d'heureuses dispositions.

Ils ne reconnurent jamais de domination : ennemis des Espagnols, ils le furent plus tard des Turcs ; et, jusqu'à ces derniers temps ils furent aussi les nôtres. Nous n'avons jamais rien observé chez eux qui pût justifier la réputation de férocité qui leur est faite par les auteurs anciens.

Le Kabyle aime le travail de la terre, préfère l'habitation fixe à la tente, et l'agriculture à l'état pastoral ; il possède à un haut degré l'amour de la localité. Ce caractère le distingue d'une manière tranchée de la population arabe, essentiellement nomade.

Son ambition se borne le plus souvent à avoir une femme, un gourbi ou cabane, un fusil, un yatagan, une mule et un chien.

Le caractère sédentaire du Kabyle, son aptitude à l'industrie et au commerce, le rapprochent bien plus que les Arabes des nations d'Europe.

La population est divisée en petites tribus commandées par des cheiks (vieux, vénérable, et par suite chef) ; le gouvernement est essentiellement démocratique.

En général, les tribus des environs de Bougie tirent leur nom soit d'un individu qui est réputé le fondateur ou le père de la tribu, comme cela a en lieu pour les *Beni-bou-Messaoud* (fils de Messaoud), soit d'une montagne près de laquelle elles sont établies, comme par exemple les *Toudja* de la montagne de Toudja.

On distingue aussi parfois certains groupes par le nom d'une famille de chefs ; il existe en effet chez les Kabyles (étrange disparate au milieu des mœurs républicaines) quelques grandes familles d'origine religieuse ou militaire dont l'influence incontestée domine plusieurs tribus à la fois et dans leur dénomination demeure souvent l'indication d'une caste : ainsi *Beni* (descendants), caste serve, tribu roturière), *Oulad* (descendants), noblesse laïque, caste noble), *Oulad-Sidi* ou bien *Oulad-Si* (descendants), noblesse religieuse), sont les termes divers de désignation des tribus, par exemple près de Bougie, les *Beni-Mimoun*, les *Oulad-Tamzalt*, les *Oulad-Si Amokren*.

Dans un rayon de douze lieues aux environs de Bougie, on compte une trentaine de tribus qui possèdent environ quatre cent cinquante-cinq dechera ou villages : on évalue à vingt-deux mille fantassins et quatre cents cavaliers seulement les hommes armés qui en font partie; leur commerce consiste principalement en grains, huile, bestiaux, poudre et fer.

Le Kabyle cultive moins de céréales que l'Arabe ; mais il s'occupe beaucoup de jardinage ; il passe sa vie à planter, à greffer ; il a chez lui des pois chiches, des fèves, des navets, des concombres, des oignons, des betteraves, du poivre rouge, des pastèques, des melons, et possède des fruits d'espèces variées.

Industrieux et sédentaire, intelligent et actif, le Kabyle n'est pas paresseux comme l'Arabe, qui a aussi peu d'industrie que de besoins; il ne passe pas, comme lui, des journées entières à fumer devant son habitation ; il fabrique de l'huile, du savon noir avec l'huile d'olive et la cendre de lauriers-roses.

En 1850 déjà on assurait qu'il n'y avait pas d'exagération à évaluer à quatorze millions de litres la quantité d'huile que, malgré leurs moyens imparfaits de trituration et d'épuration, pouvaient fournir les seules tribus qui habitent la zone commerciale de Bougie. Le Kabyle tresse des paniers, confectionne des nattes en palmier nain, file des cordes en poil de chèvre, fabrique des instruments aratoires, des armes, de l'orfévrerie : les Flissas font l'arme blanche ; les Beni-Abbès, le fusil tout entier ; la fabrication de la poudre est concentrée dans la tribu des Reboulus.

A Ayt-el-Arba, on pousse l'habileté industrielle jusqu'à fabriquer de la fausse monnaie.

Chez les Fennia il existe une fabrique de poterie, pour laquelle on va chercher la terre chez les Beni-Ourlis. Les Oulad-Amrioub exploitent les chênes de leurs forêts pour le tannage des peaux : les Toudja, les Barbacha, les Beni-Ourlis, les Beni-Ismael, les Beni-Sliman ont des établissements de meunerie.

La langue berberia, que parlent partout les Kabyles, affecte dans la grande Kabylie le dialecte dit *zaouaouiak*.

Les Kabyles sont assez peu fidèles aux observances de leur religion, que les marabouts et les chefs parlant arabe pratiquent seuls; ils ne négligent pourtant pas la prière et la font aux heures prescrites, partout où ils se trouvent, dans la campagne, au milieu des villes ; ils se prosternent, la face tournée le levant, et prient avec la plus grande ferveur en faisant tous les baisements de terre et les salutations voulues, sans plus de préoccupation que s'ils étaient dans une mosquée, sans s'inquiéter en aucune façon de ceux qui les environnent. La plupart des femmes n'observent pas les rites de leur religion ; personne ne les oblige à prier, et on les élève dans la plus profonde ignorance.

Les Kabyles, comme tous les mahométans, sont fatalistes et professent la plus entière résignation. L'état de leur mosquée révèle non pas la ferveur, mais la richesse de la tribu ; c'est parfois une pauvre cabane de chaume, construite en mortier de terre, noire et basse; c'est la mosquée réduite à sa dernière simplicité.

Ailleurs, des murs de plâtre, blanchis à la chaux au dedans et au dehors, une simple toiture en tuiles, ou une coupole éclatante de blancheur, élevée sur des arceaux, une galerie intérieure et extérieure et plus rarement aussi un minaret bien blanc d'où le *muezzin* (crieur) appelle les fidèles à la prière, constituent la mosquée d'une bourgade plus riche. A l'entrée est une fontaine pour les ablutions.

Les Kabyles sont superstitieux, et chacun d'eux porte sur la poitrine un petit morceau de parchemin sur lequel est transcrit un verset du Koran : ils prétendent se garantir ainsi de tout maléfice et de tout accident, et ils sont si persuadés de l'efficacité de ces amulettes, qu'ils vont jusqu'à en suspendre au cou de leurs chevaux. Ils ont tous un grand respect pour leurs marabouts, vieillards vénérables qui exercent sur eux une grande influence : ces hommes mènent une vie fort austère; on les voit toujours plongés dans la méditation ou occupés à dérouler les grains d'un chapelet ; leur sainteté est héréditaire. Ils vivent sur le peuple, et on pourrait dire que tous les biens de la nation leur appartiennent.

Ce peuple porte à un degré excessif son respect pour les morts, il a ses cimetières sur des plateaux élevés ; chaque corps a sa tombe séparée, avec une pierre plantée droite au niveau de la tête, et une autre aux pieds. L'espace entre les tombeaux est planté de fleurs et pavé en briques.

Quand la tombe recouvre le corps d'un marabout, c'est souvent un bâtiment carré, surmonté d'une coupole blanchie à la chaux ; ce monument prend lui-même le nom de marabout et devient, comme la mosquée, un lieu de prière. Leurs cimetières occupent parfois un grand espace, et ce fut une indignation très-vive chez les indigènes lorsque nos routes militaires sont venues sillonner de leurs nombreux détours les champs où leurs pères reposaient depuis des siècles.

Seuls parmi les nations musulmanes, les Kabyles possèdent un code à eux, dont les prescriptions ne dérivent ni du Koran ni des commentaires sacrés, mais d'usages antérieurs qui se sont maintenus à travers les siècles.

Shaw affirme que les Bédouins ne s'occupent guère de donner de l'éducation à leurs enfants; cette négligence n'est pas reprochable aux Kabyles.

Ils ont des écoles ouvertes à tous les enfants, situées, la plupart, dans des pièces contiguës aux mosquées et dirigées ordinairement par le *muezzin*. Leur mode d'enseignement paraît se rapprocher de notre méthode d'enseignement mutuel. Une demi-douzaine de prières et quelques versets du Koran constituent toute la science de la plupart des Kabyles. Bien lire le Koran, bien écrire les passages qu'il contient et en connaître les sentences nombreuses, tel est le degré le plus élevé de leur instruction : il n'y a guère que les kadis qui en arrivent là.

Les Kabyles habitent les montagnes jusque sur leurs cimes les plus élevées ; nous avons pu voir des villages construits avec une certaine régularité et jusqu'à un certain point soumis en partie à la symétrie de l'alignement. Leurs habitations se nomment gourbis ; elles sont ordinairement faites de claies enduites de terre ou simplement quelquefois de terre glaise séchée au soleil : le toit est fait en paille ou avec des gazons appliqués sur des roseaux et des branches d'arbres; dans certaines tribus il est en liège, chez les Toudja, par exemple, voisins des forêts de chênes-lièges. Les gourbis n'ont ordinairement qu'une pièce, qui sert à tous les usages domestiques; seulement il y a une partie séparée pour le bétail.

Le plancher est de brique ou de plâtre, et il est couvert de nattes, sur lesquelles on s'assied les jambes croisées : au milieu de la pièce un trou creusé dans le sol sert de foyer, sans aucune ouverture de cheminée; lorsque l'on tente de faire du feu. Telle est l'habitation la plus commune; elle est généralement précédée d'une cour fermée.

Une grande simplicité règne dans ces habitations, le plus souvent tenues du reste avec assez de propreté, surtout si on les compare aux demeures arabes.

Des trous coniques assez grands, pratiqués au pied des murs, servent à enfermer les provisions, telles que les fruits secs, les légumes, l'huile et le beurre fondu dans des pots de terre cuite; ils sont fermés par de larges pierres recouvertes de terre battue. Ils serrent leur grain dans de grands vases d'argile scellés dans le mur ou attachés à de forts piliers de bois. Des jarres ou des pots contiennent les provisions d'un usage journalier, tels que le lait, le beurre et le miel.

Quelques paniers en roseaux, deux pierres destinées à moudre le grain, des pots de terre assez malpropres, des nattes de jonc et des peaux de mouton servant de lit, voilà tout leur ameublement. Quand la nuit survient, il leur suffit d'étendre les nattes sur lesquelles ils se couchent, ayant soin de s'envelopper la tête dans leur haïk pour se garantir des injures de l'air.

Chez les chefs ou gens riches se trouve à l'entrée des maisons un vestibule, de chaque côté duquel des espèces de terrasses ou bancs un peu élevés au-dessus du sol sont couverts de tapis ou de nattes ; c'est là que le maître expédie ses affaires, reçoit les visiteurs et leur offre la diffa ou collation; personne, pas même les plus proches parents, ne peut pénétrer plus avant, si ce n'est dans les occasions extraordinaires; puis vient une cour autour de laquelle se développent les diverses parties de l'habitation : un appartement spécial est affecté aux femmes.

Dans la famille kabyle la femme jouit de plus de liberté que la femme arabe; elle ne se voile pas la figure comme elle, elle est souvent admise aux réunions avec les hommes, elle prend ses repas avec la famille et peut même y participer lorsqu'il y a des étrangers. Cependant un kaïd qui donne l'hospitalité à un étranger ne le laisse pénétrer chez lui qu'après avoir préalablement fait rentrer ses femmes dans leur appartement.

La femme kabyle se montre soignée dans sa toilette ; elle aime les bijoux et les ornements, elle a des anneaux d'argent aux oreilles et aux doigts; elle porte aux bras de larges bracelets en argent, ciselés, lourds et disgracieux, qu'elle s'attache aussi au bas des jambes même, au-dessus de la cheville.

Le jus de la plante du *hennah* (henné) lui fournit une teinture rouge, qui étendue sur les ongles leur donne la nuance enflammée d'une chaude couleur aurore : toutes les femmes kabyles en font usage. Elles emploient aussi le tatouage et le font sur la peau, aux bras, aux jambes et sur le front des ornements permanents qui se composent de fleurs et de quelques figures plus ou moins capricieuses. Elles se noircissent les paupières inférieures pour donner plus de vivacité à leur regard. Chez la plupart, on observe des sortes de croix, lointain vestige de la présence des chrétiens dans ce pays.

Les femmes kabyles se partagent entre les soins du ménage et les travaux agricoles, auxquels elles se livrent avec leur mari. Elles sont occupées tout le jour à tisser des étoffes, à moudre le blé ou à faire la cuisine. Généralement, en effet, on moud dans chaque famille le blé dont on a besoin, et ce sont les femmes qui sont chargées de ce travail, dont elles s'acquittent en chantant ; on a pour cela deux meules que l'on superpose, et celle du dessus est mise en mouvement à l'aide d'un manche de bois ou de fer fixé sur le bord.

Il faut encore leur, le soir, aillent faire la provision d'eau dans des outres, souvent à une distance assez considérable, et généralement chargées de leurs enfants.

C'est surtout l'hiver qu'elles se livrent à la fabrication des haïks et des tissus de poil de chèvre. Pour la confection des tissus de laine, on cite les habitudes laborieuses des femmes des Barbacha ; les burnous des Beni-Ourtilan sont fort estimés ; les Beni-Abbès tiennent le premier rang pour la qualité et la quantité de leurs étoffes et généralement des vêtements de luxe. Les Beni-Ourtis fabriquent des tissus avec le lin qu'ils récoltent et avec celui plus abondamment cultivé chez les Beni-bou-Messaoud.

A douze ans les jeunes filles sont recherchées par les jeunes gens, qui leur font la cour, comme en Europe, avant de les épouser. Le mariage, parmi eux, se traite avec franchise et sans détours, comme un véritable marché ; il se conclut entre le père de la fille et le jeune homme qui veut l'épouser, lequel achète littéralement sa femme. Aussi le grand nombre de filles est-il regardé comme la richesse dans une maison ; le Kabyle est, en effet, d'autant plus riche qu'il a plus de filles, puisqu'il reçoit une dot pour chacune et qu'il ne leur donne jamais rien.

et cuit sous la cendre avec de l'huile rance, forment sa nourriture ordinaire ; le pain lui est inconnu. Ses jardins renferment des citrouilles, des concombres, des melons, des tomates et des poivres longs dont il fait une consommation assez considérable, à défaut d'autre épicerie. Le mets national favori, c'est le couscoussou ; sur la table des riches il se compose d'une espèce d'olla-podrida de farine cuite avec des poules grasses, du mouton coupé en morceaux, des choux, du céleri, de la laitue, des raisins de Corinthe et du safran ; le plus ordinairement, c'est tout simplement une grossière farine de froment délayée dans de l'eau, roulée dans les doigts en petites boulettes et trempée dans du beurre et du lait. Leur plus grand régal consiste en une espèce de ragoût composé de morceaux de viande coupés ou hachés très-menu, de graisse de mouton, de tomates, d'oignons et de plantes aromatiques, à la vapeur desquelles ils ont fait cuire le couscoussou à l'aide d'une passoire de bois. Quand il est bien fait, ce mets est très-nourrissant et très-savoureux.

Quelques plats de bois, une chaudière et une cruche composent tous les instruments de cuisine des plus riches cheiks. Ils ne connaissent pas l'usage des fourchettes ni des couteaux ; le petit couteau que chaque Kabyle porte suspendu au cou lui sert pour se raser ; ils ont soin de faire rôtir ou bouillir leurs viandes de manière qu'elles n'aient pas besoin d'être découpées. Ils puisent avec leurs doigts dans le plat, et se servent aussi de cuillers de bois dont la fabrication est la principale industrie des habitants de Bou-Rendjouaen, mot qui signifie fabricants de cuillers.

Dès que l'appétit est satisfait, une cruche d'eau passe à la ronde et chacun boit à son tour. L'eau est leur unique boisson pendant le repas. L'usage du café est répandu chez eux, mais ils ne le comprennent pas sans marc. Si, avant de boire, on prend la précaution de laisser le marc se précipiter, on trouve dans le café qu'ils préparent une boisson agréable et légère dont l'usage peut être recommandé aux Européens.

Lion pris dans la fosse et lapidé.

Aux termes de la loi, chaque Kabyle peut prendre quatre femmes, mais jamais au delà. Il y a déjà longtemps que la polygamie est en usage dans l'Afrique septentrionale : Salluste dit (de Bello Jugurt.) que les mariages ne forment pas une chaîne étroite, parce que, en proportion de la fortune, on y prend beaucoup de femmes.

Les Kabyles pauvres, ou seulement à l'aise, sont plus nombreux que les riches, et beaucoup ne peuvent acheter qu'une femme ; aussi la polygamie est peu répandue chez eux.

Le Kabyle peut répudier légalement ses femmes ; la femme répudiée rentre dans la maison paternelle. Le mari n'est remboursé de la somme qu'il a payée en l'épousant que dans le cas où elle se remarie ; c'est le second mari qui fait ce remboursement. L'adultère, la cause de divorce la plus fréquente, est considéré chez eux comme un crime. La prostitution existe en Kabylie. Dans certaines tribus, notamment chez les Guifser, les femmes et les filles livrées à la prostitution payent chaque année une espèce de patente, dont le produit est versé au trésor public ; elles cessent de le payer quand elles se marient ou renoncent à leur état.

Le Kabyle est d'une grande sobriété, mais cette sobriété ne nous paraît pas cependant lui devoir être imputée comme une vertu ; il aime mieux souvent s'imposer des privations que se procurer des jouissances ou satisfaire des besoins par le travail ou au prix de l'argent gagné, mais soigneusement enfoui. Si on donne aux Kabyles des aliments à discrétion et à leur goût, ils en prennent des quantités considérables.

On a évalué que la somme des aliments de la plupart des Arabes ne dépassait pas six à sept onces par jour. Le Kabyle, plus actif, a besoin d'une nourriture plus abondante ; mais elle est très-frugale : du laitage, des fruits, du miel, des galettes faites de froment écrasé

Il a reçu les pieux baisers du musulman.

Le vêtement du Kabyle se compose d'une chemise de laine à manches courtes, parfois fixée à la ceinture ; il porte en outre le haïk, grande couverture de laine de six mètres de long sur trois de large, et le burnous, manteau tout d'une pièce, large dans le bas, étroit dans le haut, et terminé par un capuchon qu'on relève dans les mauvais temps ; ce vêtement se porte indéfiniment, sans souci de ses taches ni de ses déchirures ; il est souvent fort malpropre. Une large ceinture de laine, qui fait plusieurs fois le tour du corps, se porte quelquefois sous le burnous. Quand il travaille, il porte un grand tablier de cuir semblable à celui de nos sapeurs.

Le haïk forme l'habillement complet pendant le jour, et la nuit il sert de lit et de couverture ; c'est un vêtement fort incommode quoique très-ample, car il se dérange facilement. Il s'attache aussi quelquefois à la tête avec une corde en poil de chameau.

Ainsi couverts de vêtements qu'ils ne quittent jamais, les Kabyles s'inquiètent peu, hors de leurs villages, de l'endroit où ils pourront passer la nuit : on les trouve couchés dans les rues, sur les marches des portes des maisons, sur les places des marchés, au milieu de leurs sacs, de leurs outres et de leurs mulets. Lorsque la nuit est sombre, il faut prendre garde de mettre le pied sur le ventre de quelque indigène, roulé dans son burnous, qui lui sert tout à la fois de vêtement, de lit et de maison.

Le Kabyle pauvre est presque toujours tête nue, et n'a pour la couvrir que le capuchon de son burnous. D'autres plus à l'aise portent sur la tête rasée une lourde coiffure composée d'un ensemble de toques emboîtées les unes dans les autres, alternativement de paille tressée et de laine ; ils en ont parfois cinq ou six, celle qui les recouvre toutes est en drap rouge. Les cheiks portent le turban, consistant en une bande longue et étroite de soie et de mousseline se roulant autour d'une calotte ; la disposition des plis ainsi que la différence de la matière distinguent les divers grades dans les fonctions administratives.

Leurs chefs riches portent parfois un élégant costume analogue à celui des Turcs.

Les Kabyles portent souvent des babouches ; la plupart entourent simplement leurs pieds de lanières de peau de vache ou de bœuf dont le poil est en dehors et qu'ils font tenir à l'aide d'une petite corde d'écorce attachée à leurs jambes. Mais beaucoup se dispensent encore de cette espèce de chaussure et vont continuellement pieds nus. Parfois ils garantissent leurs jambes par des guêtres sans pieds tricotées en laine.

Leurs chefs portent des babouches en temps de paix, et des bottes rouges garnies d'éperons quand ils font la guerre.

Le costume des femmes est le même que celui des hommes, à l'exception du burnous qu'elles ne portent jamais, et avec cette différence qu'elles n'attachent pas l'haïk à leur tête ; elles se ceignent les reins d'un long morceau de toile blanche où à larges raies qui se noue par devant et retombe autour d'elles jusqu'à terre. Elles marchent les pieds nus.

Les cheiks, les cadis, les caïds administrent très-sévèrement leurs tribus.

Voici les dispositions pénales des Kabyles pour les délits les plus fréquents :

1° Tirer son yatagan sans frapper.	8 boudjous.
2° . . . . . . id. . . . . et frapper.	16 »
3° Armer son fusil sans tirer.	10 »
4° . . . . id. . . . . et tirer.	30 »
5° Lever son bâton sans frapper.	1 »
6° . . . . id. . . . . et frapper.	3 »
7° Brandir une faucille sans frapper.	2 »
8° . . . . id. . . . . et frapper.	4 »
9° Faire le geste de frapper avec une pierre.	1 »
10° . . . . id. . . . . . et frapper.	6 »
11° Frapper à coups de poing.	1 1/4
12° Injures sans motifs.	4 »
13° Être convaincu de vol.	100 »
14° Entrer dans une maison dont le maître est absent.	100 »
15° Ne pas monter sa garde.	1 »
16° Paraître au lavoir des femmes.	2 »

Le Kabyle a besoin d'écouler au dehors les nombreux produits qu'il retire de ses travaux industriels et de la culture de ses vergers ; au milieu de toutes ses ressources, d'ailleurs, il manque souvent des choses nécessaires à la vie, dont il ne possède pour ainsi dire que le superflu : il ne récolte pas suffisamment de grains pour nourrir sa famille toute l'année ; il fabrique des bijoux pour parer ses femmes, mais il manque de laine pour les vêtir ; il possède des fruits à profusion, du miel, mais ce n'est encore que le superflu du repas.

Pour les choses indispensables à la vie, il est tributaire de la plaine ; il a besoin d'elle encore pour tirer parti des productions de la terre et des produits de son industrie. Aussi le Kabyle est-il commerçant, et il retire beaucoup d'argent de ses produits variés ; mais l'avarice l'empêche de le faire servir à ses besoins : il aime à l'enfouir dans la terre, et il n'en use que fort rarement.

Il a de nombreux marchés, qui sur chaque point sont hebdomadaires ; le lieu où ils se tiennent est désigné sans laisser la moindre incertitude par le nom du jour qui leur est consacré et de la tribu qui leur prête son territoire : *Arba-Beni-Ourlis*, le mercredi des Beni-Ourlis ; *Sebt-Beni-Sliman*, le samedi des Beni-Sliman, et ainsi de tous les autres. Une affluence énorme et les scènes les plus animées troublent ce jour-là le silence et la solitude d'un lieu désert tous les autres jours de la semaine. En outre, les villes sont des marchés permanents constamment ouverts aux transactions, et les Kabyles fréquentent aussi les marchés extérieurs de la plaine.

Les Kabyles ont tous nos animaux domestiques.

D'après les historiens anciens, le cheval maure de pure race, né dans le Jurjura, n'a pas de formes élégantes, il est facile à manier, n'a pas besoin de frein et on le gouverne avec une verge. Rien n'égale sa rapidité. A mesure que la course échauffe son sang, il acquiert de nouvelles forces et une plus grande vitesse.

Aujourd'hui la race des chevaux de Mauritanie est dégénérée. Les Arabes préfèrent les juments aux chevaux ; ils ignorent ce que c'est qu'un cheval hongre.

L'influence des signes est universellement reconnue en Algérie pour les chevaux.

Dans les *prophéties de Mahomet*, traitant des différentes marques et signes des coursiers d'Arabie, ainsi que du bonheur ou du malheur que ces marques annoncent, on trouve ce qui suit :

« Au nom de Dieu très-miséricordieux ! Salut à Dieu ! Le Créateur des peuples, oraison dans la poussière du maître du passé et de l'avenir, notre seigneur Mahomet, oraison pour nos amis tous ensemble.

Des régiments de Malais détruisirent un grand nombre de Cingalis.

» Et ceci est un livre de la science d'équitation et de la connaissance des bons chevaux, de leur âge, de leurs signes et de ce qui attend leurs cavaliers en bonheur ou en malheur.

» Gardez soigneusement, comme votre œil, ces enseignements ; car ils vous instruiront des indices des parties des autres membres, de la nature du crin, de la couleur du poil, du pied blanc de devant, de celui de derrière et de tout ce qui doit arriver au cavalier, aussi bien des blessures que de la mort : ce livre vous enseignera aussi des vices et qualités du coursier, de l'origine la plus noble, des coursiers de la race de Nokels, des coursiers qui ont la bouche dure, de ceux qui en toutes choses apportent bonheur ou malheur au logis, de ceux qui entrent dans les écuries du roi, de ceux dont le maître sera gratifié de faveurs et d'honneurs, et le tout prédit par les signes, marques, conformation et couleurs.

» Nous commencerons par les signes favorables et ceux qui annoncent la rapidité du coursier.

» Les taches sous le ventre donnent sécurité au cavalier, et jamais son coursier ne tombera avec lui ; deux taches sur les tempes montrent que le maître sera calomnié ; une marque sur l'épaule annonce malheur au cavalier.

» Les coursiers qui ont la marque des deux côtés de la peau sont abominables ; ils font tout mal, surtout quand ils n'ont pas d'autres signes.

» Ceux qui ont deux ou trois taches dans la même direction sur le front annoncent que leur cavalier sera blessé au visage; mais si les taches ou marques sont interrompues par du poil hérissé, alors sa tombe est déjà ouverte.

» Chez ceux qui n'ont qu'une seule marque au front, laquelle s'élève comme un palmier, cette marque est le signe d'une grande fortune; on la nomme le chemin du coucher, etc. »

Les Arabes et les Turcs croient fermement à tous ces signes, et il est très-important pour tout Européen voulant acheter des chevaux en Orient, de connaître au moins les *signes funestes*; il pourra, dans certains cas, faire d'excellents marchés, mais les Orientaux se gardent bien d'en divulguer la connaissance.

Ces peuples, ignorants et superstitieux au plus haut degré, cachent autant qu'ils le peuvent leurs chevaux à la vue des étrangers, dans la crainte que ces derniers ne jettent sur eux ce qu'ils appellent le *mauvais œil*, mille fois plus dangereux que la peste. Ils redoutent le regard d'autrui, non-seulement pour leurs chevaux, mais encore pour eux-mêmes, et pour leurs enfants, et ils emploient divers moyens pour soustraire leurs chevaux à la fatalité qu'ils y croient attachée. Ils passent au cou des poulains un cordon de poil de chameau auquel sont suspendus des os de chien, des coquilles et une petite pierre bleue; ils attachent le même talisman à la queue des chevaux ou le cachent dans la crinière; tous les serviteurs qui les soignent en sont également pourvus.

Quand un étranger demande à un Arabe la faveur de voir ses chevaux, l'Arabe remarque celui sur lequel l'étranger attache son regard, et ne le laisse approcher qu'après avoir prononcé la grande invocation : *Mach Allah!* Il paraît que ces mots ont la puissance de détourner les effets du mauvais œil, ou du moins de les rendre peu nuisibles. Toutefois, si le malheur arrive, ce qui peut résulter d'une maladie encore inconnue du cheval, l'Arabe appelle une espèce de magicien qui, à l'aide de mots cabalistiques et d'un œuf cassé avec de mystérieuses cérémonies sur le front de l'animal, prétend chasser toute maligne influence. Si, malgré cette espèce d'exorcisme, le cheval vient à mourir, le magicien dit avec gravité :

— C'était écrit! Dieu l'a voulu!

Dans les grands travaux, les Arabes préfèrent le mulet au cheval; ils le prennent plus volontiers pour monture, parce qu'il a le pied plus sûr et qu'il est plus fort. Cependant les chevaux sont précieux pour le pays. Pleins de vigueur et de souplesse, quoique mal nourris, ils galopent, sans jamais s'abattre, au milieu des chemins les plus difficiles. Il est vrai qu'ils ne sont pas ferrés : les Arabes ne connaissent point cet usage; cela contribue à assurer leur marche parmi les rochers et sur les pentes les plus escarpées. Du reste, la finesse de la jambe et le peu de largeur du sabot peuvent rendre le sol, pierreux et inégal aussi facile qu'aux mulets.

Les mulets sont, en Kabylie, incomparablement plus nombreux que les chevaux. L'âne est également commun; il est de petite taille. L'animal le plus affectionné par les Arabes comme bête de somme, le chameau, ne peut être d'une grande utilité dans les pays montueux des Kabyles; aussi ne l'y trouve-t-on pas.

Le chien ne vit pas chez le Kabyle dans les mêmes conditions de domesticité que chez nous. C'est à peu près la race de nos chiens de berger, espèce de chien-loup que nous trouvons en Kabylie; mais l'indifférence des Kabyles pour ces animaux, les mauvais traitements qu'ils leur font essuyer, la privation de nourriture à laquelle ils les soumettent leur ont fait perdre toutes les qualités sociales qui les distinguent en Europe. Ils ne sont pas errants pourtant et ne s'éloignent pas du logis du maître; mais ils sont méchants, hargneux, fuligants pour le voyageur, qu'ils poursuivent avec acharnement de leurs rauques aboiements. Le chien est cruel, sanguinaire, toujours affamé, jamais rassasié; son regard est féroce, sa physionomie ignoble et son aspect désagréable.

La race du bœuf est entièrement dégénérée en Algérie; on est surpris de l'extrême petite taille de ces animaux. « Les bœufs domestiques qui naissent dans les montagnes d'Afrique, dit Léon, sont si petits, que, comparés à ceux des autres pays, ils ressemblent à des veaux de deux ans. La viande en est sèche, coriace et sans suc. »

Malgré l'abondance et la fertilité des pâturages, les vaches ne donnent qu'un mauvais lait et en petite quantité; une vache européenne fournirait en un jour autant de lait que six vaches de Barbarie. Il nous a été assuré d'ailleurs que ces vaches cessaient de fournir du lait dès qu'on leur enlevait leur veau.

Des troupeaux de moutons et de bêtes à cornes constituent pour les tribus une certaine richesse, les chèvres et les brebis suppléent à la stérilité des vaches; leur lait est aussi moins abondant et moins délicat que celui des brebis d'Europe. On possède le mouton à queue grasse, mais non pas la race qu'on trouve pure dans les environs de Bône et de Constantine.

Le produit des abeilles est un des principaux objets du commerce de la côte. On en a signalé en Barbarie six espèces différentes. La mouche à miel proprement dite existe à l'état sauvage et dépose le fruit de son travail dans les creux des arbres et dans les fentes des rochers.

Quant aux abeilles, que les habitants du pays enferment dans des ruches, ils les rassemblent dans une écorce de liège en forme de tuyau cylindrique qu'ils ont soin d'enduire de miel intérieurement; ils en ferment les deux extrémités, et ne laissent qu'une petite ouverture pour donner passage à l'essaim. Dans ces tuyaux, environnés de broussailles, on recueille une grande quantité de cire et de miel.

L'Afrique septentrionale possède tous les animaux qui servent en Europe aux plaisirs de la chasse. Les sangliers surtout y sont très-communs; on les rencontre en troupes dans les broussailles, dans les forêts et particulièrement dans les lieux humides et ombragés. Moins féroces et moins défiants qu'en Europe, ils se laissent approcher par l'homme, et la chasse en est plus facile; elle est fructueuse en même temps. Après quelques heures de battue, les chasseurs de Bougie reviennent avec sept ou huit sangliers. Les Kabyles ne les chassent pas pour eux; car, bien que peu observateurs des lois du Koran, ils ne violent pas pourtant la loi qui leur interdit l'usage de la viande de porc; ils viennent les vendre à Bougie, où ils surabondent parfois.

Les lions sont très rares dans la Kabylie; dans l'espace de deux ans on en a aperçu trois dans la vallée de l'Oued-Amisour et dans celle de l'Akbou; la panthère y est plus répandue; on la dit féroce.

Les hyènes, les chacals y sont en abondance; ces animaux ne sortent que la nuit et recherchent moins les êtres vivants que les cadavres. Le chacal n'attaque pas l'homme, et l'hyène ne paraît dangereuse que lorsqu'elle est blessée. On entend chaque soir, autour de la ville, autour des camps, des troupes de chacals d'abord, poussant des cris plaintifs près de la proie qu'ils ont découverte; puis l'hyène, avertie, vient les disperser en jetant des cris rauques et demeure seule maîtresse du cadavre qu'elle dévore. C'est à l'affût qu'on chasse ces animaux; on tire parti de leurs peaux pour faire des tapis.

On est obligé de combattre le chat-tigre, qui, dans la ville même, vient souvent la nuit dévaster les basses-cours.

On trouve aussi assez abondamment le porc-épic, le hérisson, espèce différente de celle d'Europe, plus gris et à épines plus courtes, la mangouste, vulgairement appelée *raton*, et parfois la genette. On chasse encore le lièvre de race africaine, qui se trouve assez abondamment, mais très-petit et très-court.

Parmi les oiseaux, on trouve, suivant la saison et les lieux, la bécasse, la bécassine, le râle, le héron; les étourneaux et les cailles arrivent en Algérie par nuées vers la fin de l'automne; la poule de Carthage est assez abondamment; la perdrix rouge est abondante aussi, mais on ne trouve pas de perdrix grises. On voit souvent de nombreux gypaètes séjourner longtemps sur le terrain des camps abandonnés par nos troupes.

Les autruches abondent dans le désert, où elles se présentent en troupes assez considérables pour que, dans l'éloignement, on les prenne pour des troupes de Bédouins; mais elles n'habitent pas les pays de montagnes. Il en est de même de la gracieuse et légère gazelle.

Les singes existent en assez grand nombre sur les versants des montagnes qui dominent Bougie; ils passent pour être utiles en détruisant les sauterelles, mais ils sont un véritable fléau pour les habitants, dont ils ravagent les vergers et les cultures; à partir de l'époque des semailles, ils font de grands dégâts : c'est l'espèce de singe sans queue, le *inon* l'Africain en avait signalé deux espèces : le *mône* et le *babouin*; et Poiret décrit la petite espèce des *pithèques*.

Les rivières du pays renferment peu de poisson; le barbeau commun est peut-être la seule espèce qu'on y trouve, et avec lui quelques anguilles peu goûtées. La tortue commune se rencontre dans les lieux ombragés et humides; on ne la trouve pas en abondance.

Les Kabyles ne recourent pas à la pêche pour augmenter leurs ressources; chez les Benibou-Messaoud, quelques indigènes pêchent dans la Summam.

Les reptiles sont représentés par un assez grand nombre d'espèces. Il nous a été assuré que la vipère manque totalement, nous lisons d'autre part que les serpents ne sont pas rares. On trouve trois ou quatre espèces de couleuvres, toutes inoffensives; plusieurs espèces venimeuses de scolopendres, des tarentes ou inocs, abondantes et inoffensives; deux espèces de lézards verts; des scorpions jaunes et noirs. Shaw a écrit qu'il en existe dans la province de Constantine; « mais ceux-là, dit-il, ne sont pas fort dangereux : leur piqûre ne cause qu'une petite fièvre. »

Il existe une grande variété d'escargots ou hélices.

Comme dans tous les pays chauds, les insectes sont en grand nombre; mais le plus nuisible est sans contredit la sauterelle. L'invasion des sauterelles est un des fléaux les plus redoutables de l'Afrique; « ces animaux se montrent parfois si nombreux, dit Léon, s'interposant comme un nuage entre la terre et le soleil, ils obscurcissent la lumière du jour; ils rongent les arbres, les feuilles et les fruits. » Quand une de ces colonnes a pris son cours à travers un pays, en quelques heures est consommée la dévastation de la plus riche campagne.

La punaise, le moustique et la puce, en quantité considérable, causent à l'homme une vive et cruelle incommodité. On ne se garantit pas des moustiques en fermant les fenêtres, comme on le conseille, avant d'introduire de la lumière dans les appartements; car ils se fixent contre les plafonds pendant le jour et troublent continuellement le sommeil pendant la nuit. La moustiquaire seule met au moins à l'abri de ses piqûres, si elle ne vous délivre pas du bruit inquiétant que ces petits animaux produisent par le frottement de leurs ailes.

Dans les mares, une multitude de petites sangsues causent de fréquents accidents chez les chevaux qui viennent s'abreuver, ainsi qu'aux hommes, si l'on use sans précaution de l'eau où elles vivent presque imperceptibles.

Le climat de la Kabylie est en général beau et sain partout ailleurs qu'au voisinage des marais. La température présente des différences notables sur les divers points du territoire; la situation des montagnes, que l'on trouve de plus en plus hautes à mesure qu'on plonge dans l'intérieur, y met en présence des variations atmosphériques qui n'attendent pas la démarcation des saisons pour faire éprouver les ressauts les plus vifs du froid à la chaleur. Sur les côtes, la température est douce, assez en rapport avec nos habitudes climatériques. Dans les montagnes, les variations thermométriques sont plus irrégulières et plus étendues.

La limite des saisons n'est pas bien tranchée; elles se succèdent souvent d'une manière insensible, quand les pluies précoces en automne, ou tardives au printemps, établissent de grands rapports entre ces saisons et l'hiver. Deux ordres de faits pourtant caractérisent deux saisons bien distinctes : les chaleurs extrêmes pendant l'été et la sécheresse qui en est la conséquence; pendant l'hiver, les pluies qui viennent par orages et tombent par torrents, les inondations dans les plaines et les vallées, la neige souvent abondante sur les montagnes.

Les pluies commencent au mois de novembre et se répètent, en laissant des intervalles plus ou moins courts, jusque vers la fin d'avril. Ces alternatives de pluie et de beau temps se succèdent tout l'hiver; l'eau tombe souvent par averses pendant plusieurs jours et plusieurs nuits sans discontinuer; mais des beaux jours se montrent fréquemment dans l'intervalle des jours pluvieux. Sur les montagnes, le climat est rude et glacé; on y voit la neige persister plus ou moins, suivant les lieux : ainsi, sur les crêtes de Taougout et de l'Akfadou, une partie de la chaîne du Jurjura est constamment blanchie par la neige; les sommets élevés de l'Aurès et du grand Atlas sont aussi toujours couverts de neige; les plaines situées sur ces montagnes et celle des Beni-Abbès au pied du Jurjura, des Beni-bou-Thaïeb au sud-ouest de Sétif, disparaissent également sous la neige pendant une partie de l'année.

Sur la côte, la chaleur du jour est surtout forte depuis le lever du soleil jusqu'à dix heures; alors s'élève la brise de mer qui rafraîchit l'atmosphère jusqu'à trois ou quatre heures; mais dans l'intérieur cette brise ne se fait pas sentir, et c'est surtout de dix heures du matin à trois heures de l'après-midi que la chaleur est forte. Les soirées et les nuits d'été sont d'une fraîcheur délicieuse; il faut seulement se préserver de l'humidité de la rosée que la pureté d'un ciel sans nuage rend très-abondante.

Le chakaou n'incommode que quand souffle le vent du désert, qui apporte avec lui la sécheresse et l'accablement. Ce vent du midi, simoun, sirocco, souffle plusieurs fois dans les mois de juin, juillet, août, moins fréquemment en septembre, et rarement plus tard.

Lorsqu'il apparaît, l'air perd sa pureté et sa transparence, le ciel se couvre et prend un aspect gris de plomb; on le reconnaît à la poussière dont il imprègne l'air, à l'augmentation de température suffocante qu'il produit et à l'abattement physique dont il est suivi; on sent des bouffées de chaleur au visage; la peau perd sa moiteur, non pas, sans doute, parce que la transpiration s'arrête, mais parce qu'elle s'absorbe et en provoque instantanément l'évaporation; le premier signe qui le révèle est une sensation pénible de picotement des yeux. Le thermomètre marque 34 degrés et même 36 degrés à l'ombre, et jusqu'à 50 et 52 degrés au soleil; la sécheresse de l'air est extrême, et l'hygromètre marche rapidement vers le zéro. Pendant la durée de ce vent, qui est parfois de quelques heures seulement, mais le plus souvent de un, deux et rarement trois jours, les nuits n'ont pas de fraîcheur, l'habitation sous la tente est extrêmement pénible et les marches dangereuses; elles occasionnent souvent des accidents cérébraux.

Ce vent exerce sur l'homme un effet visible constant; il abat les forces, énerve le moral, et les malades surtout éprouvent sa pernicieuse influence. Les animaux aussi en ressentent péniblement les effets; nous avons vu souvent dans les camps les chevaux attachés à un piquet, là, en plein air libre, en plein soleil, tournant avec inquiétude les naseaux vers le nord, comme pour y chercher un air plus frais, et chercher à se préserver des bouffées suffocantes qui leur arrivaient du sud.

Il résulte d'observations exactes que, dans le sud, à Biskara par exemple, il est moins difficile à supporter qu'à Constantine et sur le littoral; là, en effet, il élève en peu d'heures la température d'un nombre considérable de degrés.

L'organisation des tribus arabes et kabyles est déterminée d'après la division des circonscriptions militaires. Le douar (réunion des tentes rangées en cercle) est considéré comme la base de la constitution sociale des Arabes. Un certain nombre de douars réunis forment une ferka (fraction), obéissant à un cheik. L'assemblage de plusieurs ferkas compose une tribu (la tribu ne renferme quelquefois qu'une ferka, qui est alors plus considérable); elle est commandée par un caïd. Plusieurs tribus groupées constituent, soit un grand caïdat, soit un aghalik, sous les ordres d'un caïd-el-kind (caïd des caïds) ou d'un agha. Des aghaliks peuvent former une circonscription relevant d'un bach-agha (chef des aghas) ou d'un califa. Voilà toute la hiérarchie des pouvoirs arabes.

Le cercle comprend ordinairement plusieurs caïdats, qui, lorsque l'état du pays le permet, sont placés sous les ordres directs du commandant supérieur, sans obéir à un agha. Le califa ou le bach-agha relève, soit du commandant de la subdivision, soit du commandant de la division. A tous les degrés, les bureaux arabes ont pour mission de diriger et de surveiller les chefs indigènes, sous l'impulsion immédiate de l'autorité militaire.

Le douar ne constitue pas, à proprement parler, une division administrative, mais seulement une réunion de familles formée par la communauté d'origine ou d'après des sympathies et des intérêts particuliers. On pourrait comparer le douar au hameau de France, en tenant compte cependant des dissemblances qui résultent de la différence des mœurs et des habitudes. Il suit l'impulsion d'un ou de plusieurs notables investis par l'opinion d'une sorte d'autorité toute morale. Le chef ou les notables du douar aident le cheik à assurer l'exécution des ordres transmis à la ferka.

Le cheik reçoit l'investiture de l'autorité politique; à ce titre, il est un véritable fonctionnaire. Il est nommé par le commandant de la subdivision, sur la présentation du caïd. Il agit sous la direction du chef de la tribu, règle dans sa ferka les contestations relatives aux labours, concourt aux opérations pour l'assiette, la répartition et la rentrée des amendes et de l'impôt; il rassemble les bêtes de somme requises pour le service des convois militaires; il exerce, enfin, sur ses administrés une surveillance de simple police et des fonctions qui lui donnent une position analogue à celle du maire dans la commune française. La réunion des principaux notables des douars placés sous ses ordres forme un conseil (djema), qui l'assiste dans toutes les occasions importantes.

Le caïd est choisi parmi les hommes les plus marquants de la tribu; il est nommé par le commandant de la division, sur la présentation du commandant de la subdivision. Ses attributions sont très-variées : il est directement responsable de l'exécution des ordres du commandant français, qui lui sont transmis, soit par les bureaux arabes, soit par les grands chefs indigènes; il perçoit l'impôt dans toute sa tribu, accompagné de chaque ferka. Il est chargé de la police intérieure; il préside le marché et juge les actes de désobéissance, les rixes et les contestations de minime importance dans lesquelles les intérêts soumis au règlement de la loi civile ou religieuse ne sont pas engagés. Comme sanction pénale de ses décisions, il peut frapper des amendes jusqu'à concurrence de 25 francs. Enfin il réunit les contingents de cavaliers demandés pour suivre nos expéditions. Les caïds ne reçoivent pas de traitement fixe : ils touchent des frais de perception sur le produit des impôts et des amendes.

Les aghas surveillent les caïds et reçoivent, en général, des ordres du bach-agha ou du califa; cependant, dans beaucoup de cas, ces ordres leur sont directement donnés par l'autorité française. Ils jugent avec les mêmes attributions que les caïds, mais dans des cas plus graves, les individus appartenant à des tribus différentes. Ils peuvent imposer des amendes de 50 francs. Ils centralisent, pour les tribus placées sous leurs ordres, les opérations relatives à l'impôt, et commandent les contingents armés convoqués par l'autorité militaire. Il y a trois classes d'aghas, dont les traitements ont été fixés, au mois de décembre 1847, à 1,200, à 1,800 et à 3,000 francs.

Les califas, bach-aghas et aghas indépendants exercent sur leur territoire une autorité politique et administrative. La plupart disposent d'une troupe indigène armée et soldée par la France pour maintenir la tranquillité. Ces forces ne peuvent faire aucune opération sans l'assentiment du commandant de cercle ou de subdivision. Les califas et les bach-aghas prononcent des amendes, jusqu'à concurrence de 100 francs, contre ceux qui ont accordé l'hospitalité aux espions, aux rebelles et aux criminels poursuivis, contre les vendeurs ou les acheteurs d'armes et de munitions de guerre, contre les détenteurs de biens ou d'objets appartenant à l'État. Les califas touchent un traitement annuel de 12,000 francs et ont des droits proportionnels sur la perception des impôts et des amendes. Lorsque, comme cela arrive dans la province de Constantine, ils ne sont pas rétribués, ils obtiennent une part plus forte dans les frais de perception. Le traitement des bach-aghas est de 5,000 francs.

Dans chaque tribu, à côté du caïd chargé des fonctions administratives, il y a un cadi qui rend la justice d'après la jurisprudence civile et religieuse. Il est nommé par le commandant de la subdivision, après avoir obtenu un certificat de capacité du tribunal supérieur indigène (medjles) le plus voisin. Il règle les contestations civiles, dresse les actes de mariage, prononce les divorces, procède à la liquidation des héritages. Auprès de chaque bureau arabe il y à un cadi qui exerce ses fonctions sous la surveillance immédiate des officiers chargés des affaires des tribus. Les cadis des villes et des bureaux arabes reçoivent des traitements, ceux des tribus ne sont pas rétribués. Ils touchent des droits pour les actes qu'ils rédigent et jouissent, en outre, de certaines immunités pour les corvées imposées à la tribu. Ils rendent la justice sur les marchés, dans une tente dressée à côté de celle du caïd; ils prononcent des dommages et intérêts dans les causes civiles, mais ils ne peuvent condamner à la prison ou à des peines plus fortes sans prendre l'attache de l'autorité française. On appelle des jugements des cadis des tribus devant un medjlès spécial, convoqué par les soins des bureaux arabes au chef-lieu de la division ou de la subdivision.

Les redevances demandées aux tribus sont de deux natures : l'*achour* (le dixième), ou impôt sur les récoltes de céréales; le *zekket* (taxe d'origine religieuse), ou impôt sur les troupeaux. Dans la province de Constantine, la seconde de ces redevances n'existe pas; elle est remplacée par le *hokor* (représentation du loyer de la terre), impôt en argent, qui se perçoit d'après les mêmes bases que l'*achour*. Au commencement du printemps, les caïds ou les aghas fournissent des listes constatant, par tribu, l'étendue des terres cultivées et le dénombrement des bestiaux. Ces listes sont soumises à la commission consultative de la subdivision, qui arrête les rôles d'impôt. Les ordres pour la perception du zekket sont immédiatement transmis à chaque caïd par l'intermédiaire des bureaux arabes. La rentrée de l'achour a lieu après la moisson; dans la province de l'est, les deux perceptions se font en même temps. Les sommes provenant de l'impôt sont versées dans la caisse du receveur des contributions diverses, et on décompte ensuite à chaque chef arabe la part qui lui est attribuée dans les frais de recouvrement.

La base d'après laquelle est établi l'achour est la mesure agraire appelée *zouïdja* ou *djebda* (étendue de terrain qu'une paire de bœufs peut labourer dans une saison, sept à dix hectares). Chaque *zouïdja* doit à l'État une mesure de blé et une mesure d'orge.

Depuis quelques années, l'impôt sur les grains se perçoit en argent, afin de soulager les tribus dont les récoltes ont été très-médiocres; il est évalué pour la province de Constantine à la somme de 25 francs.

Le *zekket* est établi d'après les fixations suivantes : un mouton sur cent, un bœuf sur trente et un chameau sur quarante. On détermine, par subdivision, un prix moyen pour chaque espèce d'animaux, et la contribution est acquittée en numéraire. Dans l'est, le *hokor* est fixé à 25 francs par *djebda*; on perçoit en outre 5 francs alloués au caïd comme frais d'administration; ce qui porte à 55 francs la contribution de chaque dix hectares.

Ces deux redevances sont demandées d'une manière à peu près générale aux tribus soumises à une administration régulière; quant aux Kabyles et aux montagnards rangés récemment sous notre autorité, et qui ne payaient aucun impôt au gouvernement turc, ils acquittent une contribution en argent appelée *lezma*, dont la quotité est peu élevée. La répartition de cet impôt est faite par les chefs indigènes, d'après les errements particuliers à chaque localité. Pour ces tribus, les rôles sont arrêtés aussi par les commissions consultatives; mais les justifications sont nécessairement moins complètes. La situation politique commande ces ménagements.

Les tribus et les populations sahariennes sont soumises à la lezma, impôt fixé d'après la richesse de chaque tribu en bestiaux et en chameaux. Leurs habitudes nomades ne permettraient pas de leur appliquer les procédés usités dans le Tell.

Presque toutes les tribus du Sahara font une pérégrination annuelle; elles passent l'hiver et le printemps dans les landes du Sahara, où elles trouvent de l'eau et de la végétation en menant la vie nomade, conduisant leurs troupeaux çà et là; à la fin du printemps elles déposent leurs marchandises dans les villes du Sahara, chargent leurs chameaux de dattes et d'étoffes de laine, et s'acheminent vers le nord, emmenant avec elles toute la cité nomade, les femmes, les chiens, les troupeaux et les tentes. C'est l'époque où tout sèche dans le Sahara et où dans le Tell on commence la moisson des blés, qu'ils achètent à bas prix. Les tribus du Sahara passent l'été dans le Tell, où règne pendant ce temps une grande activité commerciale. Les dattes et les tissus de laine du Sud s'échangent contre les céréales, la laine brute, les moutons et le beurre.

La fin de l'été, dit M. Carette, donne le signal du départ, accepté avec joie par tous pour revoir le pays natal. On charge les chameaux, on ploie les tentes et on arrive dans le Sahara vers la mi-octobre pour cueillir les dattes. On échange encore les dattes et les tissus de laine contre le blé, l'orge et la laine brute.

Les opérations terminées et les marchandises déposées dans les magasins, les tribus s'éloignent des villes et vont conduire leurs troupeaux de pâturage en pâturage dans les landes désertes du Sahara jusqu'au moment où le retour de l'été nécessitera les mêmes voyages et les mêmes travaux.

Les tribus du Tell ne sont pas soumises aux mêmes nécessités de pérégrination annuelle. Elles changent dans leur pays même, car les céréales étant la principale ressource, elles ne tiennent à la terre que par les piquets de leurs tentes et les tiges de leurs épis.

Dans le Sahara, la culture du palmier, qui demande des soins, nécessite des demeures fixes, des villes et villages, tandis que le Tell n'a presque que des tentes.

Mais comme le Sud n'a que le superflu des dattes, des moutons et point de céréales, il devait être à la fois jardinier, pasteur et voyageur pour vendre les denrées. Ainsi dans le Tell on est également sédentaire et nomade, tandis que dans le Sahara il y a une portion sédentaire et une portion nomade. Aux habitants des villes, la construction des demeures, l'entretien des jardins, la fabrication des tissus; aux habitants des tribus, le soin des bestiaux et le transport des marchandises. Mais ces deux populations sont associées, en ce sens que le jardinier possède du bétail parce qu'il trouve des bergers dans les tribus, et que les pasteurs des tribus sont propriétaires fonciers parce qu'ils trouvent des fermiers dans les tribus.

Le Sahara a besoin du Tell pour faire paître ses troupeaux quand l'été dessèche ses sables, pour acheter des céréales, vendre ses produits; c'est une tête et un corps.

On peut se représenter l'ensemble des trois États barbaresques (l'Algérie, Maroc, Tunis) comme une grande île bornée par l'Océan, la Méditerranée et le désert.

Sur cette mer de sables arides qui les limite au sud, deux vastes oasis, le Fezzan et le Touât, déterminent de véritables archipels qui facilitent les abords de l'Afrique intérieure.

Dans le Tell, le Sahara et le désert, on voyage en s'adjoignant à la *gafla* ou caravane marchande. Si ce n'est pas le moyen le plus prompt, c'est le plus sûr et le plus économique. Dans toutes les villes il y a des fondouks (caravansérails) où l'on s'enrôle, où l'on a tous les renseignements. Ce sont des hôtelleries et des entrepôts. On s'adresse au chef des muletiers ou des chameliers. Ceux-ci forment le noyau de la caravane et en règlent la marche. L'étape est de huit à neuf lieues, mais elle s'étend jusqu'à quinze dans les pays dépourvus d'eau ou exploités par les gob'laïa (coupeurs de route).

Les voyageurs qui s'adjoignent à la caravane ne sont soumis à aucune discipline; il n'existe d'autre solidarité entre eux que celle des périls à éviter et du but à atteindre. S'il survient une attaque, chacun d'eux ne prend conseil que de sa présence d'esprit et de son courage, et fait isolément ce qu'il peut pour repousser l'ennemi ou pour l'éviter, car il est bien rare que des dispositions aient été prises pour la défense du convoi. Aussi y a-t-il toujours un grand désordre.

Les caravanes qu'on appelle galla sont presque entièrement composées de négociants arabes. Cependant il n'est pas rare de voir des veuves arabes continuer le commerce de leurs maris et suivre la caravane.

La gafla est une agrégation d'hommes qui ne se connaissent pas; la nedja est une grande famille en marche, une tribu. Rien de plus pittoresque que de suivre une nadja. Les aboiements des chiens, les vagissements des enfants, les cris des hommes qui s'appellent, le bêlement des moutons, le chant des coqs, cette variété des bruits de villages et de reines à dos de chameau est étrange et curieux. Tout à coup les bruits cessent; on a aperçu à l'horizon une tribu nouvelle. Sont-ce des amis ou des ennemis? On consulte le cheik. Des amis, on les salue d'un es-salam-alikoum, qu'on vous renvoie par un alikoum-es-salam, on s'injurie et on se bat jusqu'au coucher du soleil. Les combats sont plus terribles qu'avec des Français. Point de prisonniers. On ne fait d'exception qu'à l'égard des marabouts, et par mépris à l'égard des forgerons et des juifs.

Les dissensions intestines entre les tribus se réduisent à quelques courses et des surprises appelées razia, où l'on pille des villages et des donars, et à quelques engagements où les cavaliers des deux partis se contentent le plus souvent d'échanger quelques coups de fusil, sans en venir à des combats corps à corps; tout cela se fait sans beaucoup d'ordre. Les deux tribus ennemies, disposées en groupes, en corps, s'avancent à une certaine distance l'une de l'autre. Puis des cavaliers se détachent de chaque groupe, solennellement et au galop, en décrivant une courbe dont le sommet est tourné vers l'ennemi; arrivés à ce point, ils lâchent des coups de fusil, et rentrent au milieu des leurs en parcourant toujours au galop la seconde branche de la courbe. Dans les cas assez rares où l'on en vient à l'arme blanche, les cavaliers, après s'être dégarnis de leur feu, passent le fusil dans la main gauche, mettent le sabre à la main et chargent en fourrageurs avec assez de résolution. Les cheiks s'essayent fréquemment à cette manœuvre, qui est un des épisodes de toutes les fêtes.

Les femmes, chez les Berbères, assistent à ces sortes de tournois, couvrent de leurs acclamations les cavaliers qui montrent le plus d'adresse et de vigueur, et n'épargnent pas leurs sarcasmes à ceux dont l'inexpérience est décelée par quelque chute ou quelque gaucherie. Ce sont ordinairement les marabouts qui rétablissent la bonne harmonie entre les tribus; cette mission d'humanité est d'autant plus facile que la haine a peu d'intensité chez les Arabes.

Cependant on a vu des guerres de tribus qui ne se sont terminées que par la dispersion totale des vaincus : c'est ainsi que les Oulad-Madi ont chassé de la plaine d'Houdza les Aril; quelquefois les guerres se terminent faute de combattants. Les vainqueurs se retirèrent successivement de la partie pour aller mettre leurs brebis à couvert et raconter leurs exploits à leurs familles.

D'autres fois les deux tribus ayant formé réciproquement le projet de se surprendre, les guerriers partirent dans le même temps chacun de leur côté, mais en suivant des chemins différents, arrivèrent sur les terres de leurs ennemis, qui étaient restés sans défense, et les dévastèrent tout à leur aise, brûlant les habitations, enlevant les troupeaux et même les femmes et les enfants, sans se douter de ce qui se passait chez eux. Quand la vérité fut connue de part et d'autre, il ne resta plus qu'à se rendre ce qu'on s'était pris, et la paix fut rétablie d'elle-même.

Les cavaliers arabes vont armés d'un long fusil, qu'ils portent en bandoulière; d'un ou de deux pistolets, logés dans un porte-pistolet à bandoulière, placé de droite à gauche, et d'un sabre ou d'un coutelas appelé yatagan. Quelques-uns ont en outre une lance à hampe courte, mais c'est le plus petit nombre. Les chefs et les cavaliers les plus riches ont des seconds pistolets dans des fontes adaptées à leurs selles; ils portent leurs cartouches dans de petites gibernes fort élégantes et fort commodes, placées, comme les nôtres, de gauche à droite, et qu'ils peuvent facilement ramener devant eux. Le porte-pistolet et la giberne se mettent par-dessus l'haïk, vêtement d'étoffe légère qui leur enveloppe le corps et la tête, où il est maintenu par une espèce de turban appelé reit, composé de plusieurs tours de corde en poil de chameau. L'haïk, serré au corps par les diverses pièces de l'équipement et par une ceinture, ne gêne pas les mouvements; mais les Arabes mettent par-dessus un et quelquefois deux burnous, ce qui rend l'ensemble du costume assez incommode. Il faut être bien habitué à le porter pour ne pas être embarrassé de cette surabondance de draperie qui retombe sur les bras et rend les mouvements moins libres.

La population indigène des villes de l'Algérie se divise en deux portions bien distinctes : les hadars, ou citadins; les berranis, ou gens du dehors, qui viennent exercer momentanément leur industrie dans les principaux centres de population du Tell.

Les premiers constituent la population fixe, les habitants proprement dits; les seconds, au contraire, composés d'habitants venus de la Kabylie, de Biskra, de Laghouath, de l'oasis des Beni-Mzab et jusque du pays des nègres, forment dans les villes une population flottante qui vit du produit de son travail. Ce sont les Auvergnats de l'Algérie.

Le Kabyle s'emploie comme manœuvre et comme ouvrier agricole;
Le Biskri comme portefaix ou batelier;
Le Mozabite comme baigneur, boucher, épicier ou marchand au détail;
Le Laghouathi est adonné au transport des huiles;
Le nègre blanchit les maisons.

Tous ces individus, afin d'économiser plus promptement le pécule qui doit leur procurer l'aisance au pays natal, vivent dans les villes sans résidence fixe, et vont chaque soir chercher un abri pour la nuit dans les cafés maures, dans les bazars ou sous les arcades des places publiques.

Cette population, soumise à une surveillance spéciale, est placée, quant à son administration, hors du droit commun des Européens et des indigènes hadars ou sédentaires.

Les membres des corporations sont en conséquence, suivant leur origine, placés sous le contrôle d'amins (syndics) nommés par l'autorité, qui ont reçu un traitement fixe. Ils sont astreints à se munir d'une plaque qui porte le nom de leur corporation et un numéro correspondant à un registre déposé à la préfecture ou sous-préfecture. De cette manière, toute personne qui a à se plaindre d'un Biskri, d'un Mozabite ou autre peut facilement en retrouver ou en faire retrouver la trace en prenant son numéro.

Un tribunal spécial, composé des amins, prononce entre les membres des corporations sur les contestations qui s'élèvent entre eux; c'est en quelque sorte un tribunal de prud'hommes.

Les berranis sont organisés en corporations dans les villes d'Alger, Blidah, Médéah, Milianah, Oran et Constantine.

CHAPITRE XI.

Tunis.

Louanges à la ville de Tunis! elle nous a envoyé une garde-robe complète de la toilette orientale. Quelle magnificence! quelle richesse! quel éclat! quelle profusion de passementeries, de broderies d'or et d'argent! L'or que les Européens parcimonieux placent à la caisse d'épargne, les Orientaux le prodiguent sur leurs vêtements. Comme le caractère orgueilleux et le tempérament voluptueux du musulman se trahissent par cette exposition! Résistez donc, si vous pouvez, aux titillations de la volupté, saint Antoine, en voyant ces opulentes femmes drapées dans leur gaze transparente? Que de visiteurs ont éprouvé les transports de Pygmalion en face des Tunisiennes en carton, dont le vêtement compliqué se compose d'une chemise en soie; d'un saroual, large pantalon de mousseline serré au-dessus de la cheville par deux anneaux en or; du gilet à épaulettes en satin broché; de la jomba, robe lamée d'or; d'écharpes brodées de fleurs d'argent;

de pantoufles jaunes rehaussées de paillons; d'un cache-nez en crêpe et d'une coiffe brodée recouverte du sefsari, grand voile à travers lequel brillent les liens d'or qui tressent les cheveux des Tunisiennes! N'oublions pas les accessoires de leur toilette, précieux travail d'orfèvrerie et de bijouterie : les étuis d'or et d'argent, les bracelets, les chaînes, les anneaux de pied, les cercles d'oreilles, les colliers de corail et de médailles; enfin, les cassolettes à parfums et les flacons à essences diverses dont la régence de Tunis fournit en abondance. Le costume masculin est représenté par des gilets passementés, des caftans brodés et soutachés, des haïks en laine fine, de très-beaux burnous ornés de glands de soie, et des bonnets rouges (chachia) d'une teinte très-vive et très-solide.

Au lieu de papier peint, les Orientaux couvrent leurs murs de longs tapis en grosse laine; leurs entrées sont décorées de portières en damas broché; celles de Tunis orneraient parfaitement les plus jolis boudoirs de Paris. La sellerie tunisienne est assez remarquable comme fabrication : il y a dans les vitrines de très-belles selles recouvertes en velours rouge et bleu, des harnais brodés en soie de plusieurs nuances, de longs éperons et de larges étriers dorés. Somme toute, l'exposition de Tunis vient par ordre de mérite immédiatement après celle de la Turquie, dont nous rendrons compte à la fin de notre travail sur les produits de l'Orient.

Au nord-ouest de Tunis existent les ruines de Carthage, « dont l'esprit commercial semble planer sur ces lieux, » a écrit Chateaubriand dans son Itinéraire. En effet, le royaume de Tunis, qui autrefois, comme on sait, formait l'Afrique propre et le siége principal de la puissance carthaginoise, est aujourd'hui l'entrepôt, l'atelier, en un mot, l'Alexandrie industrielle de l'Orient. Là, d'habiles corporations de juifs et de Maures fabriquent les étoffes qui composent le costume des musulmans; de là s'exportent des tissus et des denrées pour la Turquie, pour l'Égypte, pour l'Algérie, pour le Soudan et les oasis du Sahara. En échange des produits de la régence de Tunis, les caravanes de la Nigritie, de Touat, du Souf, du Djerid, apportent, par Ghrdâmès, de la gomme, de l'encens, de la cire, de l'alun, des dépouilles d'autruches, d'éléphants, de la poudre d'or, et même des esclaves. Mais c'est surtout au royaume de Tripoli que revient la honte du trafic de la chair humaine.

Un eunuque noir, rendu à Tripoli ou à Tunis, vaut de. 500 à 600 fr.
Un noir adulte. . . . . 90 à 100
Un enfant au-dessus de dix ans. . . . . 40 à 50
Une femme noire, selon sa beauté. . . . . 120 à 150
Une fille à peine nubile. . . . . 50 à 60

Pour une centaine de ces malheureux qui arrivent sains et saufs en Égypte, au Maghreb, à Constantinople, il en périt des milliers, hommes, femmes et enfants, en voyage. Aussi ne se livrent-ils pas volontiers aux marchands, mais sont traqués comme des bêtes fauves par les chasseurs de nègres du Sahara, par les Touariks, qui les vendent aux caravanistes. Ainsi, à l'état sauvage ou à l'état civilisé, de quelque côté que vous portiez vos regards, à l'orient ou à l'occident, au nord ou au midi, partout vous verrez l'homme asservi, exploité, martyrisé, persécuté, crucifié par l'homme. Homo homini lupus, a dit Hobbes non sans raison.

Tunis exporte annuellement au désert la valeur en produits de deux millions et demi de francs, car jusqu'ici l'intérieur de l'Afrique a été approvisionné, à l'exclusion de l'Algérie, par l'Égypte, le Maroc et Tunis. Un tel état de choses doit changer, aujourd'hui que nous avons pris un pied solide à Biskara, Laghouat et Tuggurt.

Il faut que le commerce français, auquel reviennent légitimement les bénéfices de la conquête de l'Algérie, s'empare de ces nouveaux débouchés, qu'il écoule ses produits au Soudan et au milieu des oasis du Sahara. Rien de plus facile. Il suffirait de mettre les produits manufacturés à proximité des marchés du désert. Les commerçants français pourraient encore s'entendre avec les marchands arabes, avec les caravanistes, qui leur serviraient d'intermédiaires. D'ailleurs l'intérieur de l'Afrique communique régulièrement avec le Tell au moyen de caravanes organisées. Chaque année, avant l'hiver, on voit arriver en Algérie des milliers de chameaux, ces chemins de fer à quatre pattes du désert, portant sur leur dos des tribus sahariennes qui viennent acheter du blé ou l'échanger contre des dattes. Si des compagnies, si des associations offraient au Sahara et à la Nigritie les produits industriels de l'Europe en échange des denrées indigènes, de magnifiques et solides étoffes tissées sous la tente par les femmes du désert, assurément elles réaliseraient un bénéfice considérable. Tombouctou, étant le port du Soudan le plus rapproché de l'Algérie, offre, par sa position sur le Niger, le plus grand débouché à notre commerce extérieur.

Cette ville mystérieuse, sur laquelle l'érudition s'est exercée depuis des siècles, et dont la population a été singulièrement exagérée, de même que sa civilisation et son commerce avec l'intérieur du Soudan, n'est, d'après les voyageurs, dans une immense plaine de sable blanc et mouvant, où l'on ne voit que de faibles arbrisseaux rabougris, tels que le mimosa ferruginea, qui ne vient qu'à la hauteur de trois à quatre pieds. Elle n'est fermée par aucune clôture; on peut y entrer de tous côtés. On remarque dans son enceinte et autour quelques balanites et un palmier doum situé au centre. La population est d'environ douze mille habitants, tous commerçants, en y comprenant les Maures établis. Il y vient souvent beaucoup d'Arabes, amenés par les caravanes qui séjournent dans la ville et augmentent momentanément la population.

Ten-Boktoue n'offre au premier aspect qu'un amas de maisons en terre, mal construites. Elle est habitée par des nègres de la nation Kissour. Le roi est un nègre que rien ne distingue des autres; il n'a pas plus de luxe dans son logement que les Maures commerçants; il est marchand lui-même. Sa dignité est héréditaire, il ne perçoit aucun tribut sur le peuple ni sur les marchands étrangers; cependant on lui fait des cadeaux. Il n'a pas non plus d'administration; c'est un père de famille qui gouverne ses enfants avec les mœurs douces et simples des anciens patriarches. En cas de guerre, tous sont prêts à servir. En général, ces peuples sont inoffensifs et très-pacifiques entre eux.

Il y a beaucoup de Maures établis à Ten-Boktoue; ils ont les plus belles maisons de la ville. Le commerce les enrichit promptement: on leur envoie en consignation des marchandises d'Adrar et de Tafilet; il leur en vient aussi de Taouat, Ardamas, Tripoli, Tunis, Alger; ils reçoivent beaucoup de tabac et de marchandises d'Europe, qu'ils expédient sur des embarcations sur la ville de Jenné. Ten-Boktoue peut être considéré comme le principal entrepôt de l'Afrique; on y dépose tout le sel provenant des mines de Toudeyni; ce sel est apporté par des caravanes à dos de chameau. Les Maures de Maroc et ceux des autres pays qui font les voyages du Soudan restent de six à huit mois à Ten-Boktoue, pour exercer leur commerce et attendre un nouveau chargement pour leurs chameaux.

La ville de Ten-Boktoue peut avoir trois milles de tour; elle forme une espèce de triangle; les maisons sont grandes, peu élevées, et n'ont qu'un rez-de-chaussée; dans quelques-unes est un cabinet au-dessus de la porte d'entrée. Elles sont construites en briques de forme ronde, roulées dans les mains et séchées au soleil; à la hauteur prés, les murs ressemblent à ceux de Jenné. Les rues sont propres et assez larges pour y passer trois cavaliers de front; en dedans et en dehors on voit beaucoup de cases en paille, de forme presque ronde, comme celles des Foulahs pasteurs; elles servent de logement aux pauvres et aux esclaves qui vendent des marchandises pour le compte de leurs maîtres.

Ten-Boktoue, l'une des plus grandes villes de l'Afrique, n'a d'autres ressources que son commerce de sel, le sol n'étant aucunement propre à la culture. C'est de Jenné qu'elle tire ses approvisionnements alimentaires, comme riz, mil, beurre végétal, coton, étoffes du Soudan, bougies, savon, piment, oignons, poissons secs, pistaches, etc. Si les flottilles venant à Cabra étaient arrêtées en route par les Touaregs, les habitants de Ten-Boktoue pourraient être réduits à la plus affreuse disette. C'est afin d'éviter ce malheur qu'ils ont soin que leurs magasins soient toujours amplement fournis de toute espèce de comestibles; cette considération empêche aussi les flottes qui descendent le Niger jusqu'au port de Cabra de lutter avec les Touaregs, malgré tout ce qu'ils ont à souffrir de leurs exigences.

Les nègres à Ten-Boktoue ne s'occupent absolument que de leur commerce. Les Maures de Tripoli et ceux d'Ardamas font les échanges avec le Haoussa, ville où ils conduisent des marchandises d'Europe; ils viennent ensuite à Ten-Boktoue avec des pacotilles d'étoffes.

Les environs de Ten-Boktoue sont absolument dépourvus de pâturages; les chameaux y trouvent à peine de quoi paître; on trouve à Cabra beaucoup de fourrage que les habitants récoltent dans les marais, et qu'ils font sécher pour le vendre aux personnes de la ville qui ont des bestiaux à nourrir, tels que chevaux, bœufs, moutons et cabris; ce fourrage est serré sur le toit des maisons. Ten-Boktoue et ses environs offrent un aspect très-aride et très-monotone.

Tous les habitants natifs de Ten-Boktoue sont zélés mahométans; leur costume est le même que celui des Maures, et ils ont quatre femmes, comme les Arabes; mais ils n'ont pas, comme les Mandingues, la cruauté de les battre; elles sont cependant chargées de même des soins du ménage. Les femmes à Ten-Boktoue ne sont pas voilées comme dans l'empire de Maroc; elles sortent quand elles le veulent, et sont libres de voir tout le monde. Les habitants sont doux et affables envers les étrangers; ils sont industrieux et intelligents dans le commerce, qui est leur unique ressource; la plupart des habitants sont riches et ont beaucoup d'esclaves. Les hommes sont de taille ordinaire, bien faits, se tenant très-droits, ayant la démarche assurée; leur teint est d'un beau noir foncé; ils ont le nez un peu plus aquilin que les Mandingues, et, comme eux, les lèvres fortes et de beaux yeux. M. Caillié a vu à Ten-Boktoue des femmes qui pourraient, dit-il, passer pour très-jolies.

A Ten-Boktoue on se nourrit bien; on mange du riz et du kouscous fait de petit mil cuit avec de la viande ou du poisson sec. On fait par jour deux repas. Les riches déjeûnent avec du pain de froment, du thé et du beurre de vache; la classe pauvre mange du beurre végétal.

En général, les nègres ne sont pas aussi bien logés que les Maures; ceux-ci ont sur les premiers un magique ascendant et se croient eux-mêmes bien supérieurs. Du reste, les habitants de Ten-Boktoue sont d'une grande propreté dans leurs vêtements et l'intérieur de leurs maisons, où l'on voit pour ustensiles de ménage des calebasses et quelques plats de bois. On ne connaît pas l'usage des cuillers ni des fourchettes : on prend les mets avec les doigts. Les nattes forment tout le mobilier; le lit se compose de quatre piquets fichés en terre à une extrémité de la chambre, et sur lesquels on tend une natte ou peau de bœuf. Les riches ont un matelas en coton et une couverture fabriquée chez les Maures des environs de Ten-Boktoue avec le poil des chameaux et la laine des moutons.

Les habitants de Ten-Boktoue ont chacun plusieurs femmes : beaucoup d'entre eux prennent en outre leurs esclaves. Les Maures ne prennent pas d'autres femmes que celles-ci; ils se occupent à promener les marchandises dans les rues; elles vont aussi au marché étaler une petite boutique, pendant que la favorite reste à la maison afin de surveiller celles qui sont chargées de faire la cuisine pour tout le monde : elle seule prépare tous les repas de son maître. Toutes ces femmes sont vêtues fort proprement : leur costume consiste en un coussabe comme celui des hommes, excepté qu'il n'a pas de grandes manches; elles portent aussi des souliers en maroquin. Leurs cheveux sont tressés avec beaucoup d'art, et on y mêle des ornements de corail et d'ambre faux. Ces femmes ont aussi l'habitude de se graisser la tête et le corps; la grande chaleur, augmentée par le grand vent brûlant de l'est, rend cette habitude nécessaire. Les femmes riches ont une grande quantité de verroteries au cou et aux oreilles; elles portent, comme à Jenné, un anneau aux narines; celles qui ne sont pas assez riches remplacent cet anneau par un anneau de soie rouge. Les esclaves femelles des gens riches ont quelques parures en or au cou et de petites plaques en forme de collier aux oreilles.

Les Touaregs gênent beaucoup le commerce de Ten-Boktoue : ces sauvages nomades rendent tous les nègres tributaires, qu'ils exercent envers eux le plus affreux brigandage. Ils ont, comme les Arabes, de beaux chevaux qui facilitent leurs excursions vagabondes. A Ten-Boktoue, on ne laisse pas sortir les esclaves de la ville après le coucher du soleil, de peur qu'ils ne soient enlevés par les Touaregs, lesquels s'emparent de vive force de ceux qui leur tombent sous la main et rendent bien plus déplorable la condition de ces malheureux. Les Foulahs du voisinage de Ten-Boktoue ne sont point toutefois soumis à ces barbares, auxquels ils font bien souvent la guerre. Les Touaregs ne se battent qu'avec la lance et le poignard; ils sont toujours à cheval; ils ne font point usage de l'arc : l'embarras de leurs boucliers les empêcherait de s'en servir utilement. Ces peuples nomades portent les cheveux un peu longs; ils ont le teint brun comme les Maures, le nez aquilin, de grands yeux, une belle bouche, la figure longue, le front élevé; l'expression de la physionomie est sauvage et barbare. Ce sont eux qui se réunissent en nombre pour attaquer les caravanes.

CHAPITRE XII.

L'Égypte.

Nous ne parlerons ici que pour mémoire et pour ne manquer à rien à notre programme des *produits de l'Orient* de l'exposition égyptienne.

Quelques entablements de marbre, des dattes, du riz, des légumes secs, du salpêtre, du safran, des babouches, deux ou trois selles brodées et dorées, une douzaine de livres illustrés de gravures, voilà par quels objets l'Égypte s'est fait représenter à Paris.

Vraiment ce n'est pas sérieux.

L'Égypte francisée par Méhémet-Ali, l'Égypte qui a rejeté la draperie orientale pour endosser le costume européen, aurait dû comprendre l'importance d'une exposition universelle, et témoigner par quelque envoi digne d'elle de l'état de ses arts et de son industrie.

Si nous la prenions au mot, si nous la jugions sur échantillons, il faudrait croire au néant de son commerce, à son industrie, à la misère, à la nudité de sa population de *fellahs* laboureurs.

Fort heureusement, l'Égypte a une exposition permanente à Paris, au Louvre, où elle retrouve son ancienne splendeur, ses glorieux souvenirs en compagnie de ses statues de granit et de porphyre, de ses sphinx à la tête de femme et au corps de lionne, de ses hypogées, de ses médailles hiéroglyphées de signes symboliques qui ont usé la vie de Champollion, de ses reines à figures de singes, de ses Pharaons pétrifiés dans l'attitude d'un prévenu qui attend du peuple la glorification ou l'exécration de sa mémoire.

C'est donc au Louvre et sur la place de la Concorde, et non au palais de l'Industrie, qu'il faut voir l'Égypte.

La population égyptienne se compose de coptes, de fellahs, de Bicharis, d'Osmanlis, de Grecs, d'Arméniens, de Syriens, de Juifs, d'esclaves blancs, noirs et abyssiniens, d'Européens.

Si l'on compare le dépeuplement de l'Égypte moderne avec l'exubérance de la population sous les Pharaons, on est frappé de cet appauvrissement inouï du pays. Faut-il l'attribuer aux ravages de la peste, de la guerre, ou à son commerce et à son industrie languissants?

La greffe civilisatrice de Méhémet-Ali sur l'arbre égyptien n'a pas encore donné de fleurs ni de fruits.

Cependant l'Égypte est située dans une des positions les plus favorables du globe. Chaque année son Nil lui apporte la fécondité et la vie.

Le Nil commence à grossir vers la fin de juin et au commencement de juillet. Le volume des eaux qu'il reçoit n'est pas assujetti à des règles certaines, non plus que la progression des crues. Dans les années ordinaires, le fleuve s'élève au Caire de huit mètres ; il monte quelquefois beaucoup plus haut, et pour que l'année soit abondante, il faut que le terrain cultivé présente l'aspect d'un lac immense. Les villages, élevés sur des buttes factices, paraissent alors comme autant d'îlots disséminés sur la surface de ce nouvel océan ; rien ne peut égaler la majesté d'un pareil spectacle. On peut, du haut de la citadelle du Caire, embrasser une partie de ce grand tableau. Le terrain propre à la culture, mais qui, trop distant des rives du fleuve, ne peut jouir des avantages de l'inondation, est fertilisé par des canaux ou à l'aide de machines d'une invention simple, connues sous le nom de roues à pots. Il est encore une qualité propre au terrain de l'Égypte : c'est d'être imprégné de substances salines , qui produisent chaque matin des efflorescences à la surface du sol. Sans doute l'action fécondante du limon du Nil est encore excitée par la présence du sel marin qui abonde partout.

La plupart des ouvriers d'Égypte préfèrent aujourd'hui se livrer à la culture des champs plutôt que de subir les exigences iniques du fisc. Les tisserands, en particulier, arrivent à peine à gagner le pain nécessaire à leur existence.

L'administration fournit aux ouvriers les matières premières : la soie, le lin, le coton, sont livrés au poids. On sait ce que doit rendre en étoffe ou en toile une quantité donnée de matière première ; le déchet dans le filage et le tissu reste au compte de l'ouvrier, qui est payé à la tâche, et non à la journée.

Il existe pour chaque branche d'industrie une administration et un lieu central de dépôt où sont reçus et vendus les divers objets, qui sont revêtus d'une marque pour empêcher la fraude. Là les consommateurs vont s'approvisionner et les négociants expéditionnaires font leurs achats.

Un des premiers établissements introduits au Caire date de 1816. Des ouvriers appelés des fabriques de Florence commencèrent à filer la soie pour des velours et des satins légers ; ensuite les métiers nécessaires à ce genre de travail furent transportés dans un autre établissement, et l'on mit à leur place des filatures et des métiers à tisser le coton.

Outre la filature et les métiers à tisser, il y a au Khoroumfech des ateliers de forgerons, de limeurs, de tourneurs en fer et en bois, de menuisiers.

On a fondé à Boulaq un vaste établissement qui prit le nom de Malta, parce qu'il y avait un grand nombre d'ouvriers maltais employés.

Cet important établissement tient en activité vingt-huit chariots et vingt-quatre cordes et drosses, avec les assortiments en téraches et lanternes. Ces machines fonctionnent au moyen de quatorze tambours qui reçoivent leur mouvement d'un manège attelé de huit bœufs. Chaque chariot emploie un homme et trois enfants, occupés à renouer les fils cassés.

A Malta se trouvent deux cents métiers à tisser le fil de coton. On y fabrique des baftas, des cambriges, des batistes, des mousselines.

Indépendamment des ateliers de l'industrie, il y a des ouvriers de chaque profession pour réparer et confectionner les machines et autres objets destinés aux fabriques de la haute et basse Égypte. Il y a aussi un atelier spécial de menuiserie où des Français et des Grecs sont occupés à faire des modèles et autres objets d'ébénisterie.

Dans les environs de Malta, il y a deux filatures de coton. On y compte quatre-vingt-dix chariots et soixante cordes et drosses. Les magasins de Malta fournissent à ces fabriques les objets nécessaires à l'entretien et aux réparations des machines. Il existe d'autres ateliers que ceux de la filature. Le prix de main-d'œuvre est le même que celui des autres fabriques, qui prennent comme elles le coton et la laine à l'entrepôt général.

De nouveaux édifices établis sur les bords du Nil sont destinés à la blanchisserie. C'est là, dans un vaste enclos, que l'on soumet les toiles aux différentes opérations du blanchiment.

Un autre genre d'industrie de la fabrique de Moubeydah sont les mouchoirs imprimés, dont les femmes font un grand usage pour leur coiffure. On emploie pour cet objet quatre cents pièces de mousseline par mois. Chaque pièce fournit vingt-six mouchoirs, sur lesquels on applique diverses couleurs.

Ces mouchoirs, imprimés à la planche en bois de Brésil, se vendent six et dix piastres, suivant leur finesse ; on vend dix piastres ceux qui sont faits au pinceau et à la cochenille.

On paye aux ouvriers qui impriment les mouchoirs à la planche quatre piastres et demie par deux pièces de mousseline, et pour les mouchoirs au pinceau quinze piastres.

Au Caire, où se trouve une fabrique de cordes, chaque mois on confectionne trente assortiments. On y emploie des enfants formés à ce genre de travail. Dans les mêmes fabriques il y a trois cents métiers à tisser ; cinq cents ouvriers tissent par mois douze cents pièces de toile.

Autrefois on tissait en Égypte des cotnis, des alujas et autres étoffes en soie et coton ; mais le vice-roi, voulant donner plus d'extension à ce genre d'industrie, fit venir de Constantinople des ouvriers capables de faire des tissus en soie tels qu'on les travaille dans cette ville et aux Indes. Les premiers essais furent fructueux ; la fabrique reçut des encouragements et prit un grand essor. Aujourd'hui il y a deux cents métiers employés à tisser les soies de la Syrie et de l'Égypte, ainsi que le fil d'or.

En 1833 on a employé quatre mille okes de soie à faire des tissus en tout genre. L'ouvrier travaille à la tâche. Son ouvrage est bien confectionné ; les tissus sont bien unis et les dessins élégants. En général, les couleurs, qui ont de l'éclat, n'égalent cependant pas en solidité celles de l'Inde.

Au Caire on a établi une corderie où l'on fait des câbles, que l'on envoie à l'arsenal d'Alexandrie.

On fait également des tissus en laine pour vêtir les marins, ainsi que des couvertures de lits. On destine à cet ouvrage les grosses laines de la haute Égypte, qui ne peuvent avoir un autre emploi.

L'Égypte exporte en assez grande quantité les toiles de lin et de coton, les soieries, le fil d'or, les nattes, les peaux apprêtées, l'eau de rose, l'indigo.

CHAPITRE XIII.

La Grèce.

La Grèce n'a pas été beaucoup plus heureuse que l'Égypte au palais de l'Industrie. Cependant, à défaut de puissance industrielle, elle a fait preuve de goût, de génie, de bonne volonté.

Le gouvernement hellène a envoyé pour sa part soixante-dix-sept espèces de bois provenant des forêts de l'État dans l'Achaïe et l'Élide, diverses plantes tinctoriales et une collection de marbres de la Grèce : porphyrites, verts de Ténos, noirs de Mantinée et de Laconie, rouges du cap Ténare, d'albastroïde du mont du Pirée, dont les anciens faisaient les lacrymatoires, pierres de Milo et pierres pour meules à moudre les grains.

Bacchus nous pardonnera de ne pas parler des vins liquoreux de la Grèce, auxquels nous n'avons pas goûté : vins de Chalcis, du Pirée, de Théra, vin muscat de Ténos, vin noir de Syra, etc.

Les industries de la broderie des dentelles, de la soierie, de la passementerie, sont à l'état prospère en Grèce. Sous ces vitrines se trouvent de très-belles soies tordues d'Argolide, de Messénie, de Sparte, des soies grèges blanchies et jaunes filées à la française. Les religieuses du monastère de Saint-Constantin ont envoyé de fort jolis mouchoirs et des tissus de soie pour chemises et moustiquaires ; divers industriels helléens ont exposé des écharpes rayées d'or, d'argent ou de soie de différentes couleurs, des costumes grecs entièrement brodés et passementés d'or, et des vêtements de femmes grecques faits de tissus de soie garnis de franges, ainsi que plusieurs capes en poil de chèvre et en drap rouge avec cnémides bleues et blanches. En passementerie, nous avons des fleurs d'argent, des boutons d'or et des gaitans de soie.

La principale ressource de la Grèce ne se trouve pas dans son industrie, mais dans son agriculture.

Ce pays, qui compte neuf cent cinquante mille habitants, en pourrait nourrir deux millions s'il était cultivé.

L'étendue du royaume est de 7,618,469 hectares :

On compte 2,500,000 hectares de montagnes et de rochers;

112,000 hectares de forêts;

3,000,000 de terres arables, dont 800,000 hectares appartiennent à l'État.

Sur trois millions de terres arables, on compte à peine cinq cent mille hectares en culture.

Aucun sol ne s'approprie mieux que celui de la Grèce à la culture des céréales, de la vigne et des arbres à fruit.

Le coton herbacé prospère dans la plaine d'Argos et dans les îles. La Grèce en récolte assez pour sa consommation et en exporte à l'étranger. Les graines de plusieurs des nos colonies d'Afrique ont été prises en grande partie dans les îles de l'Archipel.

Le tabac est d'une belle qualité et d'un bon parfum. On estime beaucoup les tabacs de l'Argolide et de la province de Livadie. La culture des tabacs entraîne si peu de frais, que les paysans le livrent au commerce au prix d'une drachme l'oque (quatre-vingt-dix centimes les douze cent cinquante grammes).

Le sol de la Grèce est couvert d'oliviers sauvages ; les oliviers greffés sont en grand nombre. Le peuple se nourrit d'olives marinées dans la saumure.

On fait une grande consommation d'huile ; la chandelle de suif est inconnue des Grecs ; quelques maisons d'Athènes seulement brûlent la bougie.

Toutes les espèces de raisins réussissent sur le sol de la Grèce. Dans l'île de Santorin, uniquement, on en compte plus de soixante variétés excellentes. Les Russes, très-friands du vin de Santorin, en achètent tous les ans pour cinquante mille drachmes.

Plus de trente-deux mille hectares de vignes appartiennent aux particuliers. On sait que les raisins de Corinthe qui s'exportent avantageusement en Angleterre servent de base aux fameux plumpuddings, le régal des Anglais.

Parmi les envois de la Grèce, nous devons citer encore ses cartes géographiques, les dessins originaux de ses broderies d'or et d'argent, ses gracieux fezys, hauts bonnets rouges à glands bleus dont la réputation est classique et que les femmes grecques portent avec tant de coquetterie; ses costumes nationaux, albanais et maïnotes, que mademoiselle Triantaphyllon Botzaris a popularisés en Europe.

Craignant avec raison de succomber dans le concours industriel de l'exposition universelle, les rusés Hellènes ont voulu neutraliser d'avance toute critique en rappelant aux visiteurs leurs triomphes éclatants dans les beaux-arts.

Le reste de la population va presque nu et gagne péniblement une poignée de riz.

Ils nous ont envoyé les photographies de leurs monuments, les ruines immortelles du temple de Jupiter Olympien, de l'Odéon, du théâtre de Bacchus, du Prytanée, de l'Aréopage, les statues de l'Erechthée, les bas-reliefs et les cariatides du temple de la Victoire Aptère, le fronton du Parthénon, toutes les scènes héroïques, toutes les gloires sculptées de l'Attique.

En face des œuvres dues au ciseau de Phidias, devisez donc de la nature du coton et de la finesse de la laine, pauvre critique industriel, pour que Jupiter courroucé vous fasse subir la métamorphose désagréable du personnage de Lucius dans l'*Ane d'or* d'Apulée.

Non, nous ne ferons pas un crime à la Grèce de l'état rudimentaire de son industrie, car nous savons que chaque peuple a ses aptitudes natives. Celles des Hellènes les portent irrésistiblement à la culture intellectuelle, aux travaux de l'esprit. L'amour de la poésie, des beaux-arts, le désir de s'instruire, distinguent toujours le Grec. Qu'il garde ses troupeaux, qu'il navigue ou qu'il marche au combat, dans tous les actes de sa vie il improvise des cantates, des élégies, des récits dialogués dont M. Fauriel a composé le plus intéressant recueil.

Les peintres, les sculpteurs, les architectes, les ingénieurs de la Turquie se recrutent en grande partie parmi les Hellènes.

Aujourd'hui comme autrefois la Grèce se passionne pour les chants de ses rapsodes, de ses Tyrtées, pour ses poésies nationales; elle cherche à retremper aux sources antiques son idiome corrompu par des siècles de barbarie; elle poursuit avec une infatigable ardeur la restauration de la langue qu'Homère et Démosthène ont parlée.

Dans le petit royaume de Grèce, qui compte à peine un million d'âmes, il y a une université, une école militaire, 7 gymnases, 79 écoles helléniques, 4 instituts particuliers et 3 instituts communaux, 338 écoles communales de garçons, 31 écoles communales et 7 instituts particuliers de filles. Le nombre des professeurs s'élève à 750, celui des élèves à 17,000, dont 6,000 du sexe féminin.

En outre, le gouvernement entretient dans les écoles des autres nations 27 jeunes gens, dont 9 étudient la médecine, 6 les beaux-arts, 4 la littérature, 1 le droit, 1 les sciences physiques et mathématiques, 6 la théologie.

Il existe à Athènes une bibliothèque, contenant 9,000 volumes, un observatoire et 19 imprimeries. 22 journaux et écrits périodiques se publient en Grèce.

Malheureusement, à l'amour des lettres et des arts s'arrête l'analogie de la Grèce moderne et de l'Attique. Les Hellènes semblent avoir tout à fait perdu les grandes qualités politiques qui ont illustré leurs ancêtres.

Comment une nation, après avoir brillé au premier rang, après avoir tenu le sceptre de la civilisation, après avoir été l'oracle et la lumière du monde, peut-elle descendre les degrés de la barbarie? Comment un peuple libre et héroïque peut-il devenir esclave et dégradé?

La réponse se trouve écrite en caractères de feu dans les annales sanglantes de la Grèce.

Depuis le jour néfaste où le consul Mummius réduisit l'Achaïe en province romaine, cette contrée a été un théâtre d'invasions, de dévastations, de guerres civiles, de déprédations successives, un champ de bataille disputé par les Byzantins, les Latins, les Turcs et les Italiens.

Après Mummius, Constantin pilla les musées de la Grèce, lui enleva ses héros et ses dieux. Les proconsuls romains taillèrent en pleine chair dans la Grèce conquise, les chrétiens et les iconoclastes détruisirent à l'envi les chefs-d'œuvre de la statuaire. Huns, Bulgares, Avares, vinrent ensuite dévaster la patrie des Hellènes.

A leur tour, chevaliers et barons croisés, mentant à leur mission religieuse et se conduisant comme des pirates en expédition, s'emparèrent du sol hellénique, se le distribuèrent et s'affublèrent des titres aussi pompeux que ridicules de ducs d'Athènes, de princes d'Achaïe, de sires de Thèbes, de barons d'Argos, de comtes de Corinthe; enfin, pour couronner l'œuvre, les Turcs conquirent cette malheureuse contrée tour à tour ravagée et incendiée par toutes les nations.

Etonnez-vous maintenant que les Grecs opprimés et avilis aient contracté les vices de l'oppression et n'aient pu se maintenir à la hauteur de leurs glorieuses traditions! Quelle nation aurait résisté à de tels assauts, à de pareilles convulsions sociales?

Pour être juste vis-à-vis des Grecs, soit qu'on juge leur industrie ou leur état politique, il faudrait tenir compte des épreuves terribles qu'ils ont subies, et les plaindre plutôt que de les condamner sans appel quand ils se brisent la tête contre leurs abruptes montagnes en croyant s'ouvrir le chemin de la liberté.

A moins d'ingratitude et d'oubli flagrants, nous ne saurions oublier que leur race a émancipé l'espèce humaine de l'abrutissement par ses sublimes créations; qu'ils foulent aux pieds le sol sacré de l'Olympe, la terre classique de la philosophie, des lettres et des arts; qu'ils habitent la contrée du génie et de la liberté, la patrie de Socrate, de Sophocle, de Xénophon, de Démosthène et d'Aristote.

Glorifions donc, à l'égal de 89, qui nous a donné, orgueilleux barbares à peine émancipés que nous sommes, le sentiment de la liberté politique, notre nourrice la Grèce, qui nous a inculqué le sentiment divin du beau, *la splendeur du vrai*, selon l'expression de Platon, et montrons-nous indulgents envers ses enfants abâtardis par une oppression séculaire.

CHAPITRE XIV.

L'Inde.

Vraiment, nous devons savoir gré aux Anglais de leur exactitude au rendez-vous, d'autant mieux que l'exposition de la compagnie des Indes a été le succès de curiosité du palais de l'Industrie.

Chacun sait qu'une compagnie commerciale dont l'origine date du règne d'Elisabeth a soumis à la domination de l'Angleterre les quatre cinquièmes de l'Hindoustan. La Compagnie des Indes administre directement ses possessions coloniales sous la protection de la mère patrie. Elle prélève tous les impôts provenant des diverses branches de revenus, à la charge de payer une redevance annuelle à l'Angleterre, les intérêts de sa dette, sa haute administration, ses différents agents, et enfin son armée de cent quatre-vingt-dix mille hommes, qui tiennent en respect plus de cent millions d'indigènes. Mais nous n'avons pas à l'envisager ici au point de vue politique; notre tâche est plus agréable, car, en rendant compte de son exposition, nous ne pourrons que lui donner des éloges.

Nous n'avons pas cherché longtemps à quel endroit de l'Exposition se trouvaient placés les produits des Indes; la foule nous y a porté.

C'est à qui se pressera autour de ces richesses venues de Calcutta, de Madras, de Bombay; c'est à qui admirera de plus près la ciselure délicate et la sertissure habile des métaux; les sculptures luxuriantes sur ivoire, sandal, ébène, bois de fer, bois blanc; les capricieuses broderies des étoffes. Certes, nous avons la preuve que les Indiens sont des artistes : ils ont parfaitement compris les affinités, les rapports sympathiques de l'art et de l'industrie. Leurs produits équivalent à de vrais poëmes, à de beaux tableaux; seulement, au lieu de se servir de la plume et du pinceau comme les artistes de l'Occident, ils prennent une aiguille et un couteau pour traduire sur la laine, sur la soie, sur le bois, les rêves de leur imagination enthousiaste de la nature, amoureuse du merveilleux.

L'Inde n'a pas exposé comme les autres nations : elle *s'est exposée*, elle s'est ciselée, sculptée, reproduite, incarnée dans l'or, la pierre, le bois, l'étoffe, sous toutes les formes malléables de la matière, à laquelle son intuition profonde des métamorphoses a su imprimer l'expression et les palpitations de la vie.

Il s'est prosterné sérieusement devant l'idole de marbre et de chair, devant le bœuf, le crocodile et le serpent.

Dans ces petites boutiques historiées de l'exposition du palais de l'Industrie, qui pastichent ingénieusement l'architecture lourde et feuillue des Indous, derrière les vitrines, sous les dais de brocart, l'Inde religieuse, guerrière, industrielle, l'Inde tout entière est là avec son étrange *trimourti* de dieux créateur, conservateur et destructeur; ses idoles bariolées à huit têtes et à seize bras; ses héros à figures bestiales; ses femmes peintes en arc-en-ciel; ses castes pétrifiées de prêtres, de guerriers, de marchands, d'agriculteurs, de parias; ses rajahs couverts de diamants et ses gipsies nues; ses bayadères lascives et ses sanglants sacrificateurs ; ses pagodes taillées dans le roc et ses djungles vierges, peuplés par une féroce ménagerie d'éléphants, de tigres, de panthères, de singes et de serpents. Il semble vraiment que le puissant dieu Brahma ait animé de son souffle créateur tous ces produits et leur ait ordonné d'aller raconter avec leur verve tropicale, aux spectateurs de l'Exposition de Paris, les épopées mythologiques et historiques, les mœurs, les coutumes, l'histoire et le roman des peuples hindous.

Par exemple, quoi de plus vrai, quoi de plus vivant que les statuettes en terre peinte, en ivoire et en bois, représentant divers personnages indiens et leurs diverses professions ?

Devant nous trois forgerons, coiffés de turbans roses, battent le fer à tour de rôle ; un marchand, sale et demi-nu, manipule et pèse des épices au milieu de sa boutique ; des femmes, drapées d'une gaze transparente, lavent accroupies au bord d'une fontaine ; un stupide fakir, nu et frotté de cendres, mendie une roupie au passant ; des cavaliers, armés de la lance et de l'épieu, vont à la chasse au tigre sur des chevaux teints de henné et d'indigo; des jongleurs, grotesquement barbouillés, la bouche ensanglantée par la feuille de bétel qu'ils mâchent éternellement, le nez et les oreilles chargés de bijoux, exécutent leurs tours dans une foire; une troupe d'enfants, coloriés et métamorphosés en divinités, se rendent à la pagode ; un brahmane en robe blanche parfumée d'essence de rose une bayadère ; des éléphants, caparaçonnés de chabraques étincelantes, portent fièrement d'opulents nababs assis sur des siéges d'or ou massif; — de pauvres Cachemiriens, accablés de misère et de fatigue (ils gagnent de trois à quatre sous par jour), préparent le poil de chèvre dont seront faits les châles que porteront les belles dames européennes.—Puis voici le maître d'école entouré de ses élèves, le marchand de fruits, le *chocra* (cafetier), etc.

Tous ces bonshommes au teint noir, jaune et chocolat, se regardent avec des yeux fendus d'étonnement qui divertissent fort les spectateurs. On dirait qu'ils ne peuvent comprendre pourquoi ils ont été transportés du Bengale à l'Exposition universelle de Paris. Outre les diverses races de l'Inde et les individualités indigènes, la boutique des statuettes comprend une foule d'ustensiles, de bimbelots, que la concision de notre ouvrage ne nous permet pas d'énumérer.

Cependant nous devons mentionner deux pièces importantes en bois sculpté : une *Ville indienne* avec ses maisons à balcon, ses huttes de bambous, ses pagodes massives taillées dans le roc; les rues encombrées par des processions de palanquins, d'éléphants, de charrettes attelées de bœufs aux cornes dorées; et une *Fête chez un rajah*, devant lequel une bayadère danse un notsch. Les statuettes de cette dernière pièce sont coloriées et costumées. Le rajah porte turban de soie, robe lamée d'or et d'argent ; la bayadère a le nez chargé de bijouteries, les cheveux nattés de fils d'argent et le corps dessiné par des gazes rouge et orange ; les musiciens, les courtisans au teint chocolat portent des tuniques de mousseline. La tête est interrompue inopinément par l'arrivée d'un brahmine ou de quelque moine mendiant du pays, qui tend la main au rajah d'un air piteux à attendrir un tigre. Il faut voir la surprise exprimée par toutes ces figures, pétrifiées à l'aspect du religieux ! Les musiciens laissent mourir la note sur les cordes de leur vina; la bayadère éteint la volupté de sa pose ; tous les courtisans diamantés, dorés et barbouillés

Chinois évidant une corne de rhinocéros.

cherchent, inquiets, sur la figure étonnée de leur maître, ce qu'ils doivent penser de l'audacieux interrupteur. Les attitudes, les expressions de ces personnages sont d'une vérité frappante; aussi la curiosité du public de l'Exposition lui fait-elle un entourage permanent.

Parmi les grandes pièces sculptées, il y a des canapés, des lits de repos, des consoles, des tables, des étagères, des jardinières, des urnes. La composition de ces meubles est tantôt le bois odoriférant du sandal incrusté d'or et d'argent, tantôt l'ébène accouplé à l'ivoire, tantôt la mosaïque au bois de fer, tantôt le sapan veiné de pierres précieuses. La sculpture donne du relief et de la valeur artistique à cette ébénisterie d'un goût trop oriental. Les appuie-mains des canapés montrent un échantillon des idoles hindoues ; les parois des consoles racontent les incarnations multiples de Vishnou et de Siva, leurs luttes contre les géants. Les supports des fauteuils sont formés par des trompes d'éléphants ou des têtes de tigres, les pieds des tables par un enroulement de serpents, le dos des canapés par des feuilles de cocotier et des branches de bambou entrelacées, les gradins des étagères par des lotus et des lauriers-roses tressés; enfin, sur leurs meubles comme sur les murs de leurs pagodes, les Indiens mêlent les règnes animal, végétal et minéral, pour exalter à leur aise les puissances créatrices de la nature.

Il nous reste à examiner l'orfévrerie, les costumes et les armes des Indous, ainsi que les produits des établissements français de l'Inde.

Deux trophées qui tiennent la tête de l'exposition de la Compagnie des Indes montrent toutes les armes des Indiens, et particulièrement celles des peuplades guerrières des Mahrattes et des Sikes. On voit là les gantelets, les cottes de mailles, les casques en acier incrustés d'or et de turquoises, les rondaches historiées et gravées, les pistolets-tromblons à poignards, les arcs, les flèches avec leurs carquois velours et argent, les pipes dont le tuyau en bois de fer renferme une lame acérée comme nos cannes à épée, les lances barbelées, les boucliers aux rondes-bosses sculptées figurant des têtes de crocodile, de lion, de panthère, de tigre ou de quelque autre aimable quadrupède, des cartouchières et des fourreaux émaillés, de longs fusils-canardières à la crosse en ébène, aux batteries à rouet et au canon cerclé d'or, d'effroyables couteaux aux lames contournées de toutes façons, des bonnets et des griffes de fer pour s'élancer sur l'ennemi, lui enfoncer la poitrine d'un coup de tête et lui arracher les yeux avec les gants de bataille. En se servant de ces dernières armes, des régiments de Malais au service des Anglais détruisirent un grand nombre de Cingalis de l'île de Ceylan qui continuaient la guerre et se réfugiaient dans leurs épaisses forêts.

Toutes ces armes de sauvages destinées à déchirer, à ensanglanter la chair humaine, comme une morsure de bête féroce, ont un aspect hideux; certes, je leur préfère les armes foudroyantes, messagères rapides de la mort, du civilisé. Mais détournons les yeux de ces tristes trophées qui prouvent trop éloquemment la cruauté originelle de l'homme, et abordons, si vous voulez, un sujet plus gracieux.

Les pièces d'orfévrerie et de bijouterie exposées par la Compagnie des Indes sont renfermées sous deux grandes vitrines. Comment rendre compte à nos lecteurs de tant de petites merveilles accumulées; comment leur donner une idée de la simplicité primitive, de la gaucherie naïve, de l'originalité sauvage, de la couleur toute locale de ces œuvres gravées, ciselées, repoussées et émaillées? Sans doute les ouvriers de notre pays manient plus adroitement le ciselet et le burin; mais si les pièces d'orfévrerie européenne ne souffrent pas de comparaison quant à l'élégance, au fini, au brio, à la précision du travail, ce travail l'emportent par l'harmonieux assortiment des nuances les plus diverses, par l'expression, la vie, le caractère typique de leurs produits. Cela tient probablement à ce qu'un orfèvre de Madras, de Bombay ou de Calcutta, exécutant seul un morceau entier, peut lui imprimer un cachet d'unité, de personnalité que le système de la division du travail ne permet pas à l'Européen. A côté de cette considération d'exécution il y a aussi des raisons esthétiques.

La fabrique européenne manque souvent d'originalité. Préoccupée surtout de l'utilité et du bon marché, elle ne pense pas, elle travaille; elle imite plutôt qu'elle ne crée; elle se résigne au modeste rôle de copiste de l'antiquité, du moyen âge et de la renaissance.

Ses produits ne prêchent pas des pensées individuelles, tandis que l'Indien fait toujours œuvre de création et d'imagination en traduisant ses religion, ses mœurs, en enroulant sur un misérable jouet les incarnations humaines de ses dieux ou les luxuriantes manifestations de la nature au milieu de laquelle il vit. Aussi les types fournis par l'industrie hindoue sont-ils recherchés des fabricants de l'Europe et ne manquent-ils pas d'être reproduits. C'est encore une imitation. Quand l'industrie européenne, si parfaite au point de vue de l'exécution, se décidera-t-elle donc à nous donner des créations, des œuvres vraiment originales?

Dans la profusion des richesses artistiques de la bijouterie, nous avons remarqué une grande broche dont le cœur est une améthyste avec un entourage de perles espacées de rubis, des appuie-papiers figurant une tortue d'or entourée des replis d'un serpent à la tête émeraude, à la robe diamantée; des colliers turquoises et perles, fermés tantôt par un papillon d'or aux ailes déployées, tantôt par un ibis en topazes; des chapelets (ihumpakalié) en roupies, en monnaies du pays; diverses parures, formées de grenat ou d'un assemblage d'émeraudes, de nacre et de perles; des porte-cigares, des fleurs, des fruits, des coffrets en filigrane; des jouets en os, ivoire, porcépic, feuilles de dattier; une foule de petites idoles, d'animaux réels ou fantastiques ingénieusement fouillés; enfin l'attirail complet des bayadères : anneaux de pieds, en argent massif, bracelets en or émaillés bleu et gravés; guirlandes tressées de coco, de bétel, de noix muscade, et mêlées de pierres précieuses; boucles d'oreilles, bagues, étoiles de front, diadèmes, pendeloques en cabochons, lapis-lazuli, saphir, perles et or.

Les voyez-vous se livrer à leurs poses plastiques devant de monstrueuses idoles, ces folles de Dieu, comme on les appelle, ces bayadères consacrées au service des temples hindous, étranges danseuses au visage peint d'hiéroglyphes, drapées de gaze transparente, constellées d'or et d'argent, chargées d'ornements aux pieds, aux mains, aux bras, au cou, au nez, aux oreilles! L'idolâtrie est parfois fort attrayante, — au point de vue pittoresque, j'entends, puisque la raison et Mahomet la réprouvent.

Cet éclatant fouillis de bijouterie, qui produit sur le spectateur un véritable éblouissement, est dominé par de grandes pièces d'orfévrerie telles que la pagode de Madras en argent gravé, deux vaisseaux d'or destinés à recevoir les parfums qui imitent la fleur du lotus, un vase en acier incrusté d'argent, un service de table complet or et argent ciselé, des gargoulettes émaillées vert et bleu, un large plateau supportant un vase en or fondu, ciselé et retouché sur la fonte. On a ciselé sur le plateau quelques divinités femelles des Hindous, sur les parois du vase les signes du zodiaque.

Je ne comprends pas que les visiteurs de l'Exposition aient déserté les splendides vitrines dont nous venons de faire la description pour aller grossir la foule qui couvait des yeux et qui assiégeait les lingots d'or et de l'Australie, voisins de la compagnie des Indes. Si la main d'œuvre de l'homme ne donnait pas une valeur réelle à l'or brut, ne faudrait-il pas, à l'exemple d'un célèbre académicien, ranger ce métal au nombre des chimères? — Question économique.

La céramique hindoue rappelle à l'imagination les galbes et les formes étrusques. L'expression particulière aux produits de l'Inde, que nous avons déjà signalée, se retrouve jusque dans les objets inimes : un misérable pot au ventre renflé a tout autant de cachet que le bijou le plus précieux.

Amincie comme une feuille de papier, la poterie de Mirzepore, de Bombay, est d'une ténuité, d'une légèreté incompréhensible pour qui ne l'a pas touchée. On la sent à peine dans la main.

Une composition de zinc et d'étain appelée bidry, une terre brunie et dorée, l'albâtre rougeâtre et transparent, servent de matières premières à la fabrication des ustensiles de ménage des Indiens. Nous avons vu mêlés à la céramique des échantillons de marbre, d'agate, d'onyx, de jaspe.

N'oublions pas de mentionner des papiers odoriférants de vétiver tissés à l'aiguille, les nattes, les sparteries, les meubles et les éventails laqués, qui pourraient disputer le prix de perfection aux laques de la Chine, les nécessaires ivoire et ébène, les boîtes à parfums en pointes de porc-épic, en corne, les porte-livres en agates de différentes nuances.

La musique des Indous se compose de guitares à une corde (ekpara), à plusieurs cordes (sittara), de tambours, de tam-tams (jorkaipambourra), de flûtes à trois bées, etc. Sur le bois de ces instruments bossués, tortillés, contournés d'une façon bizarre, au milieu des larges feuilles du talipot et du bananier, perchent des ibis, grimacent des singes, sifflent des serpents sculptés avec une vérité, une réalité à vous donner la chair de poule. Mais comment disent-ils ces Hindous, qui n'ont pas, comme les ouvriers européens, un attirail complet d'outils à leur service, comment, disposant de peu de ressources, d'un ou deux outils, peuvent-ils atteindre cet art? Il y a là une difficulté vaincue, l'exemple admirable de l'artiste produisant de magnifiques créations par la mise en œuvre la plus élémentaire et les moyens les plus simples.

La Compagnie des Indes a exposé sous un pavillon spécial les costumes indigènes : turbans dorés et ornés de pierreries avec des plumes d'oiseau de paradis pour aigrettes, robes en mousseline multicolore pailletées d'argent, pantalons flottants, manteaux de plumes de paon, tuniques de soie et de coton, écharpes de gaze, babouches en cuir blanc, pantoufles brodées d'arabesques d'or aux pointes recourbées, brocarts, manteaux de velours bleu à paillettes d'or, cachemires à palmes, etc. La trame de toutes ces étoffes est d'une finesse exquise. A voir cette éblouissante défroque, on dirait vraiment que les Indiens ont cherché à réfléchir sur leurs vêtements l'ardente lumière et le rayonnement de leur soleil tropical.

Mais le nec plus ultra de ce luxe asiatique, c'est une tente princière d'audience exposée avec tous ses accessoires : boîtes à parfums, insignes aristocratiques, houkas, chasse-mouches, éventails, et touchée près du pavillon des costumes. L'étoffe du parasol est en soie brochée d'or et d'argent; l'appuie-dos, les coussins et le tapis, en velours rouge serpenté de lames d'argent. Le rajah, rafraîchi par ses esclaves qui balancent en mesure de larges éventails laqués à bordures de plumes de paon, fume dans son houka d'argent étoilé de turquoise (une pipe de dix mille francs!) une composition de pâte et de fruits, de sucre et de tabac. Cette merveilleuse tente arrache des cris d'admiration à tous ceux qui la voient.

Les Indiens nous ont envoyé quelques échantillons de leurs bêtes féroces, de magnifiques peaux de tigres, d'ours, de léopards, de jaguars, etc.

Depuis cinquante ans, la hache et la charrue ont défriché une grande partie des jungles et des forêts de l'Inde. Les Nemrods européens ont détruit une énorme quantité d'animaux; mais il reste encore de vastes forêts et des plaines immenses où les bêtes féroces et une variété innombrable d'oiseaux règnent en maîtres et sont les seuls possesseurs de ces terrains non cultivés.

Les animaux qui abondent dans l'Inde sont le tigre, le léopard, l'ours, l'éléphant, le lion, le loup, le sanglier, le chacal, le buffle, l'hyène, le jaguar, le chat sauvage des jungles, le chien sauvage, le lynx, et une grande quantité de daims, depuis le *sambur* des montagnes jusqu'à l'antilope des plaines. Les oiseaux sont le faisan (doré et argenté), la perdrix, la buse, les poules et les coqs des jungles, les bens d'une espèce plus petite, mais d'un plumage pareil à celui des poulets domestiques, les pigeons, les canards et les oies sauvages, les ortolans, les pluviers, etc.

Il n'y a guère que la chasse du chacal qui soit possible dans le voisinage immédiat des présidences de Calcutta, de Madras et de Bombay; mais les vrais amateurs préfèrent la vie des chasseurs du *Mofussil* ou intérieur des terres. La chasse du chacal ressemble beaucoup à celle du renard et se fait pendant les froides matinées de novembre, décembre, janvier et février. Les chiens dont on se sert viennent d'Angleterre et coûtent très-cher à bien entretenir; mais ils sont très-utiles, car les chacals font de grands ravages dans les fermes, et leur destruction compense bien les dégâts causés par les meutes dans les blés et les champs de riz.

Dans l'intérieur des terres, les principales chasses sont celles du sanglier et du tigre; il faut beaucoup de courage et d'adresse aux chasseurs qui se servent de la lance contre le premier, de la carabine contre le second.

Les Anglais dans l'Inde, rapporte M. Stocqueler, ont abandonné la méthode allemande d'attaquer les sangliers avec des chiens et des armes à feu. Montés, dans l'ouest et le sud, sur de petits chevaux arabes, et, dans l'est et le nord-ouest, sur les chevaux du pays, les chasseurs, armés d'une longue lance de bambou, attendent sur le bord des jungles ou des plantations de cannes à sucre l'animal qui est rabattu de leur côté par des traqueurs. Le sanglier paraît; on lui laisse prendre le champ, et, quand il est à quelque distance, tous se précipitent à sa poursuite. C'est alors, pour ainsi dire, une course à la lance, car le premier qui atteint l'animal est le héros de la journée. Quand il se sent serré de trop près, le sanglier fait tête aux chiens et aux chasseurs. C'est le moment le plus dangereux, car si le cheval ne peut à temps faire un saut de côté, il est perdu! Les défenses de l'animal lui labourent les flancs, et il entraîne dans sa chute son cavalier, qui ne peut, à cause de sa longue manche, se servir de sa lance; mais, heureusement, les chasseurs sont nombreux, et un autre peut arriver à temps pour arrêter l'animal. Les grands défrichements du Deccan, qui ont fait des progrès immenses depuis plusieurs années, ont forcé les sangliers à se retirer vers le nord, et il faut faire aujourd'hui plusieurs lieues pour en rencontrer.

La chasse aux tigres ne ressemble en rien à celle des sangliers. Il serait fort dangereux de s'y risquer à cheval, et les éléphants seuls y sont employés, car le tigre ne peut bondir sur le chasseur à cette hauteur, et est arrêté par les terribles défenses de l'animal.

Les repaires des tigres sont généralement dans les jungles qui avoisinent les terres cultivées, où de nombreux troupeaux paissent aux alentours des fermes isolées. La nuit, ils saisissent leur proie et se couchent ensuite dans leurs tanières pour la digérer. C'est alors qu'ils sont surpris par les chasseurs, montés sur les éléphants, et armés de deux carabines, qu'un domestique est toujours prêt à recharger. Chaque homme a une provision de tabac, de biscuit, d'eau-de-vie ou de *pale ale*. Le tigre, réveillé en sursaut, bondit hors des jungles et est salué par une décharge générale, qui souvent suffit; mais quelquefois l'animal est sain et sauf, ou seulement blessé; alors il bondit avec rage sur le premier éléphant qui se trouve à sa portée, et qui a besoin de toute sa force pour résister au choc. Si le chasseur ne peut à temps lui envoyer une balle dans la poitrine ou dans la tête, la position est très-critique pour le *mahout* ou cornac, qui, placé sur le cou de l'éléphant, n'a pour se défendre que la pique ferrée et pointue qui lui sert à guider sa monture. Heureusement les chasseurs sont serrés en masse compacte, et quelques coups de fusil à bout portant terminent la lutte.

C'est une grande calamité pour un village quand un tigre enlève un paysan : car s'il a une fois goûté du sang humain, sa férocité ne connaît pas de bornes et il ne veut plus d'autre nourriture; il se tapit sournoisement sur des hauteurs qui dominent les routes, et il se jette sur les passants. Quand il y a des établissements européens, le tigre est bientôt tué; mais dans les villages éloignés il dévore souvent une vingtaine d'hommes avant d'être mis à mort. Le gouvernement s'est occupé de cela, et offre une prime de 500 roupies (50 livres sterling) par tête de tigre. Alors tous les hommes en état de porter une arme se mettent en campagne contre le tigre signalé; chaque arbre renferme une garnison, et presque toujours l'animal tombe à son passage percé d'un millier de flèches.

Les contrées les plus favorables pour la chasse du tigre sont les districts de Gorukpore sur la frontière du Nepaul. Sir Roger Martin raconte qu'à cet endroit il y avait autrefois un tigre si féroce et si avide de sang humain, qu'il portait la terreur dans tous les environs. Un jour il voulut forcer en plein jour la porte d'un Taroc: mais cet homme lui donna sur la tête un tel coup de hache, qu'il se retira et conserva toujours la marque de cette blessure, qui le faisait reconnaître et redouter davantage. Sir Martin se chargea d'en débarrasser le pays; il se mit en campagne et tua quarante-huit tigres avant de rencontrer le fameux *Balafré*, qui se défendit intrépidement et qu'il eut beaucoup de peine à vaincre. Abbye-Singg, rajah d'Omorah, un des plus vieux chasseurs du pays, tua, dit-on, à lui seul, plus de cinq cents tigres, ce qui prouve le nombre de ces animaux dans le Terae, le Nepaul et à Gorukpore. Malgré la quantité de chasseurs et leur adresse, jamais ils ne seraient parvenus à purger le pays; mais la civilisation et les défrichements ont repoussé petit à petit les bêtes sauvages vers le nord, où les hardis amateurs doivent aujourd'hui aller les chercher.

Sur le continent indien, les Anglais ne chassent point les éléphants; ces animaux habitent les forêts de Coorg, où les habitants cherchent à les prendre vivants pour les élever et les dresser à tous les usages. Deux éléphants privés partent sans cornac, s'enfoncent dans les bois, et traîtreusement cherchent par leurs caresses à attirer les autres dans un endroit qu'ils connaissent et où les pièges sont tendus. L'animal sauvage se sent tout à coup les pieds serrés dans de forts nœuds coulants faits avec tant d'adresse, que sa force prodigieuse ne peut l'en dégager. La faim l'apprivoise peu à peu, et il se soumet à son sort. Dans l'île de Ceylan seulement, les éléphants sont exposés aux balles des chasseurs, qui ont peu de chemin à faire dans l'intérieur pour rencontrer des troupes nombreuses de ces géants estimables. Ils choisissent alors leur victime, visent un des points vulnérables, le front ou les oreilles, font feu, et si le coup a été bien dirigé, la mort est instantanée; mais souvent l'éléphant n'est que blessé, et il s'élance alors avec furie contre son ennemi, qui, ayant pris ses précautions d'avance, se réfugie derrière un arbre et peut alors au prochain coup envoyer une seconde balle dans l'oreille de la monstrueuse bête, qui tombe alors sans vie.

La chasse de l'ours est très-pénible et très-dangereuse, car ces animaux ne se tiennent ni dans les plaines ni dans les jungles. Il faut donc d'abord faire beaucoup de chemin pour gagner les montagnes, puis trouver l'ours, puis le poursuivre, et enfin le tuer.

Les chasseurs doivent toujours être au nombre de trois et être accompagnés d'une douzaine de traqueurs pour rouler des pierres dans les précipices et forcer les ours à quitter les grottes escarpées; ils ne sauraient avoir trop d'armes à feu, car, tirant souvent à de grandes distances, les coups peuvent manquer le but; puis aussi les ours blessés sont bien plus dangereux.

Les chasseurs se rassemblent en haut d'un ravin à la pointe du jour; deux d'entre eux se postent à la partie la plus étroite de la gorge, et le troisième suit les traqueurs le long de la crête en les excitant à pousser de grands cris et à rouler des masses de pierres. L'ours, dérangé par ce bruit et souvent atteint par les projectiles, commence à grimper le versant du ravin et descend des échelons où le pied de l'homme ne saurait se poser. C'est le moment de faire feu, car l'animal avance rapidement; s'il est blessé, il y a chance qu'il fasse un faux pas et roule dans le précipice; mais s'il ne l'est pas ou s'il ne l'est que légèrement, il est bientôt près des chasseurs. Dans ce moment critique, la seule chose qu'ait à faire un chasseur inexpérimenté, c'est de se mettre un genou en terre pour viser, car il sera au niveau de l'ours et la ligne de son feu ne sera pas brisée. Si la bête marche droit sur lui, il doit garder son sang-froid et la laisser arriver à six ou sept pas, puis lui tirer un balle entre les deux yeux en faisant bien attention de ne pas attraper trop haut, car les crins épais du sommet du crâne rendraient le coup peu dangereux. Si l'ours présente un peu le flanc, il faut viser immédiatement derrière l'épaule à un point déterminé, car, de côté, les crins épais amortiraient la balle. Quand l'ours est à bas, il faut s'en approcher avec les plus grandes précautions: un Indien fut frappé par un coup de patte d'un de ces animaux qu'il croyait mort.

Le chasseur doit bien calculer la distance où il tire et ne pas oublier que l'œil est souvent trompé dans les pays montagneux, où un animal hors portée paraît proche; la charge ordinaire d'un fusil ne peut sûrement suffire, et pour un canon solide il faut au moins deux drachmes et demie de poudre pour une balle de dix-huit à la livre. Les longs fusils à double canon ne sont pas bons pour cette chasse, à cause d'une certaine déviation qui provient de la différence de grosseur entre les deux bouts, qui ferait se croiser les balles à une grande distance, et comme il faut tirer souvent de très-loin contre l'ours, les fusils à un seul canon sont préférables.

Les buffles sauvages sont assez rares, et il faut aller très-avant dans l'intérieur pour les rencontrer: aussi peu de chasseurs peuvent orner leurs demeures de ces énormes cornes de buffle, qui mesurent six pieds de long.

La manière de chasser le daim varie beaucoup aux Indes. Dans le sud on emploie des lévriers et au centre des *cheetas* ou petits léopards dressés à la chasse.

La meilleure manière de chasser les daims est de les entourer silencieusement à cheval, et de les approcher le plus près possible sans les effrayer jusqu'à ce que l'on ait pour soi le vent et le soleil. Quand le chasseur est en vue de l'animal, il doit prendre sa carabine des mains du porteur qui marche près de lui, et quand il est armé, pousser un cri; le daim se tourne rapidement vers lui cloué sur place en lui présentant son poitrail blanc comme la neige. Il ne bronche pas et laisse fuir à travers la plaine le reste du troupeau. Quand la distance est de cent cinquante pas environ, il faut lui envoyer la balle en pleine poitrine à la naissance du cou, ce qui est facile, car une bonne carabine dévie plutôt de haut en bas que de gauche à droite. Deux chasseurs armés de fusils à deux coups peuvent tuer beaucoup de daims de la manière suivante. Quand ils aperçoivent un troupeau, ils placent leurs gens en face et s'avancent à gauche et à droite à quelque distance en avant. Les daims, surpris, commencent un mouvement rétrograde les yeux fixés sur le gros de la troupe; mais ils sont gardés à vue par les deux chasseurs, qui doivent suivre pas à pas le conducteur, galoper quand il galope et s'arrêter quand il s'arrête; puis quand les sinuosités du terrain les mettent à portée, les chasseurs peuvent choisir leur victime, faire feu et continuer le même manége jusqu'à ce qu'une gorge étroite les force de s'arrêter et laisse un passage libre au troupeau effrayé.

Avant de terminer la revue des produits exposés par la Compagnie des Indes, nous devons mentionner un chariot d'enfant en étoffe de soie tréfilée d'or, destiné à quelque fils de nabab, qui a fait la joie des petits garçons et des petites filles de dix ans amenés par leurs parents à l'Exposition; puis, diverses housses, chabraques, selles artistement brodées; enfin, une collection de peintures sur gaze et sur papier verni qui certes ne donne pas une haute idée des beaux-arts de l'Indoustan.

On a placé dans la grande salle de l'annexe l'exposition des établissements français de l'Inde. La Société d'agriculture et de commerce de Pondichéry a envoyé divers échantillons consistant en céréales, graines oléagineuses, minerais de fer. granit gris et noir, bois de construction, d'ébénisterie et de teinture, cocons indigo, salpêtre, essences, huile de foie de requin, etc. La maison des Missions étrangères à Pondichéry a exposé deux volumes imprimés en tamoul avec la traduction française en regard et une forme typographique des caractères tamouls. *Ghânamirdatadahâgâm*, tel est le titre d'un livre tamoul exposé. Chaque signe de cette langue monosyllabique est séparé d'une espace comme les mots français. Mais nous avons hâte de quitter le terrain tamoul, car, ne connaissant pas cette langue que le sanscrit, nous serions de force à prendre quelque port du Pirée pour un Tamoul!

La Société d'agriculture et de commerce de Karikal a envoyé des pièces de mouchoirs façon Paliacat, à carreaux et à raies, des pièces de Cambaye, des tissus soie et coton, de fortes étoffes de laine mêlée de soie nommées *Biram m'baça*, une paire de gants faite avec de la bourre de soie du ver vivant sur le badamier, des pagnes soie, laine et coton, et un grand nombre de pièces de toile Guinée teintes en bleu. La teinture fait de rapides progrès dans les établissements français de l'Inde. L'écorce de casuarina, qui fournit la nuance nankin, a été heureusement appliquée à la teinture par M. Lépine, pharmacien de marine.

Somme toute, cette exposition fait honneur à la colonie française de l'Inde et témoigne de sa prospérité, en même temps qu'elle donne la mesure des ressources offertes par les indigènes.

Après avoir admiré la magnifique exposition des produits sortis des mains des Hindous, le visiteur ne peut s'empêcher de déplorer avec les historiens et les voyageurs l'état de misère et d'abjection dans lequel ces peuples sont tombés. Pour quelques rajahs couverts de diamants, le reste de la population va presque nu et gagne péniblement une poignée de riz. Dégradation de la femme, mépris de la vie des enfants, cynisme et ignorance des castes sacerdotales, orgueil imbécile des castes aristocratiques, fétichisme et esclavage des parias, telle est la situation d'une contrée qui a été le berceau de la civilisation, et d'où sont sorties les premières notions scientifiques et religieuses de l'humanité. Pourtant les Hindous ont été largement dotés; ils ont eu leur part des biens terrestres : une nature d'une fertilité inouïe, des forêts de talipots, de figuiers, de bambous, de bananiers, de cocotiers, d'arbres à pain, de palmiers à sucre pour les nourrir et les abriter, plus de cent espèces d'animaux pour les servir et les couvrir, des oiseaux au plumage irisé, des fleurs éclatantes pour les charmer, des mines d'or et de diamants pour les parer, toutes les splendeurs réunies des règnes animal, végétal et minéral.

Eh bien! au lieu de travailler son riche héritage, ce peuple s'est croisé les bras et s'est abandonné à l'enivrement de ses sens; au lieu de féconder la nature, il l'adore, il s'est prosterné sérieusement devant l'idole de marbre et de chair, devant le bœuf, le crocodile et le serpent. Dans son éclectisme absurde, il a adoré l'eau et le feu, le bien et le mal, le jour et la nuit; il a inventé la religion de l'esclavage, la division des hommes par castes de nobles, de soldats, de commerçants, de parias, sorties de la tête, des bras, des cuisses, des pieds et des os de Brahma. Fanatique de ce beau système, il a brûlé ou caillé les sectaires de Bouddha, qui niaient l'idolâtrie, la théorie des castes, et prétendaient réformer l'état social. Il a mis au monde les folies les plus étranges, les divagations les plus grossières. Il ne se fatigue pas, et voilà trois mille ans que cela dure!

Mais voyez de quelle façon exemplaire ces malheureux Hindous ont été châtiés! Ils sont devenus tour à tour la proie des conquérants arabes, mongols, européens, et ils meurent de faim, et ils grelottent dans leur paradis terrestre!

Qu'importe après cela que les Hindous aient incarné trois cents divinités mâles et femelles, qu'ils aient élevé jusqu'au ciel les pyramides de leurs pagodes, qu'ils aient produit des poëmes religieux, des romans, des pièces de théâtre à couvrir mille lieues carrées, tels que les Védas, les Mahabharata, le Ramayana, les Pouranas, le drame de Sakontala, etc.! Qu'importe qu'ils sachent ciseler le métal et sculpter le bois comme cet article l'a démontré! Un peuple ne se sauve pas par des productions littéraires, artistiques ou industrielles : il n'existe, il ne prospère que par la liberté, et le peuple hindou a volontairement abdiqué la sienne au profit du despotisme politique, du fétichisme aristocratique et de la superstition religieuse.

CHAPITRE XV.

La Chine.

D'un trait de plume faisons une enjambée de mille lieues, et passons de Tunis en Chine. Depuis quelque temps, le Céleste Empire fait beaucoup parler de lui. Il sort de sa léthargie séculaire, et goûte au fruit défendu des révolutions. La Vertu-Céleste (petit nom du chef des insurgés chinois) a levé une armée contre le *fils du Ciel*, l'empereur. Il se livre de l'autre côté de la mer Jaune des batailles homériques dans lesquelles sont engagés deux cent mille combattants, et qui se terminent par une perte de trois ou quatre hommes de chaque côté. En fin de compte, *Vertu-Céleste* terrassera-t-elle Tien-Tsze, fils du ciel? telle est la grave question en litige aujourd'hui. Les journaux nous apprendront le dénoûment prochain, sans nul doute, de la lutte engagée entre la race mantchoue et la race chinoise; car il ne s'agit pas du triomphe d'une idée, d'une réforme utile, mais de la prépondérance d'une race sur l'autre. La *trimourti* française 1789, 1830, 1848, sera longtemps encore un hiéroglyphe pour les habitants du Céleste Empire. Pardonnez-nous de ne pas vous parler sérieusement de la révolution chinoise, mais tout ce qui vient de ce pays est tellement extravagant, hors de sens, abracadabrant, qu'il faut, fût-on docteur à la Sorbonne, perdre sa gravité. Comment ne pas céder au fou rire en voyant les Chinois avec leur tête rasée et ornée d'une magnifique queue qui descend sur les talons, leurs sourcils prolongés, leurs yeux étroits et obliques, leur nez aplati, leurs moustaches pendantes jusqu'à l'abdomen, se livrer à leurs coutumes ridicules, brûler des bâtons de senteur devant d'affreuses idoles, s'aplatir sous la verge des mandarins de l'empereur, s'enivrer d'opium jusqu'à la folie et au crétinisme, ou faire provisions de cercueils pour en orner leurs appartements? La Chine est le pays de l'envers, de l'à-rebours, des monstruosités et des antithèses comiques. Jugez-en. Les Chinois, qui suivent indifféremment trois religions différentes, les déclarent également vraies et bonnes; les Chinois, qui sont les sectateurs de Bouddha ou Fo, de Confucius et de Loo-tze, qui construisent à l'envi des pagodes et encensent des millions d'idoles et de divinités secondaires, génies de l'air, de l'eau, des montagnes, de la porcelaine! ces mêmes Chinois, amusants écliptiques, rient aux larmes avec les missionnaires catholiques quand ceux-ci raillent leur idolâtrie, et s'écrient : *San-kiao*, *y-kiao!* Les trois religions sont diverses, mais la religion est une! Les Chinois jouissent du suffrage universel, de toutes les franchises, de toutes les libertés de presse, de réunion et d'association; mais ils n'ont pas le courage d'en pratiquer une seule; mais ils tremblent comme des feuilles d'automne en face de leurs mandarins, exécuteurs des hautes volontés de Tien-Tsze, le fils du ciel, qui, après avoir accordé à ses sujets toutes les libertés possibles, a eu la précaution de réunir dans ses mains tous les pouvoirs. Les Chinois vivent dans une ignorance absolue; à peine savent-ils le nom des nations européennes, et pourtant le Céleste Empire n'est qu'une immense bibliothèque, qu'une bouquinerie.

L'instruction primaire est gratuite; des lecteurs publics, des Chono-chou-ti parcourent les villages; et, entre les corporations influentes, celle des gens de lettres tient la haute main dans l'État. Les Chinois nous ont devancés dans les arts, dans les sciences positives; ils ont été les premiers la polarité de l'aimant, la poudre à canon, les bombardes, les pierriers, l'imprimerie stéréotype, la gravure sur bois, et ils n'ont su tirer aucun parti de ces découvertes. Les Chinois pourraient réunir une armée de 200 millions de soldats, une escadre de dix mille voiles, et un peloton de soldats anglais les met en déroute, et une chaloupe canonnière suffit à faire amener pavillon à toutes leurs jonques! Quand les Chinois ont une vengeance à assouvir, savez-vous ce qu'ils font? Ils se battent en duel, ils tuent leur ennemi sans doute? Non. Ils se suicident! Ne riez pas. En voici la raison plausible. La personne qui a provoqué le suicide doit payer une indemnité à la famille du suicidé. Les Chinois célèbrent la monogamie, toutes les vertus du foyer et de la famille; ce qui ne les empêche pas d'abandonner leurs enfants et de placer aux côtés de leur épouse légitime des femmes secondaires, les *petites femmes*, comme ils les appellent leurs maîtresses. Le diminutif est charmant.

Les Chinois, qui vivent sur un sol fertile et sous un ciel admirable, meurent de faim au milieu des villes les plus populeuses. Chaque année, le roi des pauvres et des mendiants, suivi d'une multitude affamée, parcourt l'empire et fait régulièrement la traite des riches.

Dans leur aberration monstrueuse, les Chinois sont parvenus à enlaidir, à déformer jusqu'à la femme, ce chef-d'œuvre de la création, comme disent les poëtes. Non contents de la battre, de la rendre esclave et de lui refuser une âme, ils lui ont refusé des pieds pour lui donner des moignons enveloppés de bandelettes. Enfin, dans ce pays de l'impossible et de l'extravagant, les bonzes raillent les idoles qu'ils encensent, les juges trafiquent de la justice, les mandarins font la contrebande de l'opium et pillent les contribuables; les gens de lettres dépravent la nation au lieu de l'instruire; les généraux se tuent quand il faut commander en temps de guerre; les soldats se sauvent quand il faudrait se battre; les pères, les maris, les frères vendent leurs enfants, leurs femmes, leurs sœurs, au plus offrant et dernier enchérisseur, et les ouvriers, abrutis autant qu'affamés, répliquent par cette impertinente question aux prédications spiritualistes des missionnaires chrétiens : « Est-ce une religion où l'on a toujours du riz à manger? »

Ce peuple, qui a perdu tout ressort moral, toute conscience du droit et du devoir, du vrai et du bien, qui est plongé dans le scepticisme et le mercantilisme, s'il n'est pas régénéré par une révolution salutaire (mais un 89 chinois est-il possible?), sera certainement flairé par quelque hyène conquérante et friande de nations en putréfaction : il deviendra sa proie. En attendant, l'insouciant Chinois ne songe qu'à thésauriser et à amasser des sapèques. Il se livre au commerce, à l'industrie, à l'agio, avec une incroyable fureur. Il est roi sur ce terrain. Aucun peuple n'est aussi rusé dans les relations commerciales, aussi ingénieux dans la fabrication industrielle. Il paraît que de tout temps le Chinois a eu cette aptitude, car dans la relation des voyages faits par les Arabes en Chine au neuvième siècle, le narrateur musulman dit que « les Chinois sont au nombre des créatures de Dieu qui ont le plus d'adresse dans la main et ce qui concerne le dessin, l'art de la fabrication, et pour toute espèce d'ouvrages; ils sont à cet égard surpassés par aucune nation. En Chine, un homme fait avec sa main ce que vraisemblablement personne ne serait en état de faire. »

En effet, les Chinois joignent à l'adresse du singe la patience du castor et l'activité de la fourmi. Ils excellent à fabriquer les bagatelles d'étagères, les petits ustensiles servant à la consommation usuelle, toutes les superfluités et les mièvreries du luxe, tous les objets de détail qui demandent de la patience, du soin, l'application, de la dextérité. Ils ont un merveilleux talent pour sculpter sur la corne de rhinocéros l'odyssée de leurs dieux ou de leurs héros. Avec le bambou ils font des milliers d'ouvrages divers. Ils préparent habilement la soie, le crêpe, la toile de coton, de chanvre, et confectionnent de très-beaux satins à fleurs sur des métiers d'une extrême simplicité. Leur fabrication de porcelaine n'a pas de rivale en Europe sous le rapport de la solidité et du bon marché. Tous les modèles des pays étrangers, les Chinois les reproduisent avec une surprenante facilité; tandis que les Européens n'ont pas encore réussi à imiter le tour original de leurs vases en jade, de leurs figurines en stéatite, en porcelaine et en bois peint; bref, les Chinois savent parfaitement travailler les métaux, faire des instruments de musique, polir et tailler les pierres dures, et, dans l'art de la broderie, de la teinture, des ouvrages de vernis, ils défient toute concurrence.

La Chine s'est fait doublement représenter à Paris par une exposition aux beaux-arts et une autre au palais de l'Industrie. Il y a même une troisième collection chinoise, fort complète, ma foi! aux Champs-Elysées, dans l'allée des Veuves, appartenant à M. Houssaye. Ces exhibitions simultanées témoignent à quel point le goût des chinoiseries gagne l'Europe. Pas d'artiste, pas de femme du monde qui n'ait sur ses étagères quelque ivoire sculpté ou quelque cuivre émaillé de Canton et de Pékin. Malheureusement le droit exorbitant de 32 à 36 0/0 dont est frappée l'importation des objets chinois bride fort la consommation, et nuit à l'industrie précieuse des bronzes d'art, qui trouve dans la porcelaine de Chine les trois quarts de son travail, tant pour la consommation faite en France que pour l'exportation. Nous réclamons donc, sinon le libre échange, du moins une réduction de taxe des porcelaines, des idoles et des magots du Céleste Empire. On ne saurait trop propager le laid!

Rien n'est attrayant, n'est original comme le laid. Ne me parlez plus de l'Apollon du Belvédère et de la Vénus de Milo. Le beau est uniforme, monotone, insipide; mais que de notes diverses, que de gammes, que d'excentricités plaisantes, que de physionomies multiples possède le laid vu à travers les lunettes fantastiques de la Chine! Un Chinois, non pas de paravent ou d'écran, mais un vrai Chinois en chair et en os, coiffé du chapeau conique, vêtu de la large robe bleue de ciel, chaussé de satin noir à hauts semelles blanches, l'honnête, le digne Tchen-Kuong, qui est préposé à la surveillance de l'exposition chinoise, voulut bien m'initier à l'esthétique du grotesque et du hideux.

Dans l'espoir de me convertir au bouddhisme, Tchen-Kuong nous conduisit d'abord devant une pagode en bois de fer et ivoire reposant sur un magnifique guéridon sculpté. Au fond de la pagode trônent trois statuettes entièrement dorées; ce sont les trois incarnations de Bouddha : *Mo-li-Fuh*, dont le règne est accompli; *Teen-Tsae-Fuh*, qui domine aujourd'hui l'univers (Teen-Tsae-Fuh, je ne suis guère satisfait pour mon compte de ta domination!), et *We-Lae-Fuh*, le dieu de l'avenir, qui attend impatiemment son tour de régner.

Le Bouddha du passé tient ses mains gravement posées sur son abdomen, en signe de repos et de satisfaction; quant aux deux autres, ils ont le bras et la main droits levés, comme indication de leur activité présente et future. Devant chaque Bouddha, les bonzes font brûler de petits bâtons de parfums dans des cassolettes en bronze ciselé. Les dieux principaux sont entourés d'une foule de divinités secondaires, d'idoles hideuses à masques d'ogre et de reptile, de monstres fabuleux, patrons de la guerre, de l'agriculture, de la médecine, de la philosophie, de la littérature, de la politique. Après le temple nous visitâmes une habitation chinoise parfaitement sculptée, un chalet de Tonckaï ou de Changaï avec ses toits relevés où pendent des clochettes d'or, ses balustrades tressées de bambous et de bois de senteur, ses signes cabalistiques sur la toiture, ses salamandres qui courent sur les murailles. Comme presque toutes les habitations chinoises, le chalet n'a qu'un rez-de-chaussée divisé en trois appartements qui sont meublés de lits, sorte de tambour en bois recouvert de nattes; de divans en bois de fer, noir comme l'ébène; de paravents en laque rouge; de psychés en laque ornées de peintures en relief et sculptées à jour comme une dentelle de Valenciennes; de fauteuils à têtes de salamandres; de tables en bois de sandal, sur lesquelles se trouvent des services à thé en porcelaine fine et de curieux échiquiers dont les cases sont en vieux laque incrusté de nacre, et les pions du plus bel ivoire.

Viennent ensuite les étagères en palissandre surchargées de mille et une richesses artistiques : bols à faire le thé, cornes de rhinocéros et racines sculptées, porte-fleurs, coffrets en ivoire, brûle-parfums en bronze antique, médaillons finement émaillés de Soudchou, papiers découpés de toute façon, coloriés et surchargés de fleurs phénoménales. Enfin l'ameublement est complété par des tapisseries et des tapis, des nattes, des étoffes de soie rehaussées d'or, des foulards, des gazillons et des lanternes coloriées de dessins fantastiques avec pendeloques en perles de verre qui sont accrochées au plafond. Les Chinois abusent de la lanterne de papier peint. A la fête de leurs lanternes, ils en allument de plus de quatre cent mille! Sont-ils éclairés, ces Chinois!

Dans la première pièce de la maison chinoise en miniature, Tien-Tsze (fils du ciel) est entouré de la gracieuse impératrice New-Kon-luck (rayon de lune des merveilles), de dames de la cour jouant de la mandoline et de l'harmonica, de lettrés, de mandarins vêtus de divers costumes qui marquent leur rang, car en Chine il y a quinze classes privilégiées, cinq titres de noblesse héréditaire : les *kung*, les *kaou*, les *pho*, les *tsze*, les *nan*, répondant à nos ducs, marquis, comtes, etc., et neuf rangs d'employés du gouvernement. Toutes ces statuettes sont parfaitement modelées. La pièce voisine contient trois fumeurs accroupis sur des nattes, et tirant de petites pipes à opium le précieux narcotique qui leur procure de folles sensations, des rêves paradisiaques; enfin, dans le troisième compartiment, tous les habitants de la Chine ont l'air de danser une sarabande diabolique. On voit là les jongleurs, les lettrés, les bonzes, les comédiens ambulants jouant quelque mystère de la religion hindoue, les pleureurs, les *petites femmes*, les juges impassibles sur des bancs condamnés que les bourreaux broient, étranglent ou scient entre deux planches, les dignitaires de l'empire avec leurs boutons de jade, de rubis, de corindon, qui les différencient; les agriculteurs, les marchands de thé, les différents corps d'état munis de leurs outils : en un mot, c'est l'empire céleste en raccourci.

Les chaussures chinoises échappent complétement au compte rendu. Je ne parle pas ici des bottes de mandarin en satin noir à hautes semelles en bois blanc, ce qui leur donne la physionomie des sabots, mais de ces bottines gracieuses et richement brodées, de ces mignons souliers effilés comme des aiguilles et retroussés en trompette, qui semblent ne pouvoir être chaussés que par des aztecs, des fées, des kobolds ou des lilliputiens. On ne sera peut-être pas fâché d'apprendre comment se font les petits pieds des Chinois.

Quand l'enfant est jeune, on arrête par la pression de bandelettes très-fortes la croissance, non-seulement du pied, mais de toute la partie inférieure de la jambe. On laisse à l'orteil sa portion naturelle, et l'on courbe les autres doigts jusqu'à ce que, comprimés et adhérents sous la plante du pied, ils ne puissent plus en être séparés. Il résulte de cette méthode de Procuste que les pieds d'une beauté chinoise ont rarement plus de quatre pouces de long. Les *lys dorés* ou les infiniment petits pieds sont le signe distinctif des dames nobles.

Les femmes chinoises, les riches comme les pauvres, celles des villes et celles de la campagne, sont donc toutes estropiées; elles n'ont en quelque sorte, à l'extrémité de leurs jambes, que d'informes moignons toujours enveloppés de bandelettes, et dont la vie s'est retirée. En Chine, le pied est le critérium de la beauté : plus la femme a le pied petit, et plus elle est belle. Tous les habitants du Céleste Empire raffolent des petits pieds des femmes. Les jeunes filles qui, dans leur enfance, ne les ont pas eus serrés trouvent très-difficilement à se marier. Les Chinoises se servent avec dextérité de leurs pieds de chèvre. L'exercice favori des jeunes filles est le jeu du volant; mais, au lieu de se servir de raquettes, elles se tiennent à cloche-pied, et c'est avec le revers de leur petit brodequin qu'elles reçoivent et se renvoient mutuellement le volant.

Parmi les historiens de la Chine, les uns attribuent la coutume des petits pieds au désir des Chinois de claquemurer les femmes dans leurs demeures, afin d'être certains de leur fidélité; les autres, à l'exemple de l'impératrice Tacha, qui avait de merveilleux pieds et qui donna le ton à la fashion chinoise. Quoi qu'il en soit de l'une ou de l'autre explication, le fait existe.

En Chine, le soulier est estimé à l'égal du pied; il sert de témoignage publique de sympathie; il est une protestation contre les injustices du gouvernement, un signe de reconnaissance et d'admiration pour le magistrat qui a exercé sa charge en *père et mère du peuple*. Lorsque la population d'une ville chinoise veut signifier à un mandarin disgracié sa satisfaction de sa paternelle administration, elle lui offre une paire de bottes d'honneur, déchausse le magistrat séance tenante, et suspend ses vieilles chaussures à une des portes de la ville comme un précieux souvenir de sa bonne administration. Cet usage de déchausser les mandarins dont on est satisfait remonte à une haute antiquité. Dans presque toutes les villes de la Chine, on aperçoit, sous les voûtes des grandes portes d'entrée, de riches assortiments de vieilles bottes toutes poudreuses et tombant quelquefois de vétusté. C'est là une des gloires, un des ornements de la cité. L'archéologie de ces antiques et honorables chaussures donne le nombre des bons mandarins que la Chine a possédés. Le carreleur de souliers, autrement dit le savetier, dont Vincent a chanté l'odyssée dans une chanson pleine de verve, trouve aussi son exact pendant en Chine, où il parcourt les villes et les villages avec sa botte et son attirail d'outils, absolument comme en France.

En résumé, les chaussures de l'Orient surpassent les nôtres en élégance, en capricieuses broderies; mais elles leur sont fort inférieures sous le rapport de la solidité et de la confection. Il est vrai que le soulier est pour le musulman un vêtement de parade plutôt que d'utilité. Une fois sorti de la ville, comme je l'ai souvent vu en Afrique, il prend ses babouches dans les mains et marche avec enthousiasme sur la semelle d'Adam!

Après m'avoir fait passer en revue les vases craquelés, les anciennes porcelaines de la Chine et du Japon, les sièges de jardin en porcelaine coloriée de fleurs aux nuances vives, les éventails dont les peintures reproduisent les scènes les plus curieuses, les palanquins, les lanternes rehaussées de glands multicolores et de montants sculptés, les émaux, les incrustations, les laques, les bois vernis, les peintures sur verre, les instruments de musique (trompettes, cimbales, gongs, tambours à peau de serpent); après avoir promené mon regard ébloui sur un horizon de sculptures, de dorures, de peintures éclatantes, mon cicerone chinois m'enseigna la valeur artistique de chaque objet; il m'apprit à distinguer les deux genres de décor de la porcelaine chinoise. « L'une, très-riche, rehaussée de dorures, me dit-il, se fait exclusivement à Canton; l'autre, moins brillante, plus commune, à Nankin. » La vieille porcelaine chinoise est la plus recherchée. Du reste, tout ce qui vient de l'ancienne fabrication, dont plusieurs secrets importants sont perdus, porcelaines, bronzes, tissus de soie, laques, peintures, est beaucoup plus estimé comme œuvre d'art que les productions modernes. Ainsi s'explique la vogue inouïe des *kou-tou* ou antiquités de la Chine. Non-seulement les Chinois n'inventent rien, ne perfectionnent rien aujourd'hui, mais encore leur industrie est en pleine décadence.

Privés de ces précieuses ressources de l'industrie, que restera-t-il donc aux pauvres Chinois? Des bonzes mendiants, des juges prévaricateurs, des mandarins voleurs, des lettrés corrompus, des soldats pillards, l'opium des Anglais et la famine. Tien-Tsze et New-Koo-luck, *fils du ciel* et *rayon des merveilles*, les Chinois qui vont mourir vous saluent!

CHAPITRE XVI.

La Turquie.

N'est-ce pas un spectacle des plus instructifs, capable de raffermir dans leur foi tous ceux qui douteraient du progrès et de l'avenir de l'humanité que de voir la Turquie disputer aux autres nations les palmes industrielles! Quoi! ces descendants d'Othman *le briseur d'os*, ces hordes sauvages campées violemment en Europe au quinzième siècle sur les ruines de Rome et des califes, se rendant maîtres de l'Orient par l'extermination des peuples, des races hostiles à l'islamisme; représentant l'odieux système de la conquête, de la domination universelle, de l'intolérance et de l'ignorance, se livrant à tous les vices, à tous les raffinements du despotisme, de la cruauté et de la volupté, volant les femmes, mutilant les esclaves, broyant les ennemis, imposant aux populations conquises le travail qu'ils méprisent. Quoi! ces Turcs, nouveaux Protées, rompent en visière à leurs brutales traditions, font volte-face complète, changent en un quart de siècle de costumes, de mœurs, d'habitudes, de système politique et religieux! Nous les voyons accorder des libertés et des garanties à leurs *raïas*, se montrer jaloux de prendre rang parmi les nations industrielles, réaliser des réformes administratives, adopter une politique libérale et tolérante, radicalement opposée à celle qu'ils ont pratiquée jusqu'au dix-neuvième siècle. N'est-ce pas admirable?

Les Turcs recueillent déjà les fruits de leur courageuse évolution. Ils ont été aussi heureux à Paris que sur les champs de bataille. Leur exposition, consciencieuse, remarquable à plus d'un titre, leur a valu l'approbation unanime du public. En effet, les Turcs ne se sont pas contentés de nous montrer, comme les autres peuples de l'Orient, quelques échantillons de leurs produits: ils nous ont donné un spécimen complet de leur industrie. Armes, étoffes, vêtements, outils, ustensiles, objets usuels, rien n'y manque. Ils ont apporté leurs magnifiques trophées d'armes : lances de Damas historiées de lettres arabes, kandjars à poignées incrustées de pierreries, haches d'armes, coutelas enjolivés, longs fusils albanais damassés avec ornements en argent, yatagans, cottes de mailles circassiennes, pistolets artistement plaqués en argent, un arsenal pittoresque et effrayant! Ils nous ont montré les splendides harnachements de leurs chevaux : selles et housses brodées soie et or, larges étriers en vermeil, leurs curieux instruments de musique : le clairon dit *zourna*, les fifres, les longues flûtes en bois de sureau des Monténégrins et des bergers albanais; le *gouzlé* des Serbes; le *tamboura*, espèce de luth dont la caisse est en forme de poire : le *baglama*, guitare à trois cordes; — ils ont sorti de leurs bazars de Constantinople les chapelets de jade, d'ambre, de coco, d'ivoire, de bois de rose et de santal, les miroirs de nacre de perle encadrés de curieuses peintures, les peignes carrés aux longues dents, les tabourets incrustés et découpés pour poser les plateaux à sorbets, les pupitres à lire le Koran, les brûle-parfums en filigrane d'or ou d'argent, en cuivre émaillé et guilloché; les gaînes de velours, de chagrin, de cuir d'Yémen incrustées de turquoises et de corail; les pastilles du sérail, les éventails de plumes de paon et de faisan, les bouquins d'ambre, les narguilés en cristal taillé, en verre de Bohême, les houkhas ciselés et niellés d'argent, les cassolettes d'or émaillées, les cuillers en buffle pour manger le pilaf (*riz*), les écrans de plumes d'autruche, les tables, étagères, porte-livres nacrés de Jérusalem; mille joyaux étincelant dans leurs sébiles : bref, l'éclatant fouillis, le bric-à-brac féerique de l'Orient!

Sacrifiant héroïquement tout préjugé au dieu de l'industrie, les Turcs réformés nous ont ouvert à deux battants les portes treillissées de leurs mystérieux sérails, et nous ont montré la séduisante procession de leurs odalisques, des lèvres houris peintes et parfumées.

Dans ces harems en miniature se prélassent, sur les divans de satin jaune, sur de magnifiques tapis de Smyrne, un voluptueux essaim d'esclaves circassiennes, géorgiennes, turques. Elles portent de longues chemises de soie ou de gaze qui se ferment sur leurs seins, de larges caleçons à la hongroise se serrant autour du corps; un pantalon de satin rayé à larges plis qui s'attache sur le *jelek*, petit gilet de dessous en coton sur lequel se placent l'*anteria*, longue veste de velours brodée d'or, et la robe sans manches, ouverte, flottante. Elles tiennent à la main des mouchoirs de gaze bleue et orange, ornés de divers dessins, imprimés en or et argent. Leurs cheveux noirs, divisés par petites nattes, sont ornés de fleurs, de perles, de piastres, de bijoux.

Lorsqu'elles sortent, elles revêtent le gracieux domino d'étoffe légère, appelé *feredjé*, se couvrent le visage du yachmack en mousseline et se coiffent d'un fez avec une djama, ou d'un turban fait de châles plus ou moins précieux.

Les habitants de la Turquie d'Europe sont surtout des Slaves, des Valaques, des Schkipetares ou Albanais et les Grecs. Les autres nations qui habitent ce pays ne sont que des restes à ces quatre peuples, sauf dans la Bulgarie orientale, la Thrace et le sud-ouest de la Macédoine, dont presque les seuls habitants sont les Turcs. L'ensemble de cette population dépasse quatorze millions d'habitants, non compris le royaume de Grèce et les îles de l'Archipel. Les Valaques ou Roumains, groupés dans la Valachie et la Moldavie, forment près de quatre millions. Les Slaves se divisent en Croates, Serbes, Bulgares et Cosaques Dobroutscha. Ces derniers, qui avoisinent la mer Noire, sont peu nombreux. Les Bulgares ou Boulgares occupent la Bulgarie, la Mœsie inférieure et la plus grande partie de la Mœsie supérieure, en même temps qu'ils forment le noyau principal de la population de la Macédoine. Leur nombre excède quatre millions et demi. Les Serbes comprennent les habitants de la Servie, de la Bosnie, de l'Herzégovine, du Monténégro et une partie de ceux des pachaliks de Pristina, d'Ipek et de Prisren. La Servie actuelle compte près d'un million d'âmes. Les Schkipetares (habitants des rochers) ou Albanais comptent environ 1,600,000 habitants, qui s'étendent depuis l'Épire jusque dans la partie occidentale de la Mœsie supérieure, où ils se mêlent avec les Serbes dans la plaine entre Prisren et Ipek, entre Vrania et Mitrovitza, tandis qu'ils occupent presque à eux seuls, sous le nom d'Arnaoutes, le pays aux sources de Lepenatz, le sud-ouest de la plaine de Pristina, diverses petites contrées, et se mêlent aux Bosniaques dans les montagnes entre l'Albanie et la Bosnie. Les Albanais s'associent encore aux Bulgares, vers les frontières macédoniennes. Il y a aussi le pays des Guègues dans la haute Albanie, puis les Albanais Toskes en Épire. Les Guègues sont catholiques, et les Toskes sont de la religion grecque. Cette différence de culte fait que ces deux peuples ne se sont jamais associés sans se disputer et en venir même à des collisions.

Quant aux Grecs, ils forment un mélange hétérogène de Slaves, d'Albanais, de Valaques, de Grecs byzantins et d'Asie. Les autres Grecs demeurés sous la domination turque habitent principalement la Thrace et la chaîne côtière de la mer Noire; on compte environ 200,000 Grecs à Constantinople, 300,000 en Macédoine et 400,000 dans les autres provinces. Enfin, outre les Grecs dispersés, il y a les Zinzares, tribus valaques, vivant isolément en famille et se livrant surtout au commerce; puis viennent les Turcs, épars dans toute la Turquie, puisque ce sont eux qui remplissent presque toutes les charges importantes, et qu'ils forment les seigneurs de campagne dans les pays chrétiens. Le plus grand nombre est resté concentré dans la partie orientale de l'empire, c'est-à-dire à Constantinople et à Andrinople, ainsi que dans quelques autres villes et villages de la Thrace. Des statisticiens pensent que le nombre des Turcs bulgares, grecs et asiatiques, est d'environ 700,000, c'est-à-dire environ le tiers de la population, musulmane, ou plus du dixième de celle qui est chrétienne. Ce nombre semble petit, eu égard à la population turque de Constantinople, du Bosphore et d'Andrinople, qui est déjà de 3 à 400,000 individus.

Enfin, aux peuples que nous venons de nommer, il convient d'ajouter les bohémiens de la Turquie, appelés Zingares, et qui ne sont pas les Zinzares de la Valachie dont nous avons parlé tout à l'heure. Il paraît que les Zingares descendent des Parias de l'Indostan, lesquels avaient émigré en 1408 et 1409, lors de l'invasion de ce pays par Timour, et sont venus en Europe par la Turquie d'Asie. Ce peuple nomade, actuellement au nombre de 200,000 individus, est méprisé des Turcs et des chrétiens, et on ne le trouve plus guère qu'en Bulgarie, en Valachie et dans le Monsaché.

La langue turque est la plus répandue dans la Turquie d'Europe, puisqu'elle est celle des gouvernants. La plupart des Bulgares et des Grecs de la Thrace et de la Macédoine la comprennent; mais il n'en est pas de même des Serbes ni des Bosniaques, et surtout encore moins des Albanais, qui affectent de ne pas la savoir. Le turc est une langue belle, expressive, brève, aisée à parler, mais moins facile à écrire. La langue slave est moins riche : elle est parlée par les Serbes. La langue bulgare, moins agréable à l'oreille que le dialecte serbe, se rapproche davantage du russe. Le serbe est aux langues slaves ce que le latin est aux langues qui en sont dérivées. Le dialecte albanais est restreint à l'Albanie. La langue valaque offre un mélange de latin et de slave avec d'anciens mots illyriens. Les Zingares ou Bohémiens ont une langue à part et assez pauvre. Les Juifs de la Turquie parlent souvent l'espagnol ou l'italien, une bonne partie de ces Hébreux descendant d'exilés d'Espagne ou d'Italie. Le français n'est guère parlé qu'à Bukharest, Constantinople et Salonique. L'allemand n'est appris que car il est, avec le russe que par les Grecs, les Slaves qui commencent avec la Russie.

Les Albanais sont peut-être la plus belle race de la Turquie ; ils se rapprochent plus des Grecs que des Slaves. Si l'Albanais a les qualités des Suisses et des Tyroliens, s'il est comme eux un marcheur intrépide, escaladant, le fusil sur l'épaule, les montagnes à l'instar des chèvres, il a de plus qu'eux une vivacité et une gaieté méridionales réunies à une perspicacité extraordinaire et instantanée. C'est, comme les Grecs, le peuple à reparties heureuses par excellence. L'orgueil national se montre dans les moindres paroles des Schkipetares, dans leurs gestes, dans leur démarche légère ou théâtrale. Le courage leur est inné; et civilisés, au lieu d'être les Suisses de l'Orient, ils en deviendraient les Français, c'est-à-dire de ces peuples auxquels les conquêtes sourient le plus. La vie aventureuse est un de leurs éléments. Le Bosniaque, le Serbe, le Bulgare, ont un caractère totalement opposé ; ils détestent toute domination étrangère, s'ils savent s'en défaire ou l'adoucir d'une manière ou d'une autre, ils ne portent pas leurs vues au delà des pays où on parle leur langue ; ils ne se plaisent que parmi les leurs, tandis que l'Albanais serait tenté de recommencer les conquêtes comme celles d'Alexandre le Grand et aimerait à régenter d'autres nations. On reproche aux Albanais une sauvagerie et une dureté innées dans le caractère ; mais ces particularités semblent résulter bien plutôt de leur genre de vie que d'un type primitif ; en effet, quoique le Serbe et le Bosniaque musulman soient de la même souche, ce dernier a une écorce bien plus rude que celle du premier.

Parmi les tribus albanaises on distingue surtout le Guègue et le Toske. Le Guègue, bien plus sauvage que le Chamide, a quelques qualités supérieures à celles des Toskes, et se rapproche en cela du Serbe. Les Albanais sont divisés en clans et gardent ainsi plus longtemps le souvenir de parentés fort éloignées. Lorsqu'un Guègue a reçu chez lui un étranger, qu'il a mangé avec lui, ne fût-ce que du pain ou du sel, cet individu devient un ami, un frère, qu'on doit défendre ; tandis que, parmi les Toskes mahométans, la bonne foi n'existe pas toujours, et les lois de l'hospitalité ne sont pas sacrées. Un Toske refusera même de vous loger, lorsqu'un Guègue s'empressera de le faire. Les Toskes brutalisent leurs femmes et leur rendent la vie dure, beaucoup plus que les Guègues ; les uns et les autres sont également fort jaloux de leurs épouses et de leurs filles, et les dérobent à la vue avec un soin particulier.

Les Arméniens sont laborieux, mais ils manquent de vivacité ; assez jaloux de leurs femmes, qui sont voilées presque autant que les femmes turques, ils ont beaucoup de ressemblance avec les Ottomans par leur flegme et leur patience, mais sans avoir leur courage. Ils sont, du reste, peu portés à la révolte, et le négoce est leur élément ; leur soumission envers les Turcs va jusqu'à l'humilité souvent la plus abjecte. A l'inverse de l'Arménien, le Zingare est vif, étourdi, rusé, vindicatif et sensuel. Il sait se plier à toutes les exigences de sa position et de sa vie nomade. En Valachie, les Zingares composent en partie les domestiques et les gens de cuisine des boyards, et en Turquie ils sont surtout postillons, maquignons, charrons, maréchaux ferrants, chaudronniers, étameurs, mineurs, orpailleurs, musiciens, gendarmes et bourreaux. Ils ont le monopole de l'art musical en Turquie. Leurs femmes font des vêtements et disent la bonne aventure. Leurs enfants, de leur côté, poursuivent les voyageurs et leur demandent l'aumône.

Les vitrines de l'exposition turque renferment également les vêtements des Turcs réformés et les anciens costumes. L'habillement moderne se compose d'une calotte de drap rouge, ornée d'un long gland de soie, d'une courte redingote bleue ou noire, d'un pantalon et de bottes à éperons. Ce costume européen, qui suit incontestablement à la tenue militaire, aux troupes de ligne, ne s'adapte pas aussi bien aux usages de la vie en Turquie. Il ne paraît pas commode, en effet, de s'accroupir sur des divans, de se croiser les jambes, de s'agenouiller, de s'ablutionner fréquemment, comme le font les Turcs, avec des pantalons, des redingotes, des chaussures à l'européenne. Aussi la plupart des Turcs ont-ils gardé leur ancien costume très-compliqué, consistant en un caleçon de toile de lin, une large culotte de drap cramoisi ou amarante, retenu par une ample et chaude ceinture en laine, un gilet de cotonnade blanche ou rayée, une veste en gros drap dit soutino, à manches fendues jusqu'au coude, et un turban-châle.

Grâce à l'exposition de la Turquie, nous connaissons les costumes pittoresques des divers peuples de l'Orient, si imparfaitement décrits par les touristes : d'abord les Bulgares des environs de Sophie, dont l'habillement a une grande analogie avec celui des templiers au moyen âge ; les femmes grecques, si gracieuses sous les tuniques blanches qui caressent leur taille élégante, et le manteau de soie violette rehaussé de bordures rouges ; les Grecs avec leur fustanelle et leur chlamyde galonnées et passementées d'or ; les Serbes enveloppés dans leurs vastes robes en drap bordées de fourrures, bonnet, les bas à leurs tresses vraiment coquettes avec la jupe de drap blanc, le tablier à franges tenu par une ceinture à agrafes en argent et le bonnet dont orné de ducats, d'épingles, de petits miroirs, de plumes, de roses artificielles ; les Croates avec la culotte brune, la ceinture rouge et le châle autour de la tête ; les Monténégrins, portant le bonnet original de Scanderberg, la culotte qui tombe flottante autour du genou et la redingote à bras étroits tendue par dessus le vaingue, enterrés sous leurs dolmans de drap bleu à manches longues et larges et leurs bonnets en peau de mouton ; les Arméniens, habillés de culottes amples, de vestes turques, de manteaux à manches fendues ; les Juifs, perdus sous leurs vastes robes de chambre, leur ceinture de châles et leur épais turbans ; les Zingares, couverts d'habits d'arlequin ; enfin les corporations ouvrières munies de leur attirail d'outils.

En Turquie, les divers métiers forment des corporations dont chacune a son président. C'est un véritable chef de famille chargé de veiller aux intérêts des siens, de les protéger, de les réglementer, au besoin de les châtier, car il a le pouvoir judiciaire. Pour devenir membre d'une corporation, l'affilié doit payer 125 à 150 piastres. Cependant ces corporations n'empêchent aucunement l'ouvrier de prendre sa maîtrise ; rien n'est plus facile que de passer de la situation d'ouvrier à celle de maître. Il n'existe pas de démarcation, partant pas de rivalité, comme cela se voit dans d'autres pays, entre les ouvriers et les patrons. Ceux-ci traitent les ouvriers sur un pied d'égalité, et contractent souvent mariage avec les filles de leurs subordonnés.

Travaillant en plein air ou sous des hangars, les ouvriers de la Turquie jouissent d'une santé plus robuste que celle des ouvriers des autres contrées casernés dans les ateliers presque toujours malsains. Le prix de la journée varie selon le prix du blé.

Le principe fécond de la division du travail, adopté par la France et l'Angleterre, par les nations vraiment industrielles, n'existe pas en Turquie, où l'on voit des maçons charpentiers, des tailleurs fourreurs, des boulangers aubergistes, des charrons maréchaux ferrants, etc.

Autrefois certains états étaient exclusivement réservés aux musulmans; mais ce préjugé a disparu, et les chrétiens d'Orient sont libres aujourd'hui d'embrasser la profession qu'ils préfèrent.

Quoique les Turcs aient montré d'heureuses dispositions pour les arts mécaniques, leur indolence, leur insouciance a jusqu'ici neutralisé leurs progrès industriels. Ainsi la carrosserie, le charronnage, la charpente, la menuiserie, la papeterie, l'horlogerie, l'ébénisterie, la chapellerie, la serrurerie, toutes ces professions, si parfaites chez les autres peuples, sont à peine connues ou imparfaitement exercées en Turquie. Les ouvriers n'ont même pas à leur service la moitié des outils nécessaires à leur métier. Par exemple, les charpentiers et les menuisiers ne connaissent ni le grand rabot, ni la grande scie, ni la doloire, ni le ciseau. Aussi les ouvriers étrangers, particulièrement les menuisiers, les charpentiers, les selliers, les serruriers, les cordonniers, les modistes, trouvent en Turquie un travail lucratif. Leurs produits, recherchés, se cotent fort cher sur la place. Il y a près du tiers de différence de prix entre la main-d'œuvre d'un ouvrier français et celle d'un turc.

Le digne Tchen-Kuong voulut bien m'initier à l'esthétique du grotesque et du hideux.

En revanche, les provinces de la Turquie fournissent d'excellents armuriers, couteliers, tourneurs de pipes (tomladgiler), tanneurs et cordonniers, fabricants de drap, graveurs, teinturiers. Les sabres damassés courbes, les platines de fusil et de pistolet, les armes à feu, se fabriquent à Prisren, à Janina, à Seravejo, à Elbassan, à Constantinople. Les Turcs cisèlent parfaitement le fer et le laiton; ils savent damasquer ou dorer les armes ou les orner de plaques d'argent. On emploie beaucoup de canons étrangers auxquels on adapte des platines et des crosses de fer, de laiton ou de bois.

Constantinople, Andrinople, Philippopoli, Salonique, Brousse en Asie, possèdent des fabriques d'étoffes imprimées et de tapis. Ces manufactures emploient des jeunes filles qui, sans aucune notion exacte du dessin, tissent pourtant des broderies originales, et savent faire courir les arabesques sur une composition de fantaisie pleine de grâce et de goût.

A Salonique, à Janina, en Thessalie et en Asie Mineure, se trouvent les teintureries des fils de coton et de soie. La réputation des Turcs comme teinturiers est faite; ils emploient des écorces de bois, des plantes dont l'usage est inconnu au reste de l'Europe; ils savent donner aux étoffes des couleurs aussi vives que solides. Des tanneries de la Turquie sortent les fameux cuirs rouges et jaunes fabriqués avec les peaux de chèvres et exportés sous le nom de cordouans.

Ce qui manque en Turquie, et ce que des spéculateurs intelligents pourraient fonder avec fruit, ce sont des fabriques de papier, de drap et d'étoffes diverses, des manufactures d'acier, des usines de fer, des poteries, des verreries. Le commerce des chiffons offrirait en particulier un gain assuré.

La Turquie reçoit de l'étranger beaucoup de métaux : son fer, son acier, son fer-blanc, son étain, son laiton, son plomb, son cuivre brut et ouvragé; elle reçoit en outre les objets suivants : poterie, faïence, porcelaine, verrerie, verroterie, quincaillerie, draps faits à l'européenne, châles, toiles, calicots, percales, mousselines, gazes, soieries, ouvrages de chapellerie, papier, savon, sucre, café, indigo, cochenille, bois du Brésil, opium.

Nous importons dans le Levant, nous fournissons à la Turquie des draps, des serges, des soies, des satins, des velours, des montres, des dorures, de la bijouterie, de la quincaillerie, de la mercerie, des sirops et des liqueurs, les productions de nos colonies, sucre, café, indigo, et divers autres objets, tels que le plomb, l'étain, les bois de teinture, la cochenille et les épices.

La Turquie exporte principalement une quantité notable de coton de la Thrace méridionale, de la Macédoine et de la Thessalie, de la laine brute, beaucoup de poils de chèvre et de peaux de toute espèce, du tabac, du miel, du suif, des huiles, des raisins de Thessalie et de l'Épire. La soie écrue, teinte ou en tissu, s'exporte en grandes quantités par Belgrade ou par les ports albanais.

Ce sont des chevaliers normands qui, les premiers, rapportèrent de Turquie en Europe le secret de la fabrication des soieries. L'industrie séricicole a pris un essor rapide en Turquie pendant ces dernières années. Deux établissements français y prospèrent.

Située au centre des trois anciennes parties du monde, communiquant aux deux océans du globe par la Méditerranée, l'Euphrate et le golfe Persique, la Turquie, intermédiaire nécessaire des échanges

Esclaves géorgiennes.

entre l'Europe et l'Asie, peut devenir la première nation commerçante du monde; mais une nation ne vit pas uniquement de commerce, elle emprunte sa force aux sources vives de la production, à l'agriculture, languissante, négligée, presque méprisée en Turquie, et à l'industrie, encore à l'état embryonnaire, comme nous l'avons vu.

La grande question pour l'empire ottoman, la question de vie ou de mort, c'est de savoir si ses sujets musulmans et chrétiens sauront se plier à la loi du travail, qui est l'âme et la vie de toute société.

Nous croyons que la Turquie, en contact aujourd'hui avec des peuples industriels, avec des savants, des artistes et des ouvriers européens, opérera sur elle-même cette salutaire transformation, donnera au monde l'admirable exemple d'une horde conquérante, barbare, renonçant à ses théories de conquête, de fanatisme et de domination pour se ranger sous le drapeau de la civilisation, et modifiera ainsi la formule religieuse de l'Islam : « Dieu est grand, et le *progrès* est son prophète!... »

FIN DE LA FRANCE EN AFRIQUE ET DE L'ORIENT A PARIS.

PARIS. — TYP. WALDER, RUE BONAPARTE, 44.

www.ingramcontent.com/pod-product-compliance
Lightning Source LLC
LaVergne TN
LVHW050614090426
835512LV00008B/1481